全国高职高专汽车类规划教材编审委员会

全国高职高专汽车类规划教材

国家技能型紧缺人才培养培训系列教材

汽车单片机与车载网络技术

第二版

刘鸿健　主编

化学工业出版社

·北京·

本书共11章，主要内容包括：汽车单片机的组成、指令、中断、定时/计数、串行通信和汽车单片机程序设计原理；汽车电控单元ECU的功能和电路组成，玛瑞利单点电脑的组成和控制原理；计算机网络的组成、分类、网络协议与体系结构、网络传输介质，车载网络系统的发展、组成和分类；CAN总线、LIN总线、MOST总线、车载蓝牙、VAN总线和LAN总线的组成和工作原理；车载网络常用检测仪器和常见故障及诊断；大众、奥迪、丰田和通用轿车车载网络的特点、组成和工作原理；车载网络电路识图与分析；车联网。

本书内容翔实，图文并茂，由浅入深，便于读者理解和掌握。每章前面有学习目标，每章后面有小结和思考题。为方便教学，配套电子课件和习题参考答案。

本书可作为高职高专院校、中等职业学校汽车类专业的教材，也可作为培训用书，并可供相关技术人员参考。

图书在版编目（CIP）数据

汽车单片机与车载网络技术/刘鸿健主编．—2版．北京：化学工业出版社，2016.5（2024.2重印）
全国高职高专汽车类规划教材　国家技能型紧缺人才培养培训系列教材
ISBN 978-7-122-26550-0

Ⅰ.①汽…　Ⅱ.①刘…　Ⅲ.①汽车-单片微型计算机-高等职业教育-教材②汽车-计算机网络-高等职业教育-教材　Ⅳ.①U463.6

中国版本图书馆CIP数据核字（2016）第055969号

责任编辑：韩庆利
责任校对：宋　玮　　　　装帧设计：史利平

出版发行：化学工业出版社（北京市东城区青年湖南街13号　邮政编码100011）
印　　装：北京科印技术咨询服务有限公司数码印刷分部
787mm×1092mm　1/16　印张15½　字数398千字　2024年2月北京第2版第8次印刷

购书咨询：010-64518888　　　　售后服务：010-64518899
网　　址：http：//www.cip.com.cn
凡购买本书，如有缺损质量问题，本社销售中心负责调换。

定　　价：32.00元　

前言

汽车已成为人类最亲近、数量最多的机动交通工具。人类在创造和发展各种汽车的同时，即发明蒸汽汽车、电动汽车、内燃机汽车的同时，始终伴随着对控制技术的发明和发展，以便提高对动力机器的最佳控制，提高行驶安全的最佳控制，提高舒适性的最佳控制。

汽车控制技术的发展经历了从手动控制到自动控制的过程，自动控制的技术方式又经历如下的发展过程。

机械技术控制→电工技术控制→电子技术控制→计算机控制→车内联网控制→车载网络与车外网络联网控制

计算机控制技术首先应用在发动机上，使发动机的喷油和点火得到精确控制。一个单片机组成的电控单元可以完成一台普通轿车发动机的全部控制。

除了喷油和点火控制以外，发动机的辅助控制逐渐增多，如怠速控制、进气控制、排放控制、增压控制、巡航控制等，都得益于单片机控制技术。

随着底盘电控技术和车身电控技术的发展，电控自动变速器、电控防抱死制动、电控防滑、电控行驶稳定、电控差速、电控防碰撞、电控动力转向、电控四轮转向、电控主动悬架、电控车门车窗、电控防盗等电控单元越来越多。现代汽车已由单一电控单元控制发动机，发展到多电控单元联网控制全车。一些汽车的电控单元的数量已多达几十个，传感器达上百个。

汽车电控单元组成车载网络进行联网控制，可以信息共享，减少硬件设置，使整车运行状态最优化。同时可以通过软件升级实现汽车的功能扩展，使汽车的更新换代更加灵活和方便。

车载网络是现代汽车的神经系统，也是现代汽车构成的最复杂的一个系统，本教材自2011年10月第一版以来，受到使用教材的教师、学生和其他读者的好评，也对本教材提出更高的要求，在本书第二版的修订中，增加第十章车载网络电路识图与分析和第十一章车联网。

车载网络电路十分复杂，一辆轿车车载网络的实际电路图往往达到几百页，甚至上千页，如何识图与分析对一线维修人员十分重要，第十章讲解了车载网络实际电路识图的一般知识，并以两款轿车的具体局部电路进行识图和分析。互联网十和物联网推动了车联网的发展，因此在第十一章增加了车联网。

本书共十一章。第一章为汽车单片机原理，主要内容有单片机的特点、组成、指令、中断、定时/计数、串行通信和汽车单片机程序设计原理；第二章为汽车单片机控制技术，主要内容有汽车电控单元ECU的功能和电路组成，玛瑞利单点电脑的组成和控制原理；第三章为车载网络技术基础，主要内容有计算机网络的组成、分类、网络协议与体系结构、网络常用传输介质、车载网络系统的发展、组成和分类；第四章为常用车载网络系统，主要内容有CAN总线、LIN总线、MOST总线、车载蓝牙、VAN总线和LAN总线的组成和工作原理；第五章为车载网络系统检测，主要内容有车载网络常用检测仪器和常见故障及诊断；第六～九章分别阐述大众、奥迪、丰田和通用轿车车载网络的特点、组成和工作原理；第十章为车载网络电路识图与分析，主要内容有车载网络电路识图、马自达和斯柯达昊锐车载网络电路识图和启动系统电路分析、车载网络电路故障分析；第十一章为车联网。

本书可作为高职高专汽车类专业教材，也可供汽车维修和工程技术人员参考。

刘鸿健制定本书修订大纲，并任主编，编写第一、二、四章；刘畅编写第三章；郑荻编写第五章；陈睿炜编写第六、七、九章；宋世军编写第八章；刘航编写第十章、第十一章。全书由刘鸿健统稿并对有关章节进行补充与修改。

在本教材编写和修订的调研中，得到多个汽车实训基地、汽车营销和维修企业的经理、工程师、技师和工人师傅的宝贵意见，在此向他们深表谢意。

在本教材编写中，参考引用相关文献和汽车维修手册，在此向其作者和著作权人深表感谢。

汽车单片机、车载网络和车联网技术发展很快，其发展依赖于大规模集成电路技术、单片机技术、控制模块技术、总线技术、网络结构和软件等很多技术的开发、优化与合成，涉及的知识范围较广，由于编者水平和资料有限，对汽车单片机、车载网络和车联网的新知识和新技术，在理解、掌握和选取上，难免有疏漏之处，殷切希望使用本书的老师、同学和其他读者提出批评、指正和改进意见，以便今后修订提高。

本书有配套电子课件，可赠送给用本书作为授课教材的院校和老师，如需要，可发邮件至 hqlbook@126.com 索取。

编　者

目录

第十一章　车联网 220

参考文献 …… 237

第一章

汽车单片机原理

学习要求

熟悉自动控制系统的概念、组成和工作原理，掌握开环控制和闭环控制的特点，了解常用自动控制系统的分类和计算机控制系统的组成。

熟悉微型计算机和单片机的概念，了解 MCS-51 单片机的组成和引脚，熟悉指令系统，熟悉单片机的中断、定时器/计数器和串行通信。

掌握单片机程序设计基本方法，熟悉汽车单片机有关程序的设计原理。

自动控制技术在工业、农业、国防和科学技术现代化中起着十分重要的作用。自动控制技术水平的高低也是衡量科学技术先进与否的重要标志之一。

现代汽车大多采用以单片机为控制核心的高度自动化的实时自动控制，在优化发动机的动力性、节约能源、行驶安全和减少污染等方面起着重要作用。

计算机是一种不需人的直接干预就能高速、自动地进行数据处理的电子装置。存储程序和在程序控制下运行是计算机的基本工作原理。计算机具有自动性、高速性、准确性、逻辑性和通用性。

单片微型计算机简称单片机，是微型计算机的一个重要分支。单片机体积小、质量轻、能耗低，广泛应用在家用电器、智能仪表、自动检测、机电设备和汽车等各个方面的自动控制中。单片机也常称为微控制器。

车载网络技术可将汽车上的各控制单元，如电控燃油喷射系统、电控点火系统、电控自动变速器、电控制动防抱死系统、电控行驶稳定系统、巡航自动控制系统和空调系统等联网控制，使整车信息资源利用最优化和减轻车身重量。

第一节 自动控制概述

自动控制理论是研究各种自动控制过程共同规律的技术学科。它的发展初期是以反馈理论为基础的自动调节理论。随着科学技术的进步，自动控制原理已发展成为一门独立的学科，它包括工程控制论、生物控制论、经济控制论和社会控制论。

人类在创造和发展各种能源动力机器的同时，即从发明蒸汽机、电动机、内燃机、涡轮喷气发动机、火箭发动机等动力机器的同时，始终伴随着对动力机器控制技术的发明和发展，以便提高动力机器对能源的利用效率，提高对动力机器启动和运行的稳定性控制，提高对动力机器动力输出和环境保护的最佳控制。在人机相对封闭的高速运动载体中，如汽车和飞行舱中，还要提高机器对人的舒适性和安全性的控制等。

动力机器控制技术的发展经历了从手动控制到自动控制的过程，自动控制又经历了从机械控制、电工电子技术控制，到计算机控制及计算机联网控制的发展阶段。计算机控制及计算机联网控制是目前最先进的自动控制技术。

现代轿车就是一个以单片微型计算机为核心并联网控制的机电液一体化的以燃油或电力为动力的交通工具。

一、自动控制的基本概念

所谓自动控制，就是在没有人直接参与的情况下，利用控制装置对机器、设备或工作过程的某些工作状态或参数进行自动调节与控制，使其按照预定的规律运行。自动控制系统性能的优劣，将直接影响到被控设备或系统的工况。

1. 自动控制的基本方法

自动控制系统有两种最基本的形式，即开环控制和闭环控制。复合控制是将开环控制和闭环控制适当结合的控制方式，可用来实现复杂且控制精度较高的控制任务。

（1）开环控制　开环控制是指控制装置与被控对象之间只有顺向作用而没有反向联系的控制过程。即被控量（系统输出）不影响系统控制的控制方式称为开环控制。所以，在开环控制中，不对被控量进行任何检测，在输出端和输入端之间不存在反馈联系。开环控制系统一般由控制器、执行元件和控制对象组成，如图 1-1 所示。下面以汽油发动机喷油自动控制为例说明。

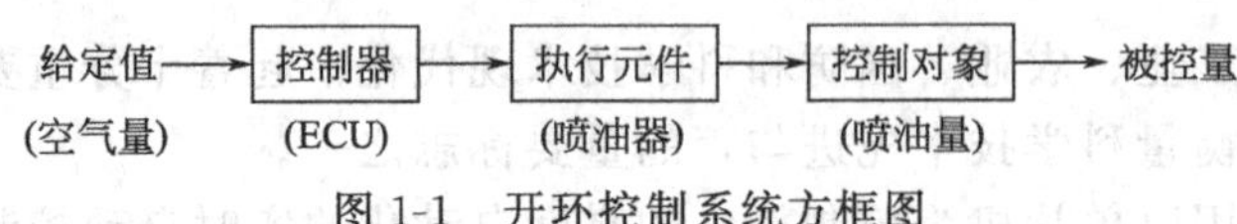

图 1-1　开环控制系统方框图

给定值是要控制被控量的输入信号值。要控制喷油量，首先要把测出的进入气缸的空气量转为相应的数字信号作为给定值输入给控制器。

被控量是控制对象按一定规律输出的物理量，通常它是决定控制对象工作状态。如发动机喷油器的喷油量、发动机曲轴的转速等。

执行元件起具体执行控制信号或指令的作用，给控制对象施加某种作用，使其改变输出量。如发动机喷油的执行元件是喷油器，给喷油器施加的是脉冲电压，脉冲电压的宽度越宽，喷油量越大。

控制器是一种特殊装置，起综合、分析、比较、判断和运算的作用，并能按一定的规律发出控制信号或指令。不同的控制器构成不同，现代控制器通常以微型计算机为核心。汽车发动机电子控制系统的控制器以单片机为核心，配置输入和输出电路后，简称电控单元，用 ECU（Electronic Control Unit）表示。

控制器的作用是使系统的输出量与给定量之间保持设定的函数关系。如发动机空气流量传感器测出进气质量后，转换为相关数值的给定值（输入电信号）送给控制器（ECU），控制器按设定的函数关系，控制执行元件（喷油器）喷油，使空气量与燃油量之间的比值为 14.7∶1，这一比值称为理想空燃比（空气与燃油的质量比值），此比值可以使汽油获得最佳燃烧。

开环控制方式的特点是：在给定输入端到输出端之间的信号传递是单向进行的。当受控对象或控制装置受到干扰，或者在工作过程中元件特性发生变化而影响被控量时，系统不能进行自动补偿，所以控制精度难以保证。但是由于它的结构比较简单，因此在控制精度要求不高或元器件工作特征比较稳定而干扰又很小的场合中应用比较广泛。

(2) 闭环控制 若系统输出量通过反馈环节返回来作用于控制部分，形成闭合环路，则这样的控制称为闭环控制系统，又称为反馈控制。闭环控制的方框图如图 1-2 所示。

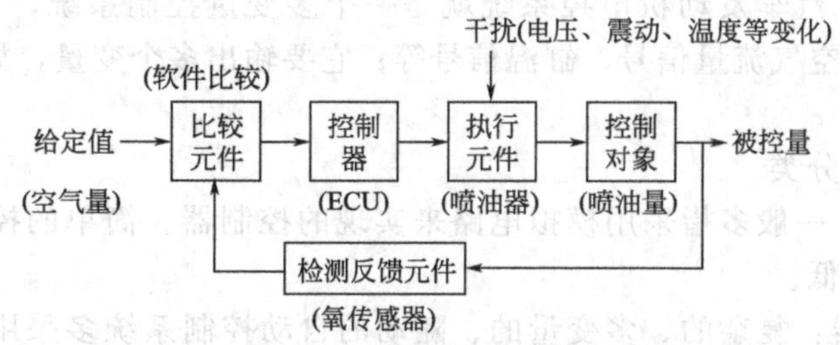

图 1-2 闭环控制系统方框图

闭环控制的特点是在控制器和被控对象之间，不仅存在着正向作用，而且还存在着反馈作用，即系统的输出信号对被控制量有直接影响。

在闭环控制中，被控量时刻被检测，并通过反馈通道送回到比较元件，与给定值进行比较。闭环控制从原理上提供了实现高精度控制的可能性。

在发动机喷油闭环控制中，喷油量的多少是否达到理想空燃比，直接影响发动机的燃烧情况。燃烧是否完全或供氧是否过剩，可以用氧传感器检测从发动机排出废气中的含氧量来判断。氧传感器是一种氧化学电池，其产生的电动势与氧浓度差有关。氧传感器产生的电信号反馈到 ECU，ECU 用软件方式与内存的标准值比较，判断喷油量的差值，对喷油指令进行修正，改变喷油脉宽，从而改变喷油量，使其达到理想空燃比。

闭环控制具有自动修正被控制量出现偏离的能力，因此可以修正元件参数变化及外界扰动引起的误差，其控制精度较高，是常用的控制方式。

2. 自动控制的分类

由于控制技术的广泛应用以及控制理论自身的发展，使得控制系统具有各种各样的形式，从不同的角度出发，分类的方式也不相同。以下简介常见的几种分类。

(1) 按输入信号特征分类

① 定值控制系统：给定信号（给定值）为一常值的控制系统称为定值控制系统。这类控制系统的任务是保证在扰动作用下使被控变量始终保持在给定值上。汽车发动机的缸温控制是定值即定温控制，一般缸温设定在 80℃，当缸温超过设定温时，发动机 ECU 或温控器将启动冷却液循环和风扇散热。

② 随动控制系统：给定信号是一个未知变化量的闭环控制系统称为随动控制系统。这类控制系统的任务是保证在各种条件下系统的输出（被控变量）以一定精度跟随给定信号的变化而变化，所以这类控制系统又称为跟踪控制系统。发动机点火提前角的控制是典型的高精度、随动控制。它的给定信号是随机信号，就是发动机的转速信号，发动机转速随喷油量和负荷量等因素的变化而变化；发动机转速越高，点火提前角就越大；这是一个闭环控制，检测反馈元件是发动机曲轴转速传感器。

③ 程序控制系统：给定信号是一个按一定时间程序变化的时间函数的闭环控制系统称为程序控制系统。汽车喷漆烤漆房的温度控制是程序控制，其升温、保温、降温过程都是按照预先设定的规律进行控制的。

(2) 按变量分类

① 单变量控制系统：如果只有一个被控变量和一个控制作用来控制被控对象，则称该

系统为单变量控制系统，又称为单输入-单输出系统。

② 多变量控制系统：如果一个控制系统中的被控变量多于一个，控制作用也多于一个，而且各控制回路相互之间有耦合关系，则称这类控制系统为多变量控制系统，也称为多输入-多输出控制系统。汽车发动机电控系统就是一个多变量控制系统，它有多个输入信号，如发动机转速信号、空气流量信号、缸温信号等；它要输出多个变量，如喷油量、点火提前角等去控制发动机。

（3）按控制装置分类

① 常规控制器：一般多指采用模拟电路来实现的控制器。简单的控制常采用这种控制器，线路简单，成本低。

② 计算机控制器：复杂的、多变量的、随动的自动控制系统多采用以计算机为核心的控制器。现代汽车中各电控单元都是采用以单片机为核心的控制器。

3. 对控制系统的基本要求

（1）稳定性　稳定性是指系统被控量偏离给定值而振荡时，系统抑制振荡的能力。对于稳定的系统，随着时间的增长，被控量将趋近于希望值。图 1-3(a) 所示的系统是稳定的，图 1-3(b) 所示的系统是不稳定的，可见稳定性是保证系统正常工作的先决条件。

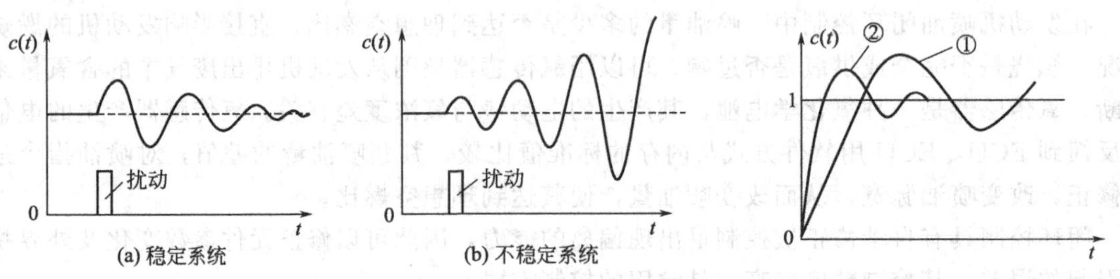

图 1-3　自动控制系统稳定性示意图

图 1-4　自动控制系统快速性示意图

（2）快速性　快速性是指被控量趋近希望值的快慢程度。快速性好的系统，它的过渡过程时间就短。图 1-4 所示的系统②，其快速性要比系统①好。稳定性和快速性是反映系统动态过程好坏的尺度。

（3）准确性　准确性是指过渡过程结束后被控量与希望值接近的程度。

工程上常常从稳、快、准三个方面来评价自动控制系统的总体性能。

二、计算机控制技术

1. 计算机控制技术概念

如果把自动控制系统的控制器用计算机来代替，这样就可以构成计算机控制系统。如果计算机是微型计算机，就组成微型计算机控制系统，其基本框图如图 1-5 所示。在微型计算机控制系统中，只要运用各种指令，就能编出符合某种控制规律的程序。微处理器执行这样的程序，就能实现对被控参数的控制。在计算机控制系统中，由于计算机的输入和输出信号都是数字信号，而大部分被控对象的被控参数和控制量都是模拟信号，因此在这样的控制系统中，需要有将模拟信号转换为数字信号的 A/D 转换器，以及将数字信号转换为模拟信号的 D/A 转换器。

计算机控制系统的控制过程通常可归结为以下三个步骤。

① 数据采集　对被控参数的瞬时值进行检测、采集，并将数据传送给计算机。

② 实时决策　对采集的数据按程序进行分析，与内存数据比较，决定下一步控制过程。

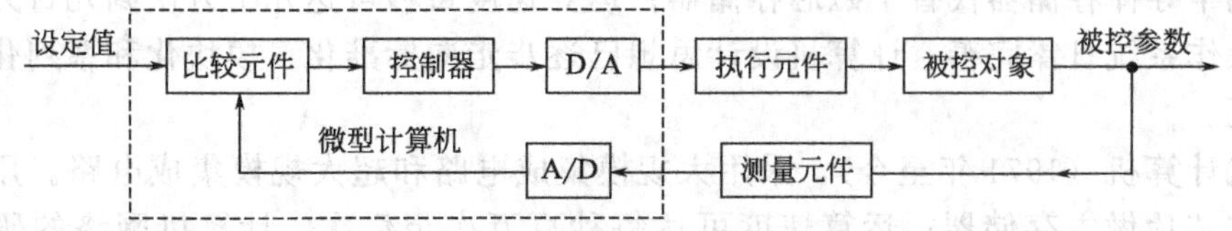

图 1-5 微型计算机控制系统基本框图

③ 实时控制　按已定的控制规律，适时地对执行单元发出控制信号。

上述过程不断重复，使整个系统能够按照一定的性能指标进行工作，并且对被控参数和设备本身出现的异常状态及时监督并做出迅速处理。

应用微型计算机控制是一个实时控制系统，它包括硬件和软件两部分。发动机的运行过程是连续进行的。

2. 计算机控制的特点

计算机控制系统有两个类别：一类是通用计算机控制系统，适用于高速、大量的数值计算，系统配置多，体积大；另一类是以单片机为主的嵌入式计算机控制系统，它具有微型、嵌入和专用的特点，它以很小的“微型”体积“嵌入”控制对象的载体中，其配置的硬件和软件以适用控制对象为度，系统是“专用”的。在制造工业、过程控制、通信、仪器、仪表、家用电器、汽车、船舶、航空、航天、军事装备等方面均采用有嵌入式计算机控制技术。现代汽车控制系统均采用单片机控制系统。

单片机控制系统具有以下特点。

① 适合多变量控制。汽车发动机电控系统是一多变量控制系统。

② 适合数据比较、查找控制。发动机点火提前角度的确定是根据发动机转速和负荷等工况信息，查找内存中的数据确定的。

③ 适合计数控制。发动机点火提前角度的控制执行是靠计数控制实现的。

④ 适合实时随动控制。汽车的加速控制是实时随动控制，只要脚踏加速踏板，发动机的转速随即提高，这是实时控制喷油量实现的。

⑤ 改变控制模式容易。通过修改软件或内存数据，可以比较容易改变控制模式。

⑥ 适合网络化控制。现代轿车有发动机电控单元、防抱死制动电控单元、动力转向电控单元、主动悬架电控单元、防碰撞电控单元、导航电控单元等几十种电控单元，可以联网控制。

第二节　微型计算机基础

一、计算机的发展概况

人类在对客观世界的“数量”认识上，从记数、计数到计算，经历了漫长的历史阶段，即从手工计算阶段、机械计算阶段，一直发展到现今的电子计算机计算阶段。

电子计算机的发展常以电子器件为标志划分为四个阶段。

第一代计算机（1945～1958 年），以电子管作为逻辑元件。主要用于科学和工程计算；运算速度每秒几千次至几万次。

第二代计算机（1958～1964 年），以晶体管作为逻辑元件，用磁芯做主存储器。体积缩小、功耗降低，提高了速度和可靠性；每秒运算可达几十万次。

第三代计算机（1964～1971 年），以集成电路作为基础器件。体积、功耗、价格等进一步降低；用半导体存储器代替了磁芯存储器；运算速度每秒可达几十万次到几百万次；在软件方面，操作系统日臻完善。计算机设计思想已逐步走向标准化、模块化和系列化，应用范围更加广泛。

第四代计算机（1971 年至今），采用大规模集成电路和超大规模集成电路。用集成度更高的半导体芯片做主存储器；运算速度可达每秒百万次至亿次。计算机网络的研究进展迅速；系统软件的发展不仅实现了计算机运行的自动化，而且正在向智能化方向迈进；各种应用软件层出不穷，极大地方便了用户。

现代计算机正在向以下四个方面发展。

① 巨型化：随着科学技术发展的需要，许多部门要求计算机有更高的速度、更大的存储容量，从而使计算机向巨型化发展。

② 微型化：计算机体积更小、重量更轻、价格更低、更便于应用于各个领域，尤其是适用仪器仪表、家用电器、通信工具的数字化和智能化，工业控制的自动化等。

③ 网络化：计算机网络是计算机技术和通信技术互相渗透、不断发展的产物。计算机联网可以实现计算机之间通信和资源共享。对于社会，加速社会信息化的进程；对工业机器群或生产线，可实现计算机联网控制。

④ 多媒体化：现代计算机可以集文字、声音、图形、图像和视频处理为一体，使人们面对有声有色、图文并茂的信息交流环境。

二、微型计算机和单片机

电子计算机高速发展到今天，通常可分为巨型机、大型机、中型机、小型机和微型机五类。它们在系统结构和基本工作原理方面并无本质的区别，只是在体积、性能和应用领域方面有所不同。微型计算机简称微机，是计算机的一个重要分类。微型计算机不但具有其他计算机快速、精确、程序控制等特点，最突出的是它还具有体积小、重量轻、功耗低、价格便宜等优点。个人计算机简称 PC（Personal Computer）机，是微型计算机中应用最为广泛的一种，目前，它已经像普通家用电器一样深入到了家庭和社会生活的各个方面。图 1-6 是关于微型计算机系统组成的示意图。

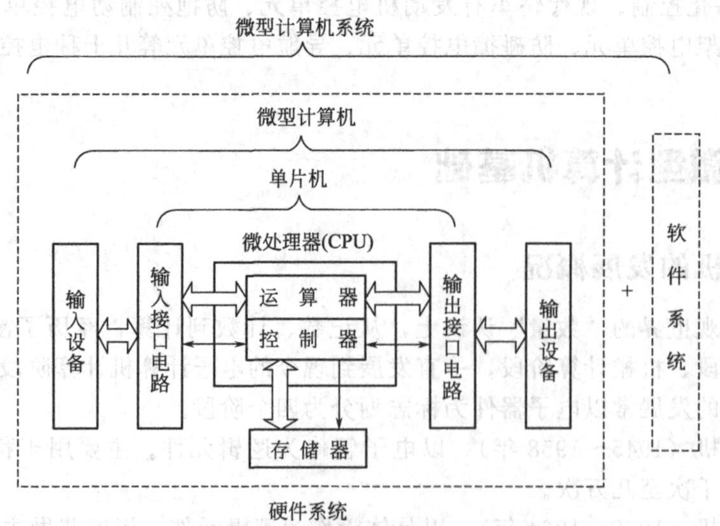

图 1-6 微型计算机系统组成

（1）微处理器　微处理器就是传统计算机的 CPU，是集成在同一块芯片上的具有运算和逻辑控制功能的中央处理器，它是构成微型计算机系统的核心部件。

(2) 微型计算机　以微处理器为核心，再配上存储器、输入和输出接口电路（简称 I/O 接口）和中断系统等构成的整体，称为微型计算机。它们可集中装在同一块或数块印刷电路板上，一般不包括外围设备和软件。

(3) 微型计算机系统　这是指以微型计算机为核心，配上输入设备和输出设备、电源和软件等，构成能独立工作的完整计算机系统。软件系统是微机系统所使用的各种程序的总称。人们通过它对整机进行控制并与微机系统进行信息交换，使微机按照人的意图完成预定的任务。

(4) 单片微型计算机　单片微型计算机简称单片机。单片机是将微处理器、存储器、I/O 接口和中断系统集成在同一块芯片上，具有完整功能的微型计算机，这块芯片就是其硬件。在实际应用中，通常很难将单片机直接和被控对象进行电气连接，必须外加输入电路、输出电路和操作开关等，才能构成一个单片机应用系统。

单片机经历了由 4 位机到 8 位机再到 16 位机的发展过程。单片机制造商很多，如美国的英特尔（Intel）公司、摩托罗拉（Motorola）公司、齐格洛（Zilog）公司等。目前，单片机正朝着高性能、多品种方向发展。近年来，64 位单片机已进入了实用阶段，但是由于 8 位单片机在性能价格比上占有优势，而且 8 位增强型单片机在速度和功能上向现在的 16 位单片机挑战，因此在未来相当长的时期内，8 位单片机仍是单片机的主流机型。

单片机多用于嵌入式智能设备和现场实时控制，选用的原则是“够用为度”，以满足体积小、耗能低、成本低的要求。一般智能家电用 4 位或 8 位单片机即可满足控制需求。汽车的机械系统控制，如发动机、自动变速器、制动防抱死等系统的控制，常用 8 位或 16 位单片机即可满足控制需求。较大量的信息处理可用 32 位或 64 位单片机。

除了通用系列的单片机之外，在某些汽车上还用到了一些专用单片机。专用单片机是为某一类特定的汽车专门设计的，具有较强的抗电磁干扰能力，抗强振动能力，适应较大的温度和湿度变化。一些增强型单片机还增加了 A/D 转换电路和其他功能的电路。

三、计算机中的数制和码制

为了了解单片机的基本工作原理，首先简介计算机中的数制和码制。

对计算机中的数据、地址和指令等的描述，常用到二进制数和十六进制数。

(1) 二进制数　在计算机内部的基本工作电路是组合逻辑电路和时序逻辑电路，是按高低电平和二进制规律工作。计算机处理和存储的信息都是二进制信息，并以 8 位二进制数为一个单位，称为一个字节（Byte，简写 B）。对于一个较大的信息，可以用若干个字节组成。

以二进制数表示的数据或指令，是计算机可以直接使用的，故称为机器数，也称机器码。

(2) 十六进制数　在对计算机输入数据、指令码时，如采用二进制数，则因位数太多，使用比较麻烦。在单片机上常用十六进制数表示二进制数。十六进制数是微型计算机软件编程时常采用的一种数制，其主要特点是：

十六进制数由 16 个数符构成：0、1、2、…、9、A、B、C、D、E、F，其中 A、B、C、D、E、F 分别代表十进制数的 10、11、12、13、14、15。

十六进制数进位规则是“逢十六进一”。一般在数的后面加一个字母 H 表示是十六进制数。

8 位二进制数“00000000～11111111”，可用 2 位十六进制数“00H～FFH”一一对应来表示，这样操作的位数就减少了。当然，十六进制数进入计算机后要经专门的电路和软件再转为二进制数供计算机使用。

在人工输入数据时，如果数据是十进制数，一般应先人工转为十六进制数，然后再输入。

第三节 单片机的组成

尽管各类单片机很多，但无论是从世界范围或是从全国范围来看，使用最为广泛的应属 Intel公司生产的MCS-51系列单片机。基于这一事实，下面以应用最为广泛的 MCS-51系列 8 位单片机（8031、8051、8751 等）为研究对象，介绍单片机的硬件结构和工作原理。

MCS-51 系列又分为 51 和 52 两个子系列，并以芯片型号的最末位数字作为标志。其中，51 子系列是基本型，而 52 子系列则属增强型。

MCS-51 单片机的典型芯片是 8031、8051、8751。8051 内部有 4 KB ROM，8751 内部有 4KB EPROM，8031 内部无 ROM；除此之外，三者的内部结构及引脚完全相同。因此，以 8051 为例，说明本系列单片机的内部组成、信号引脚和指令系统。

一、 MCS-51 单片机的基本组成

MCS-51 单片机的基本组成如图 1-7 所示，从图中可看出，MCS-51 单片机组成结构中包含 CPU、片内存储器、4 个并行 I/O 口、1 个串行口、2 个定时器/计数器、中断系统和时钟振荡器等功能部件。

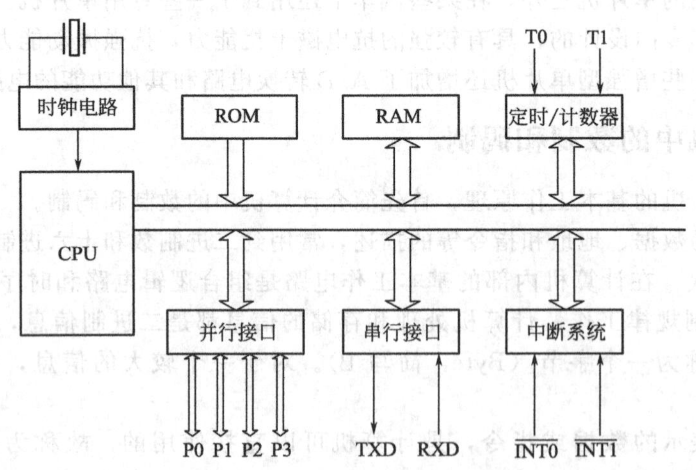

图 1-7 MCS-51 单片机的基本组成

1. 微处理器（CPU）

微处理器是单片机的核心，如前面的图 1-6 所示，其内含运算器和控制器。运算器是计算机的运算部件，用于实现算术运算和逻辑运算，计算机的数据运算和处理都在这里进行。控制器是计算机的指挥控制部件，它控制计算机各部分自动、协调地工作。

微处理器的功能以一次能处理的二进制信息的位数来表示，因此，有 4 位单片机、8 位单片机、16 位单片机和 32 位单片机。选用时，不是功能越强越好，而是在保证够用的条件下，体积最小、耗能最小和最经济为最好。MCS-51 是 8 位单片机。

2. 存储器

存储器是计算机的记忆部件，用于存放程序和数据。存储器又分为片内存储器和片外存储器。片外存储器是片内存储器的扩展。

存储器内以存储单元为单位存储二进制信息，每个存储单元存放一个字节（B）的信息。存储器的每个单元都有一个地址，地址用十六进制数表示。CPU 经地址总线连接某个单元，可将数据写入某个单元，也可将某个单元的数据读取。

存储器的容量常用 B、KB、MB、GB 和 TB 为计量单位，它们之间的换算关系以 $2^{10}=1024=1K$ 的倍数来表示，其倍数词头代号及关系如下：

1KB＝1024B，1MB＝1024KB，1GB＝1024MB，1TB＝1024GB

存储器可分为两类：随机存取存储器 RAM 和只读存储器 ROM。

RAM 用于存放可读写的数据。既可写入数据，也可读出数据。断电后，所存数据丢失。汽车传感器输入的信息就存在 RAM 中。

ROM 用于存放程序、原始数据或表格。目前的 ROM 常用电可擦除可编程只读存储器 EEPROM 和闪速存储器 Flash Memory，它们的共同特点是断电后存储的数据不会丢失，使用编程电压可以对原存储数据擦除，然后重新写入新数据。汽车电控发动机的喷油和点火等程序就存在 ROM 中。

8051 芯片的 RAM 中共有 256 个存储单元，供用户使用。ROM 有 4 KB 存储单元，用于存放程序、原始数据或表格。

3. 定时/计数器

8051 共有 2 个 16 位的定时/计数器，以实现定时或计数功能，并以其定时或计数结果对计算机进行控制。

4. 并行 I/O 口

8051 共有 4 个 8 位的 I/O 口（P0、P1、P2、P3），以实现数据的并行输入/输出。

5. 串行口

MCS-51 单片机有一个全双工的串行口，以实现单片机和其他设备之间的串行数据传送。该串行口功能较强，既可作为全双工异步通信收发器使用，也可作为同步移位器使用。

6. 中断控制系统

MCS-51 单片机的中断功能较强，以满足控制应用的需要。8051 共有 5 个中断源，即外中断两个，定时/计数中断两个，串行中断一个。全部中断分为高级和低级共两个优先级别。

7. 时钟电路

MCS-51 芯片的内部有时钟电路，但石英晶体和微调电容需外接。时钟电路为单片机产生时钟脉冲序列。MCS-51 芯片允许的晶振频率一般为 6MHz 或 12MHz。

8. 内部总线

总线是用于传送信息的公共途径。总线可分为数据总线、地址总线、控制总线。单片机内的 CPU、存储器、I/O 接口等单元部件都是通过总线连接到一起的。采用总线结构可以减少信息传输线的根数，提高系统可靠性，增强系统灵活性。

从上述内容可以看出，MCS-51 虽然是一个单片机芯片，但作为计算机应该具有的基本部件它都包括，因此，实际上它已是一个简单的微型计算机了。

二、 MCS-51 单片机的信号引脚

MCS-51 是标准的 40 引脚双列直插式集成电路芯片，引脚排列如图 1-8 所示。由于工艺及标准化等原因，芯片的引脚数目是有限制的，为了增加引脚的功能，有些引脚具有第二功

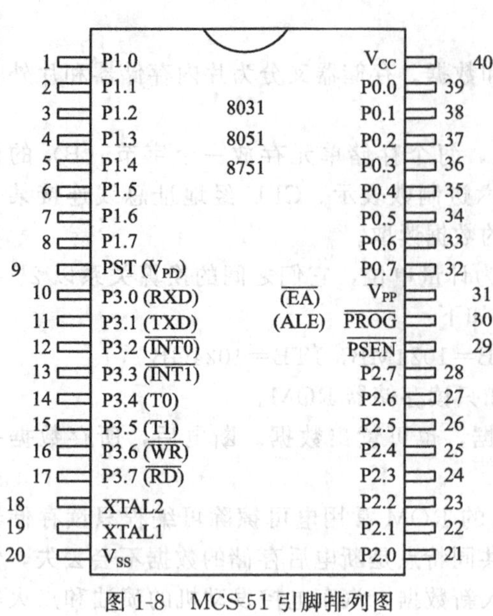

图 1-8 MCS-51 引脚排列图

能，带括号的符号是第二功能符号。

1. 电源引脚

V_{CC}（40 脚）：芯片电源正极端，接＋5V 电源；

V_{SS}（20 脚）：芯片电源负极端或接地端。

2. 时钟引脚

XTAL1（19 脚）和 XTAL2（18 脚）：当使用芯片内部时钟时，外接石英晶体和微调电容；采用外部振荡器时，XTAL1 接地，XTAL2 为外部振荡信号的输入端。

3. I/O 口引脚

8051 共有 4 个 8 位的并行 I/O 口，即 P0 口、P1 口、P2 口、P3 口。

P0 口：P0.0～P0.7（39～32 脚），8 位双向 I/O 口线。此口在 CPU 的控制下，可以选为双向数据总线口，可以输出或输入数据；也可选为地址总线的低 8 位输出线口。

P1 口：P1.0～P1.7（1～8 脚），8 位双向 I/O 口线。仅有双向数据总线口功能。

P2 口：P2.0～P2.7（㉑～㉘脚），8 位双向 I/O 口线。此口在 CPU 的控制下，可以选为双向数据总线口；也可选为地址总线的高 8 位输出线口。

P3 口：P3.0～P3.7（10～17 脚），8 位双向 I/O 口线。双向数据总线口和第二功能口。第二功能口见表 1-1。

表 1-1 P3 口各引脚与第二功能表

引脚	第二功能符号与名称		引脚	第二功能符号与名称	
P3.0	RXD	串行数据接收端	P3.4	T0	定时器/计数器 0 外部输入端
P3.1	TXD	串行数据发送端	P3.5	T1	定时器/计数器 1 外部输入端
P3.2	$\overline{INT0}$	外部中断 0 请求输入端	P3.6	$\overline{WR}$	外部数据存储器写选通信号输出端
P3.3	$\overline{INT1}$	外部中断 1 请求输入端	P3.7	$\overline{RD}$	外部数据存储器读选通信号输出端

4. 控制信号引脚

ALE/$\overline{PROG}$（30 脚）：ALE 是地址锁存控制信号。在访问外部存储器（RAM 或 ROM）时，ALE 用于控制把 P0 口输出的低 8 位地址锁存起来，以实现低位地址和数据的隔离。此外，由于 ALE 是以晶振 1/6 的固定频率输出的正脉冲，因此，可作为外部时钟或外部定时脉冲使用。第二功能$\overline{PROG}$在对 8751 的 EPROM 编程时，是编程脉冲的输入端。

$\overline{PSEN}$（29 脚）：在访问外部程序存储器时，此端输出低电平，作为外部程序存储器的读选通信号。

$\overline{EA}$/V_{PP}（31 脚）：$\overline{EA}$为内部程序存储器和外部程序存储器的选择控制信号。$\overline{EA}$＝1，访问内部程序存储器，并可延至外部程序存储器。$\overline{EA}$＝0，访问外部程序存储器。第二功能 V_{PP}在对 8751 的 EPROM 编程时，是编程电压（21V）的输入端。

RST/V_{PD}（9 脚）：复位信号输入端，用以完成单片机的复位初始化操作。第二功能 V_{PD}是备用电源输入端，当主电源 V_{CC}端口断电期间，备用电源经 V_{PD}端向片内 RAM 供电，保证存储在 RAM 中的数据不致丢失。

三、存储器和地址空间

MCS-51 单片机存储器结构采用哈佛型结构，即将程序存储器（ROM）和数据存储器（RAM）分开，它们有各自独立的存储空间、寻址机构和寻址方式。其典型结构如图 1-9 所示。

1. 程序存储器 ROM

计算机的工作是按照事先编制好的程序命令序列一条条顺序执行的，程序存储器就是用来存放这些已编好的程序和表格常数，它由只读存储器 ROM 或 EPROM 组成。计算机为了有序地工作，设置了一个专用寄存器——程序计数器 PC，用以存放将要执行的指令地址。每取出指令的 1 个字节后，其内容自动加 1，指向下一字节地址，使计算机依次从程序存储器取出指令予以执行，完成某种程序操作。由于 MCS-51 单片机的程序计数器为 16 位，因此，可寻址的地址空间为 64KB。

8051 程序存储器的空间地址使用有三种方法，如图 1-9(a) 所示。

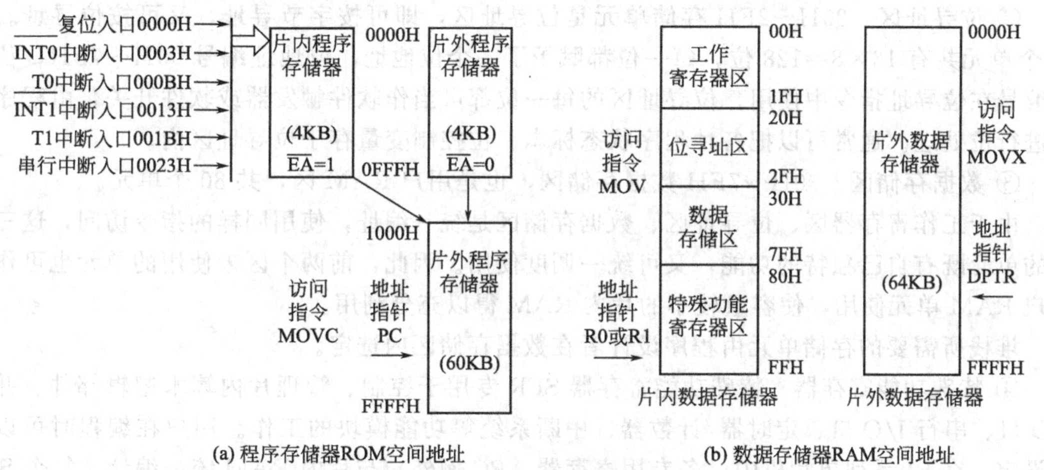

图 1-9　8051 存储器的空间地址

第一种方法：单独使用片内 ROM。8051 片内有 4KB 的 ROM，地址从 0000H～0FFFH。此种方法要求控制引脚 $\overline{EA}$ 接＋5V 高电平，即 $\overline{EA}$＝1。此种方法适合小容量程序。

第二种方法：片内 ROM＋片外 ROM。如果片内 ROM 容量不够，可以另加片外 ROM。片外 ROM 最多可扩展 60KB，地址从 1000H～FFFFH。此种方法片内和片外 ROM 是统一编址的。此种方法也要求 $\overline{EA}$＝1。CPU 的程序计数器 PC 从片内 ROM 的 0000H 开始访问，当 PC 值超过 0FFFH，会自动转向片外 ROM 地址 1000H～FFFFH。

第三种方法：完全使用片外 ROM。片外 ROM 的容量最大为 64KB，地址从 0000H～FFFFH。此种方法要求控制引脚 $\overline{EA}$ 接低电平，即 $\overline{EA}$＝0。虽然片外 ROM 的低端地址 0000H～0FFFH 与片内 ROM 地址 0000H～0FFFH 完全相同，但因 $\overline{EA}$＝0，CPU 不访问片内 ROM。此种方法适用程序调试。

MCS-51 单片机有 6 个程序的特殊入口地址，即 1 个单片机复位入口和 5 个中断入口。如图 1-9(a) 中左侧所示，每一个入口有一个确定的地址。单片机上电或复位后，程序从复位入口 0000H 开始执行。程序在执行过程中，5 个中断源中如果有中断请求，程序则转到相应的中断入口地址，执行中断程序，执行完中断程序再返回主程序。

2. 数据存储器 RAM

MCS-51 单片机片的数据存储器 RAM 分为内、外两个独立的数据存储空间，分别单独编址，如图 1-9(b) 所示。

(1) 片内数据存储器　片内数据存储器的地址空间从 00H～FFH，共 256B，其访问指令为 MOV。其地址可由 R0 和 R1 寄存器提供。

片内数据存储器又分为两部分：一部分是用户存储数据空间，共有 128 个字节，地址范围 00H～7FH，内有工作寄存器区（00H～1FH）、位寻址区（20H～2FH）和数据区存储区（30H～7FH）；另一部分是特殊寄存器空间，共有 128 个字节，地址范围 80H～FFH，内有特殊功能寄存器 SFR。SFR 呈离散分布。

各有关区分述如下。

① 工作寄存器区　00H～1FH 存储单元为工作寄存器区。工作寄存器也称通用寄存器。工作寄存器分成 4 组，每组都有 8 个寄存器，用 R0～R7 来表示。程序中每次指令只用 1 组。

工作寄存器用于临时寄存 8 位数据，常用来存放程序需要的初始数据。

② 位寻址区　20H～2FH 存储单元是位寻址区，即可按字节寻址，又可按位寻址。这 16 个单元共有 16×8＝128 位，每一位都赋予了一个位地址，位地址编号 00H～7FH，位地址编号在位寻址指令中使用。位寻址区的每一位都可当作软件触发器或软件开关，由程序直接进行位处理。通常可以把各种程序状态标志、位控制变量存于位寻址区内。

③ 数据存储区　30H～7FH 数据存储区，也是用户 RAM 区，共 80 个单元。

由于工作寄存器区、位寻址区、数据存储区是统一编址，使用同样的指令访问，这三个区的单元既有自己独特的功能，又可统一调度使用。因此，前两个区未使用的单元也可作为用户 RAM 单元使用，使容量较小的片内 RAM 得以充分利用。

堆栈所需要的存储单元由程序设计者在数据存储区内选定。

④ 特殊功能寄存器　特殊功能寄存器 SFR 专用于控制、管理片内算术逻辑部件、并行 I/O 口、串行 I/O 口、定时器/计数器、中断系统等功能模块的工作。用户在编程时可以置数设定。在 51 系列单片机中，各专用寄存器（PC 例外）与片内 RAM 统一编址，每个 SFR 占有一个存储单元，它们呈离散分布。寻址的方式有寄存器寻址、直接字节寻址和位寻址。特殊功能寄存器（SFR）的名称、符号和地址见表 1-2。

表 1-2　特殊功能寄存器（SFR）的名称、符号和地址

特殊功能寄存器名称	SFR 符号	地　址	特殊功能寄存器名称	SFR 符号	地　址
累加器	ACC①	E0H	中断允许控制寄存器	IE①	A8H
B 寄存器	B①	F0H	定时器/计数器方式选择寄存器	TMOD	89H
程序状态字	PSW①	D0H	定时器/计数器控制寄存器	TCON①	88H
堆栈指针	SP	81H	定时器/计数器 0(高字节)	TH0	8CH
数据寄存器指针(低 8 位)	DPL	82H	定时器/计数器 0(低字节)	TL0	8AH
数据寄存器指针(高 8 位)	DPH	83H	定时器/计数器 1(高字节)	TH1	8DH
P0 口锁存器	P0①	80H	定时器/计数器 1(低字节)	TL1	8BH
P1 口锁存器	P1①	90H	串行控制寄存器	SCON①	98H
P2 口锁存器	P2①	A0H	串行数据缓冲器	SBUF	99H
P3 口锁存器	P3①	B0H	电源控制寄存器	PCON	87H
中断优先级控制寄存器	IP①	B8H			

① 既可字节寻址，也可位寻址。

(2) 片外数据存储器　片外数据存储器一般是16位编址，51单片机可扩展片外64 KB空间的数据存储器，地址范围为0000H～FFFFH，它与程序存储器的空间地址编号相同，但两者的寻址指令和控制线不同，片外数据存储器的访问指令为MOVX，其地址指针是DPTR（由DPH和DRL这两个特殊功能寄存器组成）。

四、并行输入/输出端口

MCS-51有4个并行输入/输出端口，分别命名为P0、P1、P2、P3。每个端口都由8位数据输出锁存器和驱动电路、8位数据输入缓冲器组成。每个端口的8位数据输出锁存器也是该端口的特殊功能寄存器，与端口的命名同名，也称为P0、P1、P2、P3，见表1-2。

CPU输出数据可以在8位数据输出锁存器中锁存，外来数据输入可以在8位数据输入缓冲器中得到缓冲。MCS-51单片机有不少指令可直接进行端口操作。

1. P0口（P0.0～P0.7，第39～32脚）

(1) P0口结构　P0口是一个三态双向口，可作为地址/数据分时复用口，也可作为通用I/O接口。图1-10所示是P0口的1位结构原理图，P0口由8个这样的电路组成。图中虚线的左侧为单片机内部电路，右侧为外部电路。

锁存器D起输出锁存作用，8个锁存器构成了特殊功能寄存器P0。

场效应管V1、V2组成输出驱动器，以增大带负载能力。

与门3、反相器4及电子转换开关MUX构成了输出控制电路。

三态输入缓冲器1是引脚数据输入缓冲器，功能是“读引脚”；三态输入缓冲器2是锁存器Q端的输入缓冲器，功能是“读锁存器”。所谓三态是指缓冲器有三个状态，即其输出端可以是高电平、低电平和高阻状态（或称为禁止状态）。

(2) P0口工作原理

① 作为通用I/O接口的输出口：当CPU向端口输出数据时，对“控制”端输出“0”电平信号，转换开关MUX把输出级V1与锁存器的$\overline{Q}$端接通，同时因为与门3输出为“0”，使V2截止，因此，输出级V1变为漏极开路电路。当写脉冲加在锁存器时钟端CLK上时，数据经内部总线输出至锁存器的D端，经锁存器取反后在$\overline{Q}$端输出，再经V1反相输出，在P0引脚上出现的数据正好是内部总线的数据。图中实箭头线为输出数据路径。

在输出数据时，由于V2截止，输出级V1是漏极开路电路，要使信号正常输出，必须在P0口的引脚上外接上拉电阻，使V1构成通电回路，如图1-10中虚线的右侧所示。

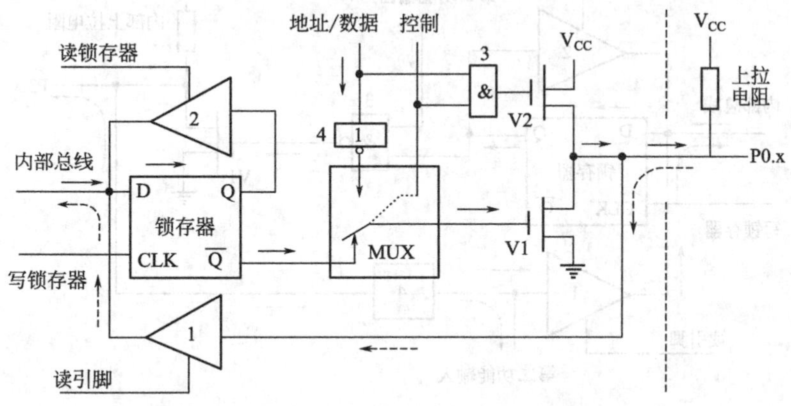

图1-10　P0口的1位结构原理图

② 作为通用 I/O 接口的输入口：又分为“读引脚”和“读锁存器”。

读引脚：就是使 P0. x 口引脚上的数据信号输入内部总线上。由指令和 CPU 控制先对锁存器的 D 端置“1”，此时锁存器的 $\overline{Q}$ 端为“0”，使输出级的两个场效应管 V1、V2 均截止，使引脚 P0. x 处于悬浮高阻状态。输入信号从引脚输入后，进入三态输入缓冲器 1 缓存；CPU 随即取消对锁存器 D 端的置“1”，并发出“读引脚”信号使输入缓冲器 1 开通，输入数据进入内部总线。图中虚箭头线为输入数据路径。

这里要特别注意内部总线在指令和 CPU 控制下的时序过程。P0 口是一个准双向口。

③ 作为地址/数据总线输出。在访问片外存储器时，需从 P0 口输出地址或数据信号，CPU 对“控制”端输出高电平信号“1”，使转换开关 MUX 向上，把反相器 4 的输出端与 V1 接通，同时把与门 3 打开。当地址或数据为“1”时，经反相器 4 使 V1 截止，而经与门 3 使 V2 导通，P0. x 引脚上出现相应的高电平“1”；当地址或数据为“0”时，经反相器 4 使 V1 导通而 V2 截止，引脚上出现相应的低电平“0”。这样就将地址/数据的信号输出。

P0 口作为地址/数据分时复用总线时，输出的是地址信号，还是数据信号，主要由指令决定。在同一时刻，输出的只能是一种信号。可以分时输出两种信号。

P0 口作为地址总线时，输出的是 16 位地址线的低 8 位地址线。

2. P1 口（P1. 0～P1. 7，第 1～8 脚）

P1 口仅作为通用 I/O 口，其结构比 P0 口简单。把图 1-10 中的与门 3、反相器 4、转换开关 MUX、场效应管 V2 去掉。锁存器的 $\overline{Q}$ 端直接与场效应管 V1 连接；外接上拉电阻移入单片机内部，就是 P1 口的结构。P1 口仅具有数据输入/输出功能，是一个准双向口。

3. P2 口（P2. 0～P2. 7，第 21～28 脚）

P2 口的结构和功能与 P0 口基本相同，也是地址/数据分时复用口：一是作为通用 I/O 口，具有数据输入/输出功能，是一个准双向口；二是作为地址总线时，输出的是 16 位地址线的高 8 位地址线。

4. P3 口（P3. 0～P3. 7，第 10～17 脚）

P3 口的 1 位结构如图 1-11 所示。P3 口具有两种功能：一是作为通用 I/O 口，具有数据输入/输出功能，是一个准双向口；二是作为第二功能使用。

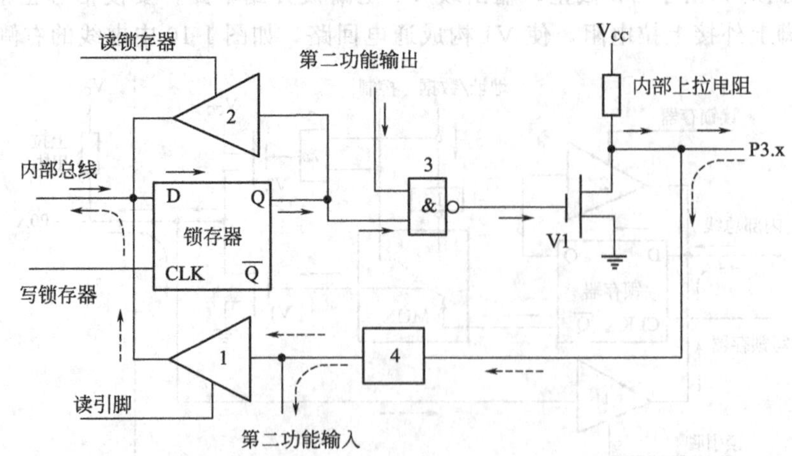

图 1-11　P3 口的 1 位结构

第二功能输出原理：当 P3 口的某一位作为第二功能输出时，CPU 将该位锁存器置“1”，使与非门 3 的输出状态只受“第二功能输出”信号控制。“第二功能输出”信号经与非门 3 和场效应管 V1 两次反相后输出到 P3. x 的引脚上。

第二功能输入原理：当 P3 口的某一位作为第二功能输入时，CPU 将该位“第二功能输出”和锁存器均置“1”，场效应管 V1 截止，P3. x 引脚上的输入信号经缓冲器 4 进入单片机内的相应控制电路。

P3 口各引脚的第二功能见表 1-3。

表 1-3 P3 口各引脚与第二功能表

引脚	第二功能符号与名称		引脚	第二功能符号与名称	
P3. 0	RXD	串行数据接收端	P3. 4	T0	定时器/计数器 0 外部输入端
P3. 1	TXD	串行数据发送端	P3. 5	T1	定时器/计数器 1 外部输入端
P3. 2	$\overline{\text{INT0}}$	外部中断 0 请求输入端	P3. 6	$\overline{\text{WR}}$	外部数据存储器写选通信号输出端
P3. 3	$\overline{\text{INT1}}$	外部中断 1 请求输入端	P3. 7	$\overline{\text{RD}}$	外部数据存储器读选通信号输出端

五、CPU 时序

单片机内各部件之间有条不紊地协调工作，其控制信号是在一种基本脉冲节拍的指挥下按一定时间顺序发出的，这些控制信号在时间上的相互关系就是 CPU 时序。而产生这种基本节拍的电路就是振荡器和时钟电路。

1. 振荡器和振荡周期

（1）单片机振荡器 单片机内部有一个石英振荡器的基本电路，由于石英晶体元件和电容器不能集成到单片机内，只能外接。如图 1-12 所示，外部电路与单片机的 XTAL1 和 XTAL2 引脚相连。

在多单片机组成的网络系统中，为了使各单片机之间振荡脉冲信号同步，往往引入一个外部振荡器的信号，外部振荡信号从 XTAL2 引脚输入。

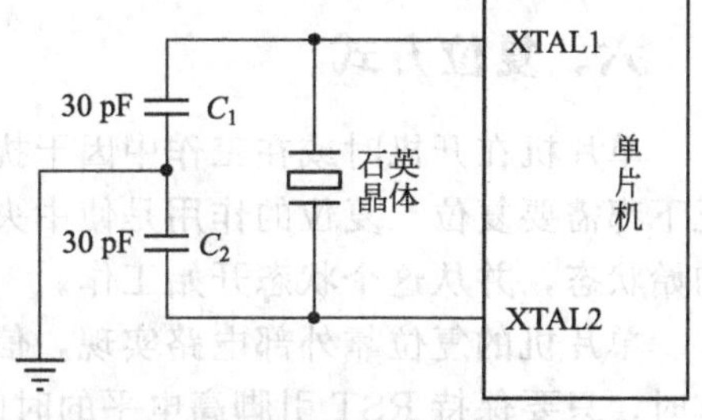

图 1-12 内部振荡器的外部元件连接

（2）振荡器和振荡周期的意义 振荡器的振荡频率是单片机中频率最高的、唯一的脉冲源，其振荡周期最短。单片机中的所有控制信号脉冲、输出数据脉冲、输入数据脉冲（输入转换后）、地址脉冲、指令脉冲等都是来源于振荡器，由振荡器输出的脉冲经分频器分频得到。

振荡器的振荡频率决定单片机的工作速度，振荡频率越高，单片机的工作速度越高。振荡器如果停止振荡，单片机也就停止工作。单片机常用的振荡器频率为 6MHz 或 12MHz。振荡脉冲波形如图 1-13 所示。

2. 时钟周期

振荡脉冲经二分频器分频后，得到二倍振荡脉冲周期的脉冲，称为时钟脉冲，对应的周期称为时钟周期，也称为状态周期，用 S 表示。两个振荡周期作为两个节拍分别称为节拍 P1 和节拍 P2。在状态周期的前半周期 P1 有效时，通常完成算术逻辑操作；在后半周期 P2 有效时，一般进行内部寄存器之间的传输。时钟脉冲即 S 信号的波形如图 1-13 所示。

3. 机器周期

一个机器周期由 6 个状态周期（12 个振荡周期）组成，6 个状态周期用 S1～S6 表示，每一状态周期的两个节拍用 P1、P2 表示，则一个机器周期的 12 个节拍就可用 S1P1、

S1P2、S2P1、S2P2、…、S6P1、S6P2 来表示。

4. 指令周期

执行一条指令所占用的全部时间。一个指令周期通常由 1～4 个机器周期组成。若外接晶振频率为 f_{osc} =12MHz，则四个基本周期的具体数值为：

振荡周期=1/12μs

时钟周期=1/6μs

机器周期=1μs

指令周期=1～4μs

单片机执行任何一条指令都分为取指令阶段和执行指令阶段。图 1-13 是 ALE 信号与振荡器信号、时钟信号 S 的关系图。ALE 是地址锁存控制引脚。ALE 引脚上出现的信号是周期性的。每个机器周期 ALE 信号出现 2 次高电平，第一次出现在 S1 P2 和 S2P1 期间，第二次出现在 S4P2 和 S5P1 期间。

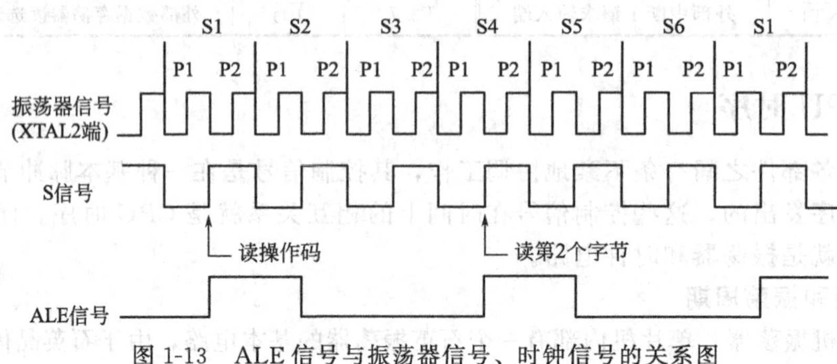

图 1-13　ALE 信号与振荡器信号、时钟信号的关系图

六、复位方式

单片机在开机时或在工作中因干扰而使程序失控或工作中程序处于某种死循环状态等情况下都需要复位。复位的作用是使中央处理器 CPU 以及其他功能部件都恢复到一个确定的初始状态，并从这个状态开始工作。

单片机的复位靠外部电路实现，信号由复位引脚 RST 输入，高电平有效，在振荡器工作时，只要保持 RST 引脚高电平的时间不少于两个机器周期，单片机即复位。复位后，PC 程序计数器的内容为 0000H，片内 RAM 中内容不变。

复位电路一般有上电复位和手动开关复位，如图 1-14 所示。

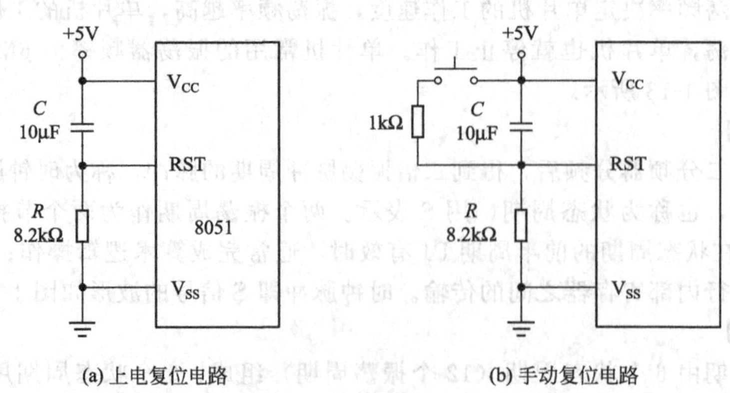

图 1-14　复位电路

图 1-14(a) 为上电复位电路，上电复位是利用单片机上电初始对电容 C 充电，使 RST 引脚获得高电平而触发复位的。电容充电的高电平触发时间持续 10ms 有效。

图 1-14(b) 为手动复位电路，手动复位是利用短暂按压按钮开关给 RST 引脚直接施加高电平触发复位的。

此外，还有一种称为“看门狗”的自动复位电路，需要相应软件支持。其基本原理是通过一个周期性触发程序，每隔一定的时间（如 1.6s），给 RST 引脚输入一个大于 10ms 的高电平脉冲，触发 RST 复位。当主程序受干扰发生程序“跑飞”或“死循环”时，在极短的时间内可以自动复位，不至于系统停机。自动复位电路特别适用干扰大、周期性循环工作的系统的实时监控，如对发动机的实时监控。

第四节 单片机指令系统

指令是 CPU 用于控制功能部件完成某一指定操作的命令。

一台单片机所具有的所有指令的集合，就构成了指令系统。指令系统越丰富，说明 CPU 的功能越强。一台单片机能执行什么样的操作，是在单片机设计时由硬件电路确定的。一条指令对应着一种基本操作。不同类型的单片机有不同的机器语言。

一、单片机语言

单片机的指令描述形式有两种：机器语言形式和汇编语言形式。

1. 机器语言

由于计算机只能识别二进制数，所以计算机中所有的指令和数据都是用二进制代码来表示。用二进制代码表示的指令称为机器指令或机器码，又称为机器语言。为了书写和输入程序方便，机器语言的二进制代码常用十六进制代码表示。

采用机器语言编写的程序称为目标程序。目标程序的十六进制代码指令经相关的硬件电路可以转为二进制代码指令，直接输入给单片机的程序存储器运行。用机器语言在编写程序、分析程序和输入程序等方面效率较低。

2. 汇编语言

由于机器语言不便被人们识别、记忆、理解和使用，因此给每条机器语言指令赋予助记符号来表示，这就形成了汇编语言。助记符号多用英文字母和数字组成。也就是说，汇编语言是便于人们识别、记忆、理解和使用的一种指令形式，它和机器语言指令一一对应，也是由计算机的硬件特性所决定的。采用汇编语言编写的程序称为源程序。汇编语言在编写程序、分析程序和输入程序等方面效率较高。

但汇编语言程序不能被单片机直接识别并执行，必须经过一个中间环节把它翻译成机器语言程序，这个中间过程叫做汇编。汇编有两种方式：机器汇编和手工汇编。

手工汇编是编程员把汇编语言指令逐条翻译成机器语言指令，然后输入单片机。

机器汇编是用专门的编译程序，在 PC 计算机上进行翻译，翻译后的机器语言经专用通信线路传输给单片机。这种方式在编写程序、分析程序和输入程序等方面效率较高。

3. 高级语言

除了汇编语言，还有高级语言，如 BASIC、PASCAL、C 语言等，可以用来对单片机编程。高级语言是接近自然语言（英语）和数学语言的算法语言，具有直观、通用等特点。

相对于高级语言，机器语言和汇编语言属于低级语言。用低级语言编写程序需要完全了解单片机硬件结构，对程序设计人员要求较高，且程序不能移植。

但高级语言程序不能被单片机直接识别并执行，所以也需要编译程序将高级语言“翻译”为机器语言，因此用高级语言的速度慢，且占用内存空间大。

具体用哪一级语言对单片机编程和控制，由系统的复杂程度、所编程序的大小、机器的内存和编程者所熟悉的语言而决定。

对嵌入式单片机控制系统，主要使用汇编语言编程，由机器语言直接控制单片机，所占内存小，运行速度快，效果好。对有上位计算机（如PC机或工业计算机）控制、由单片机组成的控制系统，用高级语言易于编程、调试、修改和监控。

二、指令格式和寻址方式

MCS-51单片机指令系统共有111条指令。其中有49条单字节指令、46条双字节指令和16条三字节指令。按功能可以划分为以下5类：

数据传送指令（28条），算术运算指令（24条），逻辑运算指令（25条），控制转移指令（12条），位操作指令（17条），子程序调用、返回和空操作指令（5条）。

1. 汇编语言指令格式

指令系统中的指令描述了不同的操作，不同操作对应不同的指令。但结构上，每条指令通常由操作码和操作数两部分组成。

汇编语言指令格式如下：

格式：[标号:] 操作码助记符 [第一操作数] [，第二操作数] [；注释]

(1) 标号：代表入口或转移指令的地址，是一种符号地址。在汇编语言转换为机器语言时要确定其在内存的具体地址。标号通常用在子程序入口或转移指令的目标地址，其他指令不用。

(2) 操作码：表示单片机执行该指令将进行何种操作，是指令的核心，操作码用助记符表示。

(3) 操作数：表示参加操作的数或操作数所在的地址。MCS-51单片机的指令有无操作数、单操作数、双操作数三种情况。第一操作数又称目的操作数，第二操作数又称源操作数。

2. 指令常用符号

(1) Rn(n=0～7)：表示八个通用寄存器R0～R7。

(2) Ri(i=0，1)：表示两个寄存器R0、R1，它们常在间接寻址中作为8位地址指针。

(3) ＃data：表示8位立即数，即包含在指令中的8位常数，如＃30H。

(4) ＃data16：表示16位立即数，即包含在指令中的16位常数，如＃2010H。

(5) direct：表示片内RAM（含特殊功能寄存器）的直接地址。

(6) addr11：表示11位目的地址。

(7) addr16：表示16位目的地址。

(8) rel：表示带符号的8位地址偏移量。

(9) bit：表示位地址。

(10) @：作为寄存器的前缀，表示间接寻址。

(11) (×)：表示×存储器单元的内容。

(12) ((×))：表示以×单元的内容为地址的存储器单元内容。

(13) →，←：表示按箭头方向传送数据。

(14) /：表示对该位操作数取反，但不影响该位的原值。

3. 寻址方式

操作数是指令的重要组成部分，指出了参与操作的数据或数据的地址。寻找存放操作数的地址并将其提取出来的方式称为寻址方式。一条指令采用什么样的寻址方式，是由指令的功能决定的。寻址方式越多，指令功能就越强。MCS-51 指令系统共使用了 7 种寻址方式。

(1) 立即寻址　操作数直接出现在指令中，紧跟在操作码的后面，作为指令的一部分与操作码一起存放在程序存储器中，可以立即得到并执行，故称为立即寻址。汇编指令中，在一个数的前面冠以“#”符号作前缀，就表示该数为立即寻址。

例如指令：MOV A，#30H

指令中 30H 就是立即数。指令的功能是将立即数 30H 传送到累加器 A 中。

(2) 直接寻址　直接寻址是指在指令中直接给出操作数所在存储单元的地址。该指令的功能是从该地址中直接获取操作数。

例如指令：MOV A，40H

该指令中 40H 为操作数的直接地址。指令的功能是把片内 RAM 地址为 40H 单元的内容送到 A 中。

(3) 寄存器寻址　寄存器寻址是指把寄存器的内容作为操作数。寄存器可以是通用寄存器 R0～R7，也可以是 ACC、B、DPTR 等寄存器。

例如指令：MOV A，R0

该指令是寄存器寻址。指令的功能是把工作寄存器 R0 中的内容传送到累加器 A 中，如 R0 中的内容为 30H，则执行该指令后 A 的内容也为 30H。

(4) 寄存器间接寻址　在寄存器间接寻址中，指令中的一个操作数是加了前缀“@”的寄存器，“@”表示该寄存器中的内容是操作数的地址。可用于间接寻址的寄存器是 R0、R1、DPTR。其中，R0 和 R1 用于 8 位地址寻址，DPTR 用于 16 位地址寻址。图 1-15 是寄存器间接寻址示意图。

例如：指令：MOV A，@R0

如图 1-15 所示为该指令寄存器间接寻址示意图。该指令的功能是把寄存器 R0 中的内容 20H 作为要寻找的地址，将内部 RAM 20 单元的内容 58H 传送到累加器 A 中，A 的内容变为 58H。

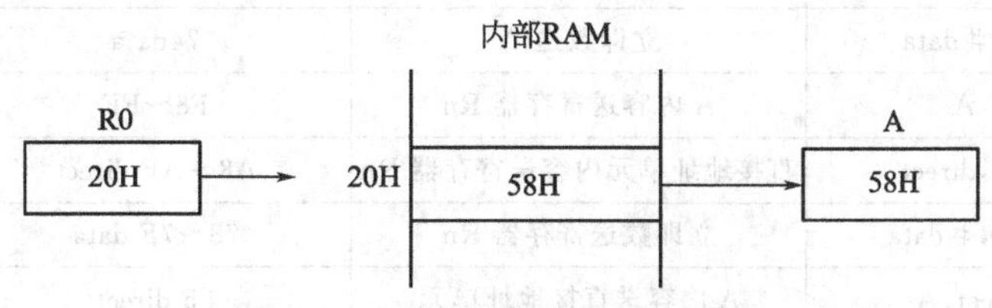

图 1-15　寄存器间接寻址示意图

(5) 变址寻址（基址寄存器＋变址寄存器）　变址寻址是指以寄存器的内容作为基地址，然后在这个基地址的基础上加上地址偏移量形成操作数的地址，并在这个地址中取出操作数。在变址寻址中只能用 DPTR 和 PC 作为基址寄存器，累加器 A 作为偏移量寄存器。变址寻址用于读取程序存储器的数据，常用于查表操作。

例如：指令：MOV A，@A＋DPTR

图 1-16 是该指令变址寻址示意图。指令的功能是把 16 位数据寄存器 DPTR 的内容 2000H 作为基址，累加器 A 的内容 20H 作为偏移量，二者相加后作为程序存储器 ROM 的地址 2020H，将 ROM2020H 单元的内容 47H 传送到累加器 A 中，A 的内容变为 47H。

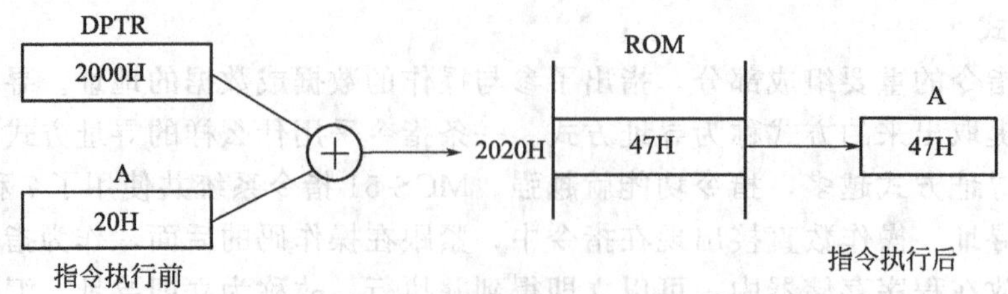

图 1-16　变址寻址示意图

（6）相对寻址　相对寻址是将程序计数器 PC 中的当前值与指令第二字节给出的偏移量 rel 相加，其结果作为跳转指令的转移地址。相对寻址主要用于转移类指令，寻址范围是程序存储器。

偏移量 rel 是有符号的单字节数。以补码表示，其偏移范围是－128～＋127。负数表示从当前地址向前转移，正数表示从当前地址向后转移。所以，相对转移指令满足条件后，转移的地址（目的地址）为：

目的地址＝指令存储地址＋指令字节数＋rel

（7）位寻址　位寻址是指指令的操作数为 8 位二进制数的某一位，指令中给出的是操作数的位地址。可用于位寻址的区域是片内 RAM 20H～2FH 单元和部分特殊功能寄存器。

三、指令系统

1. 数据传送类指令

数据传送指令把“源操作数”中的数据传送到“目的操作数”中去，而源操作数的内容保持不变。这类指令在程序中占有较大的比重，是最常用的操作，如表 1-4 所示。

表 1-4　数据传送类指令

类别	操作码助记符	操作数	功能简介	机器码	指令字节	机器周期
片内 RAM 数据传送指令	MOV	A,Rn	寄存器 Rn 内容送 A	E8～EF	1	1
	MOV	A,direct	直接地址单元内容送 A	E5　direct	2	1
	MOV	A,@Ri	间接地址单元内容送 A	E6～E7	1	1
	MOV	A,＃data	立即数送 A	74data	2	1
	MOV	Rn,A	A 内容送寄存器 Rn	F8～FF	1	1
	MOV	Rn,direct	直接地址单元内容送寄存器 Rn	A8～AF direct	2	2
	MOV	Rn,＃data	立即数送寄存器 Rn	78～7F data	2	1
	MOV	direct,A	A 内容送直接地址单元	F5 direct	2	1
	MOV	direct,Rn	寄存器 Rn 内容送直接地址	88～8F direct	2	1
	MOV	direct1,direct2	直接地址单元 2 内容送直接地址单元 1	85 direct1 direct2	3	2
	MOV	direct,@Ri	间接地址单元内容送直接地址	86～87 direct	2	2
	MOV	direct,＃data	立即数送直接地址单元	75　direct data	3	2
	MOV	@Ri,A	A 内容送间接地址单元@Ri	F6～F7	1	1
	MOV	@Ri,direct	直接地址送间接地址单元@Ri	A6～A7 direct	2	2
	MOV	@Ri,＃data	立即数送间接地址单元@Ri	76～77 data	2	1
	MOV	DPTR,＃data16	16 位立即数送数据指针	90 data15～8 data7-0	3	2

续表

类别	操作码助记符	操作数	功能简介	机器码	指令字节	机器周期
片外 RAM 数据传送指令	MOVX	A,@Ri	外部间接地址单元（8 位地址）@Ri 内容送 A	E2～E3	1	2
	MOVX	@Ri,A	A 内容送外部间接地址单元@Ri（8 位地址）	F2～F3	1	2
	MOVX	A,@DPTR	外部间接地址单元@DPTR（16 位地址）内容送 A	E0	1	2
	MOVX	@DPTR,A	A 内容送外部间接地址单元@DPTR（16 位地址）	F0	1	2
查表指令	MOVC	A,@A+PC	A+PC 寻址程序单元内容送 A	83	1	2
	MOVC	A,@A+DPTR	A+DPTR 寻址程序单元内容送 A	93	1	2
交换指令	XCH	A,Rn	A 和寄存器 Rn 交换内容	C8～CF	1	1
	XCH	A,direct	直接地址和 A 交换内容	C5 direct	2	1
	XCH	A,@Ri	A 和间接地址单元@Ri 交换内容	C6～C7	1	1
	XCHD	A,@Ri	A 和间接地址单元@Ri 低 4 位交换内容	D6～D7	1	1
堆栈指令	PUSH	direct	直接地址内容单元进栈	C0 direct	2	2
	POP	direct	堆栈内容到直接地址	D0 direct	2	2

（1）片内 RAM 数据传送指令　MCS-51 片内 RAM 和特殊功能寄存器各个存储单元之间的数据交换，通常用 MOV 指令操作。例如指令“MOV　A，R1;”

指令助记符：　MOV　　　A，　　　　R1;

指令注释：　操作码　目的操作数　　源操作数

指令中 MOV 是操作码，第一个操作数 A 是目的操作数，第二个操作数 R1 是源操作数。数据传送指令的功能是把源操作数中的数据传送给目的操作数所代表的存储单元。

如果 A 内的数据是 07H，R1 内的数据是 C4H，执行该指令后，R1 的数据传送给 A，A 内的数据就变为 C4H，R1 内的数据不变，仍是 C4H。

16 条片内 RAM 数据传送指令中，15 条是 8 位数据传送指令，1 条是 16 位立即数传送指令，用来给 16 位数据指针寄存器 DPTR 赋值。

（2）片外 RAM 数据传送指令　CPU 与片外 RAM 或 I/O 口进行数据传送，必须采用寄存器间接寻址的方法，通过累加器 A 来完成，指令操作码助记符是 MOVX。

【例 1.1】 将片外 RAM 2000H 单元内容送入片内 RAM 30H 单元中，注意各条指令的寻址方式。程序如下：

```
MOV     DPTR，#2000H      ；将片外 16 位地址以立即数赋给数据指针 DPTR
MOVX    A，@DPTR          ；将片外 2000H 单元内容传送给累加器 A
MOV     30H，A            ；将 A 内容传送给 30H 单元
```

执行完上述 3 条指令，片外数据存储器 RAM 的 2000H 单元的数据传送到片内数据存储器 RAM 的 30H 单元。

（3）查表指令　访问程序存储器的数据传送指令又称为查表指令，采用基址寄存器加变址寄存器间接寻址方式，把程序存储器中存放的表格数据读出，传送到累加器 A。查表指令操作码助记符为 MOVC。

指令“MOVC A，@A＋DPTR”的功能，是将累加器 A 的值与 DPTR 的值相加得到一个 16 位的地址，并将该地址指向的程序存储器单元的内容送入累加器 A 中。

【例 1.2】 从片外程序存储器 2000H 单元开始存放有 0～9 的平方值，以 DPTR 为基址寄存器进行查表得 7 的平方值。程序如下：

```
MOV    DPTR，#2000H        ；将表的首地址 2000H 赋给数据指针 DPTR
MOV    A，07H              ；将数值 7 传送给累加器 A
MOVC   A，@A+DPTR          ；将 07H+2000H=2007H 单元的平方值传送给 A
```

平方值表存在片外程序存储器的地址（表中平方值用十进制数表示）：

2000H：00；　2001H：01；　2002H：04；　2003H：09；　2004H：16；
2005H：25；　2006H：36；　2007H：49；　2008H：64；　2009H：81；

在发动机电控技术中，多数控制值是通过查表获得，例如点火提前角的确定，在一定负荷下，发动机转速越高，点火提前角越大。单片机得到发动机转速后，通过查表获得点火提前角。一台新设计出来的发动机，不同工况下的最佳点火提前角是在反复试验后得来的，然后以列表的形式存入程序存储器中。

（4）交换指令　XCH 指令是将源操作数的值与目的操作数累加器 A 的值全字节交换；XCHD 指令是将源操作数与目的操作数累加器 A 低 4 位内容交换，而高 4 位不变。

两位十六进制转为二进制数时一共是八位，低四位和高四位指的是八位二进制数，对应十六进制数是指低位数和高位数。

【例 1.3】 设（A）＝47H，（R0）＝58H，（47H）＝36H，分别执行下列指令，写出每一条指令执行后累加器 A 和各寄存器的值。

```
指令                  执行结果
① XCH   A，R0        ；(A)=58H，(R0)=47H，(47H)=36H
② XCH   A，@R0       ；(A)=36H，(R0)=47H，(47H)=58H
③ XCHD  A，@R0       ；(A)=38H，(R0)=47H，(47H)=56H
```

（5）堆栈指令　堆栈是在片内数据储存区中开辟的一端相对固定，一端活动的存储空间，活动端称为栈顶，固定端称为栈底，所有数据的存入和取出都从栈顶进行。堆栈主要用于进行数据保护，存取数据依据“先进后出，后进先出”的原则。堆栈操作有进栈和出栈，即压入和弹出数据。

2. 算术运算指令

算术指令包括加、减、乘、除法指令，数据运算功能较强。如表 1-5 所示。算术运算结果存放在目的操作数所代表的单元内。

表 1-5　算术运算类指令

类别	助记符　操作数	功能简介	机器码	指令字节	机器周期
不带进位加法指令	ADD　A,Rn	A 和寄存器相加	28～2F	1	1
	ADD　A,direct	A 和直接地址相加	25 direct	2	1
	ADD　A,@Ri	A 和间接地址 RAM 单元相加	26～27	1	1
	ADD　A,#data	A 和立即数相加	24 data	2	1

续表

类别	助记符 操作数	功能简介	机器码	指令字节	机器周期
带进位加法指令	ADDC A,Rn	A 和寄存器带进位相加	38～3F	1	1
	ADDC A,direct	A 和直接地址带进位相加	35 direct	2	1
	ADDC A,@Ri	A 和间接地址单元带进位相加	36～37	1	1
	ADDC A,# data	A 和立即数带进位相加	34 data	2	1
减法指令	SUBB A,Rn	A 减去寄存器带借位	98～9F	1	1
	SUBB A,direct	A 减去直接地址带借位	95 direct	2	1
	SUBB A,@Ri	A 减去间接地址单元带借位	96～97	1	1
	SUBB A,# data	A 减去立即数带借位	94 data	2	1
加 1 指令	INC A	A 加 1	04	1	1
	INC Rn	寄存器加 1	08～0F	1	1
	INC direct	直接地址单元加 1	05 direct	2	1
	INC @Ri	间接地址单元加 1	06～07	1	1
	INC DPTR	数据指针加 1	A3	1	2
减 1 指令	DEC Rn	寄存器减 1	18～1F	1	1
	DEC direct	直接地址单元减 1	15 direct	2	1
	DEC A	A 减 1	14	1	1
	DEC @Ri	间接 RAM 减 1	16～17	1	1
乘除指令	MUL AB	A 和 B 相乘	A4	1	4
	DIV AB	A 和 B 相除	84	1	4
调整指令	DA A	二-十进制调整	D4	1	1

(1) 不带进位加法指令　ADD 是不带进位的加法运算指令，其功能是将累加器 A 的内容与源操作数的内容相加，结果送入累加器 A 中，源操作数指定单元的内容不变。该指令执行结果影响标志位 CY、OV、AC、P。

两个数相加时，可通过对 CY 的检测判断运算结果是否有进位，如果最高位有进位时，CY 为 1，否则为 0。

(2) 带进位的加法指令　ADDC 是带进位的加法运算指令，其功能是同时把源操作数所指出的内容、进位标志 CY 和累加器 A 的内容相加，结果存入累加器 A 中。ADDC 指令一般用于多字节加法运算，在多字节加法运算中，低字节加法结果可能产生进位，用 ADDC 指令可使高字节相加的同时加上低字节的进位。该指令执行结果影响标志位 CY、OV、AC、P。

(3) 带借位减法指令　SUBB 是带借位减法运算指令，其功能是将累加器 A 中内容减去源操作数的内容及借位 CY 的值，结果送入累加器 A 中。该指令影响标志位 CY、OV、AC、P。

(4) 加 1 指令　INC 是加 1 指令，其功能是将操作数的内容加 1。指令除影响奇偶标志位 P 外，不会对其他任何标志位产生影响。

【例 1.4】 设 (A)＝07H，(R0)＝19H，(50H)＝3FH，分别执行下列指令，写出执行结果。

指令　　　　　　　　执行结果

① INC A　　　　　；使 A 内容由 07H 变为 08H

② INC　R0　　　　；使 R0 的内容由 19H 变为 1AH

③ INC　58H　　　；使 50H 单元内容由 3FH 变为 40H

(5) 减 1 指令　DEC 是减 1 指令，其功能是将操作数的内容减 1。与 INC 指令相同，仅影响奇偶标志位 P。

(6) 乘法指令　MUL 是乘法指令，其功能是将累加器 A 的内容和寄存器 B 的内容相乘，结果是 16 位二进制数。其中高 8 位保存在寄存器 B 中，低 8 位保存在累加器 A 中。若乘积大于 0FFH，溢出标志 OV=1，否则为 0。

【例 1.5】 设(A)= 50H(80),B=80H(128)。

执行指令：MUL　AB。

结果为：(B)=28H，(A)=00H，表示积 (BA)= 2800H (10240)，OV=1。

(7) 除法指令　DIV 是除法指令，其功能是用累加器 A 的内容（被除数）除以寄存器 B 的内容（除数）。指令执行后，商保存在累加器 A 中，余数保存在寄存器 B 中。相除之后，标志位 CY 一定为 0，OV 只是在除数 B=0 时为 1，其他情况下都为 0。

(8) 十进制调整指令　DA 是一条对累加器 A 中的 BCD 码进行调整的指令。应用时必须跟在 ADD 或 ADDC 指令后面。因为当两个压缩的 BCD 码按二进制作加法运算时，其结果不一定是压缩的 BCD 码，所以必须用 DA 指令进行调整，实现十进制的加法运算。

3. 逻辑运算指令

逻辑运算指令可分为四类：对字节变量的逻辑与、或、异或操作，对累加器 A 单独逻辑操作和移位等操作。指令中的操作数都是 8 位，它们在进行逻辑运算操作时都不影响除奇偶标志外的其他标志位。如表 1-6 所示。

表 1-6　逻辑运算与循环指令

类别	助记符　操作数	功能简介	机器码	指令字节	机器周期
逻辑与指令	ANL　A,Rn	A 和寄存器相与	58～5F	1	1
	ANL　A,direct	A 和直接地址单元相与	55 direct	2	1
	ANL　A,@Ri	A 和间址单元相与	56～57	1	1
	ANL　A,#data	A 和立即数相与	54 data	2	1
	ANL　direct,A	直接地址单元与 A 相与	52 direct	2	1
	ANL　direct,#data	直接地址单元与立即数相与	53 direct data	3	2
逻辑或指令	ORL　A,Rn	A 和寄存器相或	48～4F	1	1
	ORL　A,direct	A 和直接地址单元相或	45 direct	2	1
	ORL　A,@Ri	A 和间址单元相或	46～47	1	1
	ORL　A,#data	A 和立即数相或	44 data	2	1
	ORL　direct,A	直接地址单元与 A 相或	42 direct	2	1
	ORL　direct,#data	直接地址单元与立即数相或	43 direct data	3	2
逻辑异或指令	XRL　A,Rn	A 和寄存器相异或	68～6F	1	1
	XRL　A,direct	A 和直接地址单元相异或	65 direct	2	1
	XRL　A,@Ri	A 和间址单元相异或	66～67	1	1
	XRL　A,#data	A 和立即数相异或	64 data	2	1
	XRL　direct,A	直接地址单元与 A 相异或	62 direct	3	2
	XRL　direct,#data	直接地址单元与立即数相异或	63 direct data	1	1

续表

类别	助记符　操作数	功能简介	机器码	指令字节	机器周期
单对A指令	CLR　A	A清零	E4	1	1
	CPL　A	A求反	F4	1	1
	SWAP　A	累加器A半字节交换	C4	1	1
循环移位指令	RL　A	A不带进位左循环	23	1	1
	RLC　A	A带进位左循环	33	1	1
	RR　A	A不带进位右循环	03	1	1
	RRC　A	A带进位右循环	13	1	1

(1) 逻辑与指令　逻辑与指令的操作码是ANL，“与”指令是将源操作数与目的操作数按位相与，其结果送入目的操作数中。“与”指令可以屏蔽操作数的某些位，即使操作数某些位清零，其他位保持不变。

(2) 逻辑或指令　逻辑或指令的操作码是ORL，“或”指令是将源操作数与目的操作数按位相或，其结果送入目的操作数中。“或”指令可以使操作数的数据位置1，即使操作数某些位置1，其他位保持不变。

(3) 逻辑异或指令　逻辑异或指令的操作码是XRL，“异或”指令是将源操作数与目的操作数按位相异或，即不同为1，相同为0，其结果送入目的操作数。“异或”指令可以使操作数的数据位取反，即使操作数某些位取反，其他位保持不变。

(4) 对累加器A单独操作指令　清零指令“CLR　A”是将累加器A的内容清零。取反指令“CPL　A”是将累加器A的内容按位取反，即累加器A中各位1变0，0变1。半字节交换指令“SWAP　A”是将累加器A的两个半字节（高4位和低4位）内容交换。

(5) 循环移位指令　循环移位指令有4种，都是对累加器A进行操作。这组移位指令只能对累加器A的内容逐位移一位，若要移多位，则要通过编写程序完成。

① 左循环移位指令“RL　A”的功能是将累加器A的内容左循环移位。如图1-17所示，累加器A的最高位移入最低位，同时其他各位依次左移。

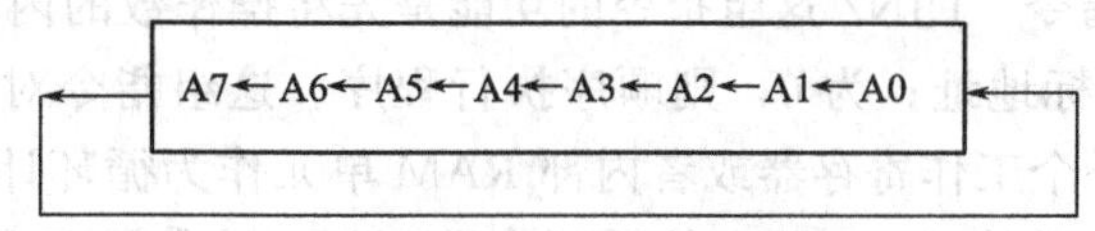

图1-17　左循环移位指令示意图

② 带进位左循环移位指令“RLC　A”的功能是将累加器A的内容和进位标志一起左循环移位。累加器A的最高位移入进位位CY，同时其他各位依次左移，CY位移入累加器A的最低位。

③ 右循环移位指令“RR　A”和“RRC　A”与左循环移位指令功能相同，只是移位方向向右。

4. 控制转移指令

控制转移类指令包括无条件转移指令、条件转移指令，如表1-7所示。

表 1-7　控制转移指令

类别	助记符　操作数	功能简介	机器码	指令字节	机器周期
无条件转移指令	AJMP　addr11	绝对转移	& 0 addr7～0	2	2
	LJMP　addr16	长转移	02 addr15～8 addr7～0	3	2
	SJMP　rel	相对转移	80 rel	2	2
	JMP　@A+DPTR	间接转移	73	1	2
判 A 转移指令	JZ　rel	A=0 转移	60 rel	2	2
	JNZ　rel	A≠0 转移	70 rel	2	2
减 1 不为 0 转移指令	DJNZ　Rn ,rel	寄存器 Rn 减 1 不为 0 转移	D8～DF rel	2	2
	DJNZ　direct ,rel	直接地址单元减 1 不为 0 转移	D5 direct rel	3	2
比较不相等转移指令	CJNE　A,#data,rel	A 与立即数比较不相等转移	B4 data rel	3	2
	CJNE　A,direct,rel	A 与直接地址单元比较不相等转移	B5 data rel	3	2
	CJNE　Rn,#data,rel	寄存器与立即数比较不相等转移	B8～BF data rel	3	2
	CJNE　@Ri,#data,rel	间接地址单元与立即数比较不相等转移	B6～B7 data rel	3	2

（1）无条件转移指令　无条件转移指令是指当程序执行到这条指令时，程序将无条件地转移到指令指向的地址单元取指运行。

“AJMP　addr11”为 11 位地址短转移指令。

“LJMP　addr16”为 16 位地址长转移指令。

“SJMP　rel”为相对转移指令。rel 是带符号的 8 位地址偏移量。

“JMP @A+DPTR”为间接相对长转移指令，它是以数据指针 DPTR 的内容为基址，以累加器 A 的内容为相对偏移量，在 64 KB 范围内无条件转移。用它可实现分支转移。

（2）判零条件转移指令　JZ 指令的功能是判断累加器 A 的值。若累加器 A 的值为 0，则程序转移到目标地址；否则，顺序执行程序。JNZ 指令的功能是判断累加器 A 的值。若累加器 A 的值不为 0，则程序转移到目标地址；否则，顺序执行程序。

（3）减 1 条件转移指令　DJNZ 这组指令的功能是先将操作数的内容减 1，然后判断结果，如果不为 0，则转移到目标地址；为 0，则顺序执行程序。这组指令对于构成循环程序是十分有用的，可以指定任何一个工作寄存器或者内部 RAM 单元作为循环计数器。每循环一次，这种指令被执行一次，计数器就减 1。预定的循环次数不到，计数器不会为 0，转移执行循环操作；到达预定的循环次数，计数器就被减为 0，顺序执行下一条指令，也就结束了循环。

（4）比较转移指令　CJNE 比较转移指令共有 4 条。这组指令是先对两个规定的操作数进行以下比较，决定是否转移和影响标志位 CY。利用标志位 CY 作进一步的判断，可实现三分支转移。

第一操作数 >第二操作数，CY=0，转移

第一操作数=第二操作数，CY=0，不转移，顺序执行

第一操作数 <第二操作数，CY=1，转移

比较是进行一次减法运算，但其差值不保存，两个数的原值不受影响。

（5）地址偏移量 rel 的计算　转移指令多数要涉及地址偏移量 rel 的计算，rel 是带符号

的 8 位地址偏移量，其转移范围：相对 PC 当前值顺转移 127 字节，逆转移 128 字节。转移目的地址为

目的地址＝转移指令所在地址＋ 转移指令字节数 ＋rel

机器汇编时能自动算出相对地址偏移量 rel；手工汇编时需自己计算 rel。

顺转移：rel＝目的地址－(转移指令地址＋转移指令字节数)

逆转移：rel＝100H— | 目的地址－(转移指令地址＋转移指令字节数) |

MCS-51 没有专用的停止指令，若要求动态暂停等待中断，可以用指令

HERE：SJMP　HERE　　　　　；

或写成　SJMP　　$　　　　　；

来实现。这是一条死循环指令。“$”表示本指令所在首地址，标号可以省略。“SJMP $”的机器码是“80 FE”。

5. 位操作指令

MCS-51 单片机有丰富的位操作指令，可以把大量的硬件组合逻辑用软件来代替，这样可以方便地应用于各种逻辑控制，主要用于控制线路通、断，继电器的吸合与释放等。位操作指令如表 1-8 所示。

(1) 位修正指令　包括：位清零指令 CLR、位置 1 指令 SETB、位取反指令 CPL。

(2) 位逻辑运算指令　与字节逻辑运算指令相似。其中“/bit”表示取反后在进行逻辑运算。

(3) 位数据传送指令　与字节数据传送指令相似。

(4) 位条件转移类指令　与字节条件转移类指令相似，地址偏移量 rel 的计算方法相同。

表 1-8　位操作指令

类别	助记符　操作数	功能简介	机器码	指令字节	机器周期
位修正指令	CLR　C	进位位清 0	C3	1	1
	CLR　bit	直接位清 0	C2 bit	2	1
	SETB　C	进位位置 1	D3	1	1
	SETB　bit	直接位置 1	D2 bit	2	1
	CPL　C	进位位取反	B3	1	1
	CPL　bit	直接位取反	B2 bit	2	1
位逻辑指令	ANL　C,bit	进位位和直接位相与	82 bit	2	2
	ANL　C,/bit	进位位和直接位的反码相与	B0 bit	2	2
	ORL　C,bit	进位位和直接位相或	72 bit	2	2
	ORL　C,/bit	进位位和直接位的反码相或	A0 bit	2	2
位传送指令	MOV　bit,C	进位位向直接位传送	92 bit	2	2
	MOV　C,bit	直接位向进位位传送	A2 bit	2	2
位条件转移指令	JC　rel	进位位 C 为 1,则转移	40 rel	2	2
	JNC　rel	进位位 C 为 0,则转移	50 rel	2	2
	JB　bit,rel	直接位为 1,则转移	20 bit rel	3	2
	JNB　bit,rel	直接位为 0,则转移	30 bit rel	3	2
	JBC　bit,rel	直接位为 1,则转移,且清零	10 bit rel	3	2

6. 子程序调用、返回和空操作指令

子程序调用、返回和空操作指令如表 1-9 所示。

表 1-9 子程序调用、返回和空操作指令

类别	助记符	功能简介	机器码	指令字节	机器周期
子程序调用指令	ACALL addr11	绝对子程序调用	& 1 addr7～0	2	2
	LCALL addr16	子程序长调用	12 addr15～8 addr7～0	3	2
返回指令	RET	子程序返回	22	1	2
	RETI	中断返回	32	1	2
空操作指令	NOP	空操作	00	1	1

(1) 短调用指令　短调用指令 ACALL 指令的目标地址是 11 位。在调用子程序时，该指令与 AJMP 指令类似，要求调用子程序的入口地址与 ACALL 指令后面指令的第一个字节在同一个 2KB 页面的程序存储器区域中。

(2) 长调用指令　长调用指令 LCALL 指令的目标地址是 16 位。可在 64KB 程序存储器区域范围内调用任何一个子程序。

(3) 子程序返回指令　子程序返回指令 RET，功能是使 CPU 从子程序返回到主程序的断点处，使主程序继续执行。

(4) 中断返回 RETI　中断返回指令 RETI，功能是使 CPU 从中断服务子程序返回主程序的断点处，同时清除相应的中断状态寄存器，开放中断。

(5) 空操作指令　执行空操作指令 NOP，除 PC 内容加 1 外，不影响任何标志位和其他寄存器。NOP 指令常用来产生一个机器周期的延迟。

第五节 单片机中断、定时器/计数器、串行通信

一、中断

1. 中断的概念

所谓中断，就是中断正在进行的工作，转而去处理另一项较为紧急的事情，处理完毕后再转回来继续处理原来的工作。

计算机是按编好的程序，按顺序一条一条执行指令，计算机的 CPU 一次只能处理一条指令。如何让计算机处理更多的事务？计算机的设计者是把复杂的事务分为轻重缓急处理。

汽车单片机在控制汽车行驶中，有许多传感器信号要传送给单片机处理，这些信号就要分轻重缓急，有的信号变化快，如发动机转速信号；有的信号变化慢，如水温信号；有的信号请求中断的优先级特别高，如制动信号，汽车单片机在收到多个中断请求时，首先优先处理制动信号。

2. 中断源

引起中断原因的设备部件，或引起程序中断的事件称为中断源。单片机的中断源分为内部中断源和外部中断源。

外部中断源一般是外部设备中断源、控制对象中断源和传感器中断源。MCS-51 的外部中断信号从引脚$\overline{INT0}$和$\overline{INT1}$输入。

MCS-51 内部中断源有定时器/计数器中断源和串行通信口中断源。当定时器/计数器 T0、T1 的定时或计数到溢出时，便向 CPU 申请中断。当串行口发送完或接收完一帧信息，向 CPU 申请中断。

中断源
- 内部中断源
  - 定时器/计数器中断源
  - 串行通信口中断源
- 外部中断源
  - 输入/输出设备中断源
  - 控制对象中断源
  - 传感器中断源

3. 中断源优先级及中断嵌套

图 1-18(a) 是单片机中断方式流程图，单片机在“中断”主程序的执行时，先记录下暂停处程序地址（断点地址），然后转去执行中断服务程序，在中断程序执行完毕后自动返回中断的主程序的地址，继续执行原主程序。

一个单片机系统可能有多个中断源，而单片机 CPU 在某一时刻只能响应一个中断源的中断请求，当多个中断源同时向 CPU 发出中断请求时，CPU 通过内部硬件查询，按照“优先级别”顺序确定先响应哪个中断请求。8051 单片机的优先级次序为：

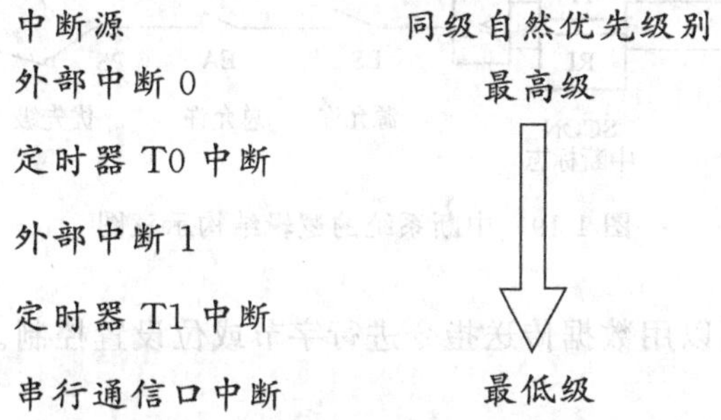

如果 CPU 正在处理某个中断源的中断服务程序，又有新的中断源输入中断请求，新的中断源如果是同级或低级中断源，则不能中断正在进行的中断服务程序；新的中断源如果是优先级别较高的中断源，则可以中断正在进行的中断服务程序，转为优先级别较高的中断源的服务程序，这就是中断嵌套。执行完高级中断服务程序后，再返回低级中断服务程序，执行完低级中断服务程序再返回主程序，中断处理完毕。图 1-18(b) 所示为中断嵌套流程图。

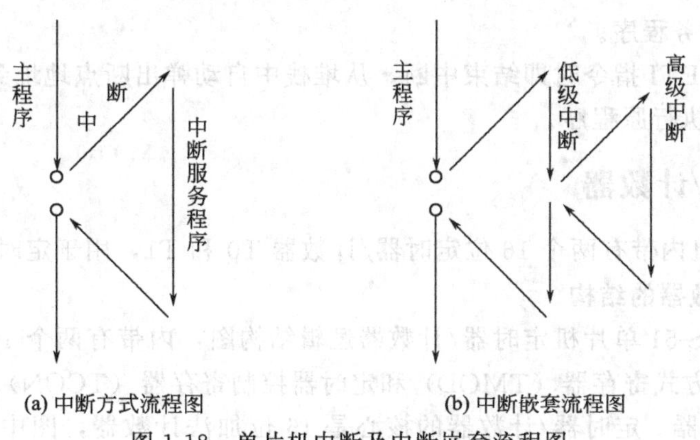

图 1-18　单片机中断及中断嵌套流程图

4. 中断控制

图 1-19 是 8051 单片机中断系统的逻辑结构示意图。定时器/计数器（T0、T1）中断请求和外部中断（引脚$\overline{INT0}$和$\overline{INT1}$）请求由定时/计数器控制寄存器（TCON）控制。串行通信口（TX、RX）中断请求由串行口控制寄存器（SCON）控制。中断允许（源允许、总允许）由中断允许控制寄存器（IE）控制。中断优先级控制由中断优先级控制寄存器（IP）

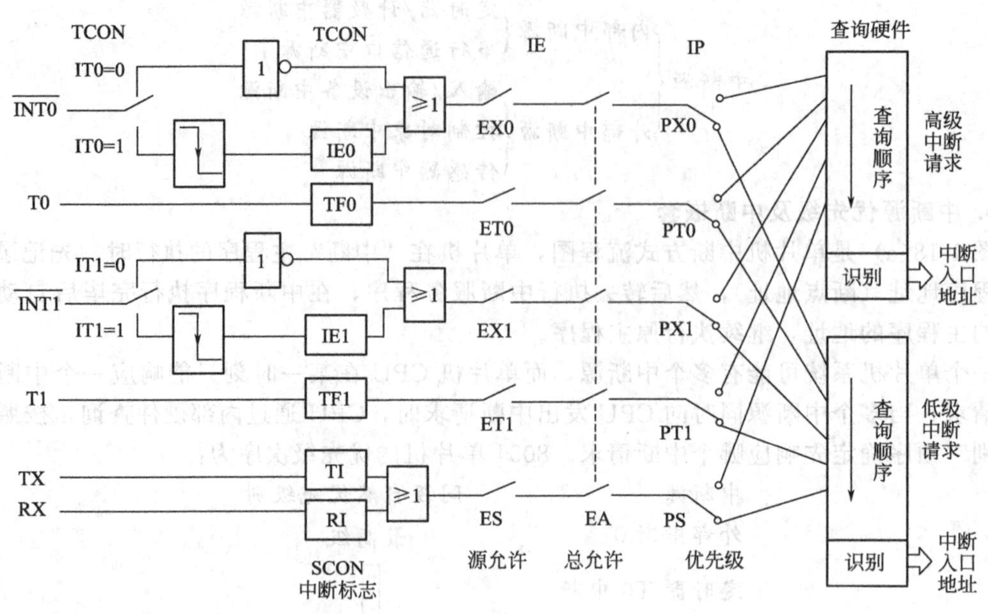

图 1-19 中断系统的逻辑结构示意图

控制。上述控制寄存器可以用数据传送指令进行字节或位设置控制。

5. 中断请求的响应

单片机响应某一中断请求后要进行如下操作：

① 完成当前指令的操作。

② 保护断点地址，将 PC 内容压入堆栈。

③ 屏蔽同级的中断请求。

④ 将中断源入口地址（固定的）送入 PC 寄存器，自动转入相应中断程序入口地址。8051 单片机的 5 个中断入口地址见图 1-9。中断源入口地址是固定的，不能更改。

⑤ 执行中断服务程序。

⑥ 当执行到 RETI 指令时即结束中断，从堆栈中自动弹出断点地址到 PC 寄存器，返回到先前断点处继续执行原程序。

二、定时器/计数器

MCS-51 单片机内带有两个 16 位定时器/计数器 T0 和 T1，用于定时和计数控制。

1. 定时器/计数器的结构

图 1-20 是 MCS-51 单片机定时器/计数器逻辑结构图，内带有两个 16 位定时器/计数器 T0 和 T1，定时器方式寄存器（TMOD）和定时器控制寄存器（TCON）。

（1）16 位加法器　定时器/计数器的核心是 16 位加法计数器，图中用特殊功能寄存器 TH0、TL0 及 TH1、TL1 表示。TH0、TL0 是定时器/计数器 T0 加法计数器的高 8 位和低 8 位，TH1、TL1 是定时器/计数器 T1 加法计数器的高 8 位和低 8 位。

加法计数器的初值可以由程序设定，设置的初值不同，计数值或定时时间就不同。在定时器/计数器的工作过程中，加法计数器的内容可用程序读回 CPU。

（2）定时器方式寄存器（TMOD）　定时器/计数器 T0、T1 都有四种工作方式，可通过程序对 TMOD 设置来选择。TMOD 的低 4 位用于定时器/计数器 T0，高 4 位用于定时器/

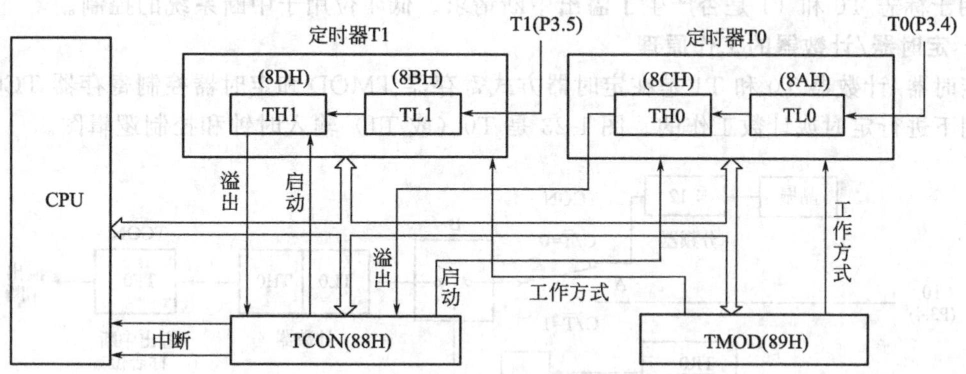

图 1-20　定时器/计数器逻辑结构图

计数器 T1。其各位功能如图 1-21 所示。

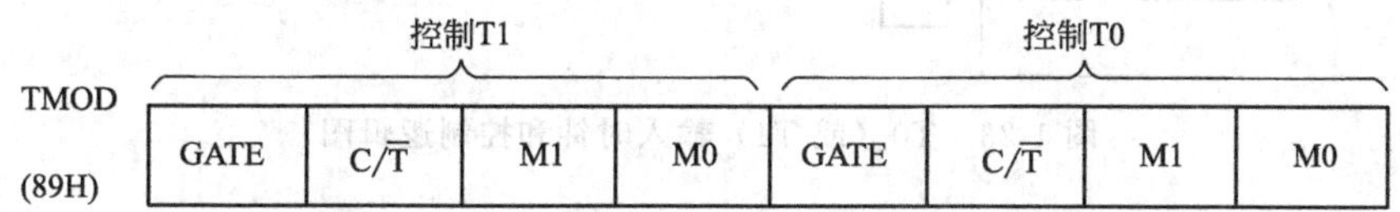

图 1-21　定时器方式控制寄存器 TMOD 各位功能

$C/\overline{T}$：定时或计数功能选择位，当 $C/\overline{T}=0$ 时为定时方式；当 $C/\overline{T}=1$ 时为计数方式。

M1、M0：定时器/计数器工作方式选择位，其值与工作方式对应关系如表 1-10 所示。

表 1-10　T0、T1 工作方式选择

M1	M0	工作方式	计数器功能
0	0	方式 0	13 位计数器
0	1	方式 1	16 位计数器
1	0	方式 2	自动重装初值的 8 位计数器
1	1	方式 3	T0：分为两个 8 位独立计数器；T1：停止计数

GATE：门控位，用于控制定时器/计数器的启动是否受外部中断请求信号的影响。

2. 定时器控制寄存器 TCON

TCON 是一个 8 位寄存器，用于控制定时器的启动/停止以及标志定时器溢出中断申请。TCON 的地址为 88H，既可进行字节寻址，又可进行位寻址。复位时所有位被清零。各位功能如图 1-22 所示。图中 TR0 和 TR1 分别用于控制 T0 和 T1 的启动与停止，TF0 和

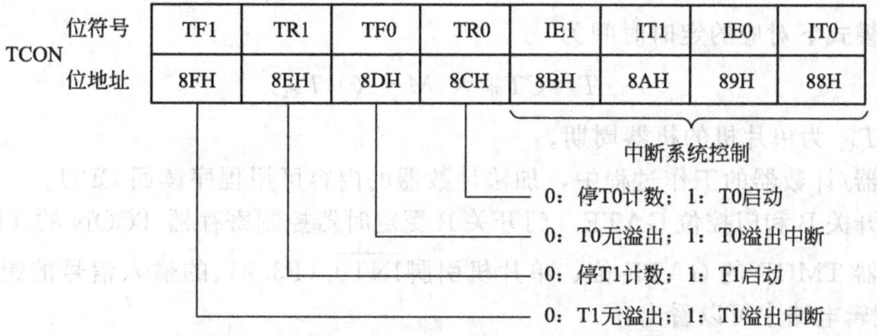

图 1-22　定时器控制寄存器 TCON 各位功能

TF1 用于标志 T0 和 T1 是否产生了溢出中断请求。低 4 位用于中断系统的控制。

3. 定时器/计数器的工作原理

定时器/计数器 T0 和 T1 是在定时器方式寄存器 TMOD 和定时器控制寄存器 TCON 联合控制下进行定时或计数工作的。图 1-23 是 T0（或 T1）输入时钟和控制逻辑图。

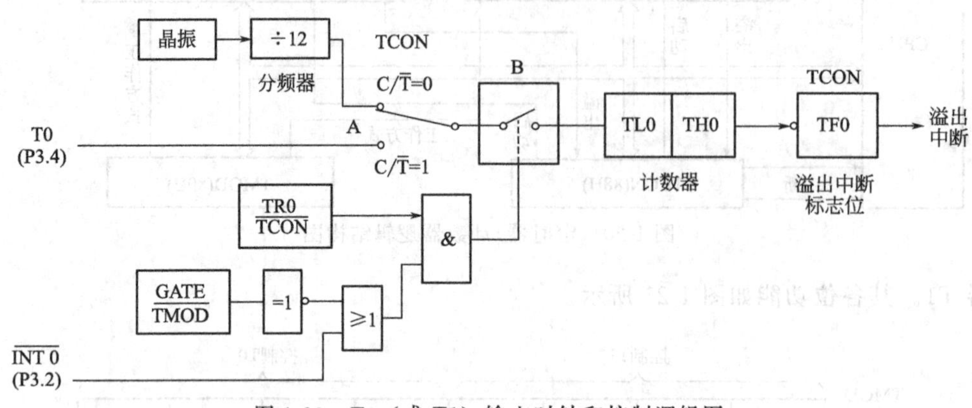

图 1-23　T0（或 T1）输入时钟和控制逻辑图

（1）作为定时器原理　如图 1-23 所示，设晶振的频率是 12MHz，经 12 分频，得到 1μs 周期的脉冲信号。此时设置 $C/\overline{T}=0$，门开关 A 向上，为定时方式；门开关 B 闭合，把脉冲信号引入计数器。计数器计 1000 个脉冲，就是 1ms，这就是定时的基本原理。

计数器的最大值 M 在不同工作方式下的值不同，具体如下：

工作方式 0：$M=2^{13}=8\ 192$。

工作方式 1：$M=2^{16}=65\ 536$。

工作方式 2：$M=2^{8}=256$。

工作方式 3：$M=2^{8}=256$。

可以根据需要选择不同的工作方式定时。如果需要较长的定时时间，超过定时器的最大定时时间，可用编制循环程序的方式增加定时时间。

（2）作为计数器原理　设置 $C/\overline{T}=1$，电子开关 A 向下，为计数器方式。将外部事件脉冲号从单片机引脚 T0（P3.4）引入，由计数器计数。

（3）计数溢出中断和计数器初值计算

MCS-51 单片机的计数器必须计满才能产生溢出中断，如果定时需要计数的脉冲数小于计数器最大计数值 M，就不会产生溢出中断。因此，在计数前，必须先向计数器装入初值 X，使初值 X 加实际计数 C 值正好等于最大计数值 M，可以产生溢出中断，即

$$X=M-C\quad（十六进制数）$$

定时器模式下对应的定时时间为

$$T=CT_{机}=(M-X)T_{机}$$

式中，$T_{机}$ 为单片机的机器周期。

在定时器/计数器的工作过程中，加法计数器的内容可用程序读回 CPU。

（4）门开关 B 和门控位 GATE　门开关 B 受定时器控制寄存器 TCON 的 TR0 位、定时器方式寄存器 TMOD 的 GATE 位、单片机引脚 $\overline{INT0}$（P3.2）的输入信号的组合控制。从图 1-23 的逻辑电路中可以看出：

如果门控位 GATE=0，门开关 B 的闭合，只受 TR0 位的控制，即定时器/计数器的启

动与单片机引脚$\overline{\text{INT0}}$（P3.2）的输入信号无关，一般情况下 GATE＝0。

如果门控位 GATE＝1，门开关 B 的闭合，受 TR0 位和$\overline{\text{INT0}}$（P3.2）信号的“与”控制。

利用这个功能，可以测量外部脉冲信号的脉冲宽度。设置 GATE＝1、TR0＝1、计数器初值 X＝00H。当引脚$\overline{\text{INT0}}$（P3.2）出现脉冲信号的高电平时，开始计算从分频器过来的脉冲数，当外来信号转为低电平时停止计数，读取计数器内的数值，即为外来脉冲的宽度。

三、串行通信

80C51 单片机的串行接口是一个全双工串行通信接口，具有同时发送和接收的功能。它可以作为 UART（通用异步接受和发送器）使用，也可以作为同步移位寄存器使用。单片机的串行通信功能是车载电控单元网络通信的基础。

1. 串行通信基础知识

通信分为并行通信和串行通信。并行通信是指构成信息的二进制字符的各位数据同时传送的通信方法，如图 1-24 所示。串行通信是指构成信息的二进制字符的各位数据一位一位顺序地传送的通信方式，如图 1-25 所示。

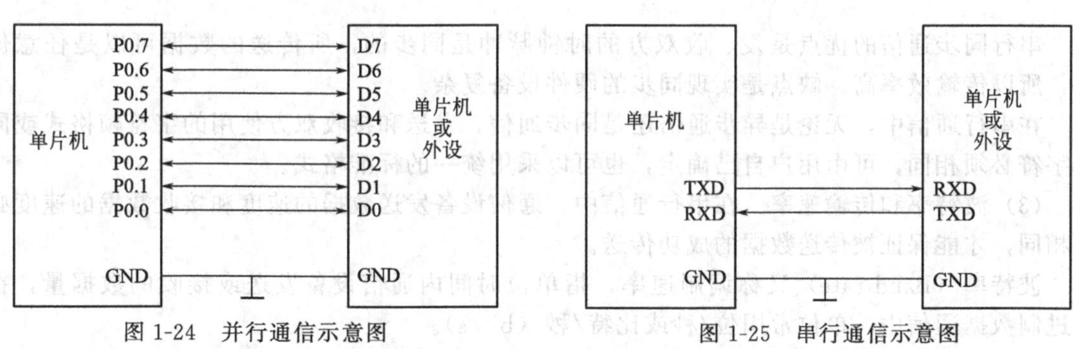

图 1-24　并行通信示意图　　　　图 1-25　串行通信示意图

串行通信又分为两种基本通信方式，即串行异步通信和串行同步通信。

（1）串行异步通信　在串行异步通信中，被传送的信息通常是一个字符代码或一个字节数据，它们都以规定的相同传送格式（字符帧格式）一帧一帧地发送或接收。

字符帧格式由四部分组成：起始位，数据位，奇偶校验位和停止位，如图 1-26 所示。下面介绍各部分的功能。

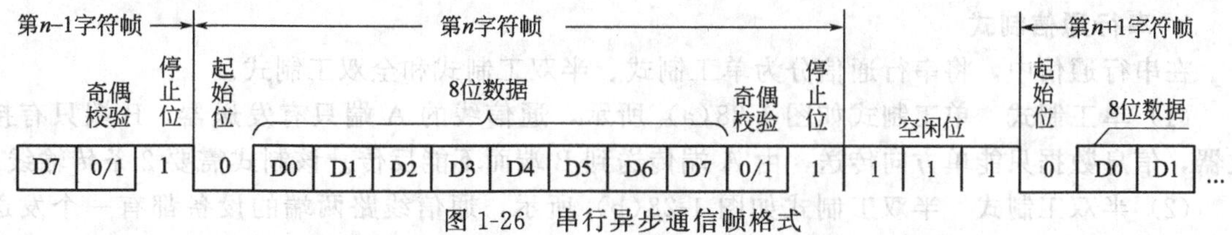

图 1-26　串行异步通信帧格式

起始位：在没有数据传送时，通信线上处于逻辑“1”状态。起始位是逻辑“0”。

数据位：在起始位之后，发送端发出（接收端接收）的是数据位，数据的位数没有严格限制，如 5 位、6 位、7 位或 8 位（D0～D7）等。由低位到高位逐位传送。

奇偶校验位：数据位发送完（接收完）之后，可发送奇偶校验位，它只占帧格式的一位，用于传送数据的有限差错检测或表示数据的一种性质，是发送和接收双方预先约定好的一种检验（检错）方式。

停止位：字符帧格式的最后部分为停止位，逻辑“1”电平有效，位数可以是1位、1/2位或2位。表示一个字符帧信息的结束，也为发送下一个字符帧信息做好准备。

在串行异步通信中，字符信息可以一帧一帧连续传送，也可以出现间隙，即空闲状态，此时通信线上处于逻辑“1”状态。

串行异步通信的发送设备和接收设备是相互独立、互不同步的，双方各用自己的时钟源来控制发送和接收。

(2) 串行同步通信　串行同步通信传送数据块的格式如图1-27所示。在发送数据块时，首先发送1～2个同步字符，接收端接收同步字符后，用同步字符脉冲调整自身的时钟脉冲，使自身时钟脉冲与同步字符脉冲同步后，开始接收数据块。

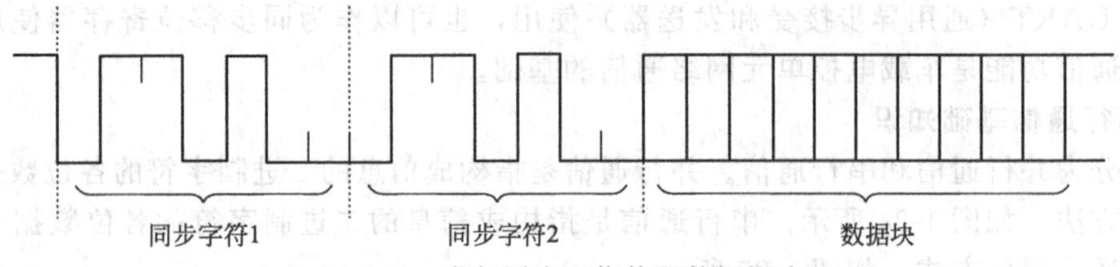

图1-27　串行同步通信传送数据格式

串行同步通信的优点是发、收双方的时钟脉冲是同步的，所传送的数据可以是任意位的，所以传输效率高。缺点是实现同步的硬件设备复杂。

在串行通信中，无论是异步通信还是同步通信，发送和接收双方使用的字符帧格式或同步字符必须相同，可由用户自已确定，也可以采用统一的标准格式。

(3) 波特率和传输速率　在串行通信中，通信设备发送数据的速度和接收数据的速度必须相同，才能保证被传送数据的成功传送。

波特率（Baud rate）又称调制速率，指单位时间内通信设备发送或接收的数据量，在二进制数据通信中，单位常用位/秒或比特/秒（bit/s）。

传输速率又称传输速度，指单位时间内通信线路（含中间设备）传送的数据量，在二进制数据通信中，单位与波特率的单位相同。通信线路（双绞线、同轴电缆、光纤等）的物理特性和长度等因素直接影响传输速率。通信系统的波特率和传输速率要相匹配。

波特率和传输速率的单位还有kbit/s和Mbit/s等，1Mbit/s=10^3kbit/s=10^6bit/s。

串行异步通信传输速度较低，一般为50～9600bit/s；串行同步通信传输速度较高，一般可达80000bit/s。

2. 串行通信制式

在串行通信中，将串行通信分为单工制式、半双工制式和全双工制式。

(1) 单工制式　单工制式如图1-28(a)所示，通信线的A端只有发送器，B端只有接收器，信息数据只能单方向传送，由A端传送到B端而不能反传。该制式需要2条传输线。

(2) 半双工制式　半双工制式如图1-28(b)所示，通信线路两端的设备都有一个发送器和一个接收器，数据可双方向传送但不能同时传送，即A端送B端收或B端送A端收，A、B两端的发送/接收只能通过半双工通信协议切换交替工作。该制式需要2条传输线。

(3) 全双工制式　全双工制式如图1-28(c)所示，通信线路A、B两端都有发送器和接收器，A、B之间有两个独立通信的回路，两端数据可以同时发送和接收，因此通信效率比前两种要高。该制式需要3条传输线，分别用于发送、接收和公用回路的地线GND。

3. 串行通信数据的校验

串行通信适用较长距离的通信，往往易受环境电磁干扰，为了保证数据准确无误传送，

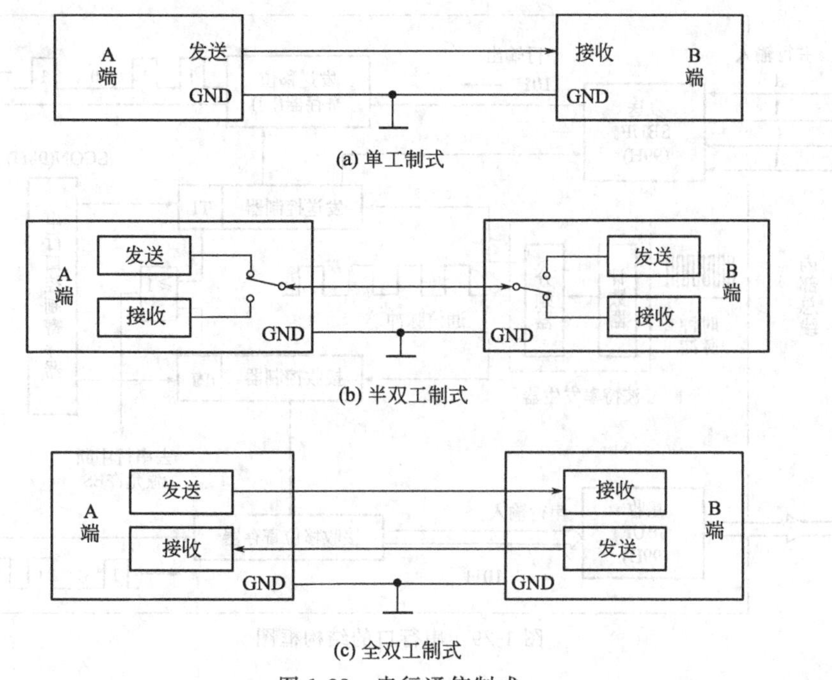

图 1-28 串行通信制式

需要对传送的数据进行校验。

(1) 奇偶校验 奇偶校验的特点是按字符校验，即在数据发送时，在每一个字符的最高位之后都附加一个奇偶校验位“1”或“0”，使被传送字符（包括奇偶校验位）中含“1”的位数都为偶数（偶校验）或都为奇数（奇校验）。接收端按照发送端所确定的奇偶性，对接收的每一个字符进行校验。奇偶性一致则传输正确；不一致则为传输错误。

(2) 和校验 和校验是针对数据块的校验。发送端在发送数据块时，对块中的数据（字节数）算术求和，然后将产生的单字节的算术和作为校验字符（和校验）附加到数据块的结尾传给接收端。接收端对收到数据块按与发送端相同的方法求算术和，其结果与接收到的校验字符比较，相同表示传输正确，不同则传输出错。

(3) 循环冗余码校验（CRC） CRC 检验是对一个数据块校验一次，它被广泛地应用于同步串行通信方式中，例如对磁盘信息的读/写，对 ROM 或 RAM 存储区的完整性的校验等。

除此之外，还有其他的校验方法。

4. 串行通信接口控制

MCS-51 单片机内置一个全双工的串行通信接口，可以作通用异步发送/接收器（UART），用于网络通信。其帧格式可有 8 位、10 位和 11 位，能设置多种波特率。

(1) 串行接口的结构及功能 MCS-51 单片机串行口的结构框图如图 1-29 所示，主要由发送器、接收器和串行控制寄存器、通信脉冲电路组成。

发送器主要由发送缓冲寄存器 SBUF（字节地址 99H）、发送移位寄存器和发送控制器组成。发送串行数据从 TXD 引脚（P3.1）输出。

接收器主要由接收缓冲寄存器 SBUF（字节地址 99H）、接收移位寄存器和接收控制器组成。接收串行数据从 RXD 引脚（P3.0）输入。

发送缓冲寄存器 SBUF 和接收缓冲寄存器 SBUF 占用同一字节地址 99H，可以同时发送和接收数据。发送 SBUF 只能写入数据，接收 SBUF 只能读出数据，二者用读、写指令

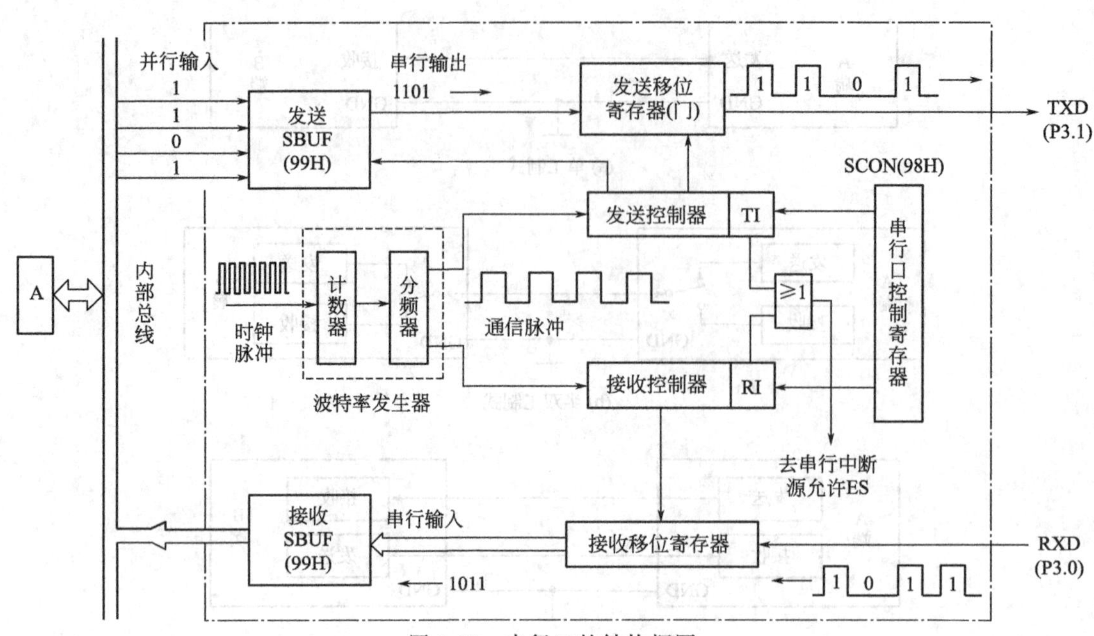

图 1-29 串行口的结构框图

区别。

波特率发生器由定时器 T1 计数器和分频器组成。波特率发生器的作用是将单片机高频率时钟脉冲降频，产生低频通信脉冲。通信脉冲经发送控制器变为同步脉冲和移位脉冲，其作用是分别对发送缓冲寄存器 SBUF 和发送移位寄存器控制。所以通信脉冲又称同步脉冲、移位脉冲或波特率脉冲，也就是说发送出去的串行数据脉冲的频率就是通信脉冲的频率。

一个晶振频率为 12MHz 的单片机，它的时钟脉冲频率是 6MHz，而它的通信脉冲频率一般最大为 0.08MHz，即波特率为 80000 位/秒。时钟脉冲频率和通信脉冲频率的差别越大，通信越稳定，但通信效率越低。

(2) 串行口控制寄存器 串行口控制寄存器 SCON 用于设置串行口的工作方式、监视串行口工作状态、发送与接收的状态控制等。它是一个既可字节寻址又可位寻址的特殊功能寄存器。其内容和位地址如图 1-30 所示。

SCON									
SCON	位符号	SM0	SM1	SM2	REN	TB8	RB8	TI	RI
	位地址	9FH	9EH	9DH	9CH	9BH	9AH	99H	98H

图 1-30 串行口控制寄存器 SCON

SCON 寄存器各位的功能如下。

① SM0、SM1：串行口工作方式选择位，可构成四种工作方式，如表 1-11 所示。

表 1-11 串行口四种工作方式

SM0	SM1	工作方式	功 能	波 特 率
0	0	方式 0	同步移位寄存器	$f_{osc}/12$
0	1	方式 1	10 位通用异步接收器/发送器	可变
1	0	方式 2	11 位通用异步接收器/发送器	$f_{osc}/32$ 或 $f_{osc}/64$
1	1	方式 3	11 位通用异步接收器/发送器	可变

② SM2：在方式 2 和方式 3 中多机通信的控制位。

③ REN：串行接收允许位。REN=0，禁止接收；REN=1，允许接收。

④ TB8：在方式 2 或方式 3 中，是将要发送的第 9 位数据，由软件置位或清零，它可作为数据奇偶校验位；也可在多机通信中作为地址帧或数据帧的标志位使用，TB8=0，发送为数据，TB8=1，发送为地址。

⑤ RB8：在方式 2 或方式 3 中，是已接收到的第 9 位数据，可作为奇偶校验位。

⑥ TI：发送中断标志位。发送完一帧数据后，硬件使 TI=1，此状态可供软件查询，也可向 CPU 申请中断。TI 位由软件清 0。

⑦ RI：接收中断标志位。其处理接收与 TI 处理发送的过程和功能相同。

此外，由于硬件电路设计的原因，波特率选择位是电源控制寄存器 PCON 中的第 8 位 SMOD，位地址为 8EH。如图 1-31 所示。

PCON									
	位符号	SMOD	—	—	—	GF1	GF0	PD	IDL
	位地址	8EH	8DH	8CH	8BH	8AH	89H	88H	87H

图 1-31　电源控制寄存器 PCON

5. 串行口通信方式与原理

如表 1-11 所示，串行口有四种工作方式，方式 0 的功能是同步移位寄存器；方式 1、2、3 的功能均为串行异步通信，基本原理相同，下面以方式 1 为例介绍串行口通信原理。

(1) 发送数据　方式 1 为 10 位异步通信。一帧 10 位信息中，8 位数据位，1 位起始位，1 位停止位；其波特率是可变的。发送数据时，发送控制器自动将起始位 0 和停止位 1 分别加到 8 位数据的前后。

当发送中断标志位 TI=0 时，CPU 执行一条写 SBUF 的指令，如

MOV　SBUF，A；

就启动了发送过程。如前面图 1-29 所示，累加器 A 将要发送的数据（以 4 位数据线为例）1101 经内部 8 位数据总线并行输入（写入）发送数据缓冲器 SBUF。写信号同时启动发送控制器，将写入到 SBUF 中的并行数据以串行数据方式输出；串行数据到发送移位寄存器，发送移位寄存器内含输出“与”门，串行数据与通信脉冲相“与”，使连续的通信脉冲变为与串行数据相同的脉冲输出，这样，串行数据脉冲就被发送到输出引脚 TXD 上。

8 位数据（一帧）发送完毕后，发送控制器停止发送脉冲，且由硬件将发送中断标志位 TI 置 1，向 CPU 申请中断。如要再次发送数据，必须用软件将 TI 清零，并再次执行写 SBUF 指令。

(2) 接收数据　允许接收位 REN 被置 1 时，接收器就开始采样串行数据输入端 RXD 引脚上的电平。由于 RXD 引脚线在无信号时是高电平 1，当采样到从 1 到 0 的负跳变时，就确定是输入数据的起始位 0，开始接收数据。接收控制器发出内部移位脉冲将 RXD 上的数据逐位移入接收移位寄存器，当 8 位数据及停止位全部移入后，根据以下状态，确定接收是否有效：

① 如果 RI=0；

② SM2=0 或停止位为 1。

在满足以上两个条件后，8 位数据装入接收缓冲器 SBUF，停止位 1 装入 RB8，并置接收中断标志位 RI=1，向 CPU 申请中断。如果不能满足以上两个条件，所接收的数据不装入 SBUF，数据将会丢失。

无论出现哪一种情况，接收器将继续采样RXD引脚的负跳变，以便接收下一帧信息。

方式2、方式3都是11位异步通信，发送或接收一帧信息由11位组成，其中1位起始位、9位数据位和1位停止位。方式2与方式3仅波特率不同。

在方式2、方式3时，发送、接收数据的过程与方式1基本相同，所不同的仅在于对第9位数据位的处理上。发送数据时，先由软件设置串行口控制寄存器SCON中的TB8位，TB8位的数值将作为数据第9位的数值。第9数据位，可作为数据奇偶校验位，也可在多机通信中作为地址帧/数据帧的控制位使用。发送数据时，发送控制寄存器将起始位、8位数据位、第9数据位和停止位自动组成一帧信息，从TXD（P3.1）端串行移位输出。

接收数据时，当第9位数据移入移位寄存器后，将8位数据输入接收缓冲寄存器SBUF，第9位数据装入控制寄存器SCON中的RB8位。若第9位数据位设置为数据奇偶校验位，则令SM2=0，以保证串行口的可靠接收。若第9位数据位设置为地址帧/数据帧的控制位，则令SM2=1，此时，若RB8=1时，将接收发来的地址帧信息；当RB8=0，串行口将丢弃所接收的数据帧信息。

（3）波特率设置　串行口的4种工作方式对应着三种波特率模式。

对于方式0，波特率是固定的，为晶振频率f_{osc}的1/12。

对于方式2，波特率由晶振频率f_{osc}和电源控制寄存器PCON中的第8位SMOD决定。当SMOD=0时，波特率为$f_{osc}/64$；当SMOD=1时，波特率为$f_{osc}/32$。

对于方式1和方式3，波特率由定时器T1的溢出率和SMOD决定，即由下式确定：

$$\text{波特率}=\frac{2^{SMOD}}{32n}$$

式中SMOD取值为0或1，n为定时器T1的溢出率，n由下式确定：

$$n=\frac{f_{osc}}{12}\times\frac{1}{2^K-X}$$

式中，X为装入为定时器T1的初始值；K为定时器T1计数器的位数，通常将定时器T1设定工作方式2，此时计数器为两个8位重装计数器，具有自动恢复定时初始值的功能，编程方便，运行稳定，此时$K=8$。

6. 多机通信

MCS-51单片机串行口工作在方式2或方式3时，可实现多机通信功能，即一台主机和多台从机之间通信，如图1-32所示。当主机向从机发送信息时，主机首先发送一个地址帧，此帧数据的第9数据位TB8应设置为“1”，以表示是地址帧，8位数据位是某台从机的地址。

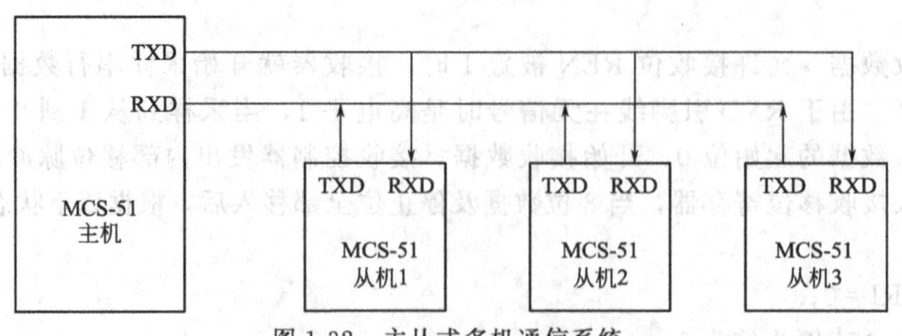

图1-32　主从式多机通信系统

这种通信只能在主从机之间进行，从机之间的通信需经主机作中介才能实现。主从多机通信的过程如下：

① 主、从机均初始化为方式 2 或方式 3，且置 SM2＝1，REN＝1，串行口开中断，允许多机通信。

② 主机置位 TB8＝1，向从机发送寻址地址帧，其中包括 8 位需要与之通信的从机地址，第 9 位为 1。

③ 所有的从机置 SM2＝1，RB8＝1，满足接收条件，接收主机发来的地址，并与本机地址比较。对于地址相同的从机，置 SM2＝0（清零），以接收主机随后发来的数据信息；对于地址不符合的从机，仍保持 SM2＝1 的状态，对主机随后发来的数据不予理睬，直至发送新的地址帧。

④ 地址一致的从机向主机返回地址，供主机核对，不一致的从机恢复初始状态。

⑤ 主机核对返回的地址，若与刚才发出的地址一致则准备发送数据，若不一致则返回①重新开始。

⑥ 主机向从机发送指令或数据，数据帧的第 9 位为 0。此时主机 TB8＝0，只有被选中的那台从机能接收到该数据，其他从机则舍弃该数据。

⑦ 本次通信结束后，主从机重新置 SM2＝1，又可进行新一次的通信。

第六节 汽车单片机程序设计原理

在了解 MCS-51 单片机的硬件结构和指令系统后，可以利用它们去完成人们期望的工作，即程序设计工作。程序就是为了计算某一算式或控制某一工作的若干指令的有序集合。单片机的全部工作都要靠执行程序来完成。程序有简有繁，有些复杂的程序往往是由简单的基本程序构成。

一、汇编语言程序设计

1. 汇编语言程序设计步骤

（1）分析问题，确定算法　这是程序设计中最重要的一步。设计人员必须认真、仔细地考虑系统需要解决的各种问题以及将来系统功能的进一步扩展，明确知道程序要解决的问题和接收、处理、发送的数据范围以及使用什么样的算法。

（2）画流程图　流程图是用各种图形、符号、有向线段来直观地表示程序执行的步骤和顺序。它可使人们通过流程图的基本线索，对全局有完整的了解。流程图常用图形符号如图 1-33 所示。

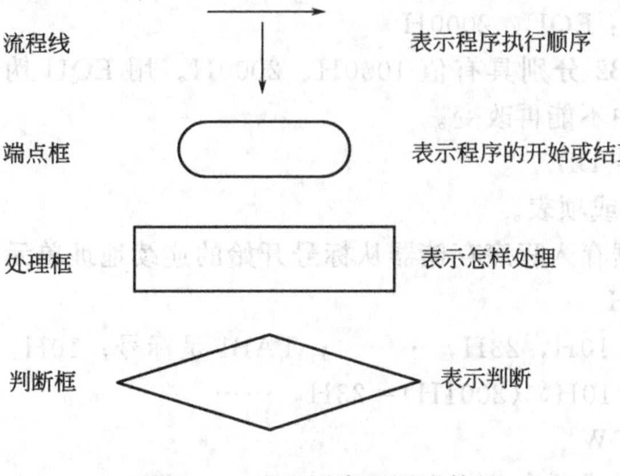

图 1-33　流程图常用图形符号

（3）分配存储单元　确定程序存储区和数据存储区的起始地址和区域大小。

（4）编写源程序代码　根据流程图用汇编语言指令实现流程图的每一个步骤，从而编写出汇编语言的源程序。

（5）调试、测试程序　调试是利用仿真器等开发工具，采用单步、设断点、连续运行等方法排除程序中的错误，完善程序的功能。

2. 源程序的汇编

（1）手工汇编　手工汇编是通过手工方式查指令编码表，逐个把助记符指令“翻译”成机器码的过程。

（2）机器汇编　机器汇编是在机器（PC 机）上使用汇编程序自动地进行源程序的汇编，最后得到机器码表示的目标程序。汇编与反汇编过程如图 1-34 所示。

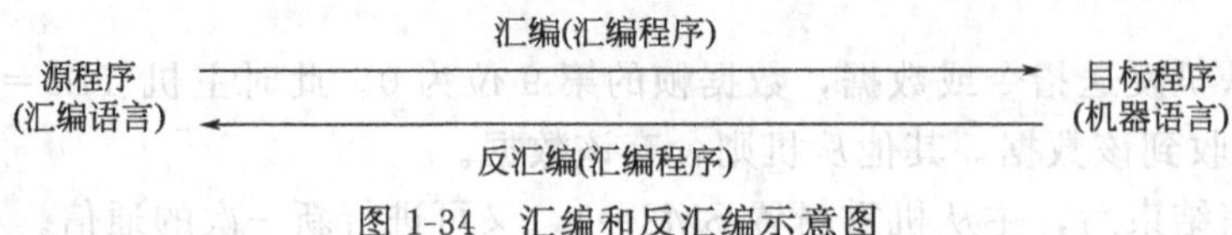

图 1-34　汇编和反汇编示意图

3. 伪指令

伪指令是 PC 机将源程序汇编成目标程序所需要的指令，而不是单片机的指令，相对单片机指令而言称其为伪指令。伪指令用于告诉汇编程序如何进行汇编的指令，它既不控制单片机的操作也不被汇编成机器代码，只能为汇编程序所识别并指导汇编如何进行。

伪指令主要用来指定程序或数据的起始位置，给出一些连续存放数据的地址或为中间运算结果保留一部分存储空间以及表示源程序结束等。不同版本的汇编语言，伪指令的符号和含义可能有所不同，但基本用法是相似的。下面介绍几种常用的伪指令。

（1）设置目标程序起始地址伪指令 ORG

格式：ORG　16 位地址

（2）结束汇编伪指令 END

格式：END

（3）赋值伪指令 EQU

格式：标号：EQU　项。

项可以是常数、地址标号或表达式。例如：

```
TAB1：EQU   1000H
TAB2：EQU   2000H
```

汇编后 TAB1、TAB2 分别具有值 1000H、2000H。用 EQU 伪指令对某标号赋值后，该标号的值在整个程序中不能再改变。

（4）定义字节伪指令 DB

格式：标号：DB 项或项表。

把项或项表中的数据存入程序存储器从标号开始的连续地址单元中。例如：

```
ORG   2000H
TAB1：DB   10H，23H，……   ；TAB1 是标号；10H，23H，…… 是数据
```

汇编后：(2000H)=10H，(2001H)=23H，……

（5）定义字伪指令 DW

格式：标号：DW 项或项表

DW 伪指令与 DB 相似，但用于定义字的内容。汇编时，机器自动按高 8 位在先，低 8 位在后的格式排列。

(6) 预留存储区伪指令 DS

格式：标号：DS 表达式

功能是从标号指定单元开始，定义一个大小为表达式的值的存储区，以备后用。例如：

```
ORG  3000H
  DS  19H
  DB  10H，11H，……
```

汇编后从 3000H 开始，预留 19H 个字节的内存单元，即 3000H～3018H，然后从 3019H 开始，按照下一条定义字节伪指令 DB 开始赋值，即（3019H）＝10H，（301AH）＝11H，……

(7) 位地址定义伪指令 BIT

格式：标号：BIT　位地址

功能是将位地址赋予 BIT 前面的标号，经赋值后可用该标号代替 BIT 后面的位地址。例如：

```
M1  BIT  01H
M2  BIT  P1.0
```

汇编后，01H 和 P1.0 的位地址 90H 分别赋给了 M1 和 M2。

4. 基本结构程序

汇编语言程序主要有顺序结构程序、分支结构程序和循环结构程序。

(1) 顺序结构程序　顺序程序是最基本的程序。它是按照指令排列的先后顺序依次执行，每条指令都必须执行，且只执行一遍。顺序程序设计一般比较单一、简单，常常作为复杂程序的一部分。

(2) 分支程序　在程序设计过程中，有时要根据不同情况执行不同功能的程序段，这种根据程序要求而改变程序执行顺序的设计，称为分支程序设计。分支程序分为无条件分支程序和条件分支程序两类。无条件分支程序中含有 LJMP、AJMP 等无条件转移指令，执行这类指令，程序将无条件转移；条件分支程序中含有判零、比较、位控制等条件转移指令。

(3) 循环程序　在程序中包含重复执行的程序段称为循环程序。循环程序简洁，占用内存少，运行效率高。循环程序常见的两种结构：一是先执行，后判断，这种结构至少要执行 1 次；另一种是先判断，后执行，这种结构可以 1 次也不执行。

循环程序通常由 3 部分组成。

初始化：赋循环次数初值、地址指针初值等。

循环处理：完成主要任务的程序段。

循环控制：修改循环次数、地址指针等，控制循环是否结束。

二、空燃比反馈修正控制原理程序

发动机启动后的基本喷油时间控制主要由发动机转速和负荷量（进气量）决定。为了使发动机在不同工况下，都处于最佳状态，还有以下主要的修正控制。其中空燃比反馈修正控制是利用氧传感器信号来修正喷油脉冲宽度。

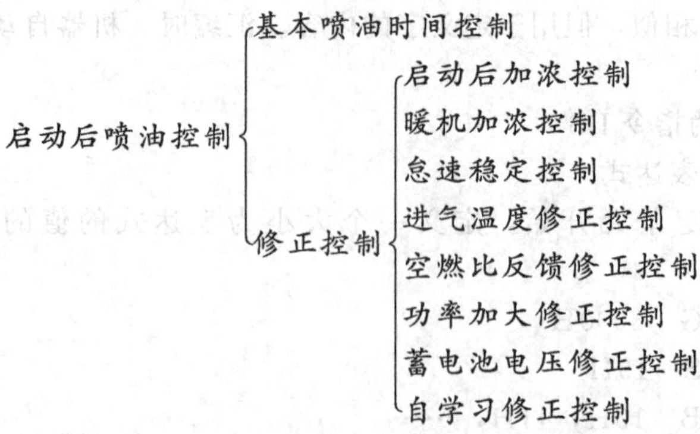

为了使发动机尾气排放达到环保要求，发动机的排气管上都装有三元催化转换器。三元催化转换器作用时，必须是混合气在理论空燃比（14.7∶1）附近，才能使一氧化碳 CO、碳氢化合物 HC 的氧化作用和含氮氧化物 NO_x 的还原作用同时进行，转化为无害的 CO_2、H_2O、O_2、N_2。因此，必须十分精确控制喷油量。但是，单靠空气流量传感器计测的空气质量信号是达不到高精度的喷油控制，必须借助安装在排气管中的氧传感器送来的反馈信号，对基本喷油时间进行修正，才能实现高精度的喷油控制。这是一种典型的闭环反馈控制。

氧传感器动态电压信号 xxH 值与设计目标值 yyH 比较，有以下 3 种情况需要处理。

xxH 值＞yyH：表示喷油过浓，需要调用减小喷油子程序，执行后返回转移循环监测。

xxH 值＜yyH：表示喷油过稀，需要调用增大喷油子程序，执行后返回转移循环监测。

xxH 值＝yyH：表示喷油在理想空燃比附近，保持不变，转移循环监测。

利用“比较不相等转移指令 CJNE”和“位条件转移指令 JC”实现三分支判断。发动机整体控制是一个很大的程序，空燃比反馈修正控制程序只是其中一个程序段或子程序（有不同的设计方法），为了简便，设定这是一个相对独立程序。

空燃比反馈修正控制程序流程图如图 1-35 所示（图中没有显示子程序）。

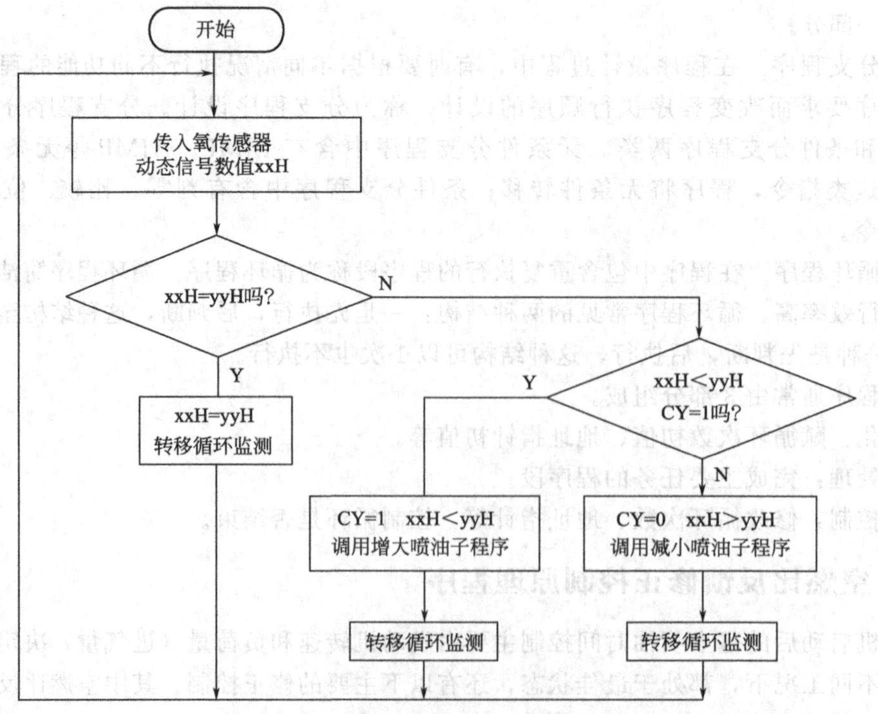

图 1-35 空燃比反馈修正控制程序流程图

从程序流程图可以看出，这是一个 3 分支结构程序，左分支程序保持喷油量不变，中间分支程序调用增大喷油子程序，右分支程序调用减小喷油子程序。子程序增大或减小 1 个变量的喷油时间参数后，要返回转移循环监测氧传感器不断传来的动态电压信号值 xxH，看是否达到目标值。发动机在全部运行过程中，空燃比反馈修正控制程序一直在不断循环监测氧传感器信号和修正喷油时间，使尾气排放达到环保要求。

空燃比反馈修正控制程序如下：

```
标号     地址    源程序                               注释
LOOP：1954H   MOV   R1，#xxH                ；氧传感器动态信号 xxH 送 R1
         1956H   CJNE    R1，#yyH，N2      ；R1 内 xxH≠yyH，转移 N2
                                  (rel1 =02H)               xxH=yyH，不转移，顺接 N1
N1：     1959H   SJMP   LOOP (rel2 =F9H)；转移 LOOP 循环监测
N2：     195BH   JC       N3        (rel3 =     )；xxH  <  yyH，CY=1，转移 N4，
                                                             xxH  >  yyH，CY=0，顺接 N3
N3：     195DH   LCALL      L1                   ；调用减小喷油子程序 L1
         1960H   SJMP   LOOP (rel4 =     )；执行减小喷油后返回，转移循环监测
N4：     1962H   LCALL      L2                   ；调用增大喷油子程序 L2
         1965H   SJMP   LOOP (rel5 =     )；执行增大喷油后返回，转移循环监测
```

程序中的地址偏移量 rel 计算如下：

第 2 条指令的 rel_1=195BH−(1956H+3)=02H

第 3 条指令的 rel_2=100H−｜1954H−(1959H+2)｜=100H−07H=F9H

其他 rel 值由读者计算。

三、步进电动机怠速阀控制原理程序

1. 怠速控制原理

怠速就是汽车发动后温度上升到正常温度，发动机处于空挡时稳定的最低转速。此时混合气燃烧所做的功，只是用以克服发动机的内部机械阻力和必要的发电阻力。

在使用汽车时，发动机怠速运转的时间约占 30%，怠速转速的高低直接影响燃油消耗和排放尾气。怠速过高，耗油量增加；怠速过低，发动机转速不稳，容易熄火。

怠速一般在 800r/min，由于设计和制造工艺不同，不同的车辆，怠速略有不同，应以其标明怠速数值为准。

怠速控制均采用发动机转速反馈闭环控制方式，即发动机转速传感器将发动机的实际转速和目标转速进行比较，根据比较的差值确定使发动机达到目标值的控制量，并通过执行机构对发动机怠速转速进行校正。

步进电机式怠速控制阀是世界上电喷发动机目前应用最多的一种怠速控制装置，用于控制汽车进气系统旁通空气通道的开度，从而调节旁通通道的进气量，使发动机转速达到所要求的目标值。

图 1-36 为步进电机式怠速控制示意图，汽车行驶时，发动机所需的大流量空气由气缸吸气行程吸入，从主空气通道经节气门通过，节气门开度越大，进入空气越多。空气进入多少，由发动机单片机经空气流量传感器检测得出，然后按空气与汽油的理想混合比例（质量比为 14.7∶1）计算出喷油量，由喷油器喷入进气管。混合气越多，燃烧后产生的压力越大，发动机转速就越高。

当汽车暂停行驶时，节气门关闭，为了维持发动机怠速运转，发动机所需的小流量空气

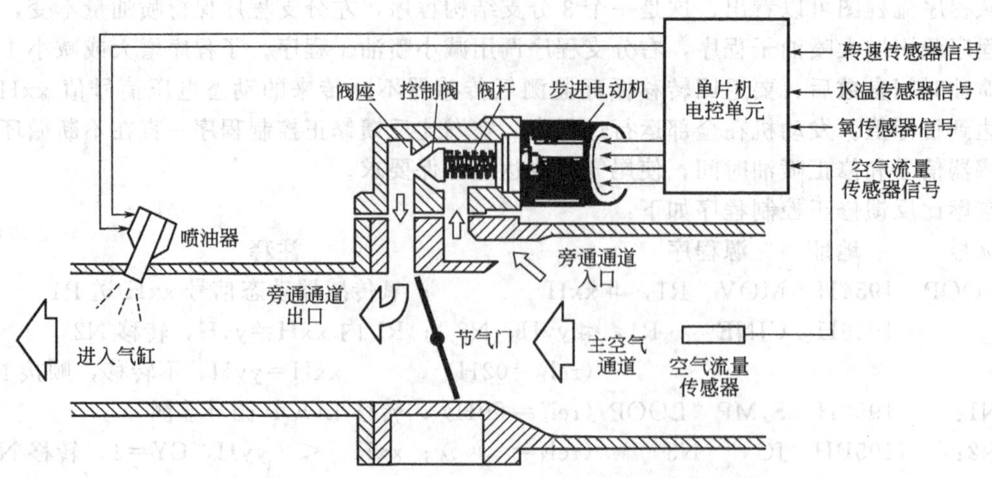

图 1-36　步进电机式怠速控制示意图

从旁通通道入口流入，经步进电动机式怠速控制阀从旁通通道出口流入发动机。

步进电动机式怠速控制阀由步进电动机、阀杆、控制阀和阀座组成。转子的正转或反转运动经阀杆（丝杆）转换成向前或向后的直线伸缩运动，阀杆每旋转 1 圈，伸缩 1 个螺距；控制阀与阀杆相连，为凸圆锥状；阀座为凹圆锥状。控制阀向阀座推进，通气横截面减小，反之，通气横截面增大，从而达到控制怠速通气量的目的。

2. 怠速控制用步进电动机

目前应用怠速控制的步进电动机多为永磁式，由发动机电控单元控制。图 1-37 为某种怠速控制阀所用步进电动机定子与转子结构和相互作用示意图。定子由两个圆形爪极式铁芯相叠而组成，每个爪极式铁芯内有 2 个线圈，共有 4 个线圈；每个爪极式铁芯有 16 个爪极，两个铁芯错开相叠，形成 32 个爪极。转子是圆形永久磁铁，磁极方向与转子半径方向一致，共有 16 个（8 对）磁极，图中只画出 2 个（1 对）磁极。

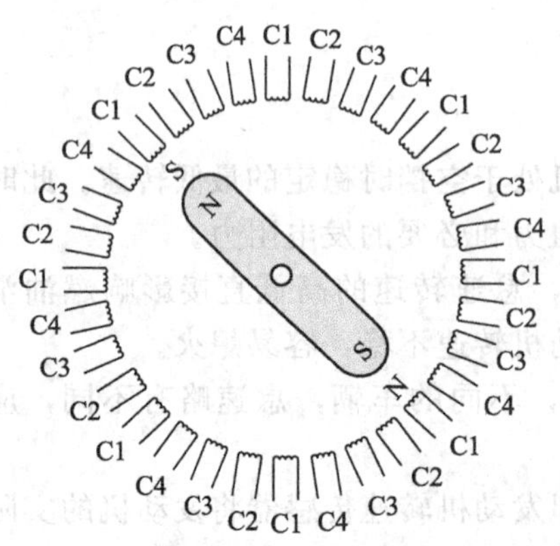

图 1-37　步进电动机定子与转子示意图

步进电动机转动一圈需要 32 步，步距角为 11.25°。步进电动机的工作范围为 0～125 步。

图 1-38 为步进电动机的控制电路图，由单片机的并行输入/输出 P1 端口的 P1.0、P1.1、P1.2、P1.3 分别控制步进电动机的 A 相、B 相、C 相、D 相线圈。共有 4 条相同的控制电路，控制电路由反相器、光电隔离器、复合放大电路、保护二极管组成。

A 相、B 相、C 相、D 相分别通电时，对应产生的磁极对是 C1、C2、C3、C4。例如 A 相线圈通电，产生 4 对（8 个）C1 磁极。其他线圈通电情况类似。

步进电动机转动的基本原理是：按 A→B→C→D→A 相序依次通电，转子正转（图中为顺时针）；按 A→D→C→B→A 相序依次通电，转子反转。线圈通电时间的长短决定转速，通电时间长，转速慢，通电时间短，转速快。

3. 怠速阀的控制过程

单片机主要通过发动机转速传感器和温度传感器的信号和设定的转速值来控制步进电机

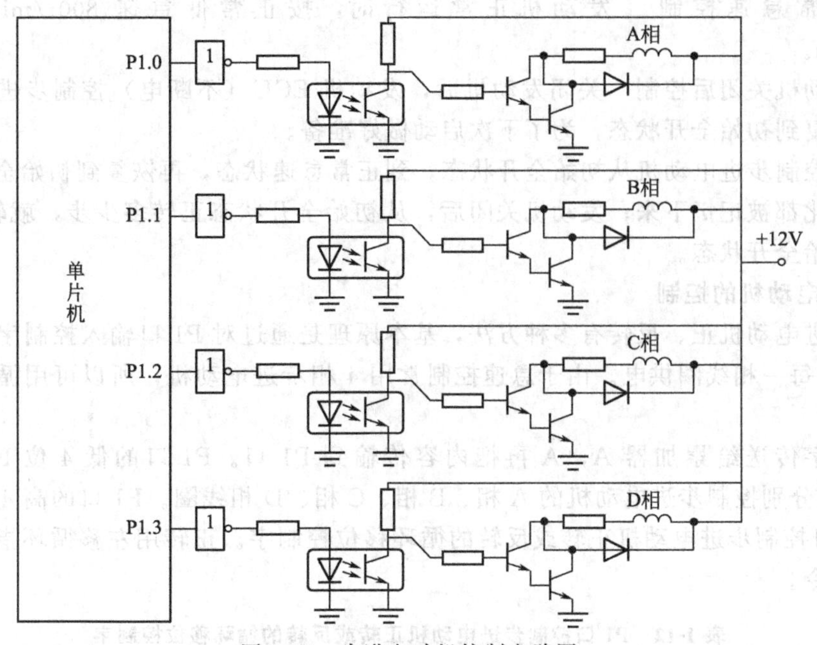

图 1-38 步进电动机控制电路图

的转动。为了讲解方便，设定步进电机正转为关阀，即控制阀向阀座移动，减小通气截面积；反转为开阀，即控制阀向远离阀座方向移动，增大通气截面积。

在分析发动机工况时，要设定一些技术参数，各车型的同类技术参数有所不同，以下出现的技术参数为常见数值。发动机在不同工况，对怠速数值和控制要求不同。如暖机怠速、正常怠速、负荷增加怠速和发动机关闭后控制等。下面以怠速的三种基本控制为例，介绍单片机对怠速控制阀步进电机的控制原理。

(1) 暖机控制　怠速控制阀的初始状态是全开，步进电机的步数为 0，通气截面积最大，发动机启动后，怠速比较高，是快速暖机过程。快速暖机过程的怠速一般控制在 1200r/min，称暖机高怠速。当发动机的温度增高到设定目标值，发动机怠速稳定在 800r/min，称正常低怠速。

从暖机高怠速 1200r/min 到正常低怠速 800r/min 的控制模式有多种，较先进的控制模式是建立温度与怠速的对应数列，存在单片机的程序存储器内，监测到多高的温度，就调取对应的怠速值。为理解方便，减小程序长度，暂设两级数值：

目标温度≥实测温度，按暖机高怠速 1200r/min 控制，允许±20r/min；

目标温度＜实测温度，按正常低怠速 800r/min 控制，允许±20r/min。

单片机始终将发动机转速与目标值比较，如果高于目标值，就控制步进电动机正转，减小通气截面积，降低发动机转速；如果低于目标值，就控制步进电动机反转，增大通气截面积，增加发动机转速。

由于怠速控制阀在初始是全开状态，发动机在此状态的设计转速要高于 1200r/min，所以在发动机启动后的暖机控制开始，单片机控制步进电动机从 0 步开始，只可能是正转，减小通气截面积，降低发动机转速至 1200r/min。步进电动机每转动 1 步，单片机就累加正转步数 1 次；如果反转，单片机就减少正转步数 1 次。

发动机受各种因素影响，怠速会有一定的波动。怠速与目标转速的误差，允许在±20r/min 以内，超过±20r/min，单片机就调控。

(2) 正常怠速控制　发动机正常运行时，按正常低怠速 800r/min 控制，允许±20r/min。

(3) 发动机关闭后控制　关闭发动机后，发动机 ECU（不断电）控制步进电动机反转到怠速阀恢复到初始全开状态，为了下次启动做好准备。

单片机控制步进电动机从初始全开状态，到正常怠速状态，再恢复到初始全开状态，其间的步数变化都被记忆下来；发动机关闭后，从初始全开状态正转多少步，就转反多少步，正好回到初始全开状态。

4. 步进电动机的控制

控制步进电动机正、反转有多种方法，基本原理是通过对 P1 口输入控制字（也称控制码），依次对每一相线圈供电。由于怠速控制常用 4 相步进电动机，所以可用循环移位指令来实现。

把控制字传送给累加器 A，A 再把内容传输到 P1 口。P1 口的低 4 位 P1.0、P1.1、P1.2、P1.3 分别控制步进电动机的 A 相、B 相、C 相、D 相线圈。P1 口的高 4 位不用。表 1-12 是 P1 口控制步进电动机正转或反转的循环移位控制字。正转用左移循环指令，反转用右移循环指令。

表 1-12　P1 口控制步进电动机正转或反转的循环移位控制字

P1 口	高 4 位	低 4 位	控制字	P1 口	高 4 位	低 4 位	控制字
线圈	不用	DCBA		线圈	不用	DCBA	
正转↓	0001	0001	11H	反转↓	0001	0001	11H
	0010	0010	22H		1000	1000	88H
	0100	0100	44H		0100	0100	44H
	1000	1000	88H		0010	0010	22H
	0001	0001	11H		0001	0001	11H
	0010	0010	22H		1000	1000	88H

发动机运行期间，步进电动机要不时正转或反转稳定怠速，如果正转，则正转步数增加；如果反转，则正转步数减少。每转一步，正转步数都要存入内存 30 单元。步进电动机每次停止转动的最后控制字都要存入内存 31 单元，下次转动就从上次最后控制字的左移或右移后的新控制字开始，这样就保证转子转动的连续和平稳。例如上次停转最后控制字是 44H，下次转动，如果反转，就右移 1 位，新控制字就是 22H；如果正转，就左移 1 位，新控制字就是 88H。

5. 怠速控制阀步进电动机控制程序

怠速控制程序是发动机电控单元主控程序下的一个子程序。设单片机内存 RAM 有关单元所要储存的数据和来源如下：

30H：存步进电动机的正转步数；

31H：存驱动步进电动机的控制字；

32H：存缸温实测值，由温度传感器传来；

33H：存缸温目标值，由程序存储器传来；

34H：存怠速实测值，由转速传感器传来；

35H：存正常低怠速目标上限值（820r/min），由程序存储器传来；

36H：存正常低怠速目标下限值（780r/min），由程序存储器传来；

37H：存暖机高怠速目标上限值（1220r/min），由程序存储器传来；

38H：存暖机高怠速目标下限值（1180r/min），由程序存储器传来；

3AH：临时存怠速目标上限值；

3BH：临时存怠速目标下限值；

00H（位地址）：存发动机运行和关闭数据，（00H）=0，发动机关闭；（00H）=1，发动机运行；信号由发动机点火开关传来。

怠速控制阀步进电机控制程序流程图如图 1-39 所示。

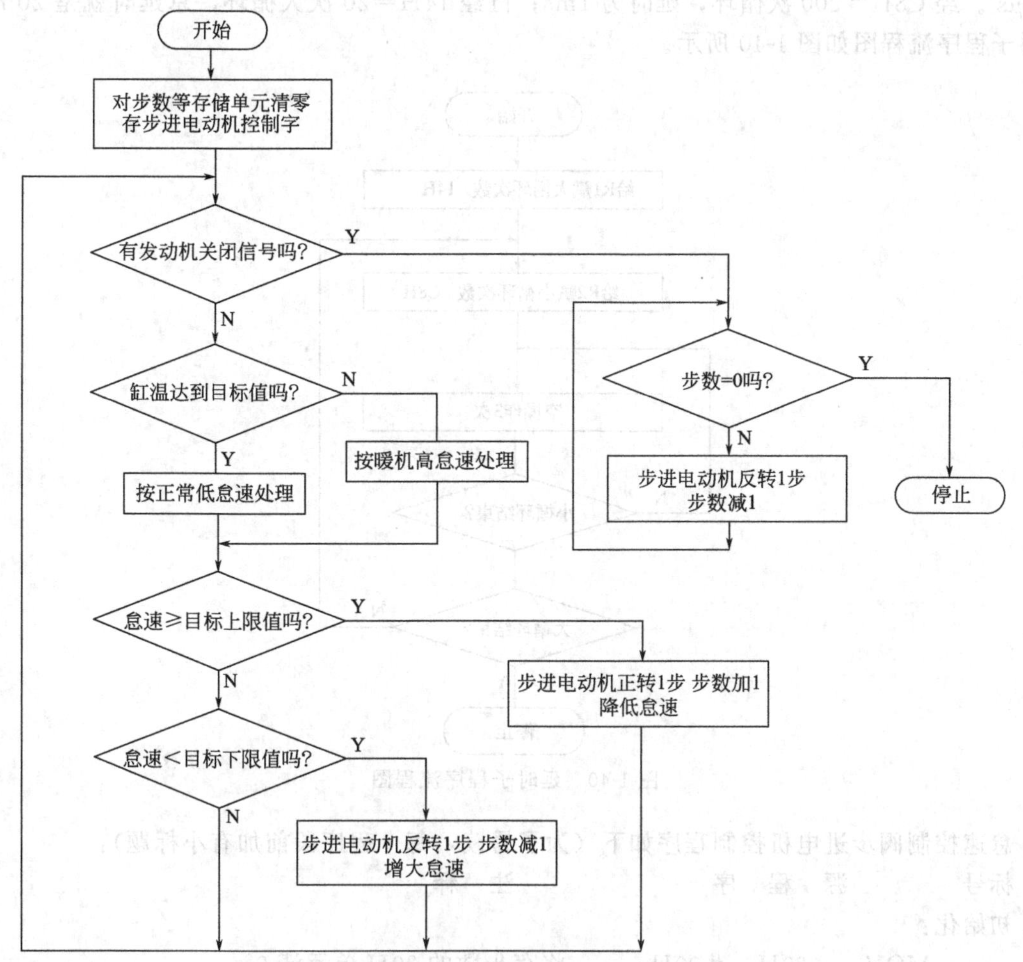

图 1-39 怠速控制阀步进电动机控制程序流程图

怠速控制阀步进电动机控制程序流程图中有 5 个判断框。

第 1 个判断框是“有发动机关闭信号吗?”，判断是否停机。

第 2 个判断框是“步数=0 吗?”，步数=0 就停机，否则转移驱动步进电动机反转至停机。

第 3 个判断框是“缸温达到目标值吗?”，没达到转移“按暖机高怠速处理”，达到“按正常低怠速处理”。处理的过程是把高怠速或低怠速目标值的上、下限值，赋给下一步作为判断依据。

第 4 个判断框是“怠速≥目标上限值吗”，如果大于或等于，就转移驱动步进电动机正转 1 步，减小怠速；如果小于，则顺接怠速下限值判断。

第 5 个判断框是“怠速<目标下限值吗”，如果小于，就转移驱动步进电动机反转 1 步，增大怠速；如果大于，说明至此已判出：目标上限值>实测值≥目标下限值，怠速在正常范围内，可以保持不变，转移继续查发动机关闭信号，开始下一循环监控。

步进电动机的转速是由每一相的通电延时长短决定，因此，必须有延时子程序。由于步进电动机每一相的通电延时是 20ms（或 10ms），比较短，所以不需要用定时器，利用空操作指令和判断转移指令所占的机器周期，经多次循环就可达到延时目的。设单片机的晶振是 12MHz，一个机器周期是 1μs，3 个空操作指令和 1 个判断转移指令共占 5 个机器周期，即占 5μs 。经 C8H=200 次循环，延时为 1ms；再经 14H=20 次大循环，总延时就是 20ms 。延时子程序流程图如图 1-40 所示。

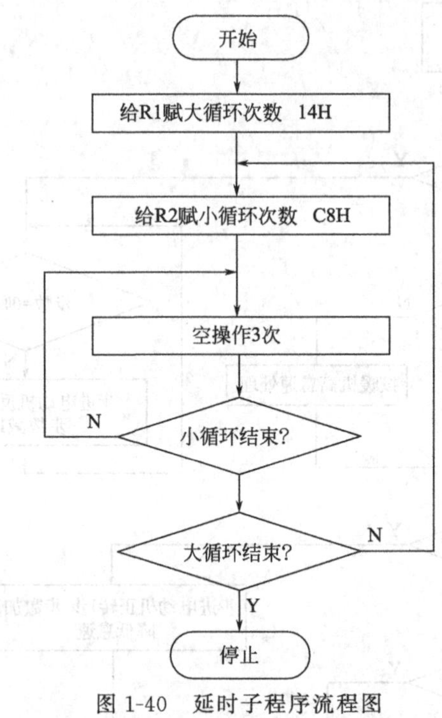

图 1-40　延时子程序流程图

怠速控制阀步进电机控制程序如下（为了易读，每个程序段前加有小标题）：

```
标号          源 程 序                  注  释
初始化：
        MOV     30H，#00H        ；将存步数的30H单元清0
        MOV     31H，#11H        ；将控制字送31H单元
查发动机关闭否：
LOOP1：  JNB     00H，LOOP2       ；(00H)=0，发动机关闭，转移LOOP2反转开阀最大
                                   (00H)=1，发动机运行，顺接缸温判断
缸温判断：
        MOV     A，33H           ；将33H内缸温目标值送A；
        CJNE    A，32H，N1       ；缸温目标值−实测值≠0，转移N1，对CY判断
N1：     JNC     N2               ；缸温目标值≥实测值，CY=0，转移N2按高怠速
                                   处理
                                   缸温目标值<实测值；CY=1，顺接按正常低怠速
```

```
                                        处理
按正常低怠速处理：
      MOV     3AH，35H               ；将35H内正常低怠速上限值（820）送3AH内
      MOV     3BH，36H               ；将36H内正常低怠速下限值（780）送3BH内
      SJMP    N3                     ；转移N3怠速判断
按暖机高怠速处理：
N2：MOV     3AH，37H               ；将37H内暖机高怠速上限值（1220）送3AH内
      MOV     3BH，38H               ；将36H内暖机高怠速下限值（1180）送3BH内
      SJMP    N3                     ；转移N3怠速判断
怠速判断
N3：MOV     A，34H                 ；将34H内怠速实测值送A
      CJNE    A，3AH，N4             ；怠速实测值－目标上限值≠0，转移N4对CY判断
N4：JNC      N5                     ；实测值≥目标上限值，CY＝0，转移N5正转（减速）
                                        驱动
                                        实测值＜目标上限值，CY＝1，顺接以下指令
      CJNE    A，3BH，N4             ；怠速实测值－目标下限值≠0，转移N6对CY判断
N6：JC       N7                     ；实测值＜目标下限值，CY＝1，转移N7反转（增
                                        速）驱动
                                        实测值≥目标下限值，CY＝0，顺接以下指令
      SJMP    LOOP1                  ；至此确定：目标上限值＞实测值≥目标下限值
                                        转LOOP1继续查发动机关闭信号
正转驱动：
N5：     MOV     A，31H              ；将31H单元的控制字送A
         RL      A                   ；把A的内容向左循环移1位
         MOV     31H，A              ；把A中新控制字存31单元
         MOV     P1，A               ；把A中新控制字送P1口
         LCALL   DELAY               ；调用延时子程序，通电延时20ms
         INC     30H                 ；正转步数加1
         SJMP    LOOP1               ；转LOOP1继续查发动机关闭信号
反转驱动：
N7：     MOV     A，31H              ；将31H单元的控制字送A
         RR      A                   ；把A的内容向右循环移1位，
         MOV     31H，A              ；把A中新控制字存31单元
         MOV     P1，A               ；把A中新控制字送P1口
         LCALL   DELAY               ；调用延时子程序，通电延时20ms
         DEC     30H                 ；正转步数减1
         SJMP    LOOP1               ；转LOOP1继续查发动机关闭信号
发动机关闭后反转驱动：
LOOP2：  MOV     R0，30H             ；将30H单元正转步数送R0
         CJNE    R0，＃00H，N8       ；R0≠00，转移N8反转驱动
         SJMP    N9                  ；R0＝00，转移N9停止
N8：     MOV     A，31H              ；将31H单元的控制字送A
```

```
      RR     A            ；把A的内容向右循环移1位，
      MOV    31H，A       ；把A中新控制字存31单元
      MOV    P1，A        ；把A中新控制字送P1口
      LCALL  DELAY        ；调用延时子程序，通电延时20ms
      DEC    30H          ；正转步数减1
      SJMP   LOOP2        ；转移LOOP2判断是否继续反转
  N9：RET                 ；怠速控制阀恢复初始全开状态，返回主控程序
```

延时子程序：

```
DELAY：MOV   R1，#14H      ；给R1赋大循环次数14H=20
LOOP1：MOV   R2，#C8H      ；给R2赋小循环次数C8H=200
LOOP2：NOP                 ；空操作，(1μs)
       NOP                 ；空操作，(1μs)
       NOP                 ；空操作，(1μs)
       DJNZ  R2，LOOP 2    ；R2内容减1不为0转移LOOP2，(2μs)
       DJNZ  R1，LOOP 1    ；R1内容减1不为0转移LOOP1
       RET                 ；大循环完毕，延时子程序返回主程序
```

小 结

自动控制技术在工业、农业、国防和科学技术现代化中起着十分重要的作用。自动控制系统有两种最基本的形式，即开环控制和闭环控制。复合控制是将开环控制和闭环控制适当结合的控制方式，可用来实现复杂且控制精度较高的控制任务。

计算机是一种不需人的直接干预就能高速、自动地进行数据处理的电子装置。存储程序和在程序控制下运行是计算机的基本工作原理。计算机具有自动性、高速性、准确性、逻辑性和通用性。

单片微型计算机简称单片机。单片机是将微处理器、存储器、I/O接口和中断系统集成在同一块芯片上，具有完整功能的微型计算机。单片机体积小、重量轻、能耗低，广泛应用在家用电器、智能仪表、自动检测、机电设备和汽车等各个方面的自动控制中。

计算机中的数据、地址和指令等的描述，常用二进制数和十六进制数。

MCS-51单片机组成结构中包含CPU、片内存储器、4个并行I/O口、1个串行口、2个定时器/计数器、中断系统和时钟振荡器等功能部件。

单片机所具有的所有指令的集合，就构成了指令系统。指令系统越丰富，说明CPU的功能越强。一台单片机能执行什么样的操作，是在单片机设计时由硬件电路确定的。一条指令对应着一种基本操作。不同类型的单片机有不同的机器语言。

单片机的指令描述形式有两种：机器语言形式和汇编语言形式。

MCS-51单片机指令系统共有111条指令。按功能可以划分为以下5类：数据传送指令、算术运算指令、逻辑运算指令、控制转移指令、位操作指令、子程序调用、返回和空操作指令。

所谓中断，就是中断正在进行的工作，转而去处理另一项较为紧急的事情，处理完毕后再转回来继续处理原来的工作。单片机的中断源分为内部中断源和外部中断源，中断源分优先级，中断可以嵌套。

MCS-51单片机内带有两个16位定时器/计数器T0和T1，均可以作定时器或计数器使用。

MCS-51单片机的串行接口是一个全双工串行通信接口，具有同时发送和接收的功能。它可以作为UART（通用异步接收和发送器）使用，也可以作为同步移位寄存器使用。单片机的串行通信功能是车载电控单元网络通信的基础。

程序就是为了计算某一算式或控制某一工作的若干指令的有序集合。单片机的全部工作都要靠执行程

序来完成。

汇编语言程序设计步骤：分析问题、确定算法、画流程图、分配存储单元、编写源程序代码、调试程序。汇编语言程序主要有顺序结构程序、分支结构程序和循环结构程序。

汽车发动机空燃比反馈修正控制程序是一种典型的闭环反馈控制，可以用3分支结构程序来判断氧传感器动态电压信号，从而修正喷油脉宽。

怠速控制阀步进电动机控制程序根据实测发动机怠速与目标转速的上限值和下限值比较，控制步进电动机的正转或反转，达到稳定怠速的目的。

思考题

1. 简述自动控制在现代科学技术中的意义。
2. 简述开环控制和闭环控制。
3. 简述自动控制的分类。
4. 对控制系统的基本要求有哪些？
5. 简述计算机控制技术的概念和控制的基本步骤。
6. 简述单片机控制系统的特点。
7. 什么是单片微型计算机？它与微处理器、微型计算机、微型计算机系统有何区别？
8. 微型计算机中常用的数制有几种？计算机内部采用哪种数制？
9. 十六进制数能被计算机直接执行吗？为什么要用十六进制数？
10. 将下列二进制数转换为十进制数和十六进制数。

(1) 10110101　(2) 11010010　(3) 10010101　(4) 01010011

11. 将下列十六进制数转换为十进制数和二进制数。

(1) ABH　(2) 7C H　(3) BDH　(4) 5FH

12. MCS-51单片机内部结构由哪几部分组成？
13. MCS-51P0～P3口各有什么功能？
14. 画图说明MCS-51单片机的存储器结构，划分成几个区域工作？
15. MCS-51单片机ROM空间中，0003H、000BH、0013H、001BH、0023H有什么特殊用途？
16. 什么是堆栈？堆栈工作必须遵守的原则是什么？
17. 什么是振荡周期、时钟周期、机器周期、指令周期？它们之间关系如何？
18. 简述单片机的复位方式。
19. 简述单片机语言。
20. 简述单片机汇编语言指令格式。
21. MCS-51单片机有哪些寻址方式？
22. MCS-51单片机指令主要分为哪几类？
23. 写出下列指令的寻址方式和功能。

(1) MOV　A，#50H　(2) MOV　A，R7

(3) MOV　30H，20H　(4) MOVC　A，@A+DPTR

(5) MOV　A，@R0　(6) SETB　27H

24. 什么叫中断？单片机采用中断有什么好处？
25. 什么叫中断源？MCS-51单片机有哪几个中断源？写出其固定入口地址。
26. 什么叫中断嵌套？中断嵌套遵循的原则是什么？
27. 什么是中断优先级？MCS-51单片机能设置几个优先级？同一级别的中断源同时发出中断请求，CPU先响应哪一个？怎样确定？
28. 一个中断请求被响应必须满足什么条件？
29. MCS-51单片机中有几个定时器/计数器？是加1计数还是减1计数？
30. 定时器/计数器有几种工作模式？每种工作模式中又有几种工作方式？

31. 串行通信有几种基本通信方式？它们有什么区别？

32. 什么是串行通信的波特率？

33. 串行通信有哪几种制式？各有什么特点？

34. MCS-51 单片机串行通信有几种工作方式？简述它们各自的特点。

35. 假设一种字符的编码是每个字符由 8 位二进制数表示，如果每分钟传送 6000 个字符，则其波特率是多少？

36. 简述单片机多机通信的工作原理。

37. 汇编语言程序设计步骤有哪些？

38. 常用汇编语言伪指令有哪些？它们的作用是什么？

39. 简述基本结构程序。

40. 简述空燃比反馈修正控制原理程序。

41. 简述步进电动机怠速阀控制原理程序。

第二章 汽车单片机控制技术

学习要求

熟悉汽车电子控制单元ECU的基本功能和基本组成；熟悉玛瑞利单点电脑的组成，掌握玛瑞利单点电脑点火控制电路、点火监测电路和喷油控制电路的工作原理。

第一节 汽车电子控制单元ECU

以单片机为核心的汽车电子控制装置，各生产厂家所称名称有所不同，有称微处理机控制装置——MCU，有称电子控制组件——ECM，较多的是称为汽车电子控制单元——ECU，简称电控单元。在汽车修理行业，习惯上称为汽车电脑。

一、ECU的基本功能

由于汽车的配置不同，电控单元的数目也不同。低配置、手动变速器的轿车，一般只有一个发动机电控单元；中高配置的轿车，除发动机电控单元外，还有自动变速器电控单元、制动防抱死ABS电控单元、全自动空调电控单元、安全气囊电控单元、智能座椅电控单元、中央门控电控单元等，多达十几个，甚至几十个电控单元。

汽车上的ECU是按所控制的对象或系统不同而设计的，一个确定的ECU按其内部储存的程序，对所控制系统各传感器输入的信号数据进行运算、处理、分析、判断，然后输出控制指令，并驱动有关执行器动作，达到快速、准确、自动控制汽车某一系统的目的。ECU的主要功能有以下几个方面：

① 接收传感器、操作开关或其他装置输入的信息，给需要电源的传感器提供工作电压。

② 处理、存储、计算、分析和判断输入信息数据及故障信息。

③ 根据输入的有关信息计算出输出指令信号，放大指令信号至可以控制执行器。

④ 当电控系统出现故障时，输出故障信息。

⑤ 实行学习控制，具有自我修正输出值的功能。

⑥ 在具有车载网络的系统中，所有的ECU具有通信功能，相互间能进行数据交换。

现代发动机电控系统中，由于使用了ECU，信号处理的速度和存储信息的容量都大大提高，因此，可以实现多功能的高精度的集中控制；ECU不仅用来进行燃油喷射控制，同时还用来进行点火控制、怠速控制、排放控制、进气控制、增压控制、故障自诊断、失效保护和后备系统启用等。

二、汽车电控单元 ECU 的基本组成

汽车上电控单元的组成模式是相同的，一般由传感器、ECU、执行元件组成。

下面以发动机电控单元为例，介绍汽车电控单元的组成和原理。图 2-1 所示为发动机电控单元 ECU 的典型组成图，图中的大方框内是 ECU。

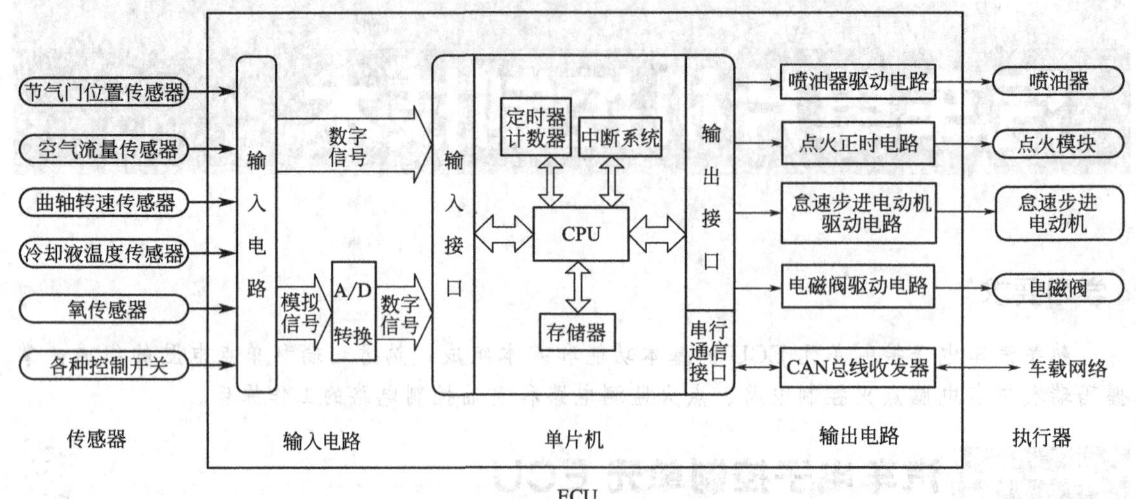

图 2-1 汽车电子控制单元 ECU 的组成示意图

ECU 主要由输入电路、单片机、输出电路组成，此外还有电源电路、备用电路和软件等。

例如，空气流量传感器、水温传感器、进气温度传感器、线性输出式节气门位置传感器等，向 ECU 输出的就是模拟信号（幅值随时间连续变化的信号）。它们经过放大、滤波、模数（A/D）转换等处理后才能被单片机所接收。

而转速传感器产生的转速信号与上止点参考信号、各种开关信号则是数字信号（断续变化的电压脉冲）。它们经过放大、整形之后可直接通过 I/O 接口送入单片机。

三、输入电路

输入电路的功能是接收和处理来自 ECU 外部的信号。实现外部传感器与单片机之间的信息传递，即对传感器输入的信号进行预处理，使输入信号变成单片机可以接收的信号。来自 ECU 外部的信号分为两类，一类是传感器信号，另一类是开关信号。

1. 传感器信号

传感器信号来自各个传感器，又分为模拟信号和数字信号。对模拟信号，如空气流量传感器、温度传感器等缓慢变化的模拟信号，要先放大、滤波，然后对其进行模/数（A/D）转换，转换为数字信号。

如果是脉冲信号和开关信号，如曲轴转速传感器的脉冲信号，将对其进行放大和整形处理，使其达到数字信号的要求。

输入电路将数字信号送至单片机的输入接口。

2. 开关信号

开关信号分为操纵开关信号和自动开关信号。

操纵开关信号是驾驶人操纵各种开关、操纵手柄、操纵杆、操纵踏板产生的信号。例

如，启动发动机时启动开关产生的启动信号传送到发动机 ECU，发动机电控 ECU 按启动工况确定喷油量和点火提前角；操纵自动变速器手柄至 D 挡位置时，D 挡位的开关触点产生的开关信号传送到自动变速器 ECU，自动变速器 ECU 将按前进挡确定自动变速器内的离合器和执行器的工作状态。

自动开关信号是汽车内的自动装置产生的开关信号，例如汽车空调的温度控制器，当制冷温度达到确定的温度时，温度控制器内部的开关触点将产生开关信号，传送给空调 ECU，空调 ECU 控制空调压缩机暂停工作。

3. 模拟量输入通道

模拟量输入通道的任务是把被控系统中多个传感器输出的模拟量转换成数字量后输入单片机，它的一般组成框图如图 2-2 所示，它由滤波和电平变换电路、多通道 A/D 转换器等组成。

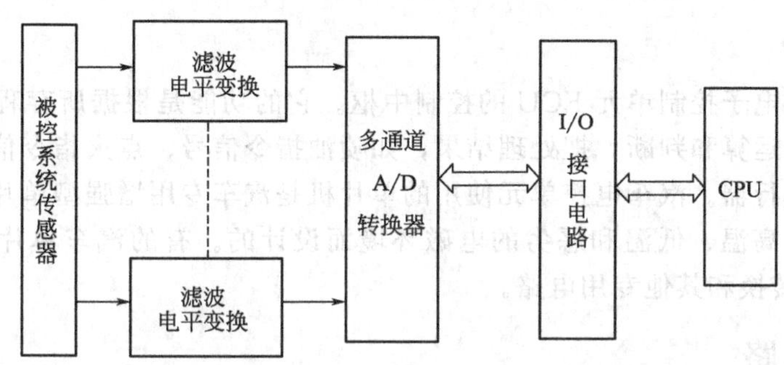

图 2-2　模拟量输入通道组成框图

(1) 滤波和电平变换电路　滤波和电平变换电路包括信号滤波、电平变换等。传感器测得的电信号受周围电磁场干扰，一般都有高频干扰电磁波，因此，要对传感器信号先进行高频滤波。传感器信号电压信号一般很小，电压通常为 0～40mV，而 A/D 转换器所能处理的电压范围为 5V、10V、±5V 等，故必须进行电平变换后再输给 A/D 转换器，这样可提高模拟信号测量系统的精度。

(2) 多通道 A/D 转换器　目前的 A/D 转换器多为多输入通道的，有 8 通道和 16 通道的，可以同时输入 8 路或 16 路模拟信号。经 A/D 转换后送入单片机的 I/O 接口电路。

4. 数字量输入通道

在汽车电控系统中，传感器采集的还有数字信号，比如来自曲轴转速传感器的转速信号与上止点参考信号，它们都是脉冲信号。脉冲信号经放大和整形电路处理后，变成矩形波，通过 I/O 接口可直接送入单片机。

5. 光电隔离器

对可能受到强干扰的输入信号，要考虑增加光电隔离电路。图 2-3 为常用的光电隔离器及电平转换电路，图中 G 为发光二极管和光电三极管集成的光电隔离器，输入信号经滤波、放大，驱动发光二极管按信号电流强弱发光，光电三极管将接收的光再转换为电信号，实现了信号传送过程完全电的隔离，起到很好的抗干扰作用。三极管 VT_1 和 VT_2 组成电平转换电路，使输出信号达到所需要的电压值。

光电隔离器不但适用输入电路，也适用输出电路，可以隔离输出电路到执行器之间的电磁干扰。

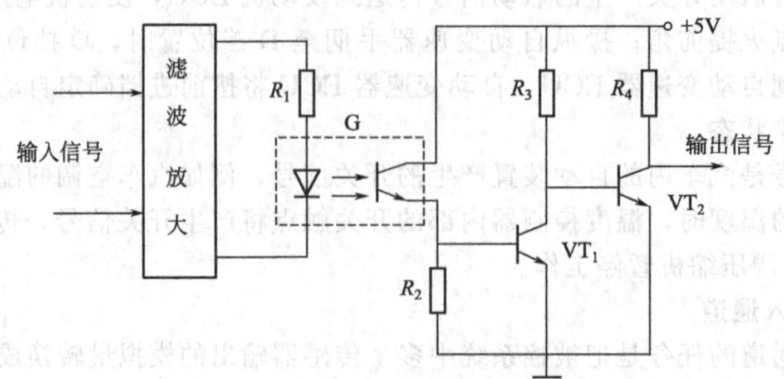

图 2-3 光电隔离器及电平转换电路

四、单片机

单片机是汽车电子控制单元 ECU 的控制中枢。它的功能是根据所存程序，对各种传感器送来的信号进行运算和判断，把处理结果，如喷油指令信号、点火指令信号等，送至输出电路，从而控制执行器。汽车电控单元使用的单片机是汽车专用增强型单片机，是针对汽车较为复杂的振动、高温、低温和恶劣的电磁环境而设计的。有的汽车单片机芯片内已包含 A/D 转换、D/A 转换和其他专用电路。

五、输出电路

输出电路是根据所控制的执行器的类型而设计的，汽车上执行器按负载类型可分为电阻类，如照明灯和信号灯；电磁线圈类，如继电器、电磁阀，喷油器；电动机类，如直流电动机、步进电动机等。

按控制信号可分为模拟量输出通道和数字量输出通道。

1. 模拟量输出通道

模拟量输出通道的任务是把计算机的离散数字量输出变成连续的模拟量输出，以控制执行机构。图 2-4 是一个多输出的模拟量输出通道，一个通道使用一个 D/A 转换器，转换速度快且工作可靠。

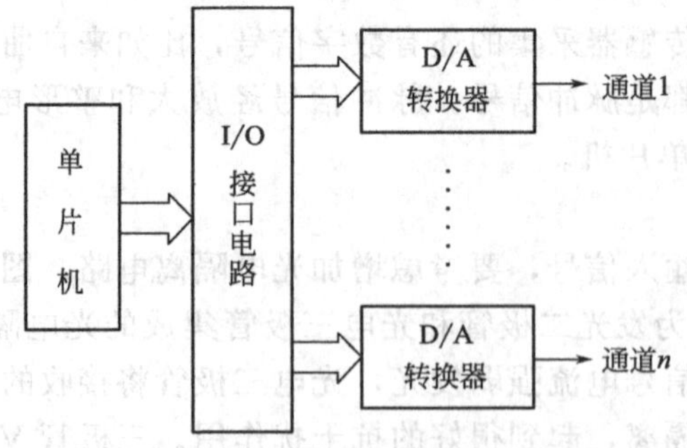

图 2-4 模拟量输出通道

2. 数字量输出通道

数字量输出通道的任务是将单片机的 I/O 接口输出的数字量转换成执行机构（如继电器、电磁阀、步进电动机等）需要的脉冲信号。

数字量输出通道有以下三种形式：

① 由单片机的输出口直接控制执行机构。

② 通过半导体开关管控制执行机构。

③ 通过继电器控制执行机构。

数字量输出通道的终末负载常常是继电器、电磁阀的电磁线圈和步进电动机的电磁线圈，它们与单片机中间需要放大、隔离和驱动电路。

喷油器是一个典型的小型电磁阀，其控制电路见图 2-5。单片机根据空气流量传感器的传入信号，计算出进入气缸中的空气质量，然后按理想空燃比计算出应喷的汽油量，使汽油的混合气体达到最佳燃烧。喷油器是一个小型电磁阀，通电时线圈产生磁力，吸引阀针向上开阀，汽油在一定压力下，喷射入气缸；断电时阀针在复位弹簧的作用下，向下关阀。在油压和喷油器喷孔一定的条件下，控制喷油时间就可控制喷油量。

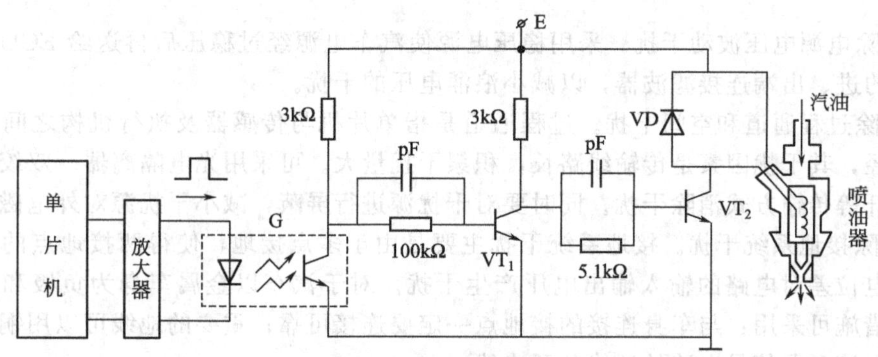

图 2-5　控制喷油器的输出电路

单片机输出的喷油脉冲，经放大器放大，驱动光电隔离器 G 中的发光二极管发光，光电三极管将接收到的光信号转为电信号，经三极管 VT_1 放大，驱动大功率三极管 VT_2 导通接地，喷油器电磁线圈通电开阀，达到控制喷油的目的。精确控制喷油脉冲的脉冲宽度（例如某种发动机的喷油脉宽可在 1.72～8.45ms 间控制），是电控燃油喷射的主要功能。

六、电源电路

现代汽车 ECU 的电源电路一般有两路。

一路来自点火开关控制的主继电器，它是 ECU 的主电源。打开点火开关后，主继电器触点闭合，电源送入 ECU 内部的处理电路，使 ECU 进入工作状态；关闭点火开关后，主继电器触点断开，ECU 的工作电源被切断从而停止工作。

另一路直接来自蓄电池，直接接单片机的备用电源引脚（MCS-51 单片机的 V_{PD}引脚），在点火开关关闭及发动机熄火后，该电路仍然保持蓄电池电压，使单片机的故障自诊断电路所测得的故障码及其他有关数据可长期保存在单片机的存储器内，为故障检修提供依据，该电路称为 ECU 的备用电源电路。

除此之外，对有些具有防盗功能的 ECU 或不能停止某些监控功能的 ECU，其唤醒电路也用备用电源电路。

七、ECU 的可靠性要求

汽车 ECU 工作在较为复杂的振动、高温、低温和恶劣的电磁环境中，需要在不同的道路和气候条件下行驶，这些环境因素往往造成汽车电子控制装置的性能下降，甚至不能完成规定的功能或损坏，因此汽车 ECU 需要很高的可靠性和对环境的耐久性。

1. 能适应较大的电源电压波动

以 12V 电源为例，正常的电源电压波动范围为 10～15V，发动机低温启动时，蓄电池电压可降至约为 6～8V，启动完成后，发电机开始发电，在很短的时间内，电源电压就会升高超过 12 V。

此外，ECU 还要承受瞬变电压的冲击，瞬变电压是指由于电磁感应在短时间内产生的较高的脉冲电压。较大的电感性负载，在电流通断的瞬间都能产生很高的自感电动势，有的可达几百伏。因此，ECU 的电源电路必须具有很好的抗干扰能力和稳压作用。

2. 硬件抗干扰措施

汽车电磁设备对 ECU 的干扰，一般都是以脉冲的形式进入的，抗干扰措施主要有以下几点：

① 消除电源电压波动干扰。采用稳压电源使汽车电源经过稳压后再送给 ECU；可在直流稳压器的进、出端连接滤波器，以减小浪涌电压的干扰。

② 消除过程通道和空间干扰。过程通道是指单片机与传感器及执行机构之间进行信息传输的路径，其干扰因素是传输线路长，积累干扰量大。可采用光电隔离器、双绞线、同轴电缆、光纤等传输方式消除干扰。同时要对干扰源进行屏蔽，减小干扰源对外电磁辐射。

③ 消除接地系统干扰。接地系统干扰主要是由于多点接地，使得两接地点的电位不为零，这个电位差对电路的输入输出电压产生干扰。对于汽车以金属车身为负极和地线的情况，预防措施可采用：与车身连接的接地点一定要连接可靠；重要的地线可以用铜线作专用地线；大电流和弱信号电路的地线分开走线。

3. 软件抗干扰措施

采用硬件抗干扰措施可以提高系统的可靠性，但是会使系统成本相应提高，而且并非所有的干扰或故障都能够通过这种方法得到完全解决。为弥补硬件抗干扰的不足，还必须增加软件抗干扰的方法。

（1）数据采集中的软件抗干扰措施　在检测汽车缓慢变化的信号时，如果某时刻只把一次采集到的数据作为该参数的真实数据，往往会由于某种偶然因素使数据失真，造成误差或错误。在这种情况下可采用数字滤波。比如，连续采集数据 3～5 次取其平均值，或去掉最大值、最小值后取其平均值；根据控制系统所采集的数据的大小范围，通过编程判别采样值是否超出正常值的范围来判断是否是干扰值。

（2）程序运行失常的抗干扰措施　系统受到干扰后，致使程序计数器的值改变，导致程序运行失常，对此可采取以下措施及时引导系统恢复原始状态：

① 启动监视定时器。监视定时器是一个计数器，启动后，会根据 ECU 内部的时钟信号自动计数，当计数器溢出时，系统即进入强制复位，并重新初始化。

② 设置软件陷阱。当程序指针失控时，程序跑飞，有时会进入各种非程序区，造成严重的后果。为尽量避免出现上述现象，提高系统的监控能力，可在所有的非程序区设置系统复位指令，这样一旦程序跑飞进入非程序区，就可以立即迫使程序进入初始状态。

八、ECU 的可靠性设计

汽车电子控制单元在总体设计时应着重考虑以下几个方面：

① 尽量用软件代替硬件。系统中的任何硬件都有失效问题，硬件电路越复杂可靠性越差，而软件易于修改且处理速度快。

② 尽可能采用定型的标准化单元电路。因为定型的标准化电路经过了全面考核，其性能稳定、可靠，另外维修方便。

③ 尽可能减少电子部件的个数。

④ 采用集成电路代替分立电路。

⑤ 采用数字电路代替模拟电路。数字电路标准化程度高，稳定性及抗干扰能力比模拟电路好，通用性强。

第二节　汽车电控单元实例分析

低配置、手动变速器的轿车，一般只有一个发动机电控单元，适用于单点电喷的发动机。玛瑞利电子公司是意大利菲亚特汽车集团成员之一，专门研发和生产汽车电子设备，其生产的玛瑞利单点电脑是一种典型的集中喷射电脑，该电脑成本低廉、简单实用，目前在国产微型汽车和低档轿车中被有些车型采用。下面以玛瑞利单点电脑为例，介绍单片机在汽车电子控制技术中的应用。

一、玛瑞利单点电脑的组成

玛瑞利单点电喷发动机 ECU 实物如图 2-6 所示，电脑板为单板式，图的下边是接线端座，各电子集成芯片如图所示。其中 MC68HC11F1 芯片是摩托罗拉（MOTOROLA）公司

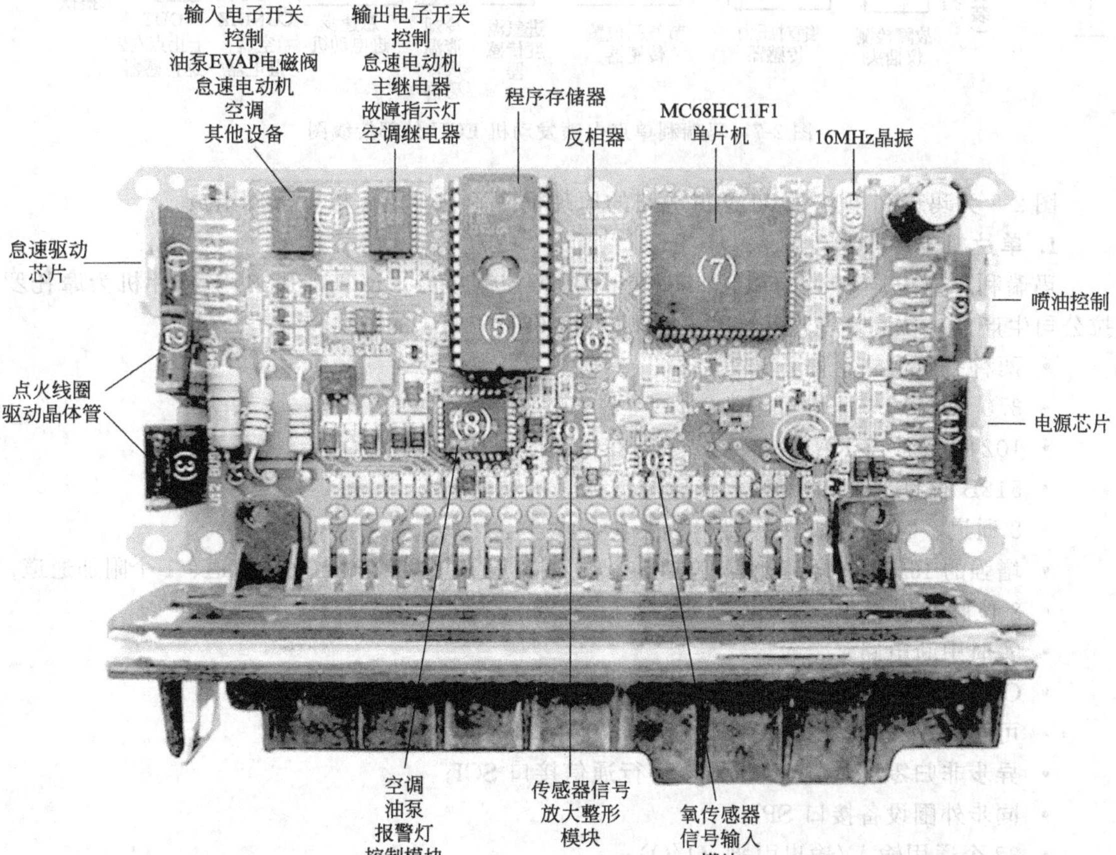

图 2-6　玛瑞利单点电喷发动机 ECU 实物图

生产的8位单片机，这是玛瑞利单点电脑的核心芯片。

图2-7所示为玛瑞利单点电喷发动机ECU外部接线图，可以看到连接的传感器和执行器。

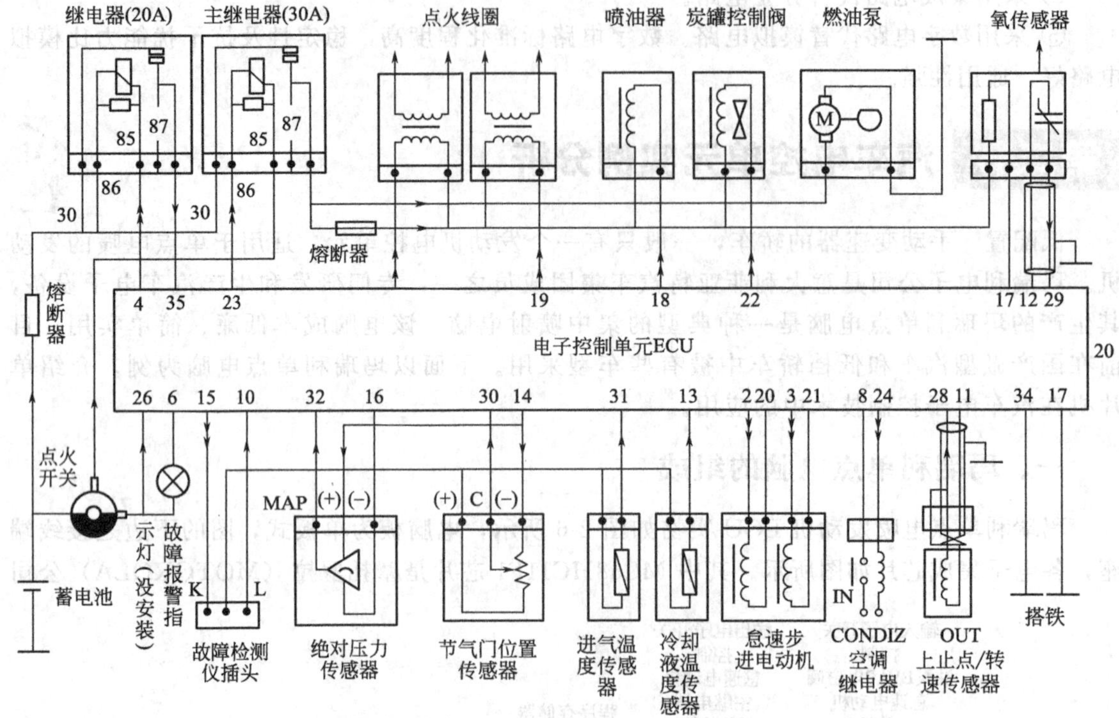

图2-7 玛瑞利单点电喷发动机ECU外部接线图

图2-8为玛瑞利单点ECU逻辑电路的原理框图，它主要由以下部件组成。

1. 单片机

玛瑞利单点电脑以MC68HC11F1单片机为控制核心，MC68HC11F1单片机为摩托罗拉公司生产的8位高性能汽车专用单片机。MC68HC11F1的主要特征有：

- 两种省电模式：停止和等待；
- 3.0～5.5V电压均可正常工作；
- 1024B的片内RAM，RAM数据在待机时保留；
- 512B的片内EEPROM，带区域数据保护功能；
- 8通道、8位A/D转换器；
- 增强的16位定时器系统：包括3个输入捕获通道、4个输出比较通道、1个附加通道；
- 8位脉冲累加器；
- 实时中断电路；
- CPU看门狗系统（COP）；
- 可达5MHz的总线时钟；
- 异步非归零码（NRZ），异步串行通信接口SCI；
- 同步外围设备接口SPI；
- 38个通用输入/输出引脚（I/O）；
- 两种封装形式：68引脚PLCC封装和80引脚TQFP封装。

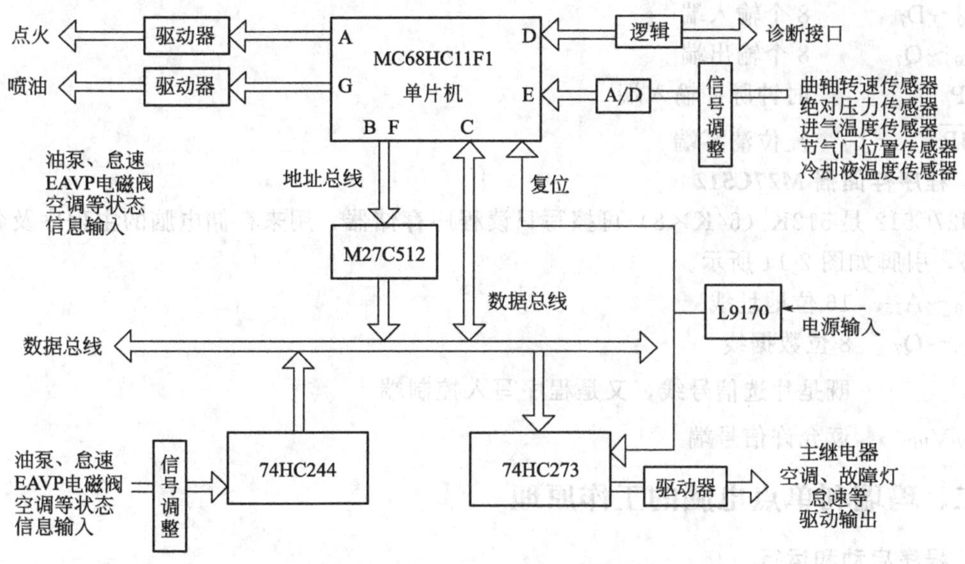

图 2-8　玛瑞利单点 ECU 逻辑电路的原理框图

2. 输入信号缓冲驱动器 74HC244

74HC244 芯片内部共有两组共 8 路三态缓冲驱动器，引脚如图 2-9 所示。

$1A_0 \sim 1A_3$，$2A_0 \sim 2A_3$　8 个输入端

$1Y_0 \sim 1Y_3$，$2Y_0 \sim 2Y_3$　8 个输出端

$1\,\overline{OE}$，$2\,\overline{OE}$　　　　2 个使能端

当使能端 $1\,\overline{OE}$和 $2\,\overline{OE}$都为低电平时，输出端 Y 和输入端 A 状态相同；当使能端 $1\,\overline{OE}$和 $2\,\overline{OE}$都为高电平时，输出呈高阻态。

74HC244 作为空调、油泵、EVAP 电磁阀、怠速电动机等设备的状态信息输入电子开关，输出端直接与数据总线相连。

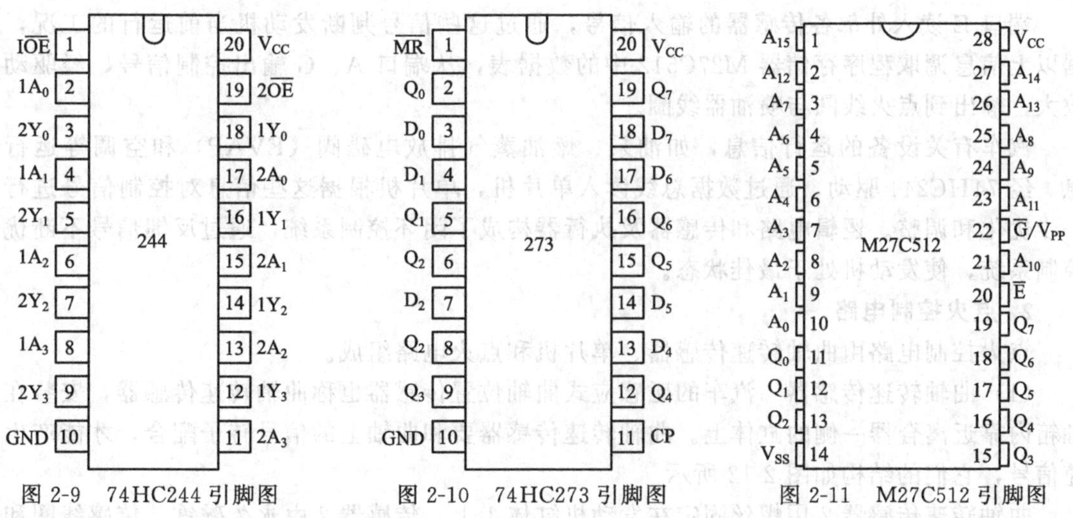

图 2-9　74HC244 引脚图　　图 2-10　74HC273 引脚图　　图 2-11　M27C512 引脚图

3. 输出信号驱动器 74HC273

74HC273 是带复位端、上升沿有效的 8 路 D 触发器，4HC273 作为主继电器、怠速步进电动机、故障指示灯、空调继电器等驱动信号的输出电子开关。引脚如图 2-10 所示。

$D_0 \sim D_7$　　8个输入端

$Q_0 \sim Q_7$　　8个输出端

CP　　时钟脉冲输入端

$\overline{MR}$　　复位清零端

4. 程序存储器 M27C512

M27C512是512K（64K×8）可擦写只读程序存储器，用来存储电脑的主程序及各种数据表格，引脚如图2-11所示。

$A_0 \sim A_{15}$　16位地址线

$Q_0 \sim Q_7$　8位数据线

$\overline{E}$　既是片选信号线，又是程序写入控制端

$\overline{G}/V_{PP}$　读允许信号端

二、玛瑞利单点电脑的工作原理

1. 程序启动和运行

玛瑞利单点电脑的逻辑电路如图2-8所示，由电源稳压芯片L9170提供工作电源和传感器的参考电压，并且从8号脚输出低电平的复位信号送至单片机的复位端（17脚），同时送到74HC273的清零端使其输出清零。单片机进入启动和初始化运行，对内部硬件进行复位，设置相应寄存器，引导加载程序（Boot Loader），进行程序加载，将M27C512程序存储器中的主程序读入单片机内部RAM，并通过跳转指令进入程序运行状态。

主程序首先从端口C输出逻辑"1"（高电平）信号到数据总线（D2）上，该信号经74HC273锁存后（6号引脚）输出高电位控制信号，使驱动器中的大功率三极管导通接地（图中未画出），使主继电器通电闭合（即使图2-7中ECU的23引脚接地），将12V电源加到点火线圈、喷油器、燃油泵等外部设备。

端口C输出的控制信号，经数据总线输出到74HC273锁存，经驱动器放大，去控制怠速步进电机、空调继电器、故障灯等进入工作状态。

端口E读入外部各传感器的输入信号，通过这些信号判断发动机当前运行的工况，根据以上信息调取程序存储器M27C512中的数据表，从端口A、G输出控制信号，经驱动器放大，输出到点火线圈与喷油器线圈。

汽车有关设备的运行信息，如油泵、燃油蒸气排放电磁阀（EVAP）和空调等运行信息，经74HC244驱动，通过数据总线读入单片机，单片机根据这些信息对控制信号进行进一步优化和调整。逻辑电路和传感器及执行器构成了闭环控制系统，通过反馈信号不断优化控制系统，使发动机处于最佳状态。

2. 点火控制电路

点火控制电路由曲轴转速传感器、单片机和点火电路组成。

（1）曲轴转速传感器　汽车的磁感应式曲轴位置传感器也称曲轴转速传感器，安装在曲轴箱内靠近离合器一侧的缸体上。曲轴转速传感器要和曲轴上的信号转子配合，才能产生转速信号，它们的结构如图2-12所示。

曲轴转速传感器2用螺丝固定在发动机缸体1上，传感器2由永久磁铁、传感线圈和线束插头组成。传感线圈又称为信号线圈，永久磁铁上带有一个磁头，磁头正对安装在曲轴上的齿盘式信号转子3。

信号转子3又称信号盘，由薄钢板做成，为齿盘式，在其圆周上分60等份的圆心角，

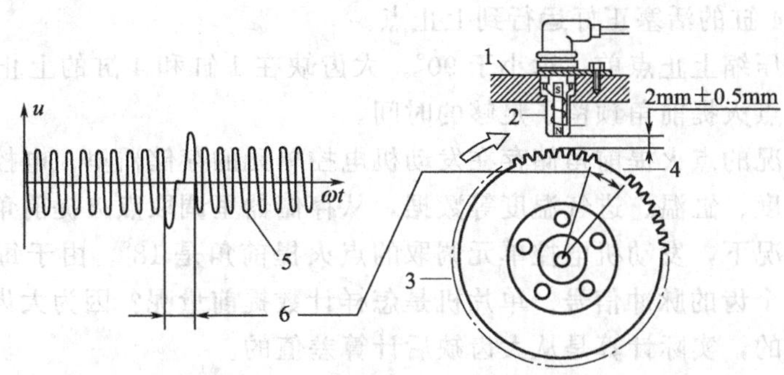

图 2-12 曲轴位置传感器结构图

1—缸体；2—曲轴转速传感器；3—信号转子（信号盘）；4—大齿缺；5—转速信号；6—大齿缺信号

每等份 6°，对应有 60 个齿的位置，实际有 58 个齿，有 2 个相邻的齿是空缺的，空缺的位置称为大齿缺。

发动机曲轴带动信号盘转动时，由于信号盘上的齿（铁磁材料）和齿缺（空气）的导磁率不同，产生交变感应电压信号 5。大齿缺由于缺 2 个齿，所以大齿缺信号 6 的周期较长（为了醒目，图中有意把大齿缺信号幅值提高了）。大齿缺信号是判断点火提前角的基准信号。

图 2-13 是大齿缺信号作为判断点火提前角的基准信号的示意图，图 2-13(a) 是连续的曲轴转速传感器信号，图 2-13(b) 和 (c) 是整形和反相后的曲轴转速信号，其工作原理如下。

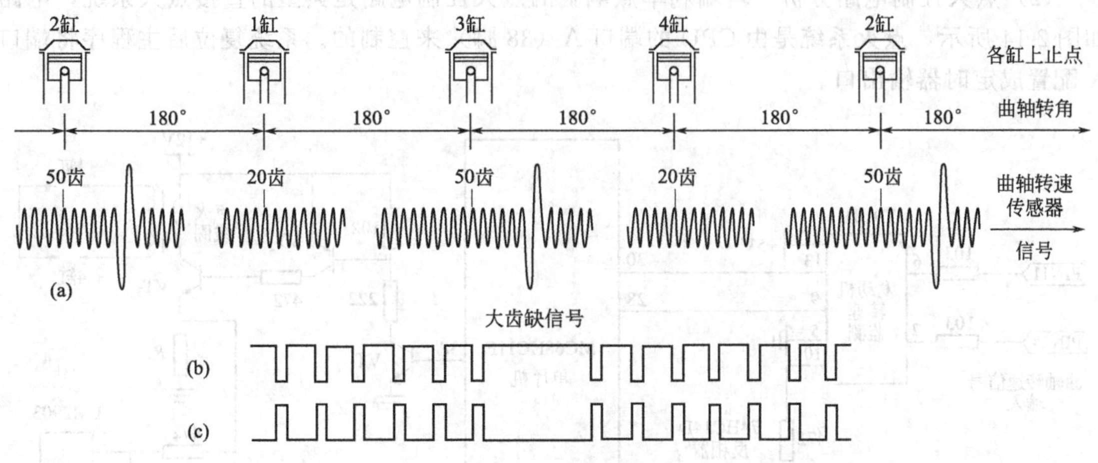

图 2-13 点火提前角基准信号示意图

在发动机设计时，当 1 缸和 4 缸的活塞转动到上止点（一个是压缩上止点，一个是排气上止点）时，信号盘大齿缺后第 20 齿对准曲轴转速传感器，在此状态下将信号盘固定在曲轴上。然后继续转动到大齿缺后第 50 齿，也就是说又转动了 30 个齿，转角＝30 齿×6°/齿＝180°，正好将 2 缸和 3 缸的活塞转动到上止点（一个是压缩上止点，一个是排气上止点）。

实际安装信号盘时，设计的有定位点，安装时不会错齿。

在发动机转动时，单片机以大齿缺信号为基准信号，从大齿缺过曲轴转速传感器处开始计数，到第 20 齿的脉冲时，转角＝20×6°＝120°。

此时，1缸和4缸的活塞正好运行到上止点。

点火提前角在压缩上止点前，远小于90°。大齿缺在1缸和4缸的上止点前120°，给发动机电控单元计算点火提前角预留了足够的时间。

发动机不同工况的点火提前角储存在发动机电控单元的存储器里，电控单元根据发电机的转速、节气门开度、缸温、进气温度等数据，从存储器里调取点火提前角。

例如，某一工况下，发动机电控单元调取的点火提前角是18°。由于每一个小脉冲信号占6°，相当提前3个齿的脉冲信号。单片机是怎样计数提前量呢？因为大齿缺到两组缸的上止点的齿数是固定的，实际计算是从大齿缺后计算差值的。

对1缸和4缸来说，大齿缺后差值齿数和提前角度：

固定齿数－提前齿数＝20－3＝17（齿），提前3齿，即提前18°。

对2缸和3缸来说，大齿缺后差值齿数和提前角度：

固定齿数－提前齿数＝50－3＝47（齿），也是提前3齿，即提前18°。

也就说，从大齿缺信号后的第17个小脉冲时对1缸和4缸点火，第47个小脉冲时对2缸和3缸点火。

实际控制的点火提前角，可以精确到1°，实现的方法有两种：一是从硬件上提高分辨率，例如光电式曲轴转速传感器，可以在信号盘上开360个光缝隙。二是从电路和软件上提高分辨率，例如，有齿信号盘不易做出太密的盘齿，主要靠电路和软件上的提高，达到1°的控制精度。

在更精确的计算中，点火提前角的计算还要考虑是用信号脉冲的上升沿，还是下降沿，以及单片机计算所占用的时间也要考虑进去。

(2) 点火控制电路分析　玛瑞利单点电脑的点火控制电路是典型的直接点火系统，电路如图2-14所示，点火系统是由CPU的端口A（38脚）来控制的。系统复位后主程序将端口A配置成定时器输出口。

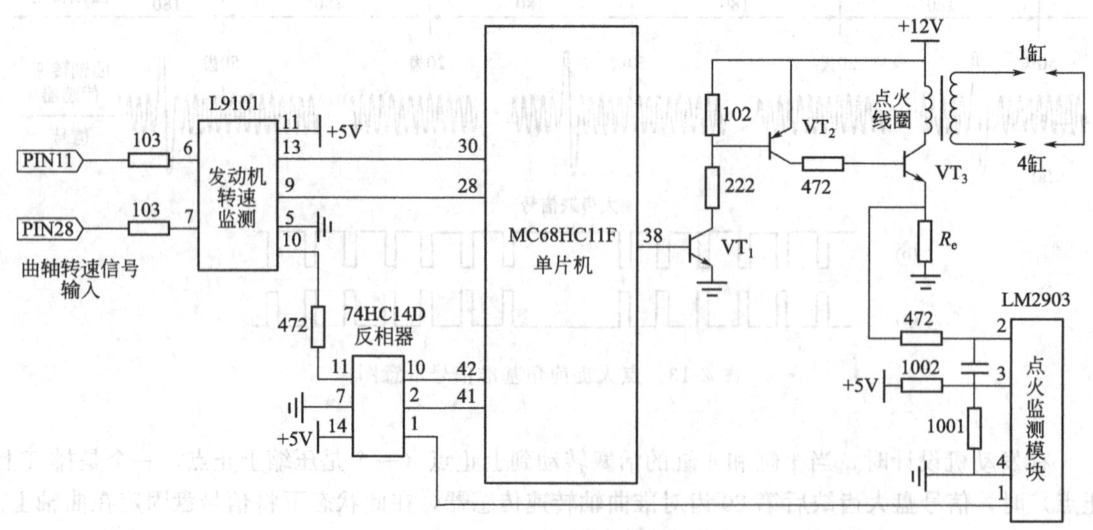

图2-14　点火电路原理图

曲轴转速信号输入至ECU的11引脚（PIN11）和28引脚（PIN28），经电阻103送至发动机转速监测芯片L9101的第6、7脚。曲轴转速信号经L9101波整形后由第10脚输出如图2-13(b)所示的5V矩形脉冲信号，每个周期由58个窄脉冲和1个宽脉冲组成，该信号送到反相器 74HC14D 的第 11 脚，取反后变为如图 2-13(c) 所示波形，该波形送到单片机 42 脚（定时器的输入端口）。

点火电路分为两路，一路由单片机的 38 脚输出，给 1、4 缸点火；另一路由 36 脚输出(图 2-14 中没有画出)，给 2、3 缸的点火。单片机的点火脉冲波形如图 2-15 所示。

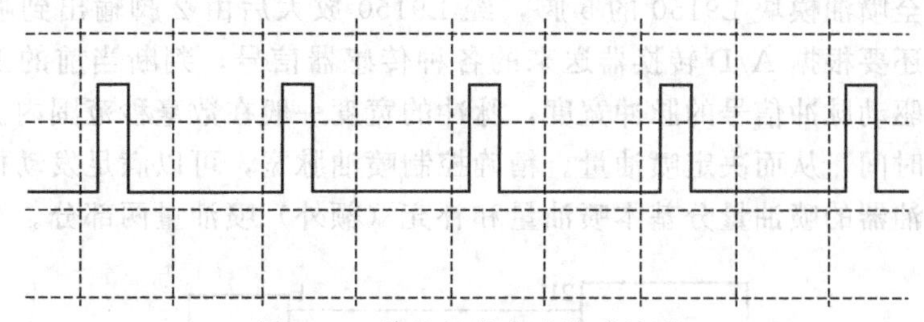

图 2-15 单片机的点火脉冲波形

如图 2-14 所示，单片机的点火脉冲从 38 脚输出，经三极管 VT_1 和 VT_2 两级放大，驱动大功率三极管 VT_3。当驱动 VT_3 的脉冲为高电平时，VT_3 导通，电路经电阻 R_e（阻值很小）接地，点火初级线圈通电充磁；当脉冲为变为低电平时，VT_3 截止，点火初级线圈磁场磁通量立即减小至零，磁通量的变化率特别大，在次级线圈感应出很高的电压。次级线圈的点火回路是将 1 缸和 4 缸的火花塞串联在一起，高电压同时击穿两个火花塞间隙。

由于 1 缸和 4 缸、2 缸和 3 缸分别是两组气缸。每组气缸是互补的，一个缸是压缩上止点，另一个就是排气上止点，两组气缸相差 180°。例如，以 1 缸压缩上止点为曲轴转动角的 0°，4 缸是排气上止点，此时点火（不考虑点火提前角），1 缸火花塞打火点燃混合器做功，称为“真火”，4 缸在排气上止点，火花塞也打火，但对剩余废气不起作用，称为“空火”。曲轴转动至 360°，经过了两个行程，1 缸转到排气上止点，4 缸转到压缩上止点，此时点火，1 缸为“空火”，4 缸为“真火”。曲轴转动至 720°，下一个周期开始。也就是说曲轴每转 2 圈，4 个行程，点火 2 次，1 缸和 4 缸轮流做功一次，“空火”和“真火”各一次。

2 缸和 3 缸由另一组点火线圈点火，原理同 1 缸和 4 缸，只是相差 180°。

由于两组气缸相差 180°，两组点火线圈，所以曲轴每转 2 圈，4 个行程，1 缸、3 缸、4 缸、2 缸轮流做功一次，“空火”和“真火”各一次。

(3) 点火监测电路　大功率三极管 VT_3 发射极下面的接地电阻 R_e 起监测取样作用，R_e 的阻值很小。当单片机发出点火脉冲，VT_3 导通，有电流通过 R_e 时，在 R_e 上产生一个很小的电压降，这个电压称为监测电压。如果 VT_1、VT_2、VT_3、点火初级线圈及有关电阻中的任何一个元件烧坏或断路，R_e 上都不会有电流通过，当然也不会产生监测电压。

R_e 上的监测电压送到点火监测模块 LM2903（电压比较器）的第 2 脚，LM2903 用一个基准电压与第 2 脚输入的电压比较，从而判断是否有监测电压。监测电压信号由 LM2903 的第②脚反馈到 74HC14D，经反相器驱动后送至单片机。单片机在发出点火脉冲的期间如果接收不到反馈的监测电压信号，就确认点火电路有故障，于是就产生故障码并报警。当点火电路出现故障不能点火时，单片机自动控制停止喷油，防止燃油流失和污染。

从上面的玛瑞利单点电脑工作原理可以看出，点火电路要正常工作有 4 个不可缺少的要素：

① 正常的传感器信号（曲轴转速信号）送至单片机；

② 单片机能进行正常的信息处理，并输出相应的点火驱动信号；

③ 执行机构（点火及驱动电路）能正常工作；

④ 点火监测电路的监测电压信号能正常反馈到单片机。

3. 喷油控制电路分析

玛瑞利单点电脑的喷油控制主要是由单片机来完成的，电路如图 2-16 所示。单片机首先根据点火频率确定喷油频率（单点喷油频率为点火频率的一半），由单片机的 37 脚输出喷油驱动脉冲信号至喷油模块 L9150 的 5 脚，经 L9150 放大后由 2 脚输出到喷油器，在喷油过程中，单片机还要根据 A/D 转换器送来的各种传感器信号，判断当前的工况，并根据工况信息调整喷油驱动脉冲信号的脉冲宽度，脉冲的宽度一般在数毫秒范围内。脉冲的宽度决定喷油器的开阀时间，从而决定喷油量。精确控制喷油脉宽，可以满足发动机在各种工况时的燃油需要。喷油器的喷油量分基本喷油量和补充（额外）喷油量两部分。

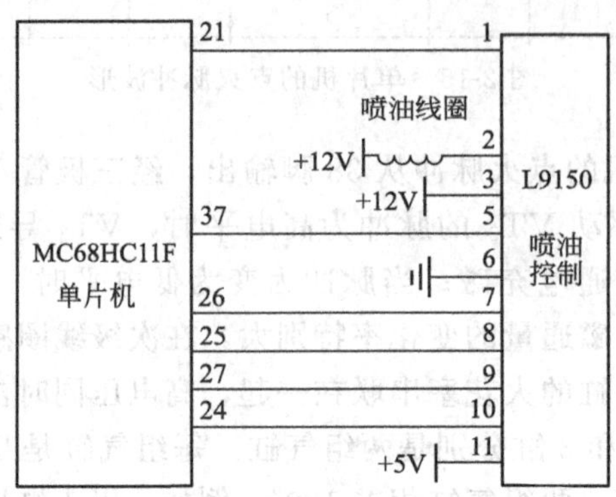

图 2-16 喷油控制电路原理图

单片机的 21 脚输出片选信号至喷油模块 L9150 的第 1 脚，来控制喷油电路的启动和停止；L9150 的 7 至 10 脚分别接至单片机的 26、25、27、24 脚；通过反馈喷油脉宽的二进制信息，使单片机时刻了解喷油控制是否达到了控制目标，这是个典型的闭环控制系统，通过不断反馈和控制，最终使喷油量与发动机的实际工况相一致。

（1）基本喷油量　发动机只要一转动就产生两个信号：发动机转速信号和负荷状况信号。发动机转速信号由曲轴转速传感器提供；发动机负荷信号由空气流量传感器或进气歧管压力传感器所测量的进气量而决定。单片机根据这两个信号所决定的喷油量称为基本喷油量。

（2）补充喷油量　在许多工况下，除基本喷油量外，尚需有额外喷油量。例如，在启动时或大负荷工况下，需供给发动机补充喷油量。在电控汽油喷射系统中，精确地提供补充喷油量是由单片机收集各有关传感器送来的信号加以计算后决定的。可见，电控汽油喷射系统供油多少是根据实际需要而提供的。故使用电控汽油喷射系统的发动机不但省油，而且还有动力性好、污染小等一系列优点。

小 结

1. 汽车电控单元 ECU 是按所控制的对象或系统不同而设计的，一个确定的 ECU 按其内部储存的程序，对所控制系统各传感器输入的信号数据进行运算、处理、分析、判断，然后输出控制指令，并驱动有关执行器动作，达到快速、准确、自动控制汽车某一系统的目的。

2. 由于汽车的配置不同，电控单元的数目也不同。低配置、手动变速器的轿车，一般只有一个发动机电控单元；中高配置的轿车，除发动机电控单元外，还有自动变速器电控单元、制动防抱死 ABS 电控单元、全自动空调电控单元、安全气囊电控单元、智能座椅电控单元、中央门控电控单元等，多达十几个，甚至几十个电控单元。汽车上电控单元的组成模式是相同的，一般由传感器、ECU、执行元件组成。

3. 单片机是汽车电子控制单元 ECU 的控制中枢。它的功能是根据所存程序，对各种传感器送来的信号进行运算和判断，把处理结果，如喷油指令信号、点火指令信号等，送至输出电路，从而控制执行器。

4. 玛瑞利单点电脑是一种典型的集中喷射电脑，该电脑成本低廉、简单实用，目前在国产微型汽车和低档轿车中采用。

5. 玛瑞利单点电脑点火控制电路中，曲轴位置传感器信号转子上大齿缺产生的信号为基准信号，ECU 控制喷油时间和点火时间是以大齿缺产生的信号为基准进行控制的。当 ECU 接收到大齿缺产生的信号后，再根据小齿缺信号来控制点火线圈一次电流接通时间、点火时间和喷油时间。点火监测电路监测到点火电路故障时，产生故障码并报警，同时由单片机控制停止喷油，防止燃油流失和污染。

6. 玛瑞利单点电脑喷油控制中，单片机首先根据点火频率确定喷油频率（单点喷油频率为点火频率的一半），由单片机输出喷油驱动脉冲信号至喷油模块，经喷油模块放大后输出到喷油器，在喷油过程中，单片机还要根据 A/D 转换器送来的各种传感器信号，判断当前的工况，并根据工况信息调整喷油驱动脉冲信号的脉冲宽度。脉冲的宽度决定喷油器的开阀时间，从而决定喷油量。精确控制喷油脉宽，可以满足发动机在各种工况时的燃油需要。

思考题

1. 简述汽车电子控制单元 ECU 的主要功能。
2. 简述汽车电子控制单元 ECU 的组成。
3. 汽车传感器信号分为哪两大类？
4. ECU 输入电路分为哪两大类？
5. 简述光电隔离器的作用和工作原理。
6. ECU 输出电路分为哪两大类？
7. 对 ECU 有哪些可靠性要求？
8. 简述玛瑞利单点电脑的组成。
9. 简述玛瑞利单点电脑点火电路原理。
10. 简述玛瑞利单点电脑喷油电路原理。

第三章 车载网络技术基础

学习要求

熟悉计算机网络的组成，了解计算机网络的分类。熟悉计算机网络协议、网络体系结构和网络常用传输介质。了解车载网络技术的发展，掌握车载网络的组成，熟悉车载网络的分类。

第一节 计算机网络技术

计算机网络技术是通信技术与计算机技术相结合的产物。计算机网络是按照网络协议，将某一空间内分散的、独立的计算机相互连接的集合。这一空间可以很大，也可以很小。大的计算机网络空间，可以从地球表面到周围的人造卫星，如全球互联网；小的计算机网络空间可以容纳在一个汽车内，如车载网络。平时所接触的办公网络、校园网络，都属于计算机网络。

计算机网络连接介质可以是电缆、双绞线、光纤、微波、载波或通信卫星。计算机网络具有共享硬件、软件和数据资源的功能。

一、计算机网络的组成

计算机网络由网络硬件和网络软件组成。网络硬件由网络节点和连接节点的传输介质组成。网络软件由节点软件和网络软件组成。

（1）网络节点　简称节点，也是网络中的单元。计算机网络中的所有节点都具有计算机最基本功能。节点可以分为终端节点、服务节点和混合节点。

终端节点一般是网络终端的计算机，其功能主要是产生、发送和接收数据。

服务节点一般是支持和控制网络运行的各种数据处理和通信设备，如服务器、交换机、路由器、集线器等。

混合节点是综合终端节点和服务节点功能的节点。

在一些小型计算机网络中，如车载网络中，终端节点和服务节点常合在一起，在汽车行业里一般称这样的节点为车载网络的电控单元。也就是说，车载网络中的一些电控单元既具有终端节点的功能，又具有服务节点的功能；既可以产生、发送和接收数据，又可以控制网络运行，而且是以单片机为核心的小型或微型的模块化装置。

（2）网络传输介质　网络上数据的传输需要有“传输媒体”或“传输介质”，常用的网络传输介质可分为两类：一类是有线的；另一类是无线的。有线传输介质主要有同轴电缆、双绞线和光纤；无线传输介质主要有无线电波和红外线。

(3) 节点软件　不同的节点，需要安装不同的节点软件支持才能运行。例如，个人计算机需要相应的操作系统才能工作，才能运行各种应用软件。工业或车载网络的节点都需要安装为此开发的软件才能工作。

(4) 协议软件　不同的网络，需要不同的协议软件支持才能运行。所谓协议软件就是支持网络“交通规则”的软件。

网络内的节点软件和协议软件之间具有“兼容性”，或者说是“相通”的，数据才能产生、发送、传输和接收。例如在车载网络中，发动机电控单元要将它所采集的发动机转速信号传送到自动变速器电控单元，它就要将发动机转速信号数字化，并按网络协议格式化，然后向网络申请发送，在给定的发送时机将信号发送到网上，经过服务节点（或不经过服务节点）传送到自动变速器电控单元，自动变速器电控单元要验收确定是发动机转速信号后才能接收。这个过程都要依靠协议软件的运行才能完成。

二、计算机网络的分类

计算机网络可以按不同角度进行分类，如可以按网络所覆盖的地理范围分类、按网络的拓扑结构分类、按网络中计算机所处的地位分类等。

1. 按网络所覆盖的地理范围分类

由于网络覆盖范围和计算机之间互联距离不同，所采用的网络结构和传输技术也不同，因而形成不同的计算机网络。一般可以分为三种类型。

局域网（Local Area Network，LAN）：网络地理覆盖范围有限，大约在几米至几千米，覆盖范围一般是一个部门、一栋建筑物、一个校园、一个公司、一辆轿车内。局域网组网方便、灵活，传输速率较高。

广域网（Wide Area Network，WAN）：也称远程网，作用范围大约几十至几千千米。它可以覆盖一个国家或地区，甚至可以横跨几个洲，形成国际性的远程网。广域网内用于通信的传输装置和介质，一般是由电信部门提供，网络由多个部门或多个国家联合组建而成，网络规模大，能实现较大范围的资源共享。因特网就是典型的广域网。

城域网（Metropolitan Area Network，MAN）：网络作用范围介于局域网和广域网之间，约为几十千米。城域网的设计目标常常要满足一个城市范围内大量的企业、公司、机关、学校、住宅区等多个局域网互联的需求。

2. 按网络的拓扑结构分类

拓扑结构就是网络节点在物理分布和互联关系上的几何构型。按计算机网络的拓扑结构可将网络分为：总线型网、星型网、环型网、树型网、网状形网。如图 3-1 所示。

(1) 总线型　如图 3-1(a) 所示。总线结构中，各节点通过一个或多个通信线路与公共总线连接。总线型结构简单、扩展容易。网络中任何节点的故障都不会造成全网的故障，可靠性较高。

(2) 星型　如图 3-1(b) 所示。星型的中心节点是主节点，它接收各分散节点的信息再转发给相应节点，具有中继交换和数据处理功能。星型网的结构简单，建网容易，但可靠性差，中心节点是网络的瓶颈，一旦出现故障则全网瘫痪。

(3) 环型　如图 3-1(c) 所示。网络中的节点计算机连成环型就成为环型网络。环路上，信息单向从一个节点传送到另一个节点，传送路径固定，没有路径选择问题。环型网络实现简单，适应传输信息量不大的场合。由于信息从源节点到目的节点都要经过环路中的每个节

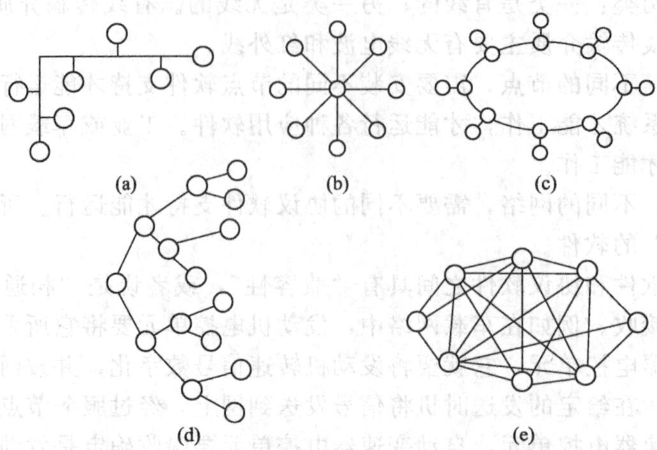

图 3-1 计算机网络各种拓扑结构示意图

点，任何节点的故障均导致环路不能正常工作，可靠性较差。

(4) 树型 如图 3-1(d) 所示。树型网络是分层结构，适用于分级管理和控制系统。与星型结构相比，树型网络通信线路长度较短，成本低，易推广，但结构较星型复杂。网络中，除叶节点（末梢节点）及其连线外，任一节点或连线的故障均影响其所在支路网络的正常工作。

(5) 网状型 如图 3-1(e) 所示，又称为不规则型，网络中各节点的连接没有一定的规则，一般当节点地理分散，而通信线路是设计中主要考虑因素时，采用不规则网络。目前，实际存在的广域网，大都采用这种结构。

从以上网络拓扑结构可知，总线型网络是网络的一种拓扑结构，具有结构简单、扩展容易、可靠性高等许多优点，是工业计算机控制网络和汽车车载网络的常用网络，因此，在工业和汽车行业里，习惯将总线型计算机网络简称为“总线”，例如“汽车总线技术”、“工业现场总线技术”等。有时也将“总线”等同“网络”，例如将“汽车总线技术”和“汽车网络技术”的意义视为相同。

严格地讲，单纯的总线型网络称为“总线”，将多个不同的“总线或其他拓扑联网方式”联网的系统称为“网络”。

三、计算机网络协议与网络体系结构

1. 网络协议

计算机网络的节点之间需要不断地交换数据信息和控制信息，要做到有条不紊地交换数据，每个节点都必须遵循一些事先约定好的规则。这些规则明确地规定了所交换数据的格式和时序。这些为网络数据交换而制定的规则、约定和标准称为网络协议。网络协议主要由以下三个要素组成。

语法：用于确定协议元素的格式，即数据与控制信息的结构和格式。

语义：用于确定协议元素的类型，即规定了通信双方需要发出何种控制信息，完成何种动作，以及做出何种应答。

定义：用于确定通信速度的匹配和时序，即对事件实现顺序的详细说明。网络协议从语法和语义上定义了数据信息交换的规则和过程，从时序上定义了通信双方通信速度的匹配。总之，网络协议是通信双方共同遵守的通信语义、语法和时序的集合。

2. 网络体系结构

在现实生活中人们处理一些复杂问题时，通常采用层次化的解决方法。例如文字通信，它是为社会成员之间传递信息服务的。社会是一个很大的网络，每一位社会成员都是网络中的节点，都可以与他人通过邮局通信。

例如，如图 3-2 所示，甲要向乙发一封保密信，甲用母语先写出信的内容（语言 1）；交密码员翻译为密码信（语言 2）；装入信封封口，在信封上写上收信人的地址；交给当地邮局 1，邮局 1 按最捷径的邮递路线将信件传送到目的邮局 8；邮局 8 将信件送达收信人处；乙收到密码信（语言 2）后，拆封，交密码员翻译为母语（语言 1），然后阅读，获知甲传来的消息。

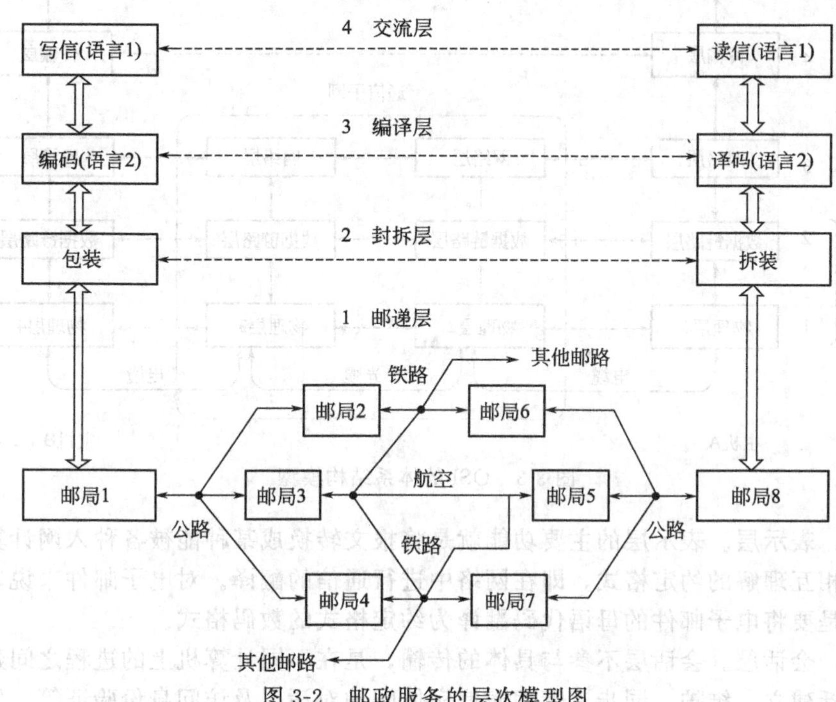

图 3-2 邮政服务的层次模型图

以上面信息的传送过程，按层次分析如下：

第 1 层为邮递层，为了使信件准确到达收信人处，邮递层要建立邮局网络，其中包括家庭和社会单位的地址。邮局要选择最佳邮递路线，或在最佳邮递路线受阻时，选择次佳邮递路线，最终将邮件传递到目的邮局。邮局只负责信件的快速和准确邮递，不管信件的内容。

第 2 层为封拆层，发信人要用规定的信封封装信件，并按规定的格式书写收信人的地址，邮局才能准确将信件送达到收信人处。

第 3 层为编译层，编译层的人会书写同一种母语和同一种密码。

第 4 层为交流层，交流层的人是真正需要表达和接受信息的人。

计算机网络的这种层次结构模型和各层协议的集合称为计算机网络体系结构。不同系统中的相同层实体叫对等实体，对等实体间通信须遵守同层协议。

计算机网络有不同的层次结构模型，国际标准化组织（ISO）为网络通信定义了一个参考模型，称为开放式系统互联参考模型（OSI），简称 OSI 模型。

如图 3-3 所示，OSI 的体系结构定义了一个 7 层模型，从下到上分别为物理层、数据链路层、网络层、传输层、会话层、表示层和应用层。

下面以 OSI 模型为网络体系结构发送电子邮件，从最高层向下解释各层的功能。

第 7 层：应用层。应用层包括电子邮件、文件传输、文件管理、远程访问文件、打印机和终端仿真等网络服务。电子邮件的输入一般用母语。

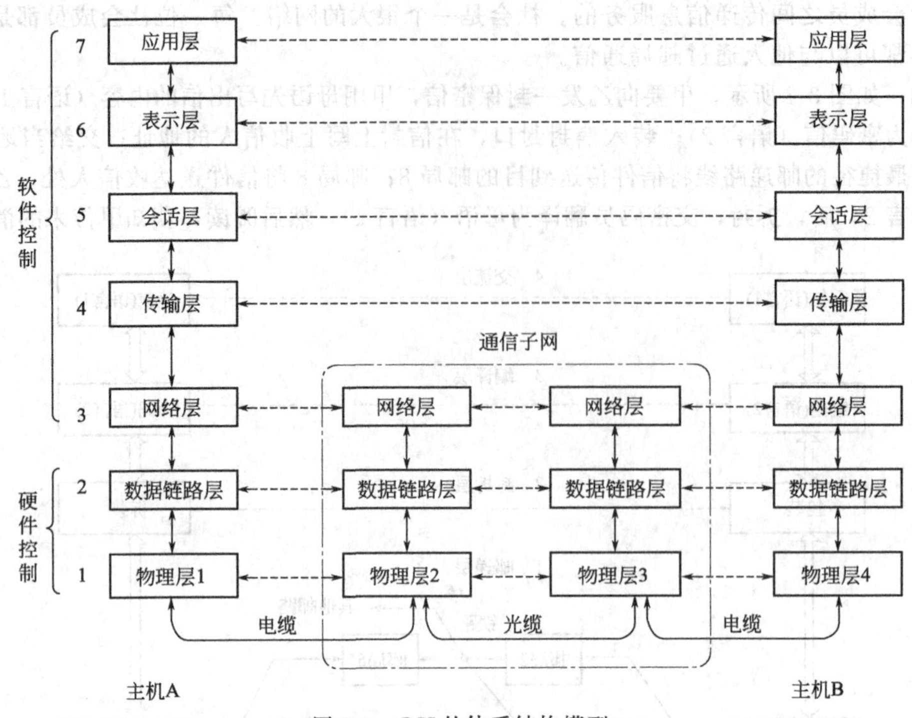

图 3-3　OSI 的体系结构模型

第 6 层：表示层。表示层的主要功能就是将报文转换成某种能被各种入网计算机及运行的应用程序相互理解的约定格式，即在网络中进行通信的翻译。对电子邮件来说，表示层协议的功能就是要将电子邮件的母语代码翻译为约定格式的数码格式。

第 5 层：会话层。会话层不参与具体的传输，是在不同计算机上的进程之间建立通信会话，功能包括建立、维护、同步、管理通信实体间的对话以及访问身份验证等。发送电子邮件要输入目的邮箱的地址，与目的邮箱的网站建立联系。

第 4 层：传输层。传输层的数据传输单位是报文。传输层按照网络一次能处理的最大数据包对数据进行分割，形成分组报文。传输层协议同时对报文流量进行控制或根据接收数据的快慢程度规定适当的发送速率。文件较大的电子邮件的二进制数据要进行分割，形成分组报文。

第 3 层：网络层。网络层管理网络的连接和解除。通过路径选择将电子邮件从最合适的路径由发送端传送到接收端，同时还要防止信息流量过大造成网络阻塞。

第 2 层：数据链路层。数据链路层的传输单位是数据帧，每帧的数据是由一个或若干字节（每位字节含 8 位二进制数）组成，因此要将报文一帧一帧地发送。数据链路层对要传输的帧，增加同步信息、校验信息、地址信息等，封装成数据帧。数据链路层协议同时控制数据帧的传输顺序、差错检测与控制、数据流量控制等。

第 1 层：物理层。物理层确定传输电子邮件（其他数据也相同）二进制脉冲信号的传输方式、脉冲信号的电压参数；确定物理连接（接口）的结构方式；在物理层中，数据传输的单位是比特（bit）。

OSI 模型是一个参考模型，供组建网络时参考，除此之外，还有其他模型。在因特网（Internet）上发电子邮件用的是传输控制协议/网际协议，简称 TCP/IP 模型。OSI 模型与 TCP/IP 模型有许多相同的地方。

在车载网络中，由于要传输的信息大多是传感器、执行器和开关信息，数据较短，同时由于网络多采用总线型，所以车载网络的体系结构相对简单一些，主要包括两大部分，一是通信部分，二是网络管理部分，采用的体系结构对应 OSI 模型中的应用层、数据链路层和物理层。这种体系结构简单、层次较少的网络结构，数据传输快，适合发动机和底盘等系统的实时过程控制。图 3-4 是汽车局域网的参考模型。

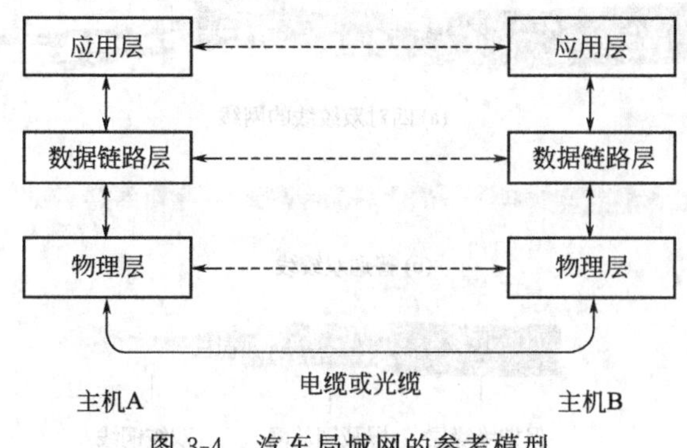

图 3-4　汽车局域网的参考模型

四、计算机网络常用传输介质

网络上数据的传输需要有“传输媒体”，即传输介质。常用的网络传输介质可分为两类：一类是有线的；一类是无线的。有线传输介质主要有同轴电缆、双绞线和光纤；无线传输介质主要有无线电波和红外线。

传输介质的主要性能指标是传输速率，又称传输速度，单位是 bit/s、kbit/s、Mbit/s。传输介质的物理性能、形状、分布参数、介质损耗等因素直接影响传输速率。物理性能差、分布参数大、介质损耗高和易辐射的传输介质容易造成高频脉冲信号的衰减和失真，因此，不同的传输介质的最大传输速率是不同的。

1. 同轴电缆

同轴电缆曾经是局域网中使用最普遍的一种线缆，它的典型特点是传输距离长、抗干扰性强。同轴电缆主要用于总线型网络中。闭路电视的传输电缆就是同轴电缆。同轴电缆如图 3-5 所示，同轴电缆的中心是铜线。由于同轴电缆一般用来传输高频电信号，因此，铜线和屏蔽铜丝网之间要有一定的间距，其中充填的绝缘层对高频电磁场的损耗要求很低。屏蔽铜丝网起屏蔽作用，减小电磁波外泄。最外层是保护绝缘层。

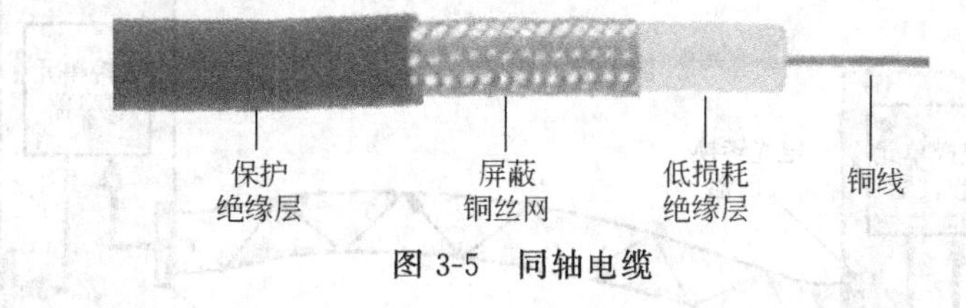

图 3-5　同轴电缆

2. 双绞线

双绞线由相互绞合在一起的线对组成，如图 3-6 所示。为制作网线时便于区分，每条线都标有不同的颜色。双绞线是目前组建局域网时最常用的一种线缆。图 3-6(a) 所示的网线是由四对双绞线组成；图 3-6(b) 为普通双绞线；图 3-6(c) 为带屏蔽铜丝网的双绞线。车载网络总线常用普通双绞线或带屏蔽铜丝网的双绞线。

3. 光纤

光纤是光导纤维的简称，光纤是一种细小、柔韧并能传输信号的传输介质，相对于其他

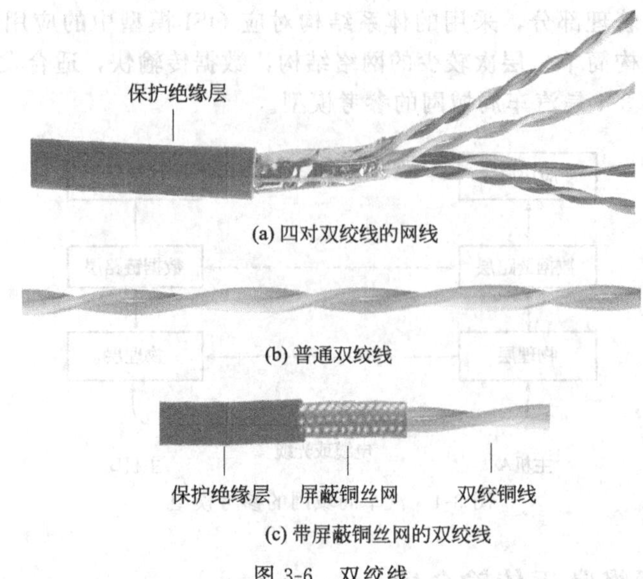

(a) 四对双绞线的网线

(b) 普通双绞线

(c) 带屏蔽铜丝网的双绞线

图 3-6 双绞线

传输介质来说，光纤具有传输距离长、传输速率高、安全性好等特点。主要适用于长距离、大容量、高速度的场合，如大型网络的主干线和大容量的信息传输等。

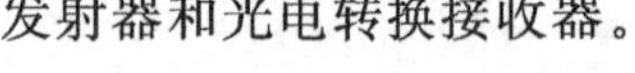

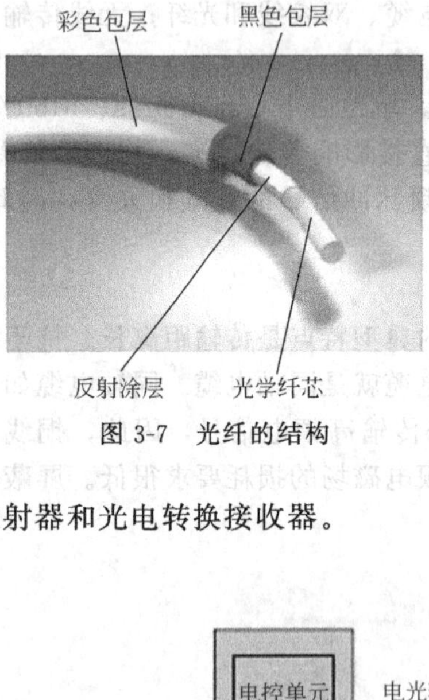

图 3-7 光纤的结构

光纤的结构如图 3-7 所示，光纤的光学纤芯是很细的单根圆形光学材料，光学材料分光学玻璃和光学塑料等，车载网络的光学纤芯是塑料光学纤芯（POF）。纤芯外是反射涂层，光线在纤芯和反射涂层的接触界面形成全反射。反射涂层外是黑色包层，起保护反射涂层和光隔离的作用。黑色包层外是彩色包层，起保护和标记作用。

图 3-8 是光纤传导信号的示意图，使用光纤传输信号的车载总线，其电控单元具有光纤接口，即电光转换发射器和光电转换接收器。

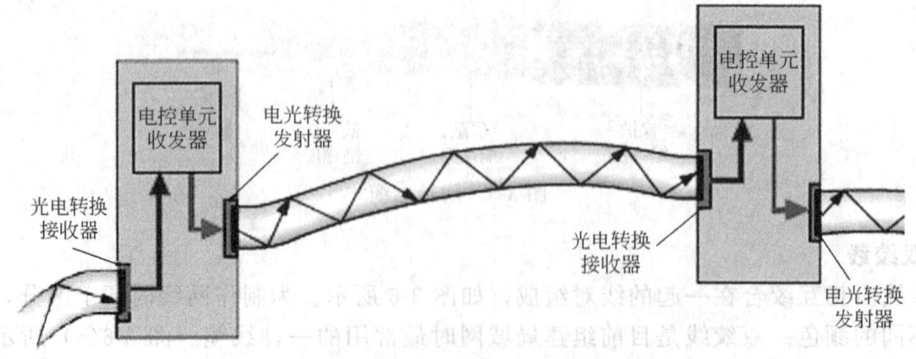

图 3-8 光纤传导信号的示意图

发送数据的电控单元产生数据信号，由收发器经内部电路传到电光转换发射器。电光转换发射器将二进制脉冲电信号转换为二进制脉冲光信号。光信号的光线以合适的角度射入光纤，在光纤内形成全反射向前传导。接收电控单元的光电转换接收器将二进制脉冲光信号转换为二进制脉冲电信号，由内部电路传到接收电控单元的收发器，接收电控单元就收到传导来的数据信号了。

双绞线、同轴电缆和光纤的主要特性见表 3-1。

表 3-1 双绞线、同轴电缆和光纤的主要特性

传输介质	信号类型	最大数据传输速度	最大传输距离	网络节点数	抗干扰
双绞线	数字	1～10Mbit/s	0.1km	几十	低
同轴电缆(50Ω)	数字	30～50Mbit/s	1km	几百	中等
同轴电缆(75Ω)	数字	150～180Mbit/s	1km	几千	较高
光纤	数字	5Gbit/s	10km	几百	极高

4. 无线传输介质

除了上述三种传输介质之外，还可以通过无线的方式进行通信。无线传输主要有无线电波和红外线等。其中红外线传输数据信号的基本速率为 1Mbit/s，仅适用于近距离的无线传输，而且有很强的方向性；而无线电波的覆盖范围较广，应用较广泛，是常用的无线传输介质。我国一般使用 2.4～2.4835GHz 频段的无线电波进行局域网的无线通信。

第二节 车载网络系统

随着汽车电子技术的不断发展，车辆上电控系统的数量不断增多，而且功能也越来越复杂。很多汽车采用了多个电脑（ECU）。每一个电脑都需要与多个传感器、执行器之间发生通信，而每一个输入、输出信号又可以与多个电脑之间发生通信。如果每一个电控系统都独立配置一整套相应的传感器、执行器，那么将有大量的线束、接插件密布于汽车的各个部位，这样不仅会增添汽车生产车间组装工人的装配困难以及车身重量，而且也会增加了汽车售后维修人员对故障诊断、维修的难度，因而车载网络系统应运而生。

车载网络系统具有以下的优点：

① 减轻整车重量。减少线束，并使线束变细，节省空间。单个线束所承担的功能增加。

② 节约成本。线束减少，传感器共享，可以实现控制器和执行器的就近连接原则，减少装配时间。

③ 质量可靠。插头减少，故障率减少，质量更可靠。

④ 增大开发余地。各控制器可以把整车功能相对随意地分担，新的功能和新技术可以通过软件进行更新。

一、车载网络技术的发展

早在 1968 年，美国的艾塞库斯就提出了利用单线传输多路信号的构想，由于受当时微电子技术水平的限制而未能如愿。

从 1980 年起，人们开始研制车载网络。

1983 年，丰田汽车公司在世纪牌汽车上最早采用了应用光缆的车门控制系统，实现了多个节点的连接通信。

1983 年，世界上最大的汽车零部件供应商，德国博世（BOSCH）公司专门为汽车电子控制研发了控制器局域网协议（Controller Area Network），简称为 CAN 总线。

1986 年，在美国底特律汽车工程协会上，CAN 总线系统通信方案获得认可。

1987年，全球最大的半导体芯片制造商，美国英特尔（Intel）公司开发出了第一枚CAN的芯片82526。荷兰最大的电子公司飞利浦（Philips）公司很快也推出了CAN的芯片82C200。

1992年，奔驰公司作为第一个采用CAN总线技术的公司，将CAN总线系统装配在客车上。

1993年11月，国际标准化组织（ISO）公布了CAN协议的国际标准ISO11898以及ISO11519。

在美国，通过采用SAE J1850普及了数据共享系统，也通过了CAN的标准，明确地表示将转向CAN协议。

随着汽车技术的发展，各种新的、不同的车载网络协议不断产生，以满足汽车市场的需求。如对未来汽车将引入智能交通系统（ITS），汽车在停放、行驶中要与车外的停车场、道路进行数据交换，停车场的无线网络服务点将对汽车进行安全监控，道路上的无线网络服务点将汽车的行驶速度进行监控，可以智能强制限速，保证行驶安全。所以，未来的车载网络的信息传输需要更大容量的网络。

主要车载网络的名称、概要、通信速度、开发公司见表3-2。

表3-2　主要车载网络的基本情况

车载网络名称	概　　要	通信速度	开发公司或组织
CAN（Controller Area Network）	车身/动力传动系统控制用局域网协议，最有可能成为世界标准的车用局域网协议	1Mbit/s	Robert Bosch公司，ISO
VAN（Vehicle Area Network）	车身系统控制用LAN协议，以法国为中心	1Mbit/s	ISO
J1850	车身系统控制用LAN协议，以美国为中心	10.4～41.6kbit/s	Ford Motor公司
LIN（Local Interconnect Network）	车身系统控制用局域网协议，液压组件专用	20kbit/s	LIN协议会
IDB-C（ITS Data Bus on CAN）	以CAN为基础的控制用局域网协议	250kbit/s	IDM论坛
TTP/C（Time Triggered Protocol by CAN）	重视安全、按用途分类的控制用局域网协议，时分多路复用（TDMA）	2～25Mbit/s	TTT计算机技术公司
ITCAN（Time Triggered CAN）	重视安全、按用途分类的控制用局域网协议，时间同步的CAN	1Mbits	Robert Bosch公司，CAN
Byteflight	重视安全、按用途分类的控制用局域网协议，通用时分多路复用（FTDMA）	10Mhit/s	BMW公司
Flex Ray	重视安全、按用途分类的控制用局域网协议	5Mbit/s	BMW公司 Daimler-Chrysler公司
D2B/Optical（Domestic Digital Bus/Optical）	音频系统通信协议 将D2B作为音频系统总线采用光通信	5.6Mbit/s	C&C公司
MOST（Media Oriented System Transport）	信息系统通信协议 以欧洲为中心，由克莱斯勒与BMW公司推动	22.5Mbit/s	MOST合作组织
IEEE1394	信息系统通信协议	100Mbit/s	1394工业协会

二、车载网络系统的组成

车载网络采取基于串行数据通信的体系结构，车载网络主要由电控单元、数据总线、网络、网络协议、网关等组成。

1. 电控单元

现代汽车除了有发电机电控单元，还有自动变速器电控单元、ABS电控单元、空调电控单元等许多电控单元，高档轿车有几十个电控单元，因此，必须用网络把它们连接起来，才能资源共享。

2. 数据总线

数据总线（BUS）是电控单元间运行数据传递的通道，简称总线，即所谓的信息高速公路。如果一个控制单元可以通过总线发送数据，又可以从总线接收数据，则这样的数据总线就称为双向数据总线。汽车上的数据总线的传输介质常用单线、双绞线或光纤。

3. 网络

在汽车行业里，习惯将几条总线连接一起的车载局域网称为车载网络。为了满足汽车上不同的电控单元对总线系统性能要求的不同，同时考虑经济成本，一辆汽车上往往采用不同的总线组成车载网络。

4. 网络协议

车载网络协议包括各总线独立通信协议和各总线相互通信协议。

5. 网关

由于车载网络是由不同的总线组成，因此，就需要一个连接不同总线的特殊网络节点，这个节点称为网关（Gateway）。网关的主要作用如下。

（1）识别和改变不同总线网络的信号和速率　不同总线中，数据的识别代码和传输速率不同，因此，一个数据要从一个总线进入到另一个总线内，必须把它的识别代码和速率进行改变，才能够让另一个总线系统接受，这个任务由网关来完成。除此之外，各总线数据信号的电压也可能不同，因此，也需要网关来实现转换。

（2）改变数据信号的优先级　同样一个数据，在不同总线中的优先级是不同的。例如，车辆发生相撞事故，安全气囊控制单元会发出负加速度传感器的信号，这个信号的优先级在动力系统总线中是非常高的，它要在极短的时间内引爆安全气囊，但这个信号转到舒适系统车载网络后，网关调低了它的优先级，因为它在舒适系统中的功能只是打开车门和闪光灯。

（3）网关可作为诊断接口　根据车辆的不同，网关可能安装在组合仪表内、车上供电控制单元内或在自己的网关控制单元内。由于所有总线的信息都供网关使用，所以网关也用作诊断接口。

图3-9是汽车车载网络系统组成的拓扑图，它由动力CAN总线、舒适CAN总线和信息MOST总线联网组成，网关是它们的连接点。在舒适CAN总线下还有一个辅助的LIN总线。

三、车载网络系统的分类

至今仍没有一个通信网络可以完全满足汽车的所有成本和性能要求，因此，汽车制造商将继续采用多种协议来实现汽车上的联网。目前，绝大多数车用总线被美国汽车工程师协会（SAE）下属的汽车网络委员会按照协议特性分为A、B、C三类。也有其他的分类方法。

同一类车载总线，可以由不同的网络协议支持。网络协议发展很快，各有关公司都在竞争研制，或单独研制，或联合研制。新网络协议的实施过程一般是先在本汽车公司或伙伴汽

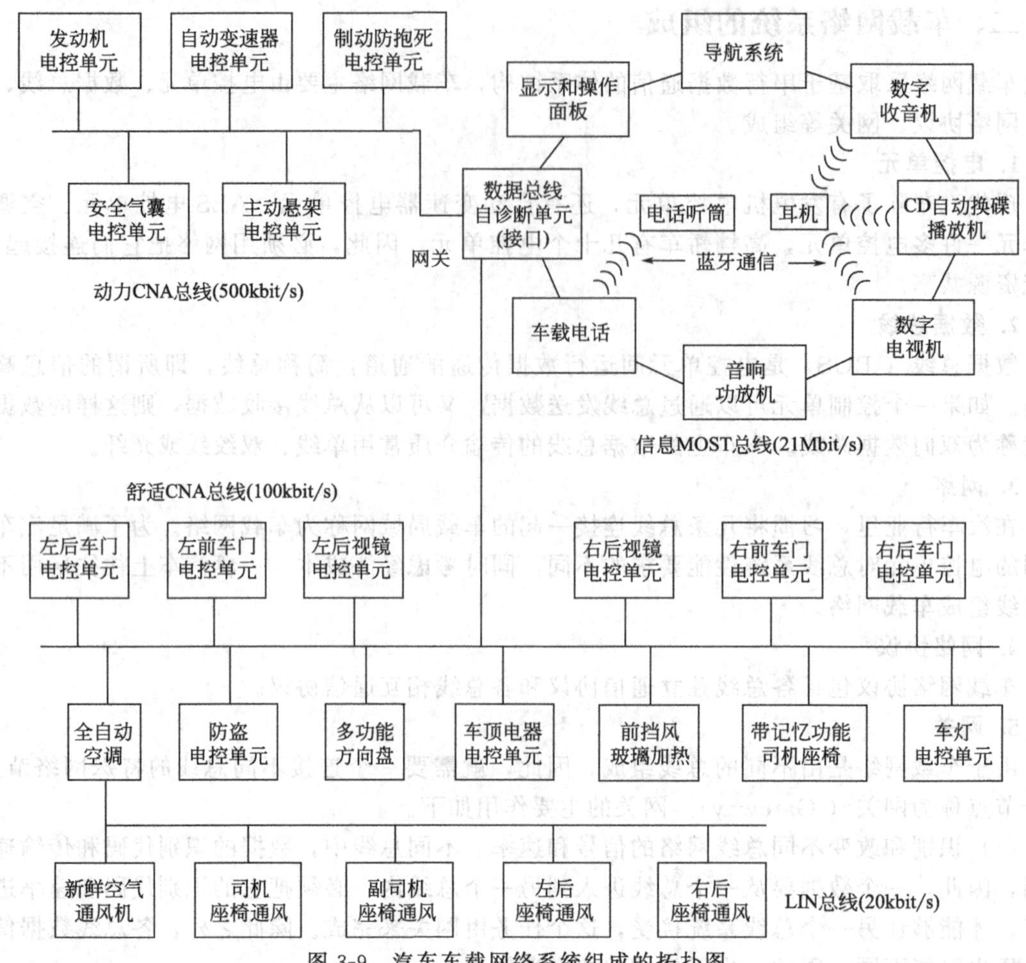

图 3-9　汽车车载网络系统组成的拓扑图

车公司使用，形成公司或行业标准；然后推广到本国或洲区内使用，形成国家标准或洲区标准；优秀的网络协议将由国际标准化组织 ISO 形成国际标准。当然，已经使用的车载网络旧标准将很快被新标准或新版本代替。

1. A 类总线和协议

A 类总线是面向传感器和执行器控制的低速网络，数据传输位速率通常小于 10kbit/s，主要用于后视镜调整及电动窗、灯光照明等控制。也可以用于面向智能传感器或执行器的数字化通信场合。

A 类常用的总线是 LIN 总线，LIN 总线是用于汽车分布式电控系统的一种新型低成本串行通信系统，它是一种基于串行异步通信（UART）的数据格式、主从结构的单线 12 V 的总线通信系统。由于目前尚未建立低端多路通信的汽车协议标准，因此 LIN 总线正试图发展成为低成本的行业协议标准。

2. B 类总线和协议

B 类是面向独立模块间数据共享的中速网络，位速率在 10～125kbit/s，主要应用于车身电子舒适性模块、仪表显示等系统。

B 类常用的总线是 CAN 总线。CAN 总线是一种串行数据通信协议，它是一种多主总线，通信介质可以是双绞线、同轴电缆或光导纤维。通信速率可达 1Mbit/s。

B类总线采用的协议是国际标准协议ISO11898，传输速率在100kbit/s左右。欧洲的各大汽车公司从1992年起，一直采用ISO11898，所使用的传输速率范围从47.6～500kbit/s不等。CAN总线的另一个国际标准协议是ISO11519，由于容错性较好，近年来在欧洲的各种车型中也开始得到广泛的使用。

3. C类总线和协议

C类是面向高速、实时闭环控制的多路传输网，位速率在125kbit/s～1Mbit/s之间，支持实时的周期性的参数传输。主要用于发动机、自动变速器、ABS等电控单元。目前，随着汽车网络技术的发展，未来将会使用到具有高速实时传输特性的一些总线标准和协议。常用的C类总线如下。

(1) 高速CAN总线和协议　在C类标准中，欧洲的汽车制造商基本上采用的都是高速通信的CAN总线。高速通信的CAN总线和协议制定在国际标准协议ISO11898中。

美国则在卡车及其拖车、大客车、建筑机械和农业动力设备中大量使用专门的通信协议SAEJ1939。SAEJ1939是一种支持闭环控制的在多个ECU之间高速通信的网络协议，它是以CAN2.0为网络核心。

(2) 安全总线和协议　安全总线主要是用于安全气囊系统，连接加速度计、安全传感器等装置，为被动安全提供保障。目前已有一些公司研制出了相关的总线和协议，包括美国德尔福（Delphi）公司的安全总线（Safety-Bus）和德国宝马（BMW）公司的Byte-Flight总线等。

"Byte-Flight"直译为"字节飞行"，表示传输数据字节非常快。Byte-Flight总线的数据传输速率为10Mbit/s，光纤可长达43m。Byte-Flight主要以BMW公司为中心制订的。Byte-Flight不仅可以用于安全气囊系统的网络通信，还可用于汽车线控（X-by-Wire）技术的通信和控制。

(3) X-by-Wire总线和协议　X-by-Wire代表汽车线控技术。X-by-Wire中的"X"代表汽车中由机械或液压控制的各个功能部件，如制动、转向、悬架、节气门、离合器、门锁等。X-by-Wire最初是用在飞机控制系统中，也称为电传控制，现在已经在飞机控制中得到广泛应用。由于目前对汽车容错能力和通信系统的高可靠性的需求日益增长，X-by-Wire开始应用于汽车电子控制领域。诸如转向线控Steer-by-Wire、制动线控Brake-by-Wire等。

为了给X-by-Wire总线提供安全的通信，就需要一个高速、容错和时间触发的网络协议。目前，这一类网络协议主要有TTP协议、Byte-Flight协议和Flex-Ray协议。

① TTP协议：是一种时间触发协议，由维也纳理工大学的H.Kopetz教授开发的，是欧洲的一个专业委员会资助的项目。TTP协议是一个应用于分布式实时控制系统的完整的通信协议，它能够支持多种的容错策略，提供了容错的时间同步以及广泛的错误检测机制，同时还提供了节点的恢复和再整合功能。其采用光纤传输的速度最高可达到25Mbit/s。TTP协议创立了大量汽车X-by-Wire控制系统，为一步发展汽车自动驾驶应用系统提供技术上的可能。

② Byte-Flight协议：除可用在安全总线上，也可用于X-by-Wire系统的网络通信。它的特点是既能满足某些高优先级消息需要时间触发，以保证确定延迟的要求，又能满足某些消息需要事件触发，需要中断处理的要求。

③ Flex-Ray协议：这是一种新的汽车应用的网络通信系统，它采用确定性访问方式，具有容错功能和确定的消息传输时间，能够满足汽车控制系统的高速率通信要求。宝马（BMW）汽车、戴姆勒（Daimler）汽车、摩托罗拉（Motorola）电子和飞利浦（Philips）电子联合开发和建立了Flex-Ray标准，通用（GM）汽车也加入了Flex-Ray联盟。

（4）诊断系统总线标准和协议 故障诊断是现代汽车必不可少的一项功能。由于各国或洲区对环境保护的认识和要求不同，生产不同的车载自动诊断系统。美国制定的车载自动诊断系统（On-Board Diagnostics），简称 OBD，从开始到现在经历了第一代（OBD-Ⅰ）、第二代（OBD-Ⅱ）和第三代（OBD -Ⅲ）。

OBD-Ⅱ与以前的所有车载自诊断系统不同之处在于有严格的排放针对性，其实质性能就是监测汽车排放。

OBD-Ⅲ主要目的是使汽车的检测、维护和管理合为一体，以满足环境保护的要求。OBD-Ⅲ系统会分别进入发动机、变速箱、ABS 等系统的 ECU 中去读取故障码和其他相关数据。

欧洲制定的车载自动诊断系统（European On Board Diagnostics），简称 E-OBD。

随着 CAN 总线的广泛应用，美国三大汽车公司对乘用车采用 CAN 的 J2480 诊断系统通信标准，它满足 OBD -Ⅲ的通信要求。从 2000 年开始，欧洲汽车厂商已经开始使用一种基于 CAN 总线的诊断系统通信标准 ISO315765。

从 2000 年开始，欧洲汽车领域广泛采用了基于 CAN 总线的诊断系统通信标准 KWP2000（KeyWord Protocol 2000）协议，简称 KWP2000 协议，即 ISO15765 协议，它满足 E-OBD 的系统要求。

目前，汽车的故障诊断主要是通过一种专用的诊断通信系统来形成一套较为独立的诊断网络，ISO9141 和 ISO14230 就是这类技术上较为成熟的诊断标准。

（5）多媒体系统总线和协议 汽车多媒体网络和协议分为三种类型，分别是低速、高速和无线，对应美国汽车工程师学会 SAE 的分类，相应为智能 CAN 数据总线 IDB-C（Intelligent Data BUS-CAN）、智能多媒体数据总线 IDB-M（ Multimedia）和智能无线总线 IDB-W（IDB-Wireless），其传输速率 250kbit/s～100Mbit/s。

低速用于远程通信、诊断及通用信息传送，IDE-C 按 CAN 总线的格式以 250kbit/s 的位速率进行消息传送。

高速主要用于实时的音频和视频通信，如 MP3、DVD 和 CD 等的播放，所使用的传输介质是光纤，这一类里主要有 DDB 网络、MOST 网络和 IEEE1394 网络。

DDB 是用于汽车多媒体和通信的分布式网络，通常使用光纤作为传输介质，可连接 CD 播放器、语音控制单元、电话和因特网。DDB 技术已为奔驰（Mercedes）汽车使用。

MOST 网络为宝马（BMW）和戴姆勒（Daimler）等汽车采用，用于连接车载音频设备、视频设备、导航器和无线设备等。数据传转速度为 24Mbit/s。

在无线通信方面，采用蓝牙（Bluetooth）规范，它主要是面向音频娱乐、笔记本电脑和信息通信等，也用于汽车传感器信号传送。

小 结

1. 计算机网络由网络硬件和网络软件组成。网络硬件由网络节点和连接节点的传输介质组成。网络软件由节点软件和网络软件组成。

2. 计算机网络可以按不同角度进行分类，如可以按网络所覆盖的地理范围分类、按网络的拓扑结构分类、按网络中计算机所处的地位分类等。

3. 计算机网络的节点之间需要不断地交换数据信息和控制信息，要做到有条不紊地交换数据，每个节点都必须遵循一些事先约定好的规则。这些规则明确地规定了所交换数据的格式和时序。这些为网络数据交换而制定的规则、约定和标准称为网络协议。网络协议主要由语法、语义和定义三个要素组成。

4. 计算机网络采用了层次化设计方法，即把通信过程划分为多个层次，并为每个层次设计一个单独的协议，这些协议通过分层结构进行组织。每层通过特定的协议完成一种功能，多层叠加完成整个信息的发送和接收过程。同时，层与层之间通过层间接口联系起来，每一层可以从下层获得服务，并为上层提供服务。各层又具有相对独立性，各层只是简单地使用其他层的服务，但不需要知道其他层是如何实现相应功能的。

5. 国际标准化组织（ISO）为网络通信定义了一个参考模型，称为开放式系统互联参考模型（OSI），简称 OSI 模型。OSI 的体系结构定义了一个 7 层模型，从下到上分别为物理层、数据链路层、网络层、传输层、会话层、表示层和应用层。

汽车局域网要传输的信息大多是传感器、执行器和开关信息，数据较短，同时由于网络多采用总线型，所以车载网络的体系结构相对简单一些，主要有应用层、数据链层和物理层。

6. 网络上常用的网络传输介质可分为两类：一类是有线的；一类是无线的。有线传输介质主要有同轴电缆、双绞线和光纤；无线传输介质主要有无线电波和红外线。

7. 车载网络系统具有减轻整车重量、节约成本、质量可靠和增大开发余地等优点。

8. 车载网络采取基于串行数据通信的体系结构，车载网络主要由电控单元、数据总线、网络、网络协议、网关等组成。

9. 车载总线按特性分为 A（低速）、B（中速）、C（高速）三类。A 类常用的总线是 LIN 总线；B 类常用的总线是 CAN 总线；C 类总线有高速 CAN 总线、安全总线、X-by-Wire 总线、诊断系统总线标准和多媒体系统总线。

思考题

1. 简述计算机网络的组成。
2. 简述计算机网络的分类。
3. 简述网络协议及三要素的含义。
4. 举例说明网络体系结构的概念。
5. 计算机网络常用哪些传输介质？
6. 汽车为什么要采用车载网络技术？
7. 简述车载网络的组成。
8. 简述车载网络的分类。

第四章

常用车载网络系统

学习要求

掌握CAN总线系统的组成和数据传输方式，熟悉CAN总线的数据类型，熟悉高速和低速CAN总线。掌握LIN总线的组成和数据传输方式。熟悉MOST总线的组成，了解MOST总线在汽车上的应用。熟悉蓝牙技术的特点和车载蓝牙系统的组成与原理，了解蓝牙技术在汽车上的应用。熟悉VAN总线系统的组成和特点以及其在汽车上的应用。熟悉LAN总线的特点和结构。了解LAN总线的传输介质、网络控制协议和在汽车上的应用。

第一节 CAN数据总线系统

一、CAN总线概述

CAN是控制器局域网（Controller Area Network）的简称。最初是德国博世（Bosch）公司为汽车的监测、控制系统而设计的一种串行数据通信协议。这种串行数据通信协议在应用上由于可采用双绞线、同轴电缆和光导纤维作为通信介质，因此又称“控制器局域网总线”，常用CAN-BUS（Controller Area Network-BUS），即CAN总线表示。

CAN是一种开放式、数字化、多点通信的底层控制网络，技术比较成熟，控制的芯片已经商品化，性价比高，特别适用于分布式测控系统之间的数据通信。

1993年11月国际标准化组织ISO正式颁布了关于CAN总线的ISO11898标准，目前CAN技术得到了世界电子芯片和通信制造领域中各大公司的支持，如美国摩托罗拉公司(Motorola)、英特尔公司（Intel)、荷兰飞利浦公司（Philips)、德国西门子公司(Siemens)、日本电气公司（NEC）等。

CAN总线技术已广泛应用在离散控制领域，如过程控制、机械制造、机器人和楼宇自动化等。在汽车制造业，CAN总线技术已被全球汽车厂商普遍接受。

CAN总线的概念和特征如下。

① 多主工作方式：网络上任一节点（电控单元）均可在任意时刻主动地向网络上其他节点发送信息，而不分主从，通信方式灵活，且无需节点地址等节点信息。

② 数据的标识符和优先权：标识符是各节点发送不同报文中的特定信息，标明所发数

据的“身份”和优先权，标识符的二进制数越小，优先权越高。如发动机转速信号和车速信号的标识符是不同的，发动机转速信号的二进制数小，优先权高。

高优先级的数据优先发送，低优先级的数据后发送。高优先级的数据最多可在 134μs 内得到发送。

③ CAN 采用非破坏性总线性仲裁技术：当多个节点同时向总线发送信息时，优先级较低的节点会主动地退出发送，而最高优先级的节点可不受影响地继续传输数据，从而大大节省了总线冲突仲裁时间。尤其是在网络负载很重的情况下也不会出现网络瘫痪情况。

④ 报文：CAN 总线上的报文以不同报文帧格式发送，但长度受到限制。当总线空闲时，任何一个网络上的节点都可以发送报文。

⑤ 信息路由：各节点发送数据信息是以广播形式在 CAN 总线上发布，数据信息中不含站地址，由接收节点根据报文的标识符判断是否接收这帧信息，有用接收，无用不处理。因此 CAN 系统扩展时，不用对任何节点的软件和硬件作改变，可以直接在 CAN 总线上增加节点。

⑥ 远程数据请求：需要数据的节点可以通过发送远程帧，请求另一节点发送相应的数据。回应节点传送的数据帧与请求数据的远程帧有相同的标识符命名。

⑦ 仲裁：只要总线空闲，任何节点都可以向总线发送报文。如果有两个或两个以上的节点同时发送报文，就会引起总线访问碰撞。通过使用标识符的逐位仲裁可以解决碰撞。仲裁的机制确保了报文和时间均不损失。当具有相同标识符的数据帧和远程帧同时发送时，数据帧优先于远程帧。

在仲裁期间，每一个发送器都对发送位的电平与被监控的总线电平进行比较。如果电平相同，则这个单元可以继续发送，如果发送的是“隐性”电平而监视到的是“显性”电平，那么这个单元就失去了仲裁，必须退出发送状态。

⑧ 总线状态：总线有“显性”和“隐性”两个状态，“显性”对应逻辑“0”，“隐性”对应逻辑“1”。总线上不是“0”，就是“1”。

⑨ 故障界定：CAN 节点能区分瞬时扰动引起的故障和永久性故障。故障节点会被关闭。

⑩ 应答：接收节点对正确接收的报文给出正确应答，对错误的报文进行错误应答，使发送节点重新发送。

⑪ 通信距离：CAN 在低速率 5kbit/s 时，通信距离可达 10km；在高速率 1Mbit/s 时通信距离可达 40m。

⑫ 节点数：CAN 总线是同时可以连接许多单元的网络。从理论上讲，可以连接的节点数是无限的；但实际可以连接的单元数将受总线延迟时间与电负荷的限制。当降低通信速度时，可以连接较多的单元；当提高通信速度时，可以连接的单元数量将减少。CAN 总线上的节点数主要取决于所采用的 CAN 控制器模块的驱动能力。一般的 CAN 控制器模块可以驱动几十个到上百个节点。工业现场控制，可以使用 CAN 网关对 CAN 总线进行扩展，以达到连接更多的 CAN 节点。

⑬ 通信介质：CAN 的通信介质可为双绞线、同轴电缆或光纤，选择灵活。

⑭ CAN 节点在错误严重的情况下具有自动关闭输出功能，以使总线上其他节点的操作不受影响。

⑮ 采用短帧结构，传输时间短，受干扰概率低；每帧信息都有 CRC 校验及其他检错措施，保证数据出错率极低。

二、CAN 总线系统的组成

CAN 数据总线系统由电控单元 ECU、传输介质双绞线和终端电阻组成，如图 4-1 所示。

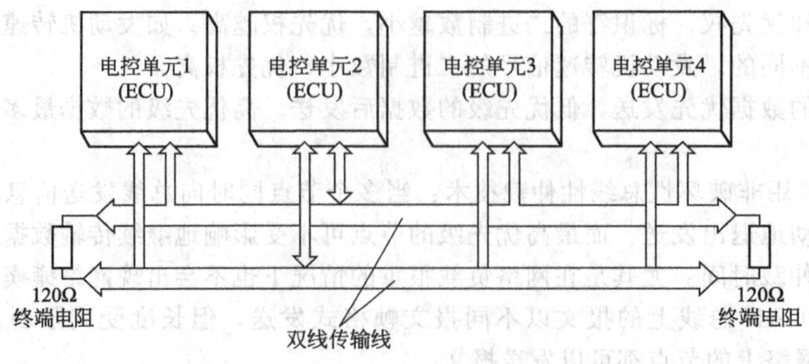

图 4-1 CAN 总线组成

1. 电控单元 ECU

CAN 总线连接的电控单元 ECU 又称 CAN 总线上的节点。理论上 CAN 总线可以连接无穷多个节点，实际上受线路越长、传输速率越低的限制，车载 CAN 总线的节点数可达上百个。

CAN 总线上的每个电控单元 ECU 独立完成网络数据交换和测控任务，如发动机电控单元 ECU、自动变速器电控单元 ECU、ABS 电控单元 ECU 等。CAN 总线上的电控单元 ECU 与非网络电控单元 ECU 不同，非网络电控单元 ECU 不需要对外进行数据交换；而网络上的电控单元 ECU 之间需要数据交换，例如发动机电控单元 ECU 中的发动机转速数据除了控制发动机的工况需要外，还需要经 CAN 总线传输给自动变速器电控单元 ECU，供自动变速器自动换挡控制使用；反过来，自动变速器的换挡信号也要经 CAN 总线传输给电控单元 ECU，使发动机的工况适合自动变速器的换挡要求。

图 4-2 是 CAN 总线电控单元的原理图，CAN 总线电控单元由输入电路、输出电路、单片机、CAN 控制器、光电隔离电路、CAN 控制器收发器组成，分述如下。

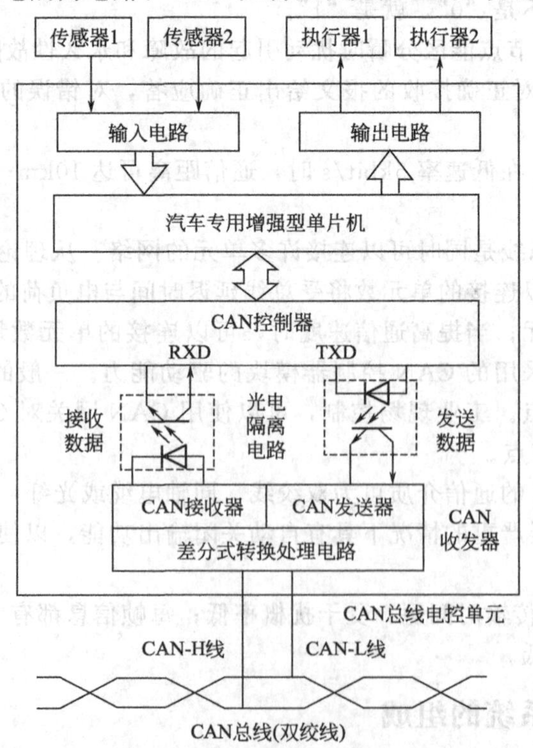

图 4-2 CAN 总线电控单元原理图

（1）输入电路　输入电路用来接收来自传感器和控制开关的输入信号，并将输入信号转换为单片机可接收的数字信号。如果输入信号是模拟信号，那么输入电路里还含有模/数转换电路（A/D转换），将模拟信号转为数字信号。如冷却液温度传感器的信号是模拟信号，需经A/D转换电路转换为数字信号。

（2）输出电路　输出电路将单片机输出的控制信号转换能驱动执行器的功率信号，因此输出电路包括放大驱动电路。因为大部分执行器是模拟执行器，所以首先要将单片机输出的数字信号经数/模转换电路（D/A转换）转换为模拟信号。

（3）单片机　单片机在工业控制技术中也常称为微控制器。目前，汽车电控单元使用的单片机是汽车专用增强型单片机，是针对汽车较为复杂的振动、高温、低温和恶劣的电磁环境而设计的。有的汽车单片机芯片内已包含A/D转换、D/A转换和其他专用电路，有的甚至将CAN控制器也合成在一起。

（4）CAN控制器　独立的CAN控制器是基于单片机控制的、专用于执行CAN总线通信协议的独立数字集成电路芯片。也有将单片机与CAN控制器合成的芯片，也称为CAN控制器。

图4-3是一独立的CAN控制器的原理图，主要由以下几部分组成。

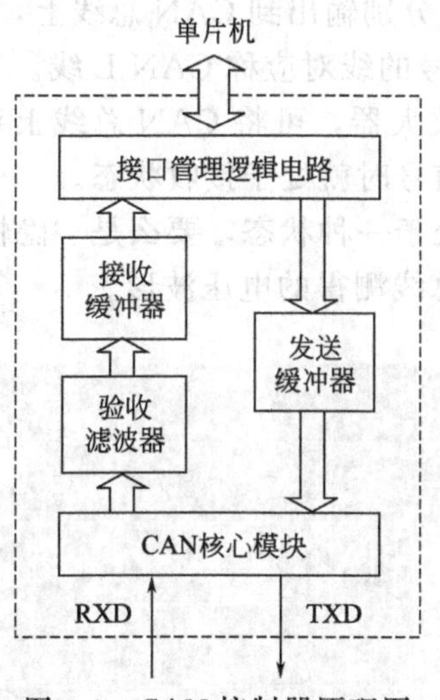

图4-3　CAN控制器原理图

接口管理逻辑电路：解释来自单片机的命令，控制内部寻址，向单片机提供中断信息和状态信息。管理发送或接收数据。

发送缓冲器：储存并缓冲发送到CAN总线上的完整报文。

验收过滤器：将接收到的标识符和内设寄存器中的内容进行比较，以决定是否接收整个报文。如果比较的结果为真，则报文被采用。

接收缓冲器：储存和缓冲从验收过滤器向CPU传送的报文。

CAN核心模块：按CAN通信协议，控制发送缓冲器和CAN总线之间的数据流，对CAN总线上的信号进行仲裁、填充、错误检测和错误处理等功能。

（5）光电隔离电路　以光为媒介传送信号，对输入和输出电路进行电气隔离，因而能有效地抑制系统噪声，消除接地回路的干扰，有响应速度较快、寿命长、体积小、耐冲击等好处。

（6）CAN收发器　由CAN接收器、CAN发送器和差分转换处理电路组成。图4-4为CAN收发器转换信号的示意图。

单片机的数据信号为正逻辑信号，经CAN发送器中的差分放大器转换为双向的差分信

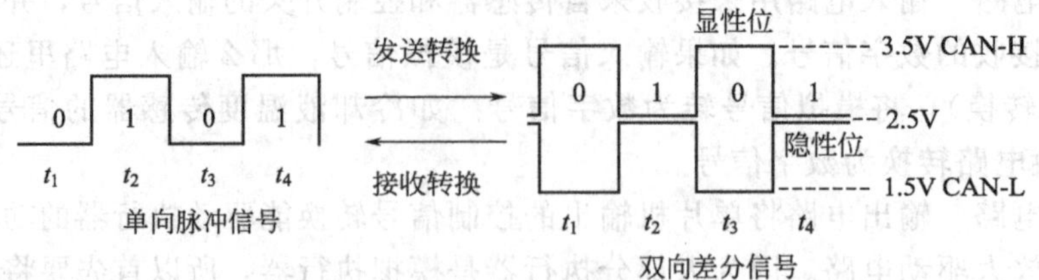

图 4-4　CAN 收发器转换信号示意图

号传送到总线上。差分信号以负逻辑信号形式表示数据。

以高速 CAN 总线为例，当单向脉冲信号为“0”，并且代表逻辑“0”时，差分信号的高电平信号用 CAN-H 表示，电压为 3.5V；低电平信号用 CAN-L 表示，电压为 1.5V；差分电压为 2V，此时总线的状态为“显性位”，“显性位”代表逻辑“0”。

当单向脉冲信号为“1”时，并且代表逻辑“1”时，差分信号的高电平信号和低电平信号均为 2.5V；差分电压为 0V，此时总线的状态为“隐性位”，“隐性位”代表逻辑“1”。

CAN-H 信号和 CAN-L 信号分别输出到 CAN 总线上，即双绞线上。接高电平信号的线对应称 CAN-H 线，接低电平信号的线对应称 CAN-L 线。

CAN 接收器是差分式接收放大器，可将 CAN 总线上双向的差分信号转变为单向的脉冲信号。CAN 收发器在不发送信号时就处于接收状态。

CAN 总线在任意时刻只能处于一种状态，要么是“隐性位”，要么是“显性位”。

图 4-5 是用示波器在 CAN 总线测得的电压波形。

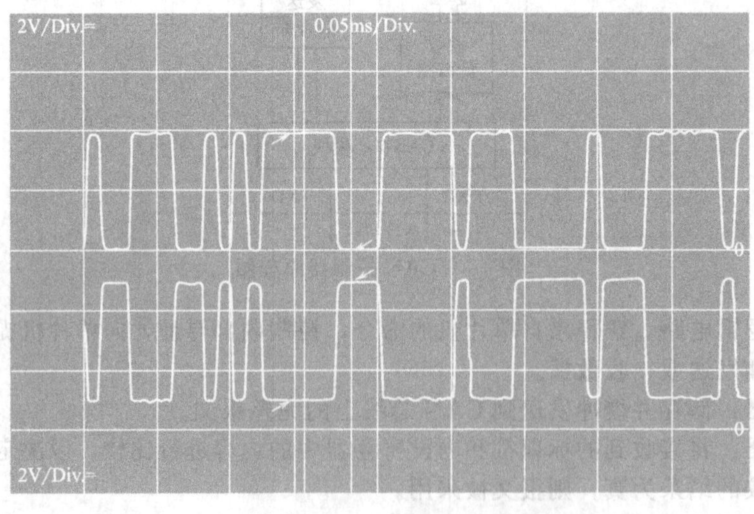

图 4-5　用示波器在 CAN 总线测得的电压波形

2. CAN 数据传输线

汽车上 CAN 数据传输线大都是双绞线，分为 CAN 高电平数据线和低电平数据线，即 CAN-H 线和 CAN-L 线。双绞线具有较强的抗干扰能力。

3. CAN 终端电阻

CAN 两端都接一个 120Ω 的电阻器，即连接在双绞线的两端，终端电阻可防止信号在传输线终端被反射并以回波的形式返回，影响数据的正确传送。

三、CAN总线的数据传输

1. CAN总线的广播式传输

CAN总线的数据传输像一个电话会议，如图4-6所示。一个电话用户（电控单元）将数据“讲入”网络中，其他用户通过网络“接听”这个数据，对于这个数据感兴趣的电控单元就会利用数据，而其他控制单元则选择忽略。在该网络中，任一控制单元都既可发送数据，又可接收数据。

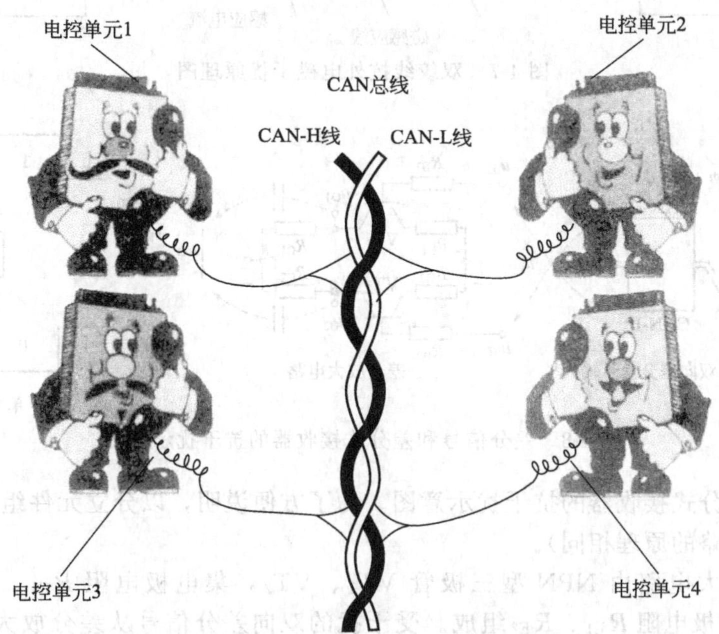

图4-6 CAN总线的数据传输示意图

CAN总线与其他通信网的不同之处是报文传送中不包含目标地址，它是以全网广播为基础，各接收站根据报文中反映数据性质的标识符过滤报文，该收的收下，不该收的弃而不用。其好处是可在线上网下网、即插即用和多站接收。

2. CAN总线系统防干扰措施及原理

汽车在使用过程中，电火花、电磁线圈开关、移动电话和发送站、电焊机等电磁设备发出的电磁波都会影响或破坏CAN的数据传送。为了防止数据在传送时受到干扰，CAN总线采用较多的防干扰措施。

(1) 双绞线的抗外电磁干扰作用　图4-7所示为双绞线抗外电磁干扰原理图。图中上为双平行线易受电磁波干扰的示意图，根据电磁感应定律和右手定则，双平行线和两端的通信设备构成一个空间闭合回路和导线闭合回路，穿过双平行线的磁感应线可在回路中形成方向一致的干扰性感应电流，对有用信号形成干扰。

图中下为双绞线抗电磁波干扰的示意图，双绞线与两端的通信设备虽然构成一个大的导线闭合回路，但由于双绞线是双线扭绞而成，在空间上构成一个一个的小闭合回路，穿过双绞线的磁感应线在相邻的两个“绞孔”的空间上虽然感应电动势方向相同，但在同一根导线上的感应电动势方向方却是相反的，因此，起着抵消的作用。

(2) 差分信号和差分式接收器的抗干扰作用　CAN发送器发送的数据信号是差分信号，CAN接收器是差分式接收器（差分又称差动），它们的结合起着很好的抗干扰作用。图4-8

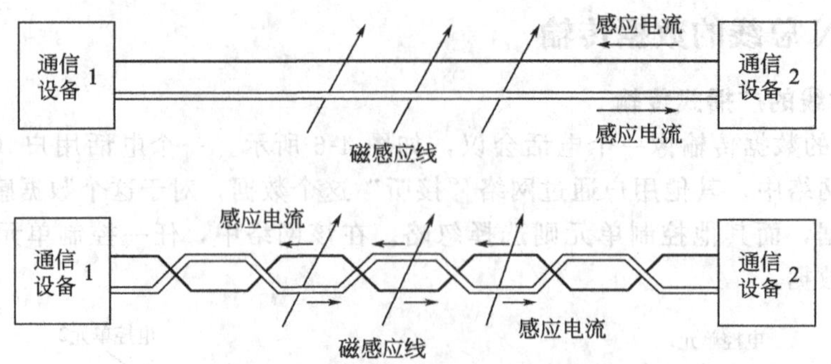

图 4-7 双绞线抗外电磁干扰原理图

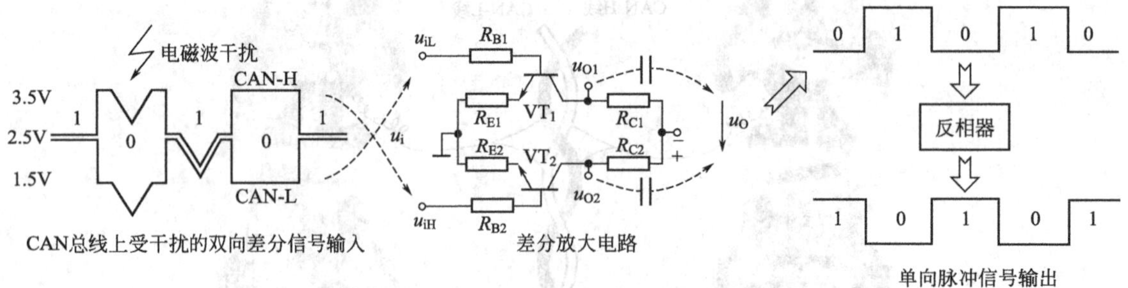

图 4-8 差分信号和差分式接收器的抗干扰示意图

是差分信号和差分式接收器的抗干扰示意图。为了方便说明，以分立元件组成的差分放大电路为例（集成电路的原理相同）。

图中差分放大电路由 NPN 型三极管 VT_1、VT_2，集电极电阻 R_{C1}、R_{C2}，基极电阻 R_{B1}、R_{B2}，发射极电阻 R_{E1}、R_{E2}组成。受干扰的双向差分信号从差分放大电路左端输入，由于一级放大具有反向作用，所以将高电平信号输入差分放大电路的下端，将低电平信号输入差分放大电路的上端。输入信号电压 $u_i=u_{iH}-u_{iL}$，当受电磁干扰时，高电平信号和低电平信号的电位同时变化（输入信号的电位差 u_i 不变），经差分放大电路放大，输出电压 u_{O1} 和 u_{o2}也同时变化，结果使输出信号电压 $u_O=u_{O1}-u_{O2}$不变，使输出的单向脉冲信号与不受电磁干扰的信号相同，达到抗干扰的目的。

由于 CAN 总线上的数字信号是 10101（负逻辑），差分放大电路输出的单向脉冲信号是 01010，与 CAN 总线上的数字信号逻辑关系相反，所以要经反相器反相，才能得到与 CAN 总线逻辑关系一致的数据信号 10101（正逻辑）。

（3）其他防干扰措施　除以上防干扰措施外，还有光电隔离电路和软件处理等措施。

四、CAN 总线的数据类型

CAN 总线所传输的数据又称为报文，是按一帧一帧的传送，每帧数据有一组二进制数或数字脉冲组成，这组二进制数按功能又分为一段一段的，每一段称为帧的域或场。

CAN 总线所传输的数据有数据帧、远程帧、错误帧和过载帧 4 种类型。

CAN 的帧有两种不同的帧格式，不同之处为识别符的长度不同：具有 11 位识别符的帧称为标准帧；而含有 29 位识别符的帧为扩展帧。

1. 数据帧

数据帧的功能是将数据从发送器传到接收器。数据帧由开始域、仲裁域、控制域、数据域、安全域、应答域、结束域 7 个不同的域组成，如图 4-9 所示。

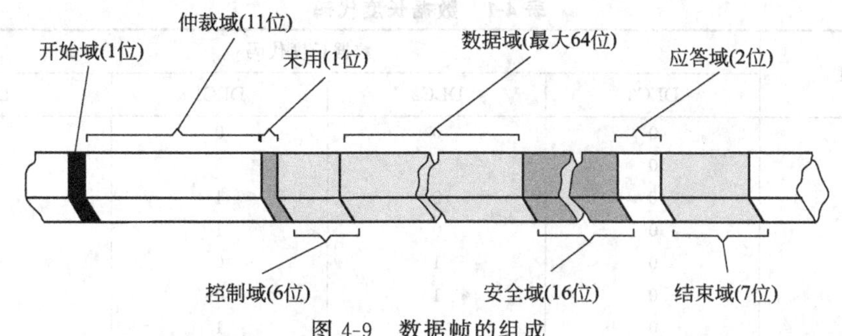

图 4-9 数据帧的组成

(1) 开始域 标志数据帧的起始，仅由一个“显性”(即 0) 位组成，带有约 5V 的电压的 1 位被送入 CAN 高位传输线，带有约 0V 电压的 1 位被送入 CAN 低速传输线。开始域由控制芯片完成。

(2) 仲裁域 仲裁域包括标识符和远程发送请求位 (RTR)。识别符代表数据的身份和优先权，标准格式下标识符的长度为 11 位，这些位按 ID. 10～ID. 0 的顺序发送，最低位是 ID. 0。7 个高位 (ID. 10～ID. 4) 必须不能全是“隐性”。在标准帧里，识别符后是远程发送请求位 (RTR)，该位若为“显性”(即 0)，代表发送的信息是数据；若为“隐性”(即 1)，代表发送的信息是数据请求。

只要总线空闲，各控制单元均可向总线发送数据，如果各个控制单元要同时发送各自的数据，那么系统必须决定哪一个控制单元先进行发送。系统规定具有最高优先权的数据先发送，标识符的二进制值越小，其优先权就越高。不同数据的优先权根据数据的重要性和紧迫性等因素由人为编程时确定。

例如，发动机电控单元、ABS 电控单元和自动变速器电控单元相比较，制动信号的优先权最高，三者仲裁域的标识符如下：

010 1000 0000 (发动机电控单元标识符)
001 1010 0000 (ABS 电控单元标识符)
100 0100 0000 (自动变速器电控单元标识符)

可以看出，ABS 电控单元的标识符数值设定的最小，优先权最高；自动变速器电控单元标识符数值最大，优先权最低；发动机电控单元标识符数值居中。当以上三个电控单元同时向总线发送数据时，系统就先发送 ABS 电控单元发送的数据，此时，发动机电控单元和自动变速器电控单元转化为接收器接收数据。总线一旦空闲，系统会发送其他电控单元的数据。

(3) 控制域 控制域由 6 个位组成，其中 4 位是数据长度代码，即数据的字节数量，另两位作为扩展用的保留位。所发送的保留位必须“显性”。控制域供接收器检查是否已经接收到所传来的所有信息。接收器接收和认可所有由“显性”和“隐性”的任意组合在一起的位。

数据长度代码如表 4-1 所示，表中 DLC3～DLC0 代表数据长度代码的位，DLC0 是最低位，DLC3 是最高位。数据长度代码最大为 8，表示数据帧允许的数据长度为 0～8 字节。

表中“0”为“显性”，“1”为“隐性”。

(4) 数据域 数据域由数据帧发送的数据组成，可以为 0～8 个字节，每字节包含了 8 个位，所以数据帧最大为 64 个位。数据域是如何表示数据的呢？例如，要表达节气门开度信号，假如把节气门的开度按最大开度的百分数表示，每百分之十为一个等级，那么节气门开度信号在数据域的代码如表 4-2 所示，“0%”表示节气门关闭，发动机处于怠速状态，“100%”表示节气门全开，发动机处于全负荷状态。

表 4-1 数据长度代码

数据长度	数据长度代码			
	DLC3	DLC2	DLC1	DLC0
0	0	0	0	0
1	0	0	0	1
2	0	0	1	0
3	0	0	1	1
4	0	1	0	0
5	0	1	0	1
6	0	1	1	0
7	0	1	1	1
8	1	0	0	0

表 4-2 4 个位表示的节气门开度

节气门开度	数据域代码			
	DLC3	DLC2	DLC1	DLC0
0%	0	0	0	0
10%	0	0	0	1
20%	0	0	1	0
30%	0	0	1	1
40%	0	1	0	0
50%	0	1	0	1
60%	0	1	1	0
70%	0	1	1	1
80%	1	0	0	0
90%	1	0	0	1
100%	1	0	1	0

同理，可以用更多的位表示更精确的节气门开度变化，如 8 个位可表示 256 个节气门开度位置变化。

对更复杂的数据，如果 1 个字节不够表示，可以用 2 个字节或多个字节表示，但不能超过 8 个字节，当然要有高精度的节气门位置传感器与其配合。

(5) 安全域　安全域用来检测传递数据中的错误。CAN 系统用于电噪声很大的环境，这个环境中的数据最容易丢失或破坏。CAN 协议提供了 5 种错误检测和修正的方法，因此如果数据被破坏，它能够检测出来，而且网络中的所有的电控单元都会忽略这个数据。这 5 种错误检测类型分别为位错误、填充错误、校验（CRC）错误、形式错误、应答错误。

位错误：各控制单元在发送位的同时也对总线进行监视。如果所发送的位值与所监视的位值不相符合，则在此位时间里检测到一个位错误。

填充错误：如果在使用位填充法进行编码的信息中，出现了第 6 个连续相同的位电平时，将检测到一个填充错误。

校验错误：校验序列包括发送器的校验计算结果，接收器计算校验的方法与发送器相同。如果接收器的计算结果与接收到校验序列的结果不相符，则检测到一个校验错误。

形式错误：当一个固定形式的域含有 1 个或多个非法位，则检测到一个形式错误。

应答错误：只要在应答间隙期间所监视的位不为“显性”，则发送器会检测到一个应答错误。

(6) 应答域　应答域用来反映接收器通知发送器是否已经正确接收到数据。当接收器正确地接收到有效的数据，接收器就会在应答间隙期间内向发送器发送一“显性”位以应答，而应答界定符始终是“隐性”位。

如果检查到错误，接收器立即通知发送器，发送器然后再发送一次数据，直到该数据被准确接收为止，但从检测到错误到下一数据的传送开始为止，发送时间最多为 29 个位的时间。

应答域长度为 2 个位，包含应答间隙和应答界定符，常态下发送两个“隐性”位。

(7) 结束域　结束域标志着数据报告结束，由 7 个“隐性”位组成。这是显示错误并重复发送数据的最后一次机会。

2. 远程帧

CAN 总线上电控单元的数据发布，有两种基本形式。

第一种形式是按设定或需要主动发布，例如制动信号，当踩刹车时 ABS 电控单元就会主动发布，发动机电控单元接收后就会立即调控发动机转速由高速降为低速。

第二种形式是受请求后发布，例如 A 电控单元需要 B 电控单元的数据，A 电控单元先发布请求信号，这个请求信号的数据形式就是远程帧。CAN 总线上的所有电控单元都可接收到这个远程帧，并对远程帧中的标识符进行识别，需要则接收，不需要则不处理。在对各电控单元编程时，已设定 B 电控单元接收这个远程帧，并随即发布 A 电控单元所需要的数据。

例如，自动变速器在自动换挡决策前，根据程序要求需要发动机的转速数据，以便确定最佳换挡工况，那么自动变速器电控单元要先发布远程帧，请求发动机电控单元发布发动机的转速数据，发动机电控单元收到这个远程帧的请求后，随即发布发动机的即时转速数据，自动变速器电控单元收到发动机的转速数据后，再决定是否换挡或等待发动机的转速达到一定数值后再换挡。

远程帧由开始域、仲裁域、控制域、安全域、应答域和结束域 6 个不同的域组成。与数据帧相反，远程帧的远程发送请求位（RTR 位）是“隐性”的（即逻辑“1”）。它没有数据域，数据长度代码的数值是不受制约的（可以标注为容许范围内 0～8 的任何数值）。其余域功能同数据帧。

3. 错误帧

任何电控单元检测到总线错误就发出错误帧。错误帧的功能是对所发送的数据进行错误检测、错误标定及错误自检。错误帧由两个不同的域组成，第一个域为不同控制单元提供错误标志的叠加，第二个域是错误界定符。

(1) 错误标志　错误标志包括主动错误标志和被动错误标志两种形式：主动错误标志，它由 6 个连续显性位组成，检测到错误条件的“错误主动”控制单元通过发送主动错误标志以指示错误；被动错误标志，它由 6 个连续隐性位组成，除非被其他 CAN 控制器的显性位改写，检测到错误条件的“错误被动”控制单元通过发送被动错误标志以指示错误。

(2) 错误界定　错误界定符由 8 个隐性位组成。传送了错误标志以后，每一节点就发送 1 个隐性位，并一直监视总线直到检测出 1 个隐性位为止，然后就开始发送其余 7 个隐性位。

4. 过载帧

过载帧用以在先行的和后续的数据帧（或远程帧）之间提供一附加的延时。接收器在电路尚未准备好或在间歇域期间检测到一个“显性”位时，会发送过载帧，以延迟数据的传送。过载帧包括过载标志和过载界定符两个域。

5. 帧间空间

数据帧或远程帧与其前面帧的隔离是通过帧间空间实现的，无论其前面的帧为何类型。所不同的是过载帧与错误帧之前没有帧间空间，多个过载帧之间也不是由帧间空间隔离的。帧间空间包括间歇域和总线空闲域。

总线空闲域的长度是任意的。只要总线被认定为空闲，等待发送信息的控制单元就会访问总线。

五、电控单元数据的收发

除了命令和请求信息外，汽车的一些基本状态信息（如发动机转速、车轮转速、冷却水温度等）是大部分控制单元必须获取的数据，控制单元采用广播式向总线发送。如果在同一时刻所有控制单元都向总线发送数据，将发生总线数据冲突，此时，CAN 协议用标识符识别数据优先权的总线仲裁。表 4-3 所示为某种汽车电控单元产生及发送的数据类型和信息共享的关系。

表 4-3 汽车各电控单元产生及发送的数据类型

优先权	信号类型	发动机电控单元	自动变速器电控单元	ABS 电控单元	ASR 电控单元	废气再循环电控单元	空调电控单元
1	制动踏板信号	接收	接收	发送	接收		
2	实际喷油量信号	发送	接收				
3	发动机转速信号	发送	接收	接收	接收		接收
4	油量设置	接收			发送		
5	车轮转速信号	接收	接收	发送	接收		
6	油门踏板信号	发送	接收	接收	接收		
7	变速比信号	接收	发送		接收	接收	
8	怠速设置	接收				发送	发送
9	冷却水温信号	发送	接收				接收
10	空气温度信号	发送					接收

由表 4-3 可以看出，制动踏板信号的优先权最高，因为安全是第一位的；其次是实际喷油量信号和发动机转速信号具有较高的优先级，是因为它们的实时性要求强，并直接影响发动机的动力性、经济性和排放性能。

六、高速和低速 CAN 总线

CAN 总线按数据传输速度分为两种，高速 CAN 总线和低速 CAN 总线。

高速 CAN 总线适用于速率为 250kbit/s 到 1Mbit/s，协议诞生之日起就存在。

低速 CAN 总线产生较晚，速率不超过 125kbit/s。主要具有容错功能，因此其协议在硬件和软件上有所改进。

1. 高速 CAN 总线

（1）高速 CAN 总线的信号　高速 CAN 总线的差分电压信号如图 4-10 所示。CAN-H 线上传送的信号和 CAN-L 线上传送信号的相位正好是相反的。电压水平的数值如图中所示，是标准化的。

（2）高速 CAN 总线上节点的收发器　高速 CAN 总线上节点的收发器如图 4-11 所示，

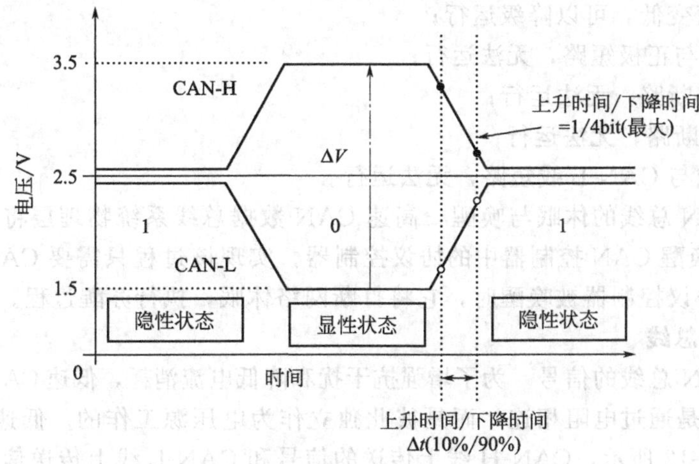

图 4-10 高速 CAN 总线上的差分信号

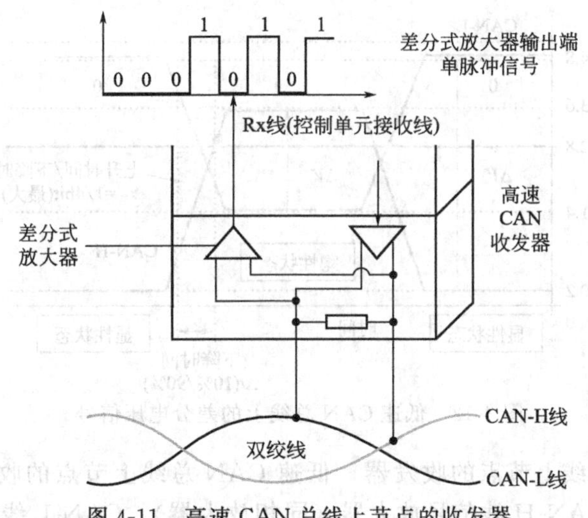

图 4-11 高速 CAN 总线上节点的收发器

其接收器为单一的差分放大器，电路简单，如果出现故障，即时中断通信，没有容错功能和诊断电路。

收发器判断高速 CAN 总线的电平及逻辑信号见表 4-4。

表 4-4 收发器判断高速 CAN 总线的电平及逻辑信号

状态	CAN-H 线/V	CAN-L 线/V	差动输出信号电压/V	逻辑信号
显性	3.5	1.5	3.5－1.5＝2	0
隐性	2.5	2.5	2.5－2.5＝0＜2	1

以下 7 种情况中，只有两种情况在物理层容错范围内，其他几种情况，网络是不能运行的，并且各个电控单元之间也不可以实现通信：

① CAN-H 线与地线短路，无法运行；

② CAN-H 线与电源正极短路时，CAN-L 线在物理层容错范围内，差分放大器可以接收并放大信号，但数值变低，可以降级运行；

③ CAN-L 线与地线短路时，CAN-H 线在物理层容错范围内，差分放大器可以接收并

放大信号，但数值变低，可以降级运行；

④ CAN-L 线与正极短路，无法运行；

⑤ CAN-H 线断路，无法运行；

⑥ CAN-L 线断路，无法运行；

⑦ CAN-H 线与 CAN-L 线短路，无法运行。

（3）高速 CAN 总线的休眠与唤醒　高速 CAN 数据总线系统物理层将网络活动信息告知 Rx 线，Rx 线唤醒 CAN 控制器中的协议控制器，实现该过程只需要 CAN 线路接口有持续供电即可。当协议控制器被唤醒时，它将打断网络休眠，执行苏醒过程。

2. 低速 CAN 总线

（1）低速 CAN 总线的信号　为了增强抗干扰和降低电流消耗，低速 CAN 总线的 CAN-H 线和 CAN-L 线不是通过电阻相连，而是彼此独立作为电压源工作的。低速 CAN 总线的差分电压信号如图 4-12 所示，CAN-H 线上传送的信号和 CAN-L 线上传送信号的相位虽然是相反的，但电压水平的数值与高速 CAN 总线的电压有区别。

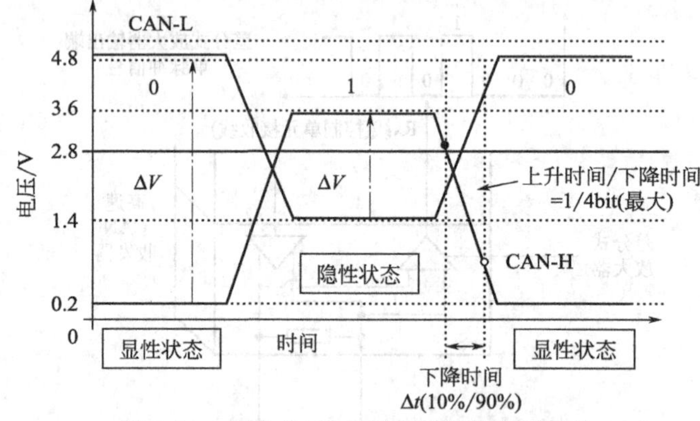

图 4-12　低速 CAN 总线上的差分电压信号

（2）低速 CAN 总线上节点的收发器　低速 CAN 总线上节点的收发器如图 4-13 所示，由差分信号放大器、CAN-H 线信号放大器（同相放大器）、CAN-L 线信号放大器（反相放

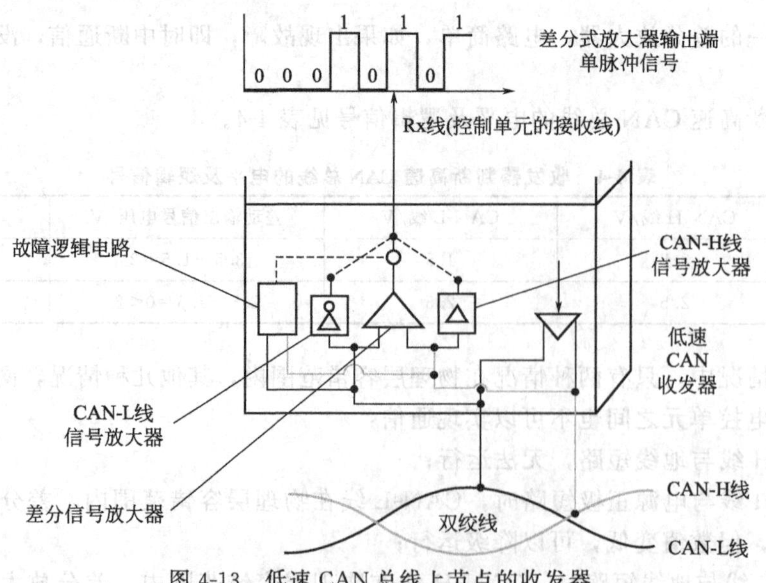

图 4-13　低速 CAN 总线上节点的收发器

大器）和故障逻辑电路组成。

收发器判断低速 CAN 总线的电平及逻辑信号见表 4-5。表中将图 4-12 中 CAN-H 线的显性电压 0.2V 约为 0V，将 CAN-L 线的显性电压 4.8V 约为 5V。从表中看出，显性状态与隐性状态比较，差分输出信号电压变化高达 7.2V。

表 4-5　收发器判断低速 CAN 总线的电平及逻辑信号

状态	CAN-H 线/V	CAN-L 线/V	差分输出信号电压/V	逻辑信号
隐性	3.6	1.4	3.6−1.4=2.2>2	1
显性	0	5	0−5=−5<0	0

故障逻辑电路判断总线的电平数值，可以用以下容错功能，维持数据信号传送。

① 低速 CAN 总线正常时，由差分信号放大器接收和放大总线信号，总线为双线工作模式。

② 低速 CAN-L 线有故障（与地线或电源正极短路，断路）时，故障逻辑电路接通 CAN-H 线信号放大器，使用 CAN-H 线信号，总线降级为单线工作模式。

③ 低速 CAN-H 线有故障（与地线或电源正极短路，断路）时，故障逻辑电路接通 CAN-L 线信号放大器，使用 CAN-L 线信号，总线降级为单线工作模式。

④ 低速 CAN-H 线和 CAN-L 线相互短路时，故障逻辑电路将 CAN-L 自动切断，接通 CAN-H 线信号放大器，使用 CAN-H 线信号，总线降级为单线工作模式。

（3）低速 CAN 总线的休眠与唤醒　通过低速 CAN 总线系统物理层可以实现对 CAN 总线系统的休眠与唤醒的管理。如车辆解锁、操作车内电器等都可以唤醒低速 CAN 总线系统。关闭发动机、锁住车门又可使低速 CAN 总线从觉醒状态转为休眠。

第二节　LIN 总线系统

一、LIN 总线概述

LIN 是局域网络子系统（Local Interconnect Network）的简称。LIN 是用于汽车分布式电控系统的一种新型低成本串行通信总线，它是一种基于串行数据格式、主从结构的单线 12V 的总线通信系统。

LIN 总线的目标是为现有汽车网络（例如 CAN 总线）提供辅助功能，因此 LIN 总线是一种辅助的总线网络。在不需要 CAN 总线的带宽和多功能的场合，比如智能传感器和主要用于智能传感器和执行器的串行通信。

LIN 总线是 CAN 总线网络下的子系统。车上各个 LIN 总线系统之间的数据交换是由控制单元通过 CAN 数据总线实现的。

LIN 总线正逐渐发展成为低成本的串行通信的行业标准，降低了汽车车上电子系统开发、生产、使用和维护的费用。LIN 总线属于汽车上的 A 级网络。

LIN 总线上的数据交换是单主多从配置方式，其网络结构配置灵活。LIN 网络的拓扑结构为总线型，网络中只有一个主节点（主控制器或主控单元），其余均为从节点（从属控制器或从属控单元）。主节点控制整个网络的通信，网络中不存在冲突，不需要仲裁。整个网络的配置信息只保护在主节点中，从节点可以自由接入或脱离网络而不会对网络中的其他节点产生任何影响。网络中的节点数不仅受标识符长度的限制，而且还受总线物理特性的限制。实际应用中LIN网络中挂接的节点数不高于16个。LIN单线传输最大距离不超过40m，最大速率受电磁干扰的限制最高达20kbit/s，受网络传输的超时限制，最小为1kbit/s。这一速度能满足多数智能传感器和执行器的通信要求。

为了实现CAN与LIN网络之间的通信，在LIN主节点内集成有“网关”电路，“网关”电路可将具有LIN标志符的数据转换为CAN的标志符，然后作为CAN数据在CAN网络中传送；反过来，“网关”电路又可将收到的具有CAN标志符的数据转换为LIN标志符，然后作为在LIN数据在LIN网络中传送。

LIN总线具有以下特征：

① 单主/多从结构，即单个主控制器/多个从属控制器，无需总线仲裁机制。

② 同步广播式发送/接收方式，依靠标志符识别数据报文，共有64个标志符。

③ 节点数小于16个，总线可以由任意一个节点提供电源。

④ 基于常用的串行通信（USART/SCI）接口硬件，从节点可以由廉价的单片机开发。

⑤ 系统配置灵活、容易，不需要改变LIN节点上的硬件和软件就可以在网络上增加节点。

⑥ 从属控制器节点可以实现自同步。

⑦ 保证延时和信号传输的正确性。

⑧ 单总线数据传输结构，依靠车身公用地线实现信号传输回路。

⑨ 数据传输速度可以达到20kbit/s 。

⑩ 故障节点的检测功能，数据累加和校验及错误检测功能。

二、LIN总线的组成

LIN总线系统由一个主控制器、若干从属控制器和单根传输线组成。在LIN总线系统内，单个的控制单元、传感器及执行元件都可看作LIN总线主控制单元的从控制单元。

传感器内集成有一个电子装置，可将测量值变为数字信号通过LIN总线传送。

执行元件都是智能型的电子或机电部件，这些部件通过LIN主控制单元发送的数字信号接收任务。LIN主控单元通过集成在执行元件内的传感器来获知执行元件的实际状态，然后就进行规定状态和实际状态的数值比较，从而获得相应的控制信号数值，控制执行元件的工作状态。LIN总线的节点、主控制单元、从控制单元的特点如下。

1. LIN总线的节点结构

LIN总线的节点结构和总线连接如图4-14所示，节点由两部分组成：协议控制器和线路接口。

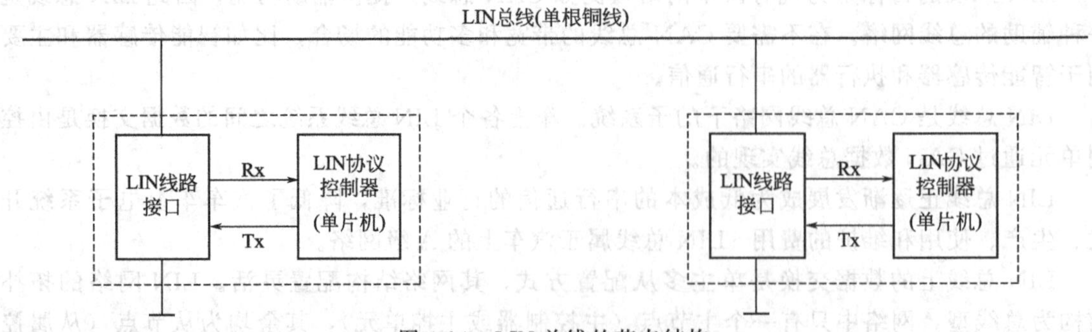

图4-14　LIN总线的节点结构

（1）协议控制器　LIN协议控制器可由单片机开发，利用串行异步通信接口与线路接口连接。单片机内存 LIN 总线协议和相关软件。节点的软件和硬件不同可以形成主节点或从节点。

节点的主要功能：按串行异步通信的字符帧格式发送/接收 8 位字节，构成请求帧、接收响应帧、发送帧等信号。

(2) 线路接口　线路接口负责将 LIN 总线的信号翻译成无干扰的 Rx 信号传入 LIN 协议控制器，或相反地将协议控制器的发送信号进行翻译传入 LIN 总线。因此，这个部件有两个重要作用，即翻译和保护。在示波器上看到的 LIN 网络线路电压记录如图 4-15 所示。

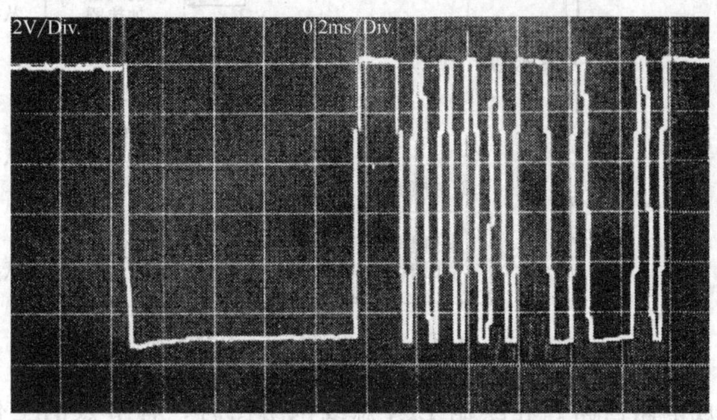

图 4-15　示波器上的 LIN 网络线路电压记录

2. LIN 总线主控单元（主节点）

主控制单元连接在 CAN 数据总线上，它执行 LIN 的主要功能，其主要作用：

① 监控数据传递和数据传递的速率，发送信息标题。

② 主控制单元的软件内已经设定了一个周期，这个周期用于决定何时将哪些信息发送到 LIN 数据总线多少次。

③主控制单元在 LIN 数据总线与 CAN 总线之间起“翻译”作用，它是 LIN 总线系统中唯一与 CAN 数据总线相连的控制单元。

④ 通过 LIN 主控制单元进行 LIN 系统自诊断。

3. LIN 总线从控单元（从节点）

① 接收、传递或忽略与从主控制系统接收到的信息标题相关的数据。

② 可以通过一个“唤醒”信号时，唤醒主系统。

③ 检查对所接收数据的检查总量。

④ 对所发送数据的检查总量进行计算。

⑤ 同主系统的同步字节保持一致。

⑥ 只能按照主系统的要求同其他子系统进行数据交换。

图 4-16 是采用 LIN 总线的 CAN 总线系统，辅助 CAN 总线系统的两个 LIN 总线分别是空调控制 LIN 总线和车顶电器控制 LIN 总线。空调电控单元和车顶电器电控单元就是两个 LIN 总线的主控单元。空调电控单元通过单线与 3 个从控单元相连接，分别是主加热器、风机和前风窗加热器。车顶电器电控单元通过单线与 2 个从控单元相连接，分别是天窗电动机和车顶温度传感器。

两个 LIN 总线的数据交换是由两个主控单元经 CAN 总线进行。

4. 传输介质

LIN 总线的传输介质一般使用单独的铜线，各节点的工作地线与车身金属体公用地

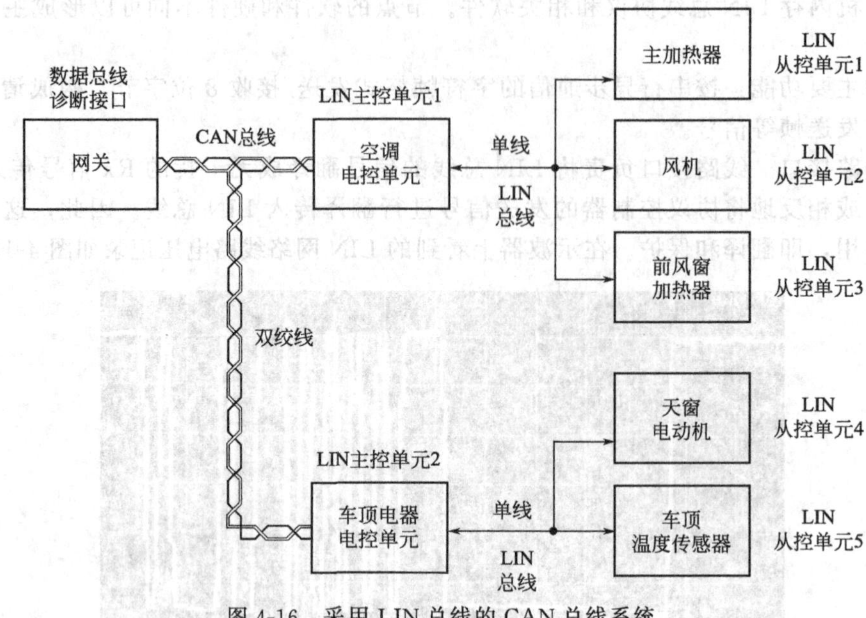

图 4-16 采用 LIN 总线的 CAN 总线系统

线可靠连接，构成电路回路。在绘制 LIN 总线网络图时，各节点的工作地线一般没有画出。

三、LIN 总线的数据传输

1. LIN 总线的报文帧结构

LIN 总线的一个报文帧如图 4-17 所示，是由一个主机节点发送的报文头和一个主机或从机节点发送的响应组成。

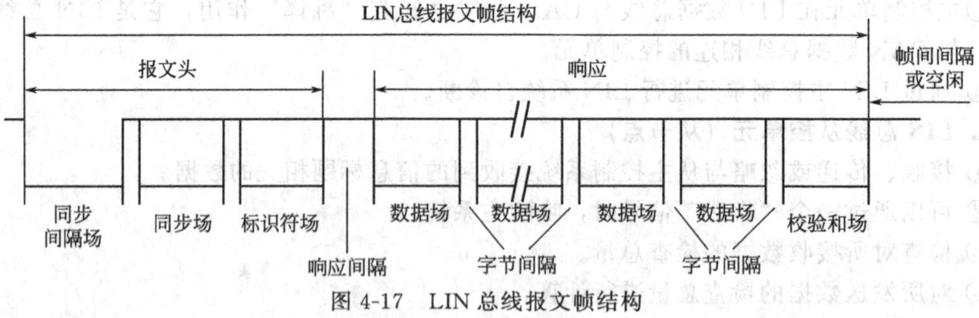

图 4-17 LIN 总线报文帧结构

（1）字节场 LIN 总线上的数据是以报文帧方式传输。LIN 总线协议规定报文帧中的同步场、标识符场、数据场、校验和场的格式都以字节场的格式。字节场的格式就是通常异步串行通信的串行数据格式。每个字节场的长度是 10 个位，如图 4-18 所示，即：1 位起始位＋8 位数据位＋1 位停止位。

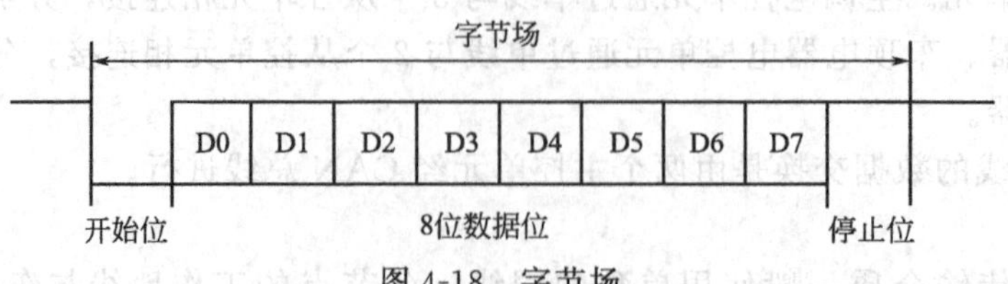

图 4-18 字节场

起始位是一个“显性”位，它标志着字节场的开始。接着是8个数据位，首先发送最低位。停止位是一个“隐性”位，它标志着字节场的结束。

（2）报文头　包括1个同步间隔场、1个同步场和1个标识符场。

同步间隔：作为报文帧的第一个场，标志着一个报文帧的开始。同步间隔场由主机节点发送，它使所有的从机节点与总线时钟信号同步。

同步场：包含了时钟的同步信息。

标识符场：定义了报文的内容和长度，标识符场由6个标识符位和2个奇偶校验位组成。

（3）响应　当从节点（也可以是主节点自身）收到主节点的报文头，经对比确认是找自己的信号后，就及时发出响应。响应主要由3到9个字节场组成，其中含有2、4或8个数据场和1个校验和场。数据场的长度可变，可以选择为2、4、8个字节。

数据场：每一个数据场的长度是10位，起始位是一个“显性”位，代表着该数据场的开始。接着是8个数据位，首先要发送的是最低位。停止位是一个“隐性”位，代表着数据场的结束。

校验和场：保证了数据字节的可靠传输。

（4）空间间隔

响应间隔：报文头和响应之间有一个响应间隔分隔；字节场（数据场）之间有字节间隔分隔；最小的响应间隔和字节间隔的空间是0，这些空间的最大长度为报文帧的最大长度。

帧间隔：报文帧之间的间隔或空闲。

2. LIN总线的数据传递流程

LIN总线上的所有节点发送信息都以同步广播形式发送，总线上所有的节点都可以接收其他节点发出的信息。各节点是通过识别位来识别所需要的信息。

主节点起主导作用，主节点中的主机任务程序负责报文的进度表、发送报文头。主节点还可发出睡眠命令使整个网络进入睡眠。睡眠命令只能由主节点发出，网络中任何的一个节点都可以发出唤醒信号来唤醒整个网络。

从节点中的从机任务程序负责发送报文的响应，或在需要时发出网络唤醒信号。每个从节点都以一个唯一的编号代码存在存储器内，相当于“身份”编号。

LIN总线的数据传递流程是：

LIN总线的主节点发送报文头到总线上，报文头中的标识符中有所要找的从节点的编号代码。LIN总线上所有节点都可收到这个报文头，但只有一个从节点的代码与报文头中的标识符代码相同，这个从节点按设定要求做出响应，发出所采集的数据到LIN总线上，需要这个数据的节点可以从LIN总线上接收。也就是说从节点只在主节点询问时才发送数据。

图4-19是LIN总线的数据传递流程示意图，横坐标代表时间，纵坐标代表各节点和LIN总线上的信号。主节点先发报文头1，内含从节点1的编号代码，经过很短的响应间隔1，从节点1做出响应1，发送数据，报文帧1完成。

按主节点的主机任务程序中的进度表，经过一定的帧间隔时间，主节点发报文头2，内含从节点2的编号代码，经过很短的响应间隔2，从节点2做出响应2，发送数据，报文帧2完成。

接着主节点发报文头3，内含主节点的自身编号代码，随即主节点做出响应3，发送数据，报文帧3完成。

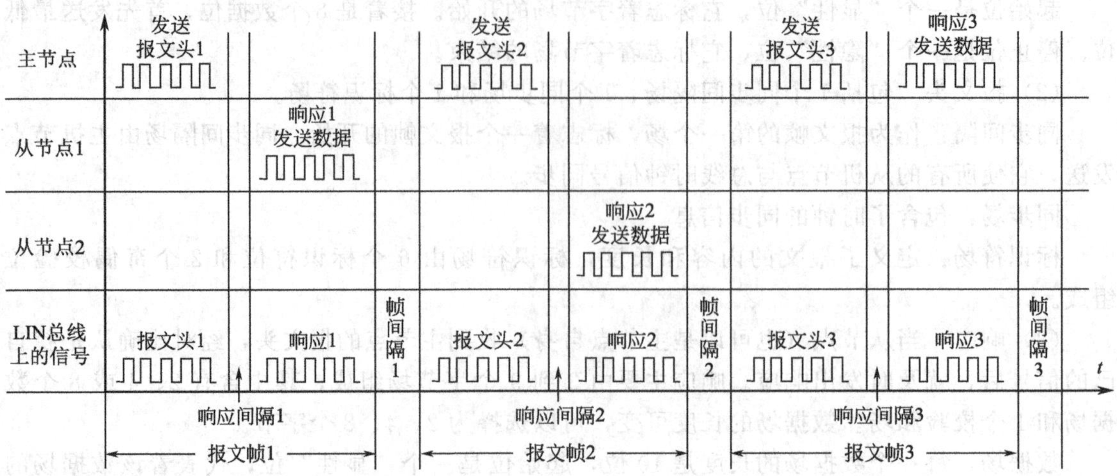

图 4-19　LIN 总线的数据传递流程

第三节　MOST 总线系统

一、MOST 总线概述

MOST 是多媒体定向系统传输（Media Oriented Systems Transport）的简称。在汽车网络中常见的 MOST 系统中，比较典型的是塑料光纤（POF）网络。MOST 将音响装置、电视、全球定位系统及电话等设备相互连接起来，给用户带来了极大的便利。在 MOST 中，不仅对通信协议给出了定义，而且也说明了分散系统的构筑方法。

MOST 可以不需要额外的主控计算机系统，结构灵活、性能可靠和易于扩散。MOST 网络光纤作为物理层的传输介质，可以连接视听设备、通信设备以及信息服务设备。MOST 网络支持“即插即用”方式，在网络上可以随时添加和去除设备。MOST 具有以下优点：

① 保证低成本的条件下，可以达到 24.8Mbit/s 的数据传输速度。

② 无论是否有主控计算机都可以工作。

③ 使用塑料光纤，不会受到电磁辐射干扰与搭铁环路的影响。

④ 支持声音和压缩图像的实时处理。

⑤ 支持数据的同步和异步传输。

⑥ 发送/接收器嵌有虚拟网络管理系统。

⑦ 支持多种网络连接方式，提供 MOST 设备标准，方便、简洁地应用系统界面。

⑧ 通过采用 MOST，不仅可以减轻连接各部件的线束的质量、降低噪声，而且可以减轻系统开发技术人员的负担，最终在用户处实现各种设备的集中控制。

MOST 利用一根光纤，最多可以同时传送 15 个频道的 CD 质量的非压缩音频数据，在一个局域网上，最多可以连接 64 个节点（装置）；从拓扑方式来看，基本上为一个环状拓扑，这种拓扑结构在增加节点时，不需要手柄及开关，而且媒体（光纤）没有集中在某特定装置的附近，可以节省光纤。MOST 为多媒体时代的车载电子设备所必需的高速网络、分散系统的构筑方法、遥控操作及集中管理的方法等提出了方案。

二、MOST 总线系统的组成

1. MOST 节点结构

MOST 标准的节点结构模型如图 4-20 所示，MOST 网络可以连接基于不同内部结构和内部实现技术的节点。MOST 网络上的设备分享不同的同步和异步数据传输通道，不同类型的数据具有不同的访问机制。

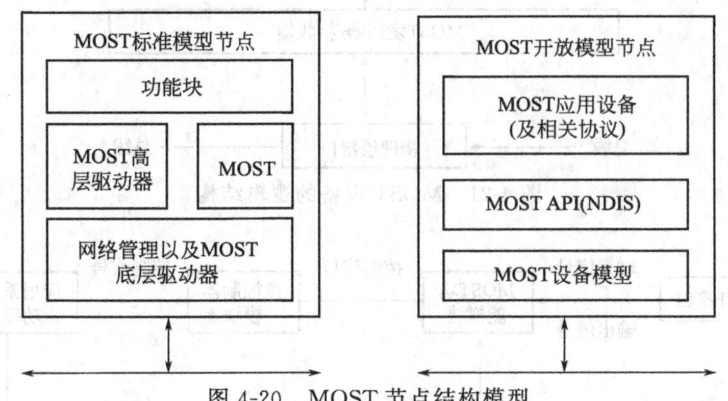

图 4-20 MOST 节点结构模型

MOST 网络有集中管理和非集中管理两种管理模式。在集中管理模式中，管理功能由网络上的一个节点实施，当其他节点需要这些服务时，必须向这个节点申请。在非集中管理模式中，网络管理分布在网络上的节点中，不需要中心管理。

一个 MOST 网络系统由以下 3 个方面决定：

① MOST 连接机制；

② MOST 系统服务；

③ MOST 设备。

MOST 网络启动时，为每一个网上设备分配一个地址；数据传输时，通过同步位流实现各节点的同步。

2. MOST 设备

连接到 MOST 上的任何应用层部分都是 MOST 设备。MOST 设备是建立在 MOST 系统服务层上的，它可以应用 MOST 网络提供的信息访问功能以及位流传送的同步频道和数据报文异步传送功能。它可以向系统申请用于实时数据传送的带宽，同时还可以以报文形式访问网络和发送/接收控制数据。MOST 网络中，在网络管理系统的控制下，这些设备可以协同工作，它们之间可以同时传送数据流、控制信息和数据报文。

如图 4-21 所示，在逻辑上，一个 MOST 设备包括节点应用功能块、网络服务层、MOST 发送器/接收器以及物理层接口。一个 MOST 设备可以有多个功能块，如使用 CD，需要有“播放”、“停止”以及“设置播放时间”等功能，这些功能对于 MOST 设备来说是外部可访问的。

典型 MOST 设备的硬件结构如图 4-22 所示。其中，由 MOST 功能模块由控制器、发送器和接收器组成，接收和发送信号。微控制器模块由单片机开发。应用系统功能产生控制信号和数据信号。在一些简单的设备中，可以没有微控制器部分，由 MOST 功能模块直接把应用系统连到网络上。

三、MOST 总线在汽车上的应用

MOST 网络非常适应汽车多媒体设备应用环境的需求，所以汽车行业已经把 MOST 技

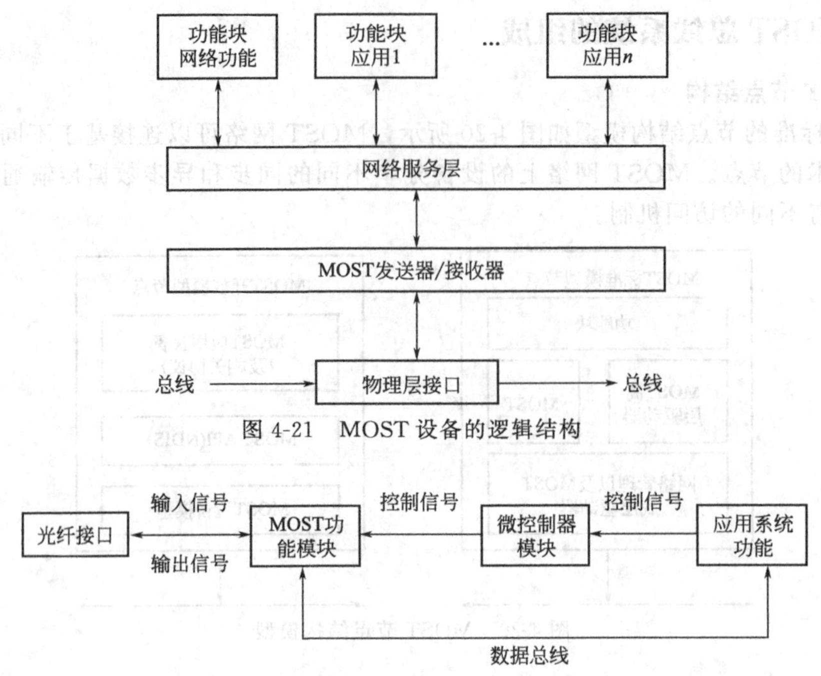

图 4-21　MOST 设备的逻辑结构

图 4-22　典型 MOST 设备的硬件结构

术作为将来汽车上多媒体系统的一个标准。汽车生产商采用 MOST 主要是由于其性能可靠、成本低、系统简单、结构灵活、数据兼容性好和 EMI 性能良好。MOST 网络在奥迪 A8 多媒体系统的应用如图 4-23 所示。

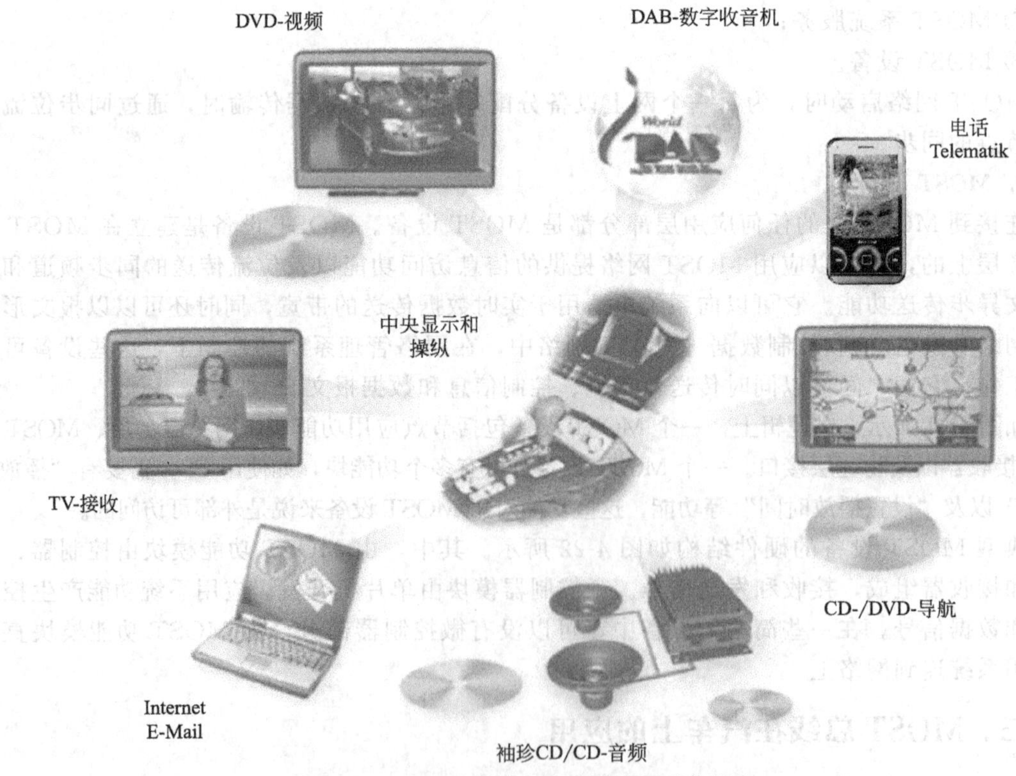

图 4-23　MOST 网络中的多媒体和通信设备

MOST网络使用光纤，可以减少250m的线缆，减轻4.5kg重量。这种结构为将来可以随时加入新媒体设备节点的结构提供了基础，特别适合于车上媒体设备和信息设备的声控技术应用。随着车上信息设备的不断增加，驾驶中使用这些设备的情况越来越多，通过声控系统访问这些设备是最安全和最经济的方式，声控方式被认为是将来车上设备使用的首选人机接口方式。通过MOST网络把人机语音接口与车上媒体设备、通信设备以及其他信息设备连接，是实现这种车上设备语音访问技术的有效方式。图4-24所示为用MOST实现这种车上媒体设备、信息设备连接的示意图。

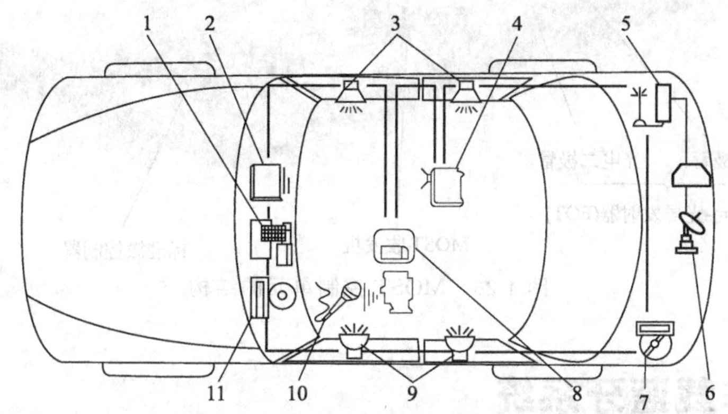

图4-24 车载多媒体、通信设备的MOST网络图

1—计算机及键盘；2—显示器；3,9—音响；4—电视；5—无线信号发送接收器；6—卫星信号接收机；7—CD-ROM（电子地图等数据）；8—车载电话；10—语音控制输入接口；11—CD(VCD) 播放机

MOST为多媒体时代的车载电子设备所必需的高速网络、分散系统的构筑方法、遥控操作、集中管理的方法等提出了方案。宝马轿车（BMW）新7系列、戴姆勒-克莱斯勒(Daimler-Chrysle) 轿车E系列已经采用了MOST，奥迪（Audi）轿车的A8、沃尔沃(Volvo) 轿车XC90也采用了MOST。

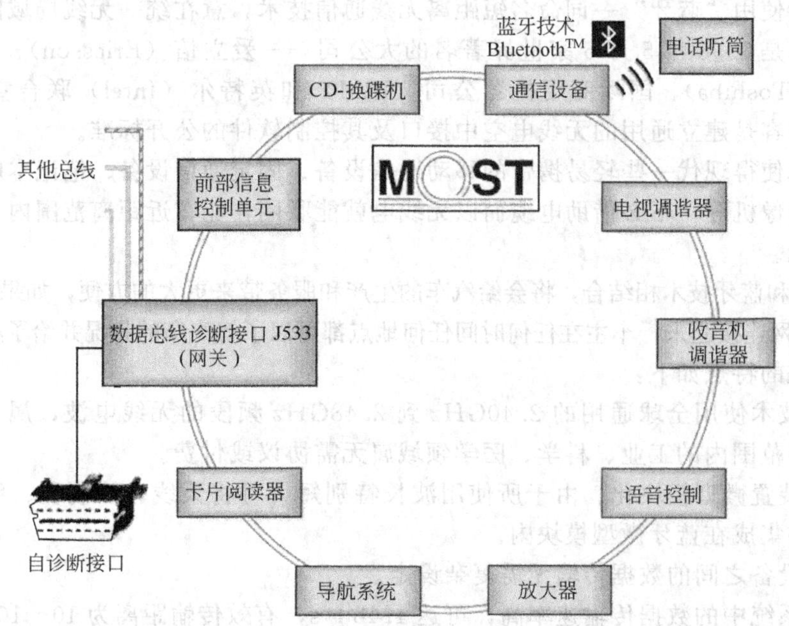

图4-25 奥迪A8使用的MOST网络系统

奥迪 A8 使用的 MOST 网络系统如图 4-25 所示，其控制单元的结构如图 4-26 所示。

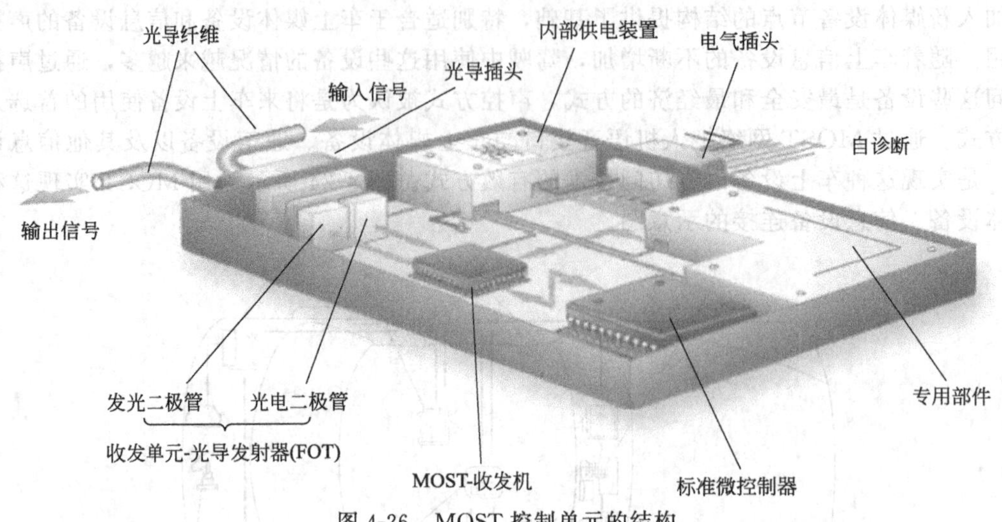

图 4-26 MOST 控制单元的结构

第四节 车载蓝牙系统

一、蓝牙技术概述

蓝牙技术（Bluetooth）是一种短距离无线数据与语音通信的开放性全球规范。“Bluetooth”直译为“蓝色牙齿”的意思，简称“蓝牙”。“蓝牙”是 10 世纪丹麦一位国王的绰号，绰号的原因是这位国王爱吃蓝梅，所以牙齿常带着蓝色。“蓝牙”国王在历史上曾将现在的挪威、瑞典和丹麦统一起来，所以“蓝牙”一词演变具有象征“统一”的文化含义。命名者使用“蓝牙”一词命名短距离无线通信技术，意在统一无线局域网通信标准。

蓝牙技术是 1998 年 5 月 5 家世界著名的大公司——爱立信（Ericsson）、诺基亚（Nokia）、东芝（Toshiba）、国际商用机器公司（IBM）和英特尔（Intel）联合宣布的一项技术，其实质内容是建立通用的无线电空中接口及其控制软件的公开标准。

蓝牙技术使得现代一些轻易携带的移动通信设备、固定通信设备、笔记本电脑、数字照相机、数字摄像机等，不必借助电缆而以无线电就能联网，能在近距离范围内具有互用、相互操作的性能。

汽车系统和蓝牙技术相结合，将会给汽车的生产和服务带来更大的方便，如果进一步和移动电话甚至互联网连接起来，车主在任何时间任何地点都可以了解汽车的状况并给予必要的控制。

蓝牙系统的特点如下：

① 蓝牙技术使用全球通用的 2.40GHz 到 2.48GHz 频段的无线电波，属于 ISM 频段，该频段在世界范围内的工业、科学、医学领域属无需协议或付费。

② 蓝牙装置微型模块化。由于所使用波长特别短，可将天线、控制器、编码器、发送器和接收器均集成在蓝牙微型模块内。

③ 蓝牙设备之间的数据传输无需复杂设定。

④ 蓝牙系统中的数据传输速率高，可达 1Mbit/s，有效传输距离为 10～100m。

⑤ 具有很好的抗干扰能力：工作在 ISM 频段的无线电设备有很多种，如家用微波炉，

医院的理疗设备等，为了很好地抵抗来自这些设备的干扰，蓝牙采用了跳频技术抗干扰。跳频技术是把频带分成若干个跳频信道。在一次连接中，无线电收发器按一定的码序列不断地从一个信道跳到另一个信道，只有收发双方是按这个规律进行通信的，而其他的干扰不可能按同样的规律进行干扰，使干扰可能的影响变成很小。

图 4-27 为蓝牙的标志。

图 4-27　蓝牙的标志

二、车载蓝牙系统的组成与原理

1. 蓝牙系统的组成

蓝牙系统由蓝牙模块、蓝牙协议、应用系统和无线电波组成。由于蓝牙技术使用的无线电波的波长非常短，因此可将天线、控制装置、编码器、发送器和接收器集成在一个模块上，简称蓝牙模块。蓝牙模块结构非常小巧，可以很方便地将其安装在移动装置内，或集成在适配器（如 PC 卡、USB 等）内。

例如，蓝牙耳麦是由蓝牙模块和微型耳机、微型麦克风集成为通信的一方，通信的另一方是由蓝牙模块和车载音响系统组成，乘员戴着蓝牙耳麦听音乐，没有电线，很方便。

再如，轮胎中压力传感器的信号也是通过蓝牙模块中的发送器传给固定在车架上的蓝牙模块中的接收器，再经有线通信传给电控单元，监视轮胎内的压力，保证行车安全。

蓝牙模块结构如图 4-28 所示，它由微处理器（CPU）、无线收发器（RF）、基带控制器（BB）、程序存储器、数据存储器、通用异步收发器（UART）、通用串行接口（USB）及蓝牙测试模块组成。

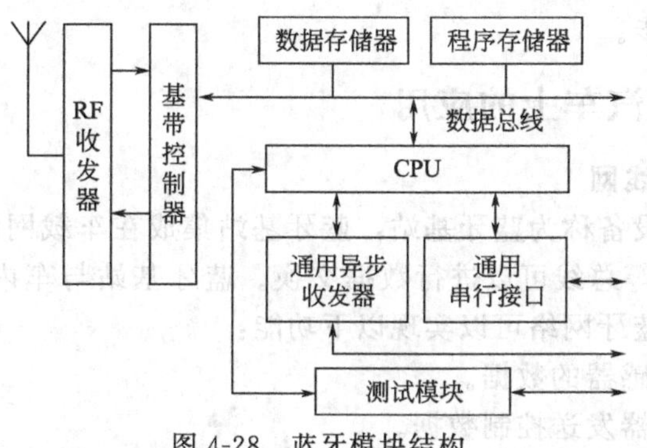

图 4-28　蓝牙模块结构

其中基带控制器是蓝牙模块中的关键模块，其主要功能是在 CPU 控制下实时处理数据流，如对数据分组、加密、解密、校验、纠错等；程序存储器用于存放蓝牙技术的协议软件；数据存储器用于存放要处理的数据；射频收发器负责接收或发送高频通信无线电波；通用异步收发器（UART）和通用串行接口（USB）是蓝牙模块与主机控制器连接的两种接口方式，可根据连接方式选择；测试模块除具有测试功能外，还提供有关认证和规范，为可选模块。

嵌入式蓝牙模块实际上是一个智能终端，使移动通信与计算机网络之间能实现无线连接，适合于任何具有 CPU 器件系统。例如，在智能传感器或控制器中，只要增加一个单芯片蓝牙器件，就可以组成一个以蓝牙技术为通信方式的传感器或控制器。

2. 数据传输

蓝牙系统内的数据传输采用无线电波的方式，其频率为2.40～2.48GHz，数据传输速率可达1Mbit/s，支持一个异步数据通道，或3个并发同步语音通道。蓝牙发射器的有效距离为10m；如果外加放大器的话，其有效距离可达100m。此外，用蓝牙系统进行数据的传送不需要进行复杂的设定。

蓝牙模块将数据分成短而灵活的数据包，其时间长度为625μs，用一个16位大小的校验和数来检查数据包的完整性，如有干扰，自动再次发送数据包，使用一个稳定的语言编码将语言转换成数字信号。

蓝牙模块在每个数据包发送后，会以随机的方式改变发送和接收的频率（每秒1600次），称为跳频。

3. 数据安全性

蓝牙技术非常重视对传送数据的保护，如数据的处理和防窃听。数据是用128位长的电码来编制代码的，接收器的真实性也由一个128位电码来校验，这时各装置用一个密码来彼此识别。蓝牙技术的有效作用距离比较短，对数据的处理操作也只能在这个范围内进行，这样也提高了数据的安全性。同时，在蓝牙系统中采用的抗干扰措施也能提高保护数据流免受干扰的能力。

此外，生产厂家还可以通过使用更为复杂的编码方式、不同的安全等级、网络协议等来提高数据的安全性。

4. 蓝牙装置间的适配

每个蓝牙装置有一个48位长的地址，它在全世界范围是唯一的，可识别281万亿个不同的装置。蓝牙设备在使用前，用一种称为PIN的识别码进行相互“介绍”，“相知”后的蓝牙设备相遇后会自动建立联系。蓝牙设备彼此“相知”而形成了一个单独的“微缩无线单元”，一个单独的“微缩无线单元”可容纳最多8个激活的蓝牙设备，每个设备可同时属于多个“微缩无线单元”。网中的一个设备作为主控制器，该设备建立与其他设备的联系，其他设备则与该主设备同步。

三、蓝牙技术在汽车上的应用

1. 汽车中的蓝牙无线网

车载中的蓝牙主控设备称为蓝牙基站，蓝牙基站集成在车载网络的网关内，与CAN总线、MOST总线、LIN等总线可以进行数据交换。蓝牙基站与车内的蓝牙节点建立蓝牙无线网络，较完全的车载蓝牙网络可以实现以下功能：

① 接收车内智能传感器的数据。

② 向车内智能执行器发送控制数据。

③ 建立车内语音无线通信，用车内无绳电话和移动电话与外界通话。

④ 建立车内视音频无线娱乐信号传送，用蓝牙耳机听音乐。

⑤ 建立车内与车外互联网的通信，可以浏览互联网，发电子邮件。

⑥ 建立与汽车维修服务站和维修工程师的计算机通信。

图4-29是汽车网络中的蓝牙节点的示意图，黑色小方块代表蓝牙节点。汽车的每个车门、座椅和操纵轮都有灵活的电缆，而这些灵活的电缆常常会出现问题，解决的方法可以采用蓝牙无线控制。轮胎内的压强也可用嵌入在轮胎内的微型蓝牙模块监控。

图4-30是车内蓝牙耳机、无绳电话、移动电话、笔记本电脑等小型便携式数字电子设备与蓝牙基站或其他蓝牙终端建立无线通信联系的示意图。

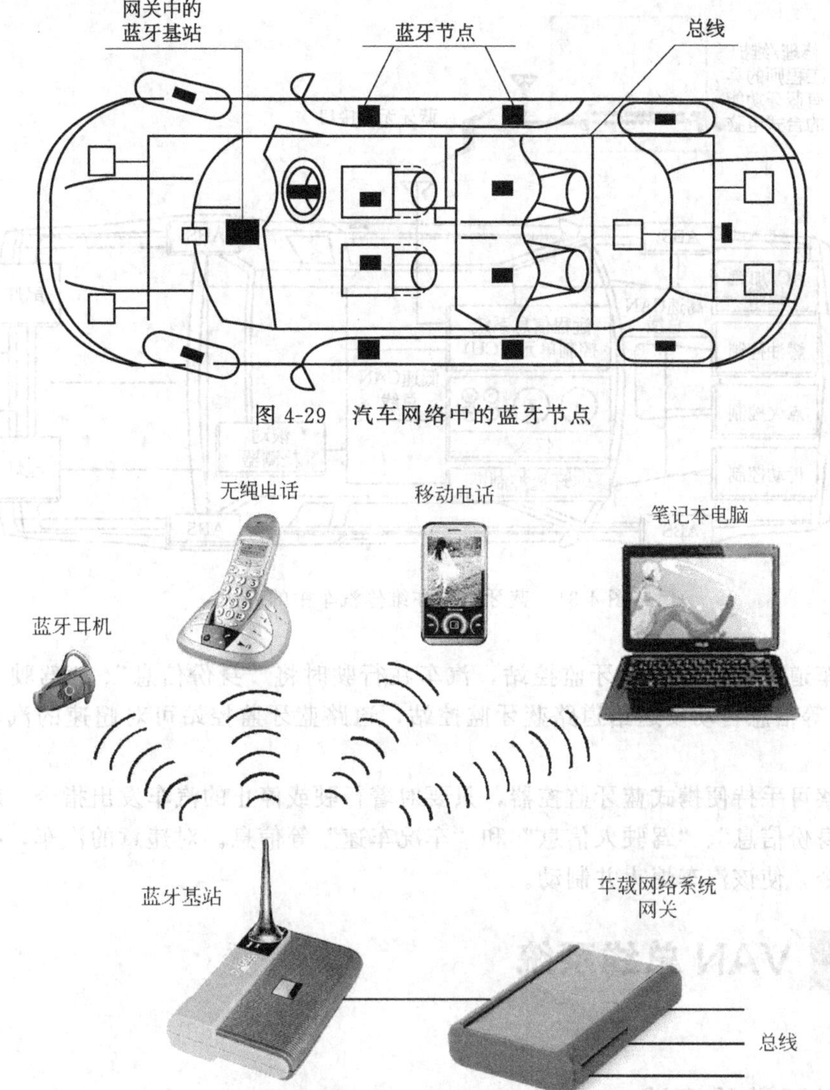

图 4-29　汽车网络中的蓝牙节点

图 4-30　蓝牙技术在通信中的应用

2. 蓝牙技术与汽车维修

车载蓝牙基站具有对外无线通信、交流数据的功能，图 4-31 所示为蓝牙技术在维修汽车中应用的示意图。

① 当汽车进入服务站时，它的蓝牙站和服务站主计算机建立连接。

② 服务站主计算机可以下载一些需要的汽车技术信息和故障信息，为维修和服务提供依据。

③ 维修人员在给汽车维修或服务时，维修人员的诊断测试仪或 PC 机可以与汽车上的蓝牙基站建立连接，维修人员可以监控和操作汽车的传感器及电控单元，控制和调节一些功能，如灯、窗户、空气、发动机参数等，也可为任何电控单元下载最新版本的控制软件。

前两点使得汽车制造商可以隐藏或控制一些信息，以致它们不能被未授权者改变。

3. 蓝牙技术与汽车行驶管理

汽车行驶管理可采用蓝牙技术和互联网技术，实行车、路、人的联网管理。

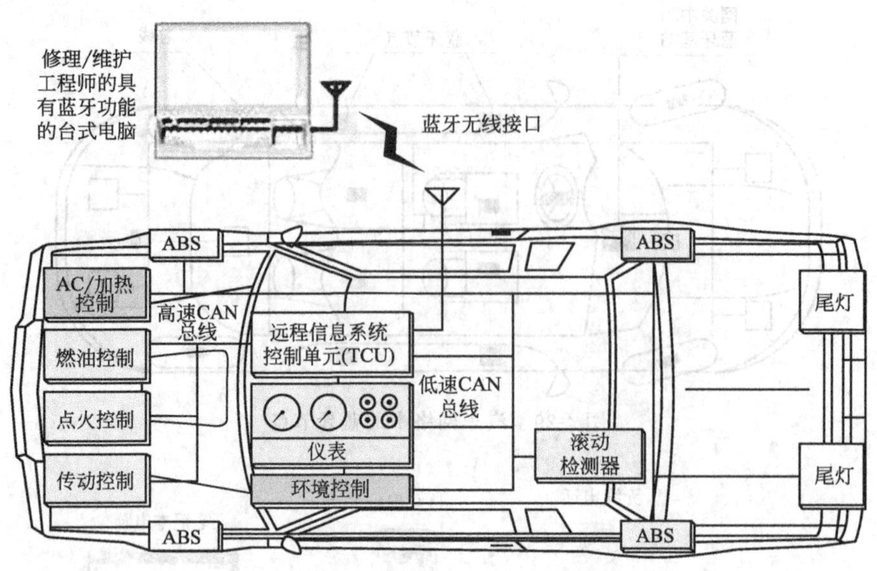

图 4-31　蓝牙技术在维修汽车中的应用

在机动车道路上设道路蓝牙监控站，汽车在行驶时将“身份信息”、“驾驶人信息”和“车况车速”等信息自动发送给道路蓝牙监控站，道路蓝牙监控站可对超速的汽车控制，限定其速度。

交通警察可手持便携式蓝牙监控器，只要对着行驶或停止的汽车发出指令，就可采集到该汽车的“身份信息”、“驾驶人信息”和“车况车速”等信息。对违章的汽车，必要时可以发出强制指令，使该汽车熄火并制动。

第五节 VAN 总线系统

一、VAN 总线概述

VAN 是车辆局域网（Vehicle Area Network）的简称，由法国的雪铁龙、雷诺汽车公司和标致集团联合开发。VAN 作为专门为汽车开发的总线，1994 年成为国际标准。VAN 通信介质简单，在 40m 内，传输速率可达 1Mbit/s，按 SAE 的分类应该属于 C 类。

VAN 总线系统协议是一种只需要中等通信速率的通信协议，反应时间大约是 100ms，适用于车身功能和车辆舒适性功能的管理。VAN 支持分布式实时控制的通信网络，可广泛应用于汽车门锁、电动车窗、空调、自动报警以及娱乐控制等系统。VAN 总线作为串行通信网络，与一般总线相比，其数据通信具有突出的可靠性、实时性和灵活性。VAN 标准特别考虑了严峻的环境温度、电磁干扰和振动因素，尤其适用于需要现场总线的实时控制系统。

二、VAN 总线系统的组成

1. 典型的 VAN 结构

VAN 总线系统协议的研发是出于连接各个复杂通信系统的目的，同时也是为了使简单元件和支线连接成总线，以保证网络传输的节奏。VAN 总线系统的典型结构如图 4-32 所示。

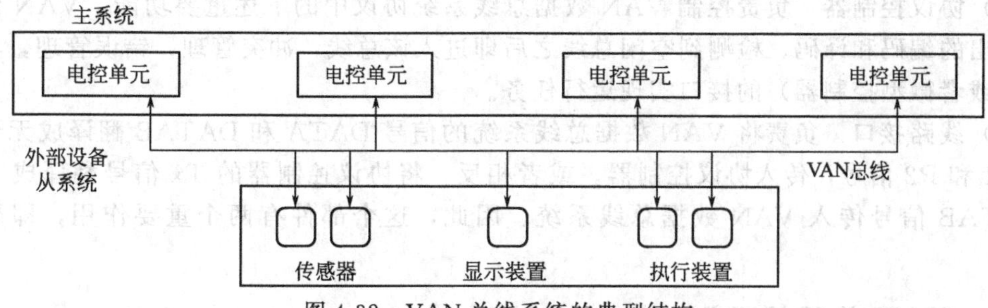

图 4-32 VAN 总线系统的典型结构

2. 拓扑

拓扑也就是 VAN 总线系统协议所允许的各个电脑之间的排列方式。电脑通常按照总线-树形或者总线-树形-星形的拓扑方式相互连接，如图 4-33 所示。

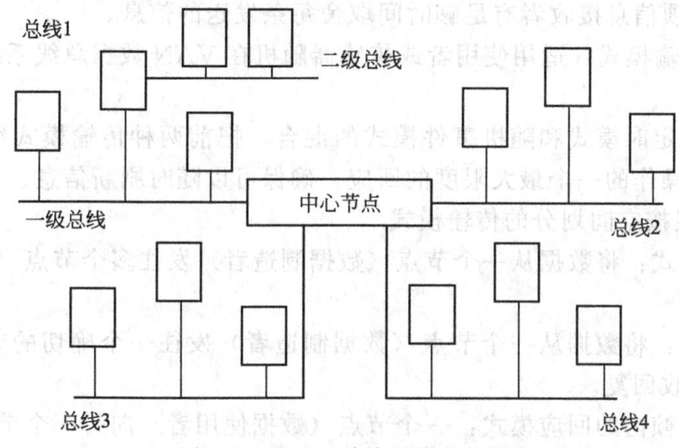

图 4-33 VAN 总线系统的拓扑

3. 传输介质

VAN 总线的信号传输常用双绞铜线，一般情况下每个电控单元只对应一个双绞铜线的传输介质。两根导线被称为 DATA 和 DATAB，任何一根导线都可以将 VAN 的信息传输到显示屏或者收放机上。

4. 节点结构

一个 VAN 数据总线系统电控单元拥有一个标准接口（VAN 标准），以便于与其他 VAN 数据总线系统电控单元之间进行信息数据处理，如图 4-34 所示。这种结构由协议控制器和线路接口两个主要部分组成。

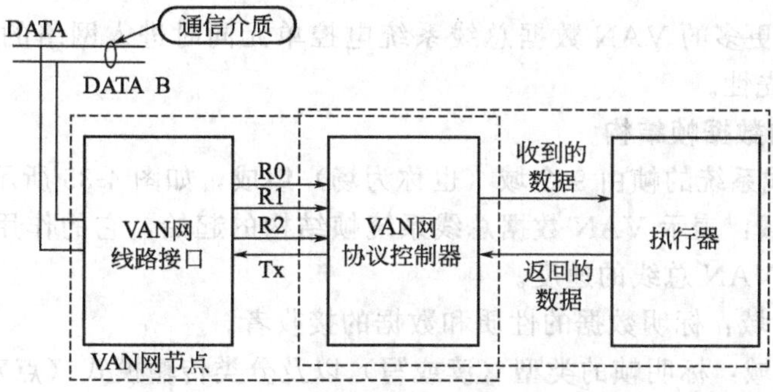

图 4-34 VAN 数据总线系统节点结构

（1）协议控制器　负责控制 VAN 数据总线系统协议中的下述重要功能：VAN 信息输入和输出的编码和译码，检测到空闲总线之后即进入该总线，冲突管理，错误管理，与微处理器（或者微型控制器）的接口实现运行任务。

（2）线路接口　负责将 VAN 数据总线系统的信号 DATA 和 DATAB 翻译成无干扰的 R0、R1 和 R2 信号，传入协议控制器。或者相反，将协议控制器的 Tx 信号翻译成 DATA 和 DATAB 信号传入 VAN 数据总线系统。因此，这个部件有两个重要作用，即翻译和保护。

三、VAN 总线的数据传输

1. VAN 总线的数据传输模式

（1）VAN 总线按时间划分的传输模式

① 定时传输模式：VAN 数据总线系统定期向网络传送信息，在此期间必须保证时间不是太短，以便于这项信息接收者有足够时间取舍每条发送的信息。

② 随机事件传输模式：适用使用者或传感器随机在 VAN 数据总线系统上进行信息数据传输。

③ 混合模式：定时模式和随机事件模式的混合，把前两种传输模式组合起来使用，以保证对使用者所有操作的一个最大限度的回应，确保可以随时刷新信息。

（2）VAN 总线按空间划分的传输模式

① 发散传输模式：将数据从一个节点（数据制造者）发往多个节点（数据使用者），不在帧内回复。

② 点对点模式：将数据从一个节点（数据制造者）发往一个确切的节点，数据使用者可以在帧内采用签收回复。

③ 数据请求和帧内的回应模式：一个节点（数据使用者）向另一个节点（数据制造者）发出数据请求，被请求节点数据已具备，随即做出回应，回复所需数据，构成总线上的完整帧。也就是说请求模式的完整帧由请求节点的“数据请求”和被请求节点的“回复数据”两部分“拼凑”而成，与 LIN 总线的数据传递流程类似。

如果被请求节点的数据还没有制造出来，可以滞后回应。

这些服务允许多主控策略（发散传输）和单总线-多支线策略（点对点传输）。

2. VAN 总线节点与总线的链接

VAN 总线上节点内的协议控制器控制节点与总线的链接，链接遵守以下准则。

① 在进入 VAN 数据总线系统时必须先检测它是否空闲。如果总线能够连续读取 12 位的隐性数据即被视为空闲。在这种情况下，不论是 VAN 数据总线系统的哪种电控单元都能够传送和接收信息。

② 在两个或者更多的 VAN 数据总线系统电控单元同时进入网络的情况下，就会有冲突，必须要判断优先性。

3. VAN 总线的数据帧结构

一个 VAN 总线系统的帧由 9 个域（也称为场）组成，如图 4-35 所示。

帧始（SOF）域：表示 VAN 数据总线系统帧结构的起始，它的作用是允许 VAN 支线外部设备自动适应 VAN 总线的速度。

识别（IDEN）域：标明数据的性质和数据的接收者。

控制（COM）域：标明帧的类型（读或写）以及分类传输模式（点对点或者数据发散，也就是说是否需要签收回复命令）。

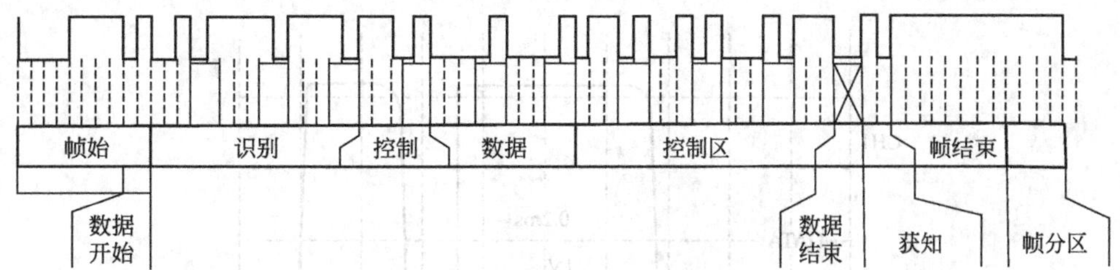

图 4-35 VAN 总线系统的帧结构

数据（DAT）域：包含有用的数据信息。

控制区（CRC）域：检验 VAN 帧内容的完整性。

数据结束（EOD）域：标示出数据域的结束和校验的结束。

获知（ACK）域：用于存储数据接收者的数据的签收回复。

帧结束（EOF）域：标示出 VAN 帧的结束和组成空余总线的第 1 部分。

帧分区（IFS）域：保障帧之间的最小空间以及组成空余总线的第 2 部分。

4. VAN 总线的传输介质和信号形式

VAN 总线与 CAN 总线的传输介质和信号方式相同，采用双绞线和差分信号。VAN 总线两根数据线被定义为 DATA 和 DATAB，两线的电平总是相反，DATA 为高电平，DATAB 则为低电平。VAN 总线的差分信号如图 4-36 所示，信号的电压值是统一的。图 4-37 为双踪示波器显示 VAN 总线的差分电压信号，测量时有意将高电平信号的“底”和低电平信号的“顶”调在显示屏水平中线处。

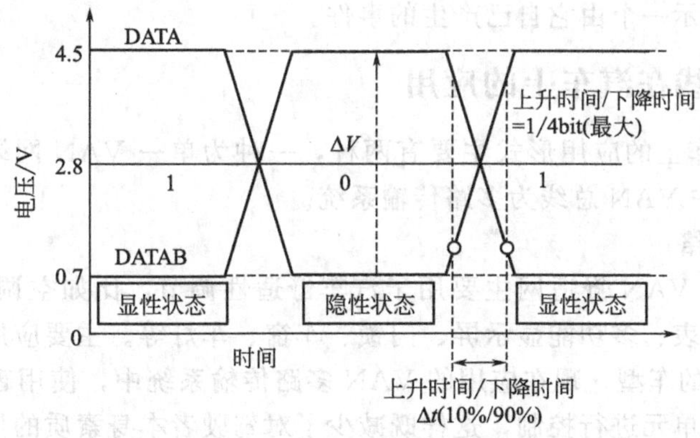

图 4-36 VAN 总线的差分信号

VAN 总线与 CAN 总线具有相同的降级运行模式，当 VAN 总线的两根数据线其中一根断路、短路或接地时，即时启动降级模式，另一根数据线保证数据的正常传输，并同时报警，提醒用户车辆出现故障。而用于动力控制系统的 CAN 总线则没有降级模式，一旦网络出现问题，就无法启动车辆。

四、VAN 总线系统的管理

1. 故障诊断

VAN 的物理层具备容错能力，它有 3 个比较器，用它们来将 DATA 和 DATAB 的电压与参照电压进行比较，以确定是否存在短路、接地等故障。

2. 休眠/唤醒

VAN 的物理层有管理 VAN 数据总线的休眠/唤醒机制。为实现这种机制，VAN 数据

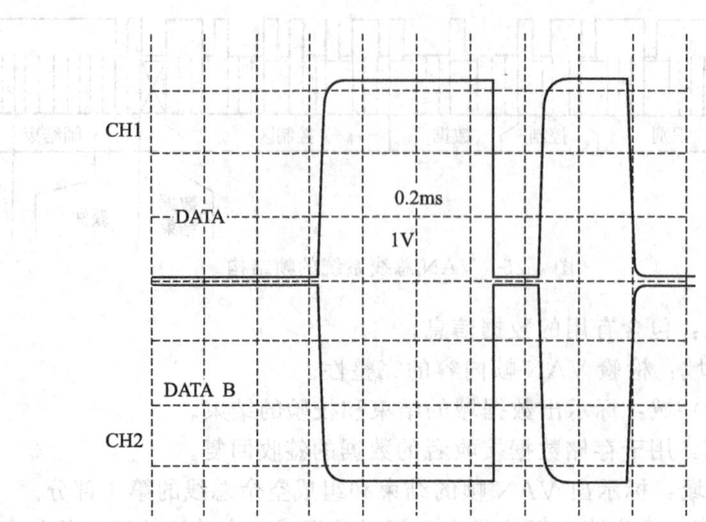

图 4-37　双踪示波器显示 VAN 总线的差分电压信号

总线的线路接口提供 3 个主要接头，以便完成以下功能：主导由乘车者操作引起的网络唤醒（如车辆解锁）；检测由另一个电脑造成的网络唤醒和允许正常功能运行；车辆从休眠状态解除情况下，再次转入休眠状态。

例如，汽车静止，断开点火开关，驾驶员按下自动收音机的（运行/停止）按钮，自动收音机将要求智能服务器运行收音机，智能服务器建立起 VAN 数据总线连接，自动收音机在多功能显示器上显示一个由它自己产生的事件。

五、VAN 总线在汽车上的应用

VAN 总线在汽车上的应用形式主要有两种，一种为单一 VAN 网络，另一种为 VAN-CAN 混合网络，其中 VAN 总线为多路传输系统。

1. 单一 VAN 网络

早期开发的车载 VAN 舒适网主要用于汽车舒适性调节，比如空调、报警、导航、CD 机、收放机、组合仪表、多功能显示屏、门锁、车窗、车灯等。主要应用车型有赛纳和毕加索，是纯 VAN 总线的车型。现在应用的 VAN 多路传输系统中，使用智能控制盒，即中央控制计算机对各功能单元进行控制，这样既减少了对驾驶者本身素质的依赖，又提高了驾驶和乘车的舒适性及安全性。

2. VAN-CAN 混合网络

为了满足市场对更多功能和更高舒适度的高级车辆的需要，市场上又出现了 VAN-CAN 双网并存的轿车，CAN 总线为多主系统网络，用于机械功能、发动机和底盘等。VAN 舒适网用于仪表、收放机、空调控制、导航系统等，为多主控式网络，传输速率为 125kbit/s。CAN 和 VAN 这两种网络都具有可靠性、简单性和经济性，其中 CAN 网络往往用于连接轿车中实时控制的功能控制系统，VAN 多用在连接车身中的功能控制系统上。

目前，为了满足功能需要，广泛应用的 VAN-CAN 双网结构出现了“多网”的趋势，其中 VAN 网络又分为舒适 VAN 网和车身 VAN 网，车身网又分为车身网 VAN1 和车身网 VAN2，适用于安全气囊、前照大灯、车门、车窗、车门玻璃、座椅以及转向盘等，传输速率为 62.5kbit/s 的典型速率。

第六节 LAN总线系统

一、LAN总线概述

LAN是局域网（Local Area Network）的简称，可以用于社区、学校、楼宇和家庭的个人计算机联网，也可以用于汽车作为车内局域网（In-Vehicle Local Area Network）。LAN用于汽车，与CAN相似，主要是为了方便车载各电控单元间进行的各种数据交换，以达到对汽车性能的精确、高速控制，减少配线的目的。LAN的特点主要取决于3个因素：传输介质、拓扑结构和介质访问控制协议（MAC），其中传输介质和拓扑结构是主要的技术选择，它们在很大程度上决定了可以传输的数据类型、通信速度、效率以及网络提供的应用种类。

LAN总线常用的拓扑结构有3种：星型、环型、总线型/树型。

二、LAN总线的传输介质

最常见的LAN的类型是采用同轴电缆的总线型/树型网络，当然也可以选择采用双绞线、同轴电缆甚至光纤的环形网。LAN的传输速率为1～20Mbit/s，足以满足大部分的应用要求，并且允许相当多的设备共享网络。

双绞线是局域网中最普通的传输介质，一般用于低速传输，最大数据传输率可达几Mbit/s。双绞线成本较低，传输距离较近，非常适合汽车网络的情况，也是汽车网络使用最多的传输介质。

三、LAN总线控制协议

LAN总线是一适用复杂系统的网络，传输介质的形式可以是总线型、星型、树型、环型等。网络众多节点之间相互访问（建立联系并交换数据）的控制十分重要，控制的目的是解决众多节点共用一个信息通道产生冲突如何解决的问题。解决这个问题的技术称为介质访问控制（Medium Access Control，MAC）技术。介质访问控制（MAC）技术的基本方法有以下几种。

① 循环式：每个节点轮流得到发送机会，每次发送数据总量或时间有一个限制，超过这个限制的数据在下一轮循环中发送。这种方法适合很多节点都发送数据，网络利用率高。如果只有个别节点发送数据，网络利用率高就很低。

② 预约式：由节点请求后预约，适合长时间连续数据传输。

③ 竞争式：适合突发、短时间、零星数据传输，由各节点自由竞争发送机会。

美国电气和电子工程师协会（IEEE）于1980年2月为LAN网络的介质访问控制（MAC）技术制定一个协议，该协议又称为IEEE802标准。当一个LAN网络的传输介质和拓扑结构选定后，局域网的性能就主要取决于MAC。

四、LAN总线在汽车上的应用

图4-38为丰田公司在某一车型上配置了由5个ECU组成的LAN系统，在LAN系统中采用了通信和驱动器/接收器模块，并用一根带屏蔽的双绞线电缆作为通信总线，通信总线在车内布成环形，将5个ECU当作节点与其相连接。这些ECU分别控制汽车的发动机、悬架等。控制中必需的数据有发动机转速、汽车车速等，这些数据都经由环型总线进行传输。

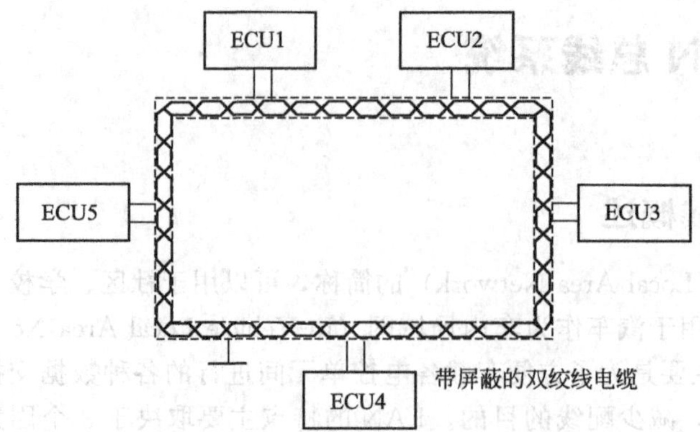

图 4-38　汽车中的 LAN 网络

小　结

本章介绍了以下常用车载网络系统的组成和工作原理。

1. CAN 数据总线系统的组成，CAN 总线的数据传输，CAN 总线的数据类型，电控单元数据的收发，高速和低速 CAN 总线，CAN 总线在汽车上的应用。

2. LIN 总线系统的组成，LIN 总线的数据传输，LIN 总线在汽车上的应用。

3. MOST 总线系统的组成与原理，MOST 总线在汽车上的应用。

4. 车载蓝牙系统的组成与原理，蓝牙技术在汽车上的应用。

5. VAN 总线系统的组成，VAN 总线的数据传输，VAN 总线系统的管理，VAN 总线在汽车上的应用。

6. LAN 总线系统的拓扑结构，LAN 总线的传输介质，LAN 总线控制协议，LAN 总线在汽车上的应用。

思考题

1. 简述 CAN 数据总线系统的结构、工作原理和在车载网络中的应用。
2. 什么是多主工作方式？
3. 什么是数据的标识符和优先权？
4. 简述 CAN 数据总线上差分信号的波形特点。
5. 简述差分信号和差分式接收器的工作原理。
6. 简述双绞线的抗外电磁干扰作用。
7. 简述 CAN 数据总线差分信号和差分式接收器的抗干扰作用。
8. CAN 数据总线所传输的数据类型有哪几种？
9. 简述 LIN 数据总线系统的结构、工作原理。
10. LIN 数据总线用在汽车的哪些方面？
11. 简述 MOST 数据总线系统的结构、工作原理。
12. MOST 数据总线用在汽车的哪些方面？
13. 简述蓝牙系统的结构、工作原理。
14. 蓝牙系统用在汽车的哪些方面？
15. 简述 VAN 系统的结构、工作原理和在车载网络中的应用。
16. 简述 LAN 系统的结构、工作原理和在车载网络中的应用。

第五章

车载网络系统检测

学习要求

熟悉汽车车载网络系统常用的检测仪器和设备；熟悉汽车车载网络系统常见故障的类型及其产生的原因；掌握汽车车载网络系统的常见故障与诊断方法；熟悉 CAN 总线两通道和单通道正常信号波形图和相关数值；熟悉 CAN 总线两线短路故障波形、CAN-H 线对正极短路故障波形、CAN-H 线对地短路故障波形、CAN-L 线对正极短路故障波形、CAN-L 线对地短路故障波形、CAN-H 线断路故障波形、CAN-L 线断路故障波形。

第一节 车载网络系统常用检测仪器

一、汽车万用表

汽车万用表是检测电子电路时最常用的仪表之一，其实物图如图 5-1 所示，它具有携带及使用方便、可测参数多等优点。通过车用万用表，可以判别故障的具体部位和检测元件的状态。

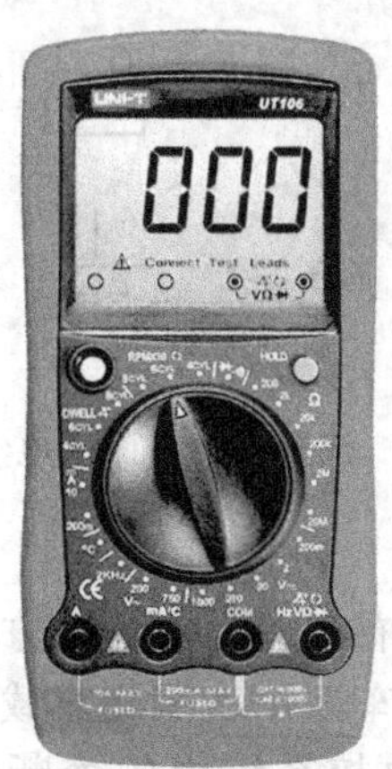

图 5-1 汽车万用表

1. 汽车万用表的基本结构和常用电气符号

图 5-2 所示为 KM300 型汽车万用表外形面板和液晶显示屏的示意图，主要由数字及模拟量显示屏、功能按钮、测试项目选择开关、座孔等构成。

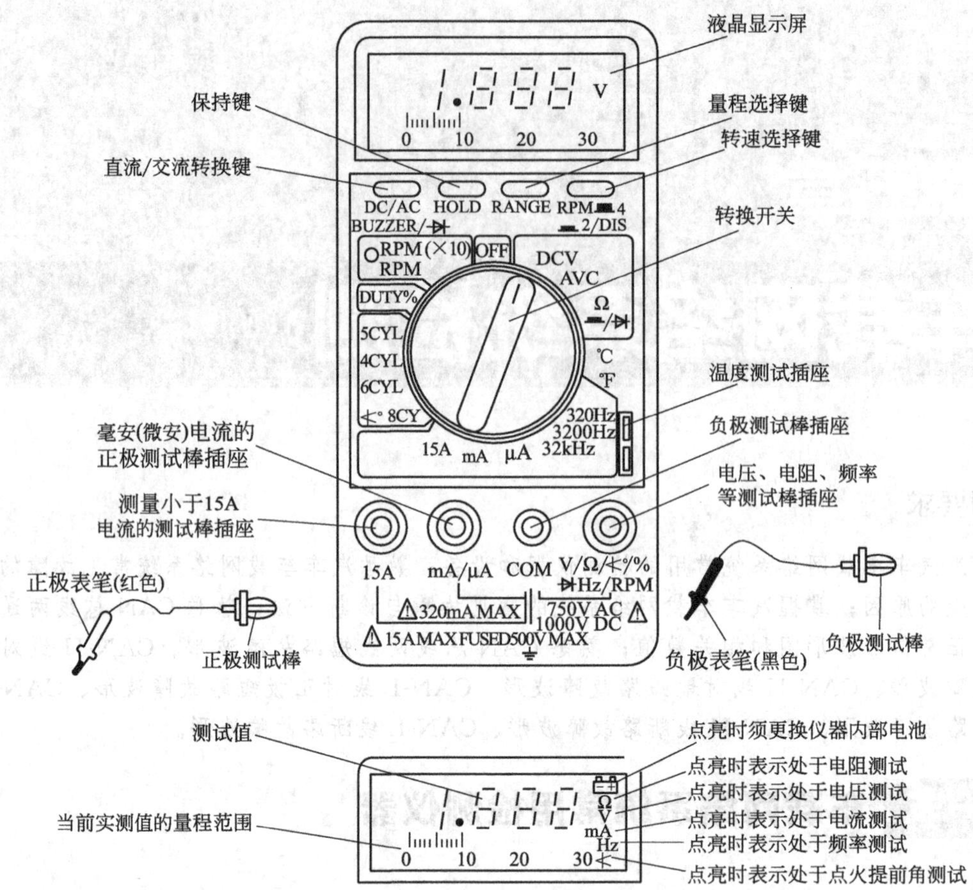

图 5-2 KM300 型汽车万用表外形面板和液晶显示屏的示意图

图 5-3 是汽车万用表面板的常见电气符号。

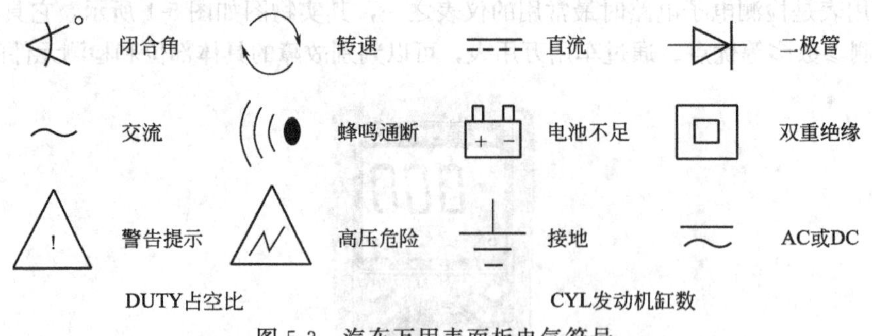

图 5-3 汽车万用表面板电气符号

2. 汽车万用表的使用注意事项

汽车万用表与普通万用表的使用有很多类似的地方，特别是在检测电压、电流等电参数方面更是如此，这里不作介绍。用汽车万用表检测车载网络系统的注意事项如下：

① 在检测之前，应先检查汽车电控系统中的熔断器、线束连接器（插头）是否良好。可参照汽车维修手册说明的安装位置，检查各熔断器的状态。

② 汽车蓄电池应保持充足的电量，电控系统的电源线应接触良好，因为当电控系统的电源电压低于 11V 时，会使检测结果误差增大甚至测试错误。

③ 汽车万用表的输入阻抗应大于 10MΩ/V，若使用低阻抗的万用表，轻者会使测试数

据不准确，严重时还会使电控系统中的集成电路元件和传感器等损坏，因此使用前应认真阅读汽车万用表的说明书，对输入阻抗的数值进行核对。

④ 测量电子控制器各个端子的电压时，各个连接器（插头）与各个执行器、传感器之间应保持连接状态，只有这样才能检测出准确的电压数据。

⑤ 测量电子控制器各个端子的电阻时，应先断开该电子控制器的电源。

⑥ 测量电子控制器、传感器及执行器时，由于需要断开各控制线路的线束连接器（插头），因此应先拆下蓄电池负极搭铁线，不可带电断开有关电子控制器的外围电路，否则可能会损坏电子控制器。

3. 利用汽车万用表检测车载网络系统的操作方法

下面以 KM300 型多功能万用表（图 5-2）为例，讲述汽车万用表在车载网络系统故障诊断和检测中的基本使用方法。

使用前的注意事项：首先检查电表内部电池电压，当电压不足时，显示屏右上方会出现蓄电池的符号；注意仪表笔插孔旁的符号，不要将正负极接反；另外，要注意测试电压或电流不要超出指示数字的最大范围；使用前要先将“转换开关”旋至要测量的挡位上。

（1）电阻的测量方法　如图 5-4 所示。车载网络系统的技术状态可用检测其电阻值的方法来判断，如检查网络的断路、短路等故障。

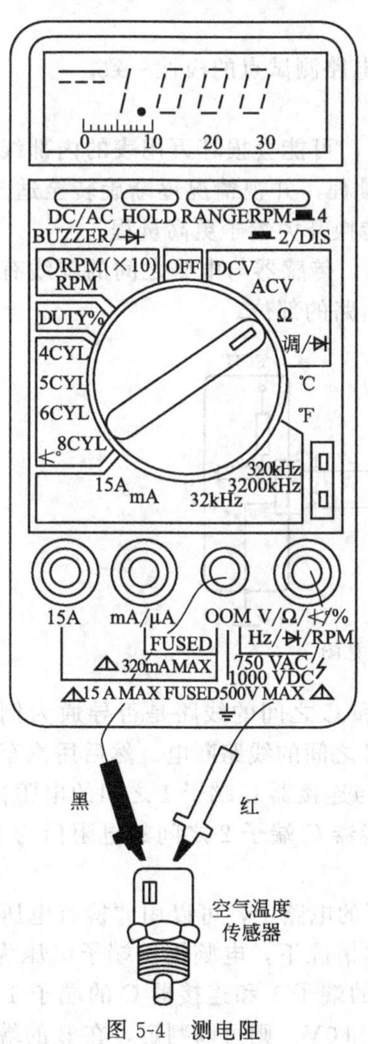

图 5-4　测电阻

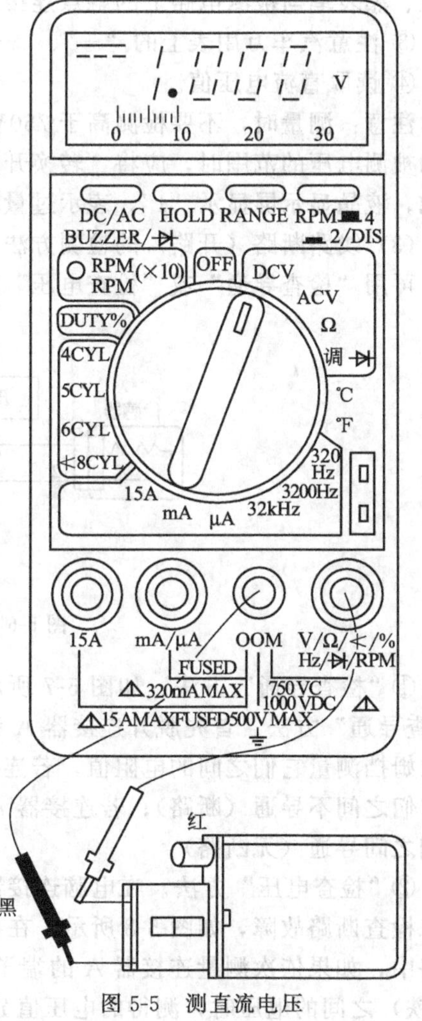

图 5-5　测直流电压

① 将“转换开关”旋转到欧姆挡（Ω）位置上，此时汽车万用表进入自动选择量程方式，能自动选择最佳测量量程。也可按下量程键（RANGE），使汽车万用表进入手动选择量程测量方式。每按一次（RANGE）键，量程增大一挡。

② 将红色表笔插入面板中的电压/欧姆插孔中，黑色表笔插入面板中的 COM 插孔中。红、黑表笔连接到被测电路上。

③ 读取两点之间的电阻值。

注意：当输入端开路时，液晶显示器会显示“1”，表示过量程状态；如被测元件的阻值超过所选量程，则会显示出过量程“1”，必须选用高挡量程；检测在线电阻时，须确认被测电路已关闭电源。测量元件的电阻时绝不能带电操作，对有电容元件的电路应确认电容元件已放电完毕后才能进行测量，否则易烧毁汽车万用表。

（2）直流电压的测量方法　如图 5-5 所示。用测电压的方法可以检查电路上各点的电压（信号电压或电源电压）以及电气部件上的电压降。

① 将汽车万用表的“转换开关”旋转到直流电压（DCV）位置。此时汽车万用表进入自动选择量程测量方式，能自动选择最佳测量量程。也可以按下量程（RANGE）键，使汽车万用表进入手动选择测量量程方式。每按一次（RANGE）键，量程增大一挡。

② 将红色表笔插入面板中的电压/欧姆插孔中，黑色表笔插入面板中的 COM 插孔中。将红、黑表笔与被测电路上的触点连接。

③ 注意汽车万用表上的“＋”、“－”表笔必须和电路测试点的极性一致。

④ 读取直流电压值。

注意：测量时，不要检测高于 750V 的电压，否则，可能会损坏万用表的内部线路；在不知被测电压的范围时，应将“转换开关”置于最大量程，并视情况逐渐旋转至适当量程。例如，液晶显示屏显示“1”，表示过量程状态，应将转换开关置于更高量程。

（3）线路断路（开路）的检测方法　如图 5-6 所示，传感器与电脑之间的配线有断路故障，可用“检查导通”或“检查电压”的方法来确定断路的部位。

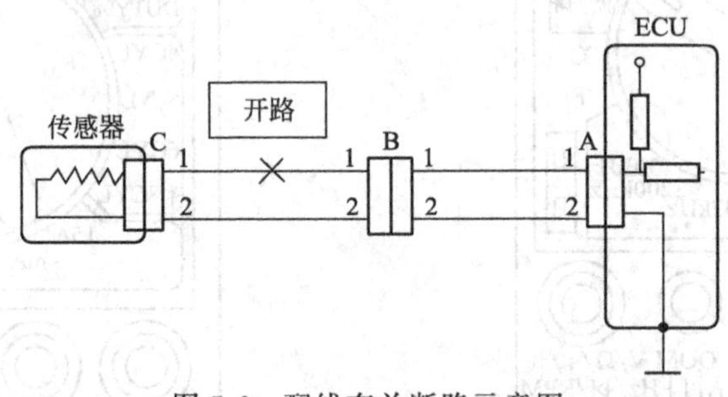

图 5-6　配线有关断路示意图

①“检查导通”方法。如图 5-7 所示，以检查 A 和 C 之间的线路是否导通为例，说明“检查导通”方法。首先脱开连接器 A 和 C，使 A 和 C 之间的线路断电。然后用汽车万用表的欧姆挡测量它们之间的电阻值，若连接器 A 端子 1 与连接器 C 端子 1 之间的电阻值为∞，则它们之间不导通（断路）；若连接器 A 端子 2 与连接器 C 端子 2 之间的电阻值为 0Ω，则它们之间导通（无断路）。

②“检查电压”方法。在电脑连接器端子加有电压的电路中，可以用“检查电压”的方法来检查断路故障，如图 5-8 所示。在各连接器接通的情况下，电脑输出端子电压为 5V 的电路中，如果依次测量连接器 A 的端子 1、连接器 B 的端子 1 和连接器 C 的端子 1 与车身（搭铁）之间的电压时，测得的电压值分别为 5V、5V 和 0V，则可以判定，在 B 的端子 1 与

C 的端子 1 之间的电路有断路故障。

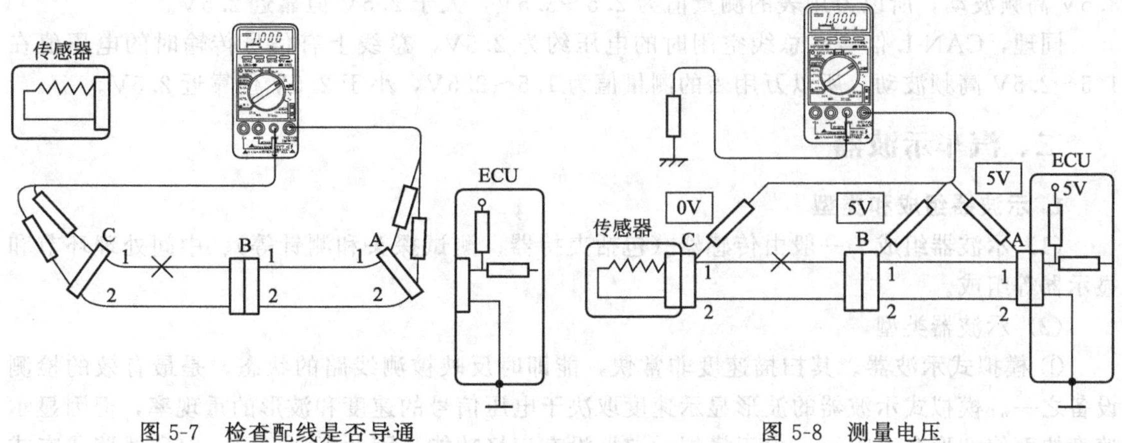

图 5-7 检查配线是否导通　　图 5-8 测量电压

(4) 短路的检查方法　如果电路短路搭铁，可通过检查电路与车身（或搭铁线）是否导通来判断短路的部位，如图 5-9 所示。

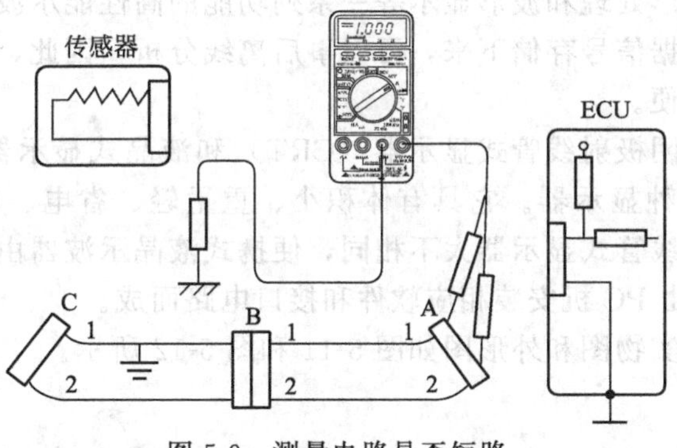

图 5-9 测量电路是否短路

首先使连接器 A 和 C 脱开电路，测量连接器 A 的端子 1 和端子 2 与车身之间的电阻值。如果测得的电阻值分别为 0Ω 和∞，则 A 的端子 1 与车身之间有短路搭铁故障。

然后断开连接器 B，再用同样的方法确定是 A 与 B 段的 1 号导线，还是 B 与 C 段的 1 号导线与车身之间有短路搭铁故障。

4. 万用表检测动力 CAN 总线

用万用表检测动力 CAN 总线的检测方法如图 5-10 所示。由于总线上的电压信号是脉冲波，不适合用万用表测量，用万用表测量只能粗测。

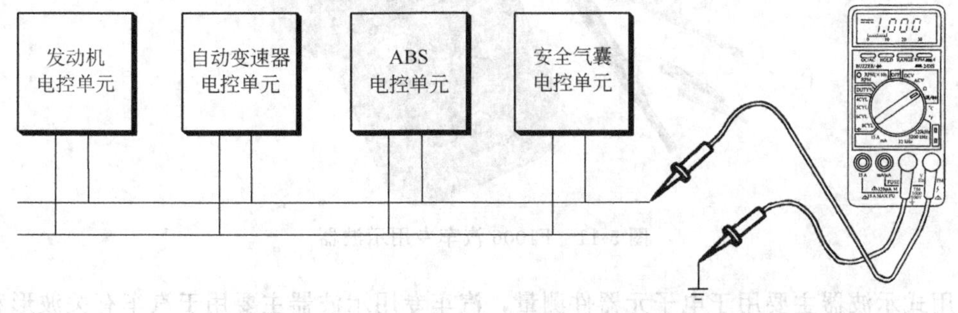

图 5-10 万用表检测动力 CAN 总线示意图

CAN-H 信号在总线空闲时的电压约为 2.5V，总线上有信号传输时的电压值在 2.5～3.5V 高频波动，所以万用表的测量值为 2.5～3.5V，大于 2.5V 但靠近 2.5V。

同理，CAN-L 信号在总线空闲时的电压约为 2.5V，总线上有信号传输时的电压值在 1.5～2.5V 高频波动，所以万用表的测量值为 1.5～2.5V，小于 2.5V 但靠近 2.5V。

二、汽车示波器

1. 示波器组成和类型

(1) 示波器组成　一般由传感器（包括夹持器、测试探头和测针等）、中间处理环节和显示器等组成。

(2) 示波器类型

① 模拟式示波器。其扫描速度非常快，能即时反映被测线路的状态，是最有效的检测设备之一。模拟式示波器的波形显示速度取决于电压信号的速度和波形的重现率，但因显示速度快而使波形有点闪烁。由于模拟示波器没有记忆功能，因此无法记录、打印线路状态或将波形存储于数据库，给波形重现带来困难，不利于进一步分析和判断故障。

② 数字存储式示波器。由微处理器控制，具有软件编程、数据采集，A/D 转换、波形存储波形数据分析、波形处理和波形显示等一系列功能的高性能示波器。由于数字示波器可以将瞬间变化的高频数据信号存储下来，可以事后离线分析，因此，对汽车电路信号的数据采集和故障判断非常方便。

示波器的显示器有阴极射线管式显示器（CRT）和液晶式显示器（LCD）。液晶式显示器是现在非常普遍的一种显示器。它具有体积小、重量轻、省电、辐射低、易于携带等优点，工作原理与阴极射线管式显示器大不相同，便携式液晶示波器由单片机控制，台式液晶示波器由 PC 机控制或由 PC 机安装相应软件和接口电路而成。

汽车专用示波器的实物图和外形图如图 5-11 和图 5-12 所示。

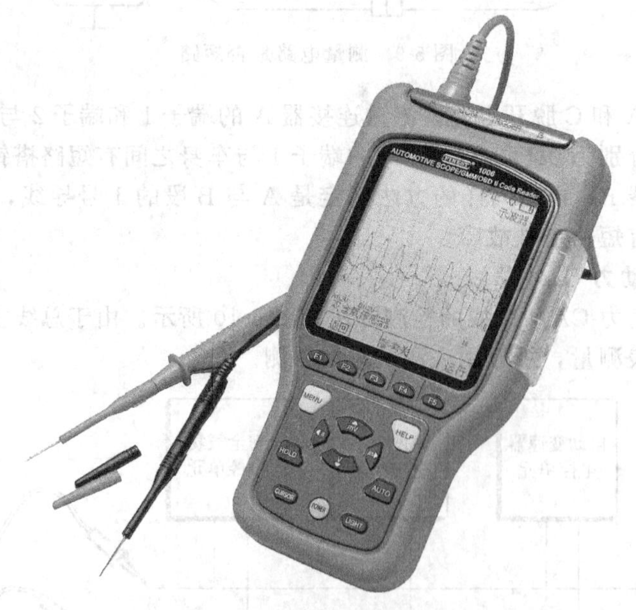

图 5-11　F1006 汽车专用示波器

通用式示波器主要用于电子元器件测量，汽车专用示波器主要用于汽车有关波形和参数的观测与分析。

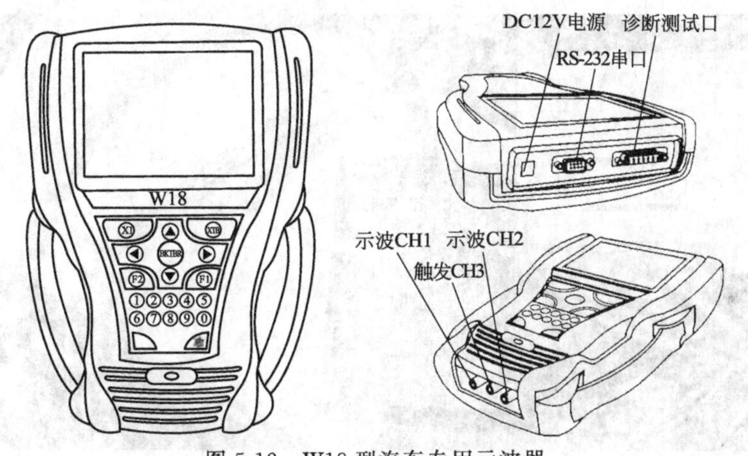

图 5-12 W18 型汽车专用示波器

2. 数字存储示波器在车载网络系统故障诊断中的应用

车载总线的数据脉冲信号变化速率非常快，变化周期达 1/1000s，且许多故障信号是间歇的，时有时无，这就需要仪器的测试速率高于故障信号的速率，通常测试仪器的扫描速率应该是被测信号的 5～10 倍。汽车示波器不仅可以快速捕捉电路信号，还可以记录信号波形，并用较低的速率或静止显示波形，便于一面观察一面分析。

在车载网络系统中，示波器可对控制单元之间的网络通信以及控制单元与诊断设备之间的诊断接口进行测试，可以对诊断线路进行采样，根据信号波形来确认故障部位。

数字存储示波器简称 DSO。下面用 VAS5051 型数字存储示波器，以检测 CAN 数据总线为例，说明数字存储示波器在车载网络系统故障诊断中的应用。

使用 DSO，同样要注意时间显示单位值、电压显示单位值和触发信号的适当选择。

（1）DSO 双通道模式下的测量与分析　利用检测盒连接发动机控制单元，如图 5-13、图 5-14 所示为发动机控制单元与检测盒的线路连线，在双通道工作情况下 DSO 的线路连线图，要求两条 CAN 总线每一条线都通过一个通道进行测量。通道 A，红色的测量线连接 CAN-H，黑色的测量线接地；通道 B，红色的测量线连接 CAN-L，黑色的测量线接地。

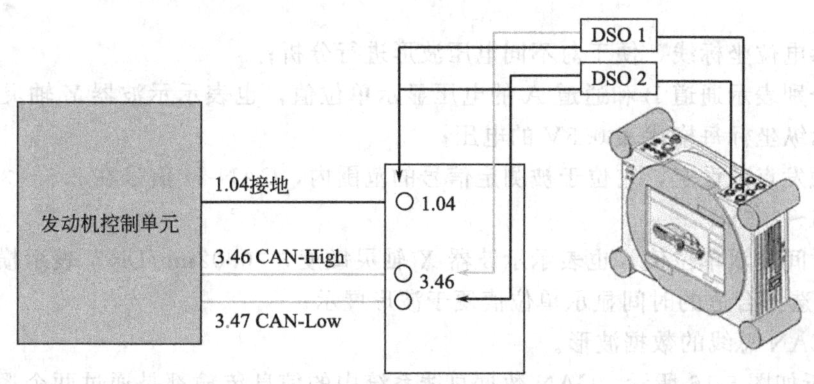

图 5-13 两通道工作情况下 DSO 的连线 1

运行发动机，此时可以测得如图 5-15 所示波形，图中：

1 为通道 A 所测量的 CAN-H 信号；

2 为通道 B 所测量的 CAN-L 信号；

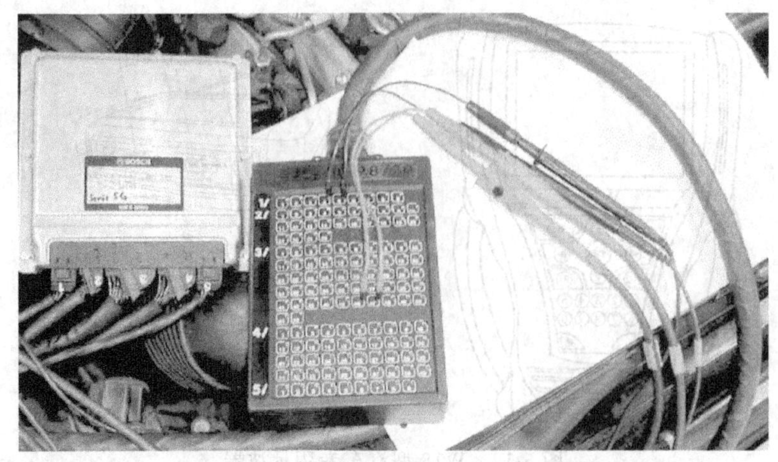

图 5-14 两通道工作情况下 DSO 的连线 2

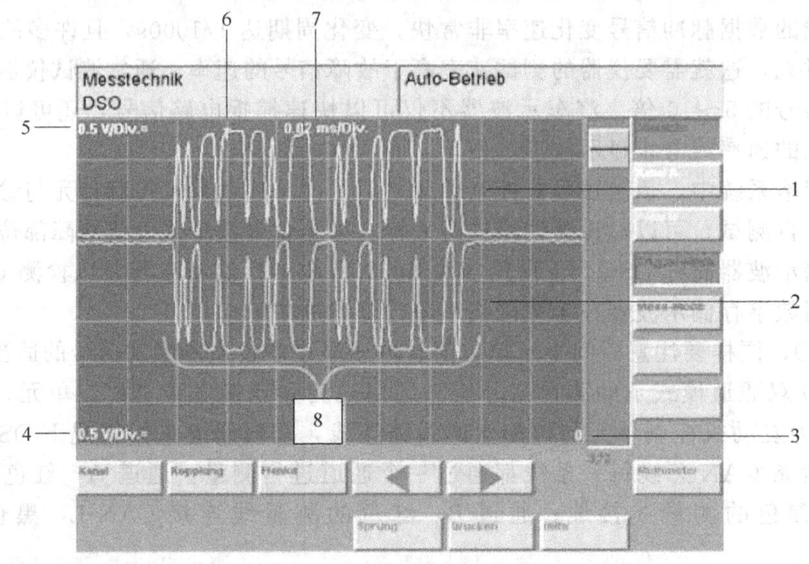

图 5-15 两通道 CAN 高速总线波形

3 表示参电位坐标线，便于对不同电压波形进行分析；

4 和 5 分别表示通道 B 和通道 A 的电压显示单位值，也表示示波器 Y 轴灵敏度，“0.5 V/Div” 表示纵坐标每格代表 0.5V 的电压；

6 表示触发点的设定，它位于被测定信号的范围内，CAN-H 信号在 2.5～3.5V，CAN-L 信号在 1.5～2.5V；

7 表示时间显示单位值，也表示示波器 X 轴灵敏度，“0.02ms/Div” 表示横坐标每格代表 0.02ms，选择合适的时间显示单位值便于波形展示；

8 表示 CAN 总线的数据波形。

波形分析如图 5-16 所示。CAN 数据总线系统中的信息传输都是通过两个逻辑状态（显性：逻辑 0；隐性：逻辑 1）来实现的，每一个逻辑状态都对应于相应的电压值。电压值从零电位坐标线向上为正值开始计算，图中：

1 为零电位坐标线；

2 为 CAN-H 的隐性电压，其数值大约为 2.6V（逻辑值 1）；

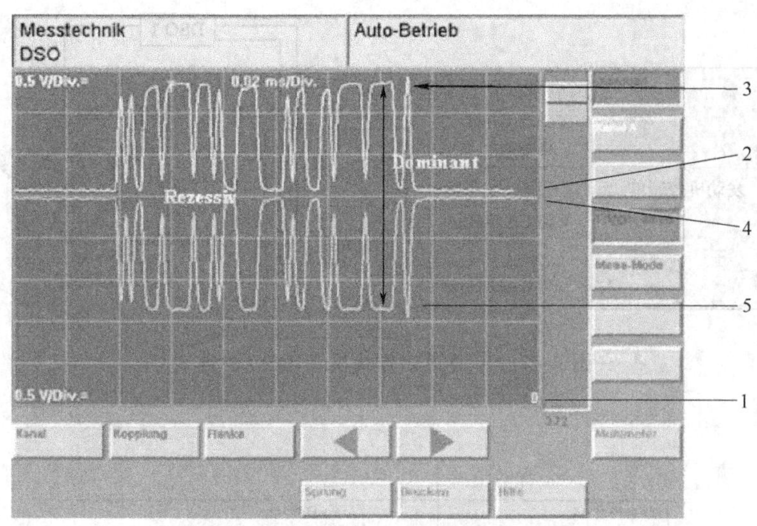

图 5-16 两通道 CAN 高速总线波形

3 为 CAN-H 的显性电压，其数值大约为 3.8V（逻辑值 0）；

4 为 CAN-L 的隐性电压，其数值大约为 2.4V（逻辑值 1）；

5 为 CAN-L 的显性电压，其数值大约为 1.2V（逻辑值 0）。

CAN 数据总线在隐性电压电位时，两个电压值很接近；在显性电压电位时，两个电压差值约为 2.6V。两通道 CAN 总线实测电压对照表见表 5-1。

表 5-1 两通道 CAN 高速总线实测电压对照表（括号内为标准值）

电位	CAN-H 对地	CAN-L 对地	CAN-H 与 CAN-L 电位差
显性(逻辑 0)	3.8V(3.5V)	1.2V(1.5V)	2.6V(2.5V)
隐性(逻辑 1)	2.6V(2.5V)	2.4V(2.5V)	0.2V(0V)

(2) DSO 单通道模式下的测量与分析 也可直接利用 DSO 的单通道对 CAN 驱动数据总线系统的信号进行测量。当两个 CAN 信号用一个 DSO 通道进行测量时，波形显示为其相应的电位差。这种测量方式在故障查询方面不如双通道的测量方式。例如，在短路的故障形式下利用单通道模式分析是不可行的。单通道工作模式主要用于快速查看总线是否为激活状态。

如图 5-17 所示为在测试发动机控制单元时单通道工作情况下 DSO 的线路连接图，通道 A（或 B）红色的测量线连接 CAN-H，黑色的测量线连接 CAN-L。

运行发动机，此时可以测得如图 5-18 所示波形。其中：

1 为电压显示单位值，0.5V/Div；

2 为时间显示单位值，0.01ms/Div；

3 为零电位线，在单通道工作模式下进行测量，零线显示也为隐性电压电位（逻辑 1）；

4 为显性电压电位（逻辑 0）。

从以上 3 个实测波形图可以看出，被测电压的波峰或波谷均有极小的波动，大约为 100mV，属于正常。

三、汽车专用检测仪

单点电脑控制的发动机或车载网络出现故障后，故障码会自动存储在单点电脑内或车载

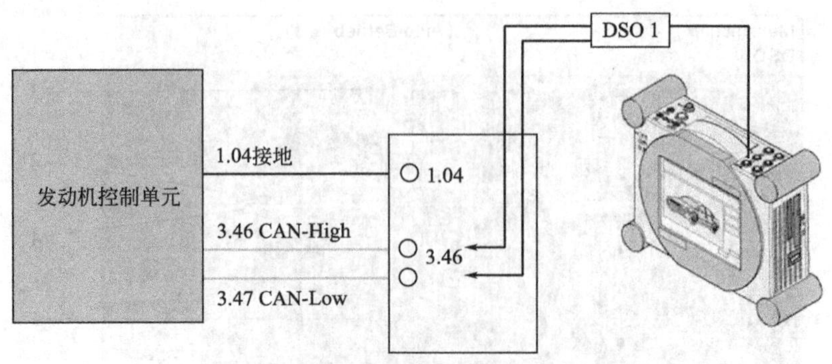

图 5-17 单通道工作情况下 DSO 的连线

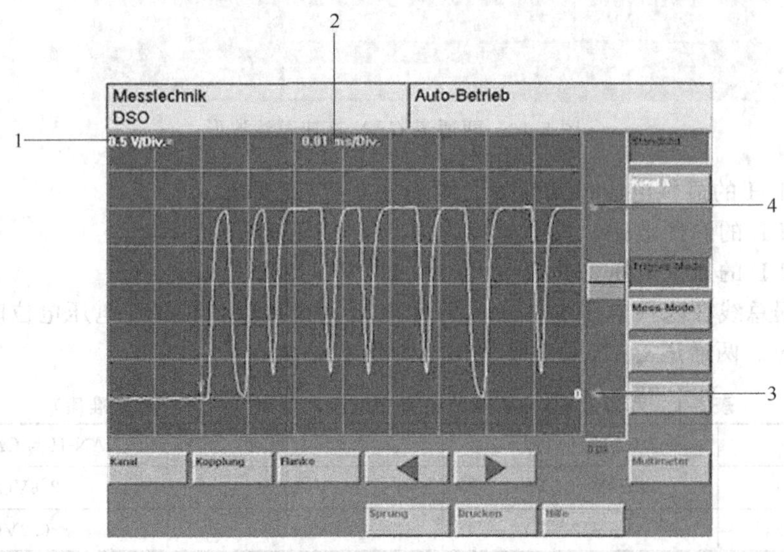

图 5-18 单通道 CAN 总线波形

网络的网关内，汽车检测仪可以读出相关的故障信息，以便于快速、准确查找故障并进行维修。

1. 汽车专用检测仪特点

① 能够自动识别汽车 ECU 的型号和版本。能够自动识别当前测试车型控制单元型号和版本，而不用人工选择车款、车型、诊断插座类型等信息。一旦识别了 ECU 的型号，相应的故障码、清码方法、数据流内容、执行元件、特殊功能等便都确定了。

② 能够完全访问汽车控制单元上开放的存储资源。在汽车故障自诊断系统的设计过程中，预留了很多供外部诊断设备访问的存储单元，这些存储单元存放了反映汽车运行非常重要的数据。外部诊断设备要能够安全访问这些存储资源，必须按照该车型的诊断通信协议的所有通信方式进行访问。

③ 能够不失真地按照原厂要求显示从汽车控制单元上获取的数据。完全按照诊断通信协议获得诊断数据之后，必须按照原厂要求显示这些数据。每一项数据都有一定的显示格式。例如，对应不同的数据，它显示的整数位、小数位、单位以及空白位置等都有明确的规定。

2. 汽车专用检测仪在现代汽车维修中的作用

现代车辆的计算机检测设备已经不只是简单的故障查询和消码的作用，它还包含了强大的车辆信息功能，并且可以借助于本身的数据库通过对存储故障的分析来引导维修人员进行维修工作。另外，现代汽车的电器化程度非常高，车辆的整个电器系统已经形成了一个网络，车辆功能的实现和正常工作需要各个电器系统的信息共享和数据支持。比如奥迪 A4 一个简单的刹车灯的控制就是计算机控制，同时，刹车灯开关的信号要很多的控制单元来进行共享。这种情况下，车辆的维修工作就和以前变得完全不一样，在没有专用检测设备的情况下，对故障的判断就很难下手。所以，现代轿车的维修离不开计算机检测设备的数据分析和信息支持。

3. KT300 智能诊断仪

KT300 智能诊断仪是威宁达公司最新一代诊断设备，如图 5-19 所示。它具有标准化、结构化和可持续开发等特点。包含了大多数原厂通信协议，如 CAN 等通信协议，可持续性强。

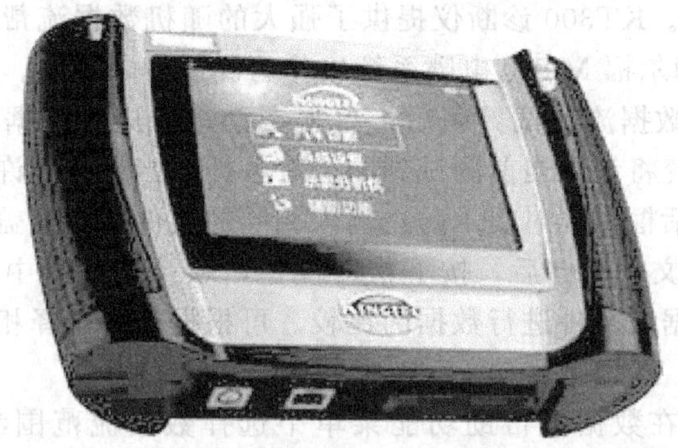

图 5-19 KT300 智能诊断仪

该诊断仪提供 3 大任务模块：汽车诊断功能、系统设置功能及辅助功能。

(1) KT300 智能诊断仪主要功能

① 测试车型的选择。KT300 诊断仪配有近 20 种测试接头，如图 5-20 所示。这些接头基本涵盖了国内外绝大部分常见车型，用户不必担心选错接头，在仪器上选择待测车型类

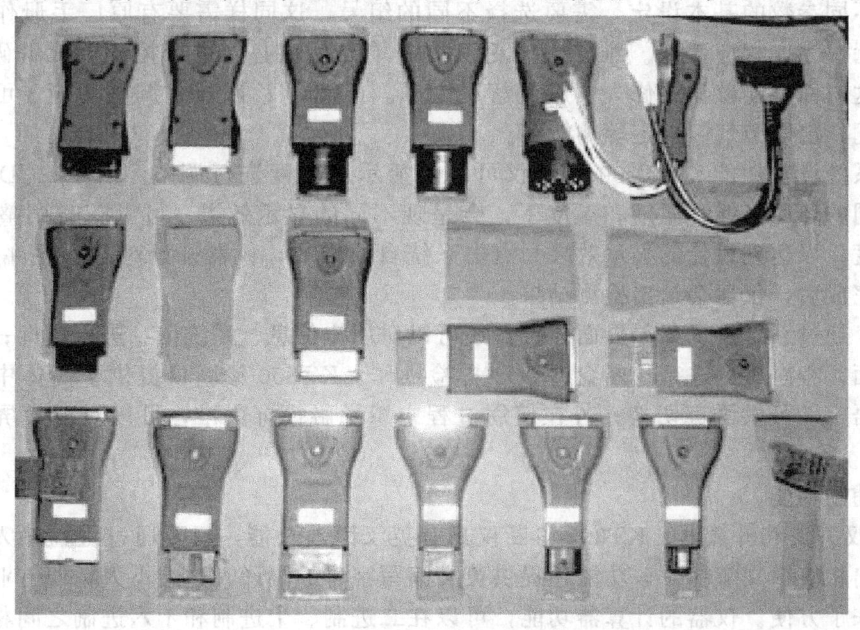

图 5-20 KT300 诊断仪测试接头

别，根据屏幕提示选择对应的接头即可。KT300诊断程序是以车型车标图形为按钮，点击某汽车相应的图标即可进行诊断。另外，KT300诊断仪采用了车型自动记忆功能，每次进入车型选择界面，系统会自动将上一次所选择的车型作为首选车型。

② 读取和清除故障码。KT300诊断仪可以快速读取（或清除）被测试系统ECU存储器内的故障代码，帮助维修人员快速查到车辆故障引起的原因。在系统功能选择菜单中选择02-读取故障码，系统开始检测电脑确认的故障码及内容，测试完毕，屏幕显示出测试结果，可以通过滚动条滚动屏幕查看所有故障码信息。读取故障码的过程中，操作人员只能按照仪器设定的系统逐项读取，但不能对所有电控系统进行全面扫描。

③ 元件控制测试。KT300诊断仪可以检查执行元件的电路工作状况，元件控制测试后可以观察该元件是否正常工作。如果该执行元件工作不正常，则需要检查相关电器元件、插头线束或机械部位是否存在故障。

④ 读取动态数据流。KT300诊断仪提供了强大的随机数据流帮助功能，下面以哈飞赛豹1.8L发动机（采用德尔福MT20电喷系统）作为测试对象说明。

a. 数据捕捉。进入数据流测试界面后，点击帮助按钮进入数据流帮助功能菜单，选定了数据捕捉功能后，系统将记录当前测试到的所有数据。当设备允许输入存储文件时，将弹出要求输入文件名的对话框，同时提示防止输入相同的文件名而覆盖原有文件。

b. 数据比较。完成文件存储后，按下帮助按钮，在帮助菜单中选择数据比较功能，系统即可调出已存储的数据流文件进行数据的比较。可根据需要选择相应数据流，显示方式为单帧比较和自动判断。

c. 数据范围参照。在数据流帮助功能菜单中选择数据流范围参照时，进入数据流参照功能页面，页面中间部分为参照数据，该数据捕捉后记录存储在系统中。设备自动将测试数据与该范围进行比较，如果当前测试值不在该范围内，则认为数据有误，用红色字体显示。

⑤ 基本设定、调整和控制单元编码。奥迪、大众车系某些系统维修或者保养后，必须进行基本设定，如节气门自适应、点火正时、混合气、ABS系统等。KT300诊断仪对于不同车型、不同参数的基本设定，需要选择不同的组号，这同样需要有原厂手册作为专业支持，否则无法完成相应工作。维修人员更换控制单元后，必须进行控制单元编码，KT300诊断仪在这方面也能够让维修人员顺利解决问题。KT300诊断仪的调整功能，可以实现防盗钥匙匹配、电子节气门设定等功能。

（2）系统设置功能　KT300诊断仪可以对显示屏亮度进行调整。由于LCD自身的特性，在不同的环境光线、温度和湿度下，会呈现不同的显示效果，可以随时调整仪器LCD屏幕的亮度，以达到最佳的显示效果。点击系统自检模块，仪器开始对自身硬件进行检测。全部检测完成后，仪器会给出检测结果。

此外，通过系统设置菜单界面，仪器还可以对用户信息、系统信息进行查询；进入诊断盒升级界面，程序可以进行诊断盒升级和自检操作。KT300诊断仪提供了简体中文和英文两种系统语言，可供语言切换；若在使用过程中感觉触摸屏失准，可以对触摸屏进行快速校正。

（3）辅助功能

① 英汉辞典和计算器。KT300诊断仪具有英汉辞典功能，只要通过键盘输入英文，仪器即可给出相应中文解释，该功能还提供英文缩写字母的翻译，这给不太精通专业英语的维修人员带来了方便。仪器的计算器功能，可以在二进制、十进制和十六进制之间相互转换和计算，这对电子维修工作很有帮助。

② RFID 钥匙诊断。RFID（Radio Frequency IDentification）是射频识别技术的缩写，又称电子标签，是一种通信技术，可通过无线电信号识别特定目标并读写相关数据，而无需识别系统与特定目标之间建立机械或光学接触。

RFID 钥匙诊断是 KT300 特别提供的选配功能，汽车钥匙检测盒不属于 KT300 的标准套件范围，维修人员可以根据需要单独向威宁达公司订购。RFID 钥匙诊断功能是配合威宁达公司的汽车钥匙检测盒共同作用的，钥匙诊断盒可以读/写全系列钥匙芯片的类型和钥匙 ID，也可以读取汽车系统中与钥匙紧密相关的存储数据。钥匙诊断盒也可以连接 PC 配套软件，通过 USB 供电使用。

四、汽车综合测试仪

汽车综合测试仪是一种技术含量较高、测试项目齐全的汽车维修检测诊断设备，可全面检测、分析、判断车辆在各种不同工况下的工作性能及技术状况。

现代汽车综合测试仪由 PC 机、专用软件、专用接口电路、专用故障诊断模块、专用探头、专用连接线、专用传感器、专用连接器、专用连接管线、打印机和联网蓝牙模块等组成，具有汽车万用表、汽车示波器、汽车故障诊断仪、汽车功能测试等多种功能。

下面以博世 FSA-740 汽油机诊断中心为例介绍汽车综合测试仪的主要功能。图 5-21 为 FSA-740 实物图。

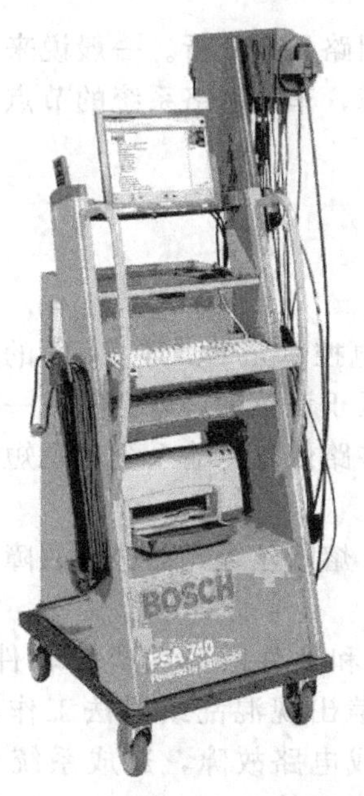

图 5-21　博世 FSA-740 汽油机诊断中心

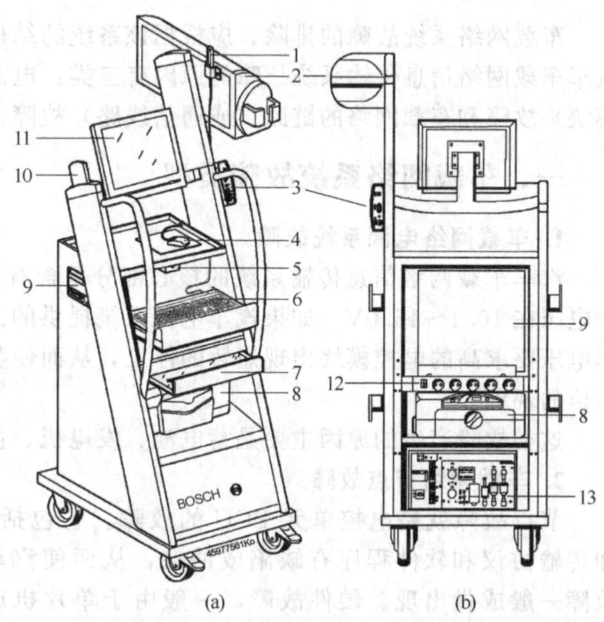

图 5-22　博世 FSA-740 汽油机诊断中心正面和背面示意图

1—蓝牙 USB 适配器；2—检测单元；3—KTS 故障诊断模块；4—USB 鼠标；5—遥控接收器；6—键盘；7—打印机顶盖；8—打印机；9—电脑主机；10—遥控器；11—显示器；12—开关及插座；13—尾气分析仪 BEA050

1. 博世 FSA-740 汽油机诊断中心的主要功能

① 发动机系统测试；

② 控制总成诊断；

③ 汽油车尾气系统测试；

④ 高性能数据处理和计算；

⑤ 快速可靠的故障诊断。

2. 博世 FSA-740 汽油机诊断中心的特点

① 信号发生器：可以用来测试传感器及其供电电路和连接件。

② 部件测试：将测量设备连接到相应的元器件后，在不必拆卸的情况下，就可以进行测试，可以节省大量宝贵的时间和昂贵的替代部件。

③ 发动机测试：功能全面的测试模块及其多样的传感器，可以实现发动机有关信号的测量。如初级点火信号、点火模块出发的信号、转速、判缸识别和点火时刻信号等。

④ 控制总成诊断：可以读出汽车网络系统所记忆的故障，从而准确地定位故障。

⑤ 模块化设计：保证了发动机分析仪可以与现有的诊断系统相连接，并可以逐步升级扩展成为全面的维修站测试系统。

3. 博世 FSA-740 汽油机诊断中心结构

博世 FSA-740 分为经济型、标准型和增强型。型号不同配置也不同，但不论哪种配置，其大体由传感器、检测单元、电脑、打印机以及其他功能模块等部分组成。图 5-22(a) 为博世 FSA-740 正面示意图，图 5-22(b) 为背面示意图。

第二节 车载网络系统常见故障及诊断

车载网络系统故障的排除，应根据该系统的结构和控制回路具体分析。一般说来，引起汽车车载网络信息传输系统故障的原因有三类：电源系统故障，车载网络系统的节点（电控模块）故障和车载网络的链路（或通信线路）故障。

一、车载网络系统故障类型

1. 车载网络电源系统故障

汽车车载网络信息传输系统的核心部分是含有单片机的电控单元 ECU，ECU 的正常工作电压在 10.1～15.0V。如果汽车电源系统提供的工作电压低于该范围，就会造成一些对工作电压要求高的电控模块出现短暂的停工，从而使整个汽车多路信息传输系统出现短暂无法通信的现象。

这类故障产生的原因主要是蓄电池、发电机、供电线路、熔断丝等元器件有故障。

2. 车载网络节点故障

节点故障就是电控单元 ECU 的故障。它包括软件故障和硬件故障两类。软件故障，即传输协议和软件程序有缺陷或冲突，从而使汽车网络通信出现混乱或无法工作，这种故障一般成批出现。硬件故障，一般由于单片机或其他集成电路故障，造成系统无法正常工作。这类故障产生的原因主要是各类控制单元、传感器等元器件有故障。软件故障可以重装或升级，硬件故障一般要更换。

3. 车载网络链路故障

当汽车车载网络的链路出现故障时，如通信线路的短路、断路，以及线路物理性质引起的通信信号衰弱或失真，都会引起多个电控单元无法工作或电控系统错误，使信息传输系统无法工作。故障类型如图 5-23～图 5-26 所示。

二、车载网络系统故障诊断

装有车载网络系统的汽车出现故障时，应该首先检测网络系统的工作状况。

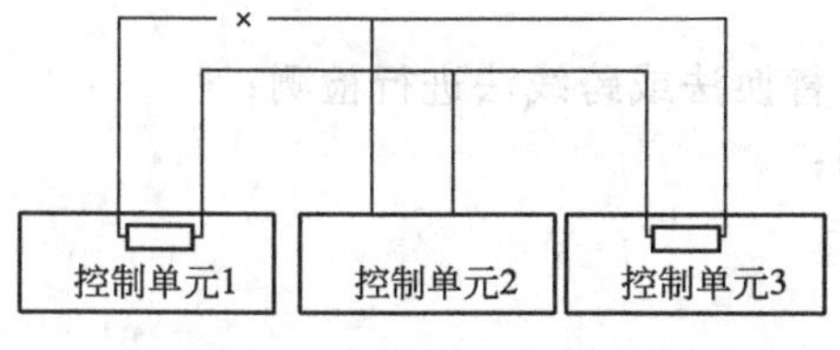

图 5-23 通信线路断路

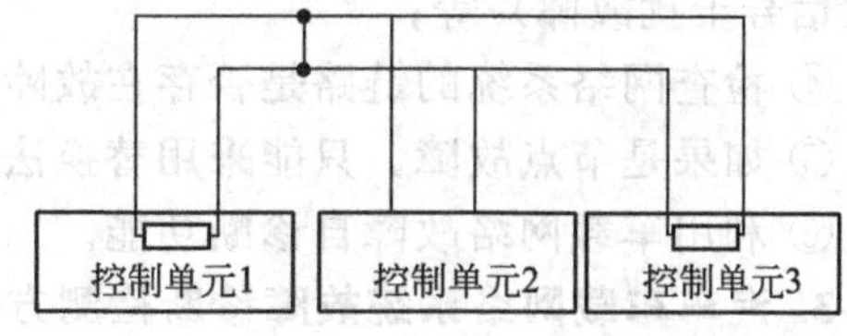

图 5-24 通信线路短路

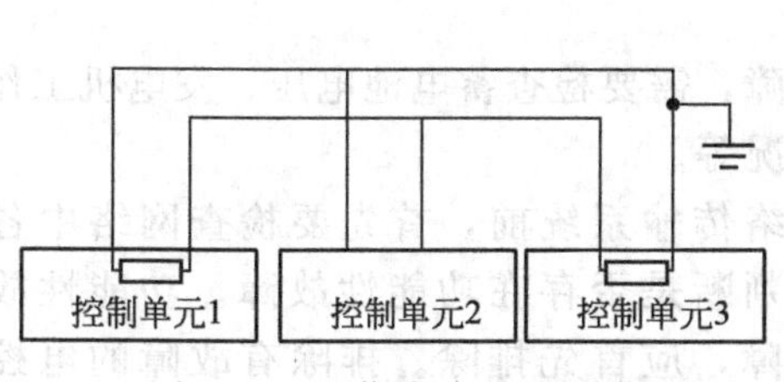

图 5-25 通信线路对地短路

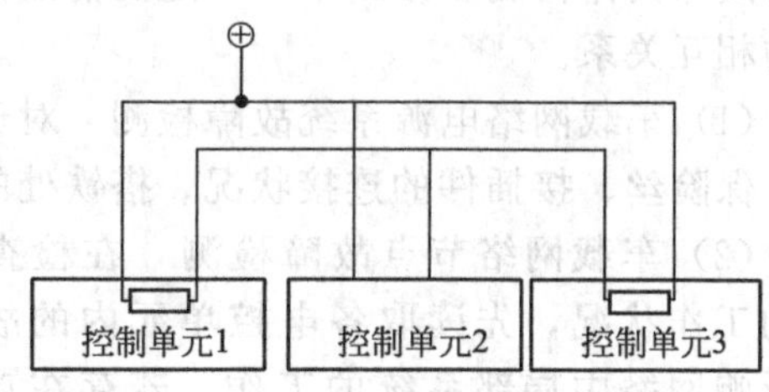

图 5-26 通信线路对正极短路

1. 汽车车载网络系统故障诊断注意事项

① 使用测试器时，其开放端口电压应为 7V 或更低。不要在测量端口施加 7V 或更高的电压。

② 在检查电路之前确保关闭点火开关，断开蓄电池负极电缆。禁止在点火开关接通时断开或重新连接动力系统接口模块线束连接器。

③ 在利用电焊设备进行焊接时，必须从动力系统接口模块上断开线束连接器。

④ 不要触摸动力系统接口模块线束连接器端子或动力系统接口模块电路板上的锡焊元件，以防静电放电造成损坏。

⑤ 为避免损坏线束连接器端子，在对动力系统接口模块线束连接器进行测试时，务必使用合适的线束测试引线。

⑥ 动力系统接口模块对电磁干扰极其敏感。在执行维修程序时，要确保动力系统接口模块线束布设正确，且牢固装在安装夹上。

⑦ 由于动力系统接口模块电路具有一定的敏感性，因此制定了专门的线路修理程序，要严格执行。

⑧ 确保所有线束连接器正确固定。

⑨ 发动机运行时，不得从车辆电气系统上断开蓄电池。

⑩ 在对蓄电池充电前，务必从车辆电气系统上断开蓄电池。

⑪ 切勿使用快速充电器启动车辆。

⑫ 确保蓄电池电缆端子坚固。

⑬ 在安装新的动力系统接口模块前，确保要安装的类型正确，务必参见最新的备件信息。

⑭ 当接头需要更换时，只能更换认可的电气接头，以保证正确地配合并防止线路中电阻过大。在更换新的控制单元后，必须对新的控制单元进行重新编码，控制单元的编码工作可以用厂家专用的诊断仪进行，按菜单提示进行操作。

2. 汽车车载网络系统故障诊断基本步骤

针对汽车车载网络系统常见的三种故障类型，基本的诊断步骤是：

① 了解该车型车载网络系统的特点，包括传输介质、几种子网系统的结构形式等；

② 了解有无唤醒功能和休眠功能等；

③ 检查汽车电源系统是否存在故障，如交流发电机的输出波形是否正常（若不正常将

导致信号干扰故障）等；

④ 检查网络系统的链路是否存在故障，可采用替换法或跨线法进行检测；

⑤ 如果是节点故障，只能采用替换法进行检测；

⑥ 利用车载网络故障自诊断功能。

3. 汽车车载网络系统故障诊断检测方法

在车载网络系统的检测中，故障代码、数据流和波形分析是判断故障的主要手段，但在进行故障具体检测和诊断中，一定要清楚待修车辆的网络结构，分析网络中各个控制模块之间的相互关系。

(1) 车载网络电源系统故障检测　对于电源故障，需要检查蓄电池电压、发电机工作情况、保险丝、接插件的连接状况、搭铁处的连接状况等。

(2) 车载网络节点故障检测　在检查车载网络传输系统前，首先要检查网络中各节点的工作状况，先读取各电控单元内的故障码，判断是否存在功能性故障。功能性故障会影响网络中局部系统的工作。若存在功能性故障，应首先排除。排除有故障的电控单元可以用“替换法”，用无故障的相同电控单元替换，如果故障排除，则证明原来的电控单元有故障。

对于诊断传感器是否有功能性故障，可以通过检测传感器的电压值、电阻值等参数来诊断，也可以用“替换法”诊断。

(3) 车载网络链路故障检测　当车载网络系统的链路（或通信线路）出现故障时，如通信线路的短路、断路以及线路物理性质引起的通信信号衰减或失真，都会引起多个电控单元无法工作或控制系统错误动作。判断是否为链路故障时，一般采用示波器或汽车专用光纤诊断来观察通信数据信号是否与标准通信数据信号相符。

4. 常见的网络故障现象

若网络系统有故障，将会出现一定的故障现象。

① 数据总线的两根导线短路。若两根导线之间短路，将导致整个网络失效。

② 导线对地短路。若两根导线中的某一根接地短路，则接上解码器诊断时无模块响应。

③ 导线对电源短路。若两根导线中的某一根对电源短路，将导致整个网络失效。

④ 一根导线断路。若一根导线断路，则仍可进入“数据链接诊断菜单”并进行测试。

⑤ 两根导线都断路。若两根导线在靠近数据链接接头（诊断接头）处发生断路，解码器和网络之间将无法通信。不过在网络的一个分支上两根导线都断路时，只有断点后面的模块无法与解码器通信。

⑥ 两根导线均对地短路。若两根导线都对地短路，将导致整个网络失效。有的网络可按“故障模式”工作，汽车可以启动或行驶。

⑦ 控制单元内部故障。若网关彻底损坏，将导致整个网络失效。

5. 利用示波器对车载网络链路故障波形分析

使用数字示波器 DSO 可以确定故障点的位置以及故障引发的原因，在检测时用通道 A 测量 CAN-H 的信号电压，用通道 B 测量 CAN-L 的信号电压。

(1) CAN-H 线与 CAN-L 线短路故障　故障波形如图 5-27 所示，电压置于隐性电压值（大约 2.5V）。通过插拔 CAN 总线上的控制单元可以判断，是由于控制单元引起的短路还是由于 CAN-H 和 CAN-L 线路连接引起的短路。当为线路引起的短路，需要将 CAN 线组（CAN-H 和 CAN-L）从线节点处依次拔取，同时注意 DSO 的图形。当故障线组被取下后，DSO 的图形恢复正常。

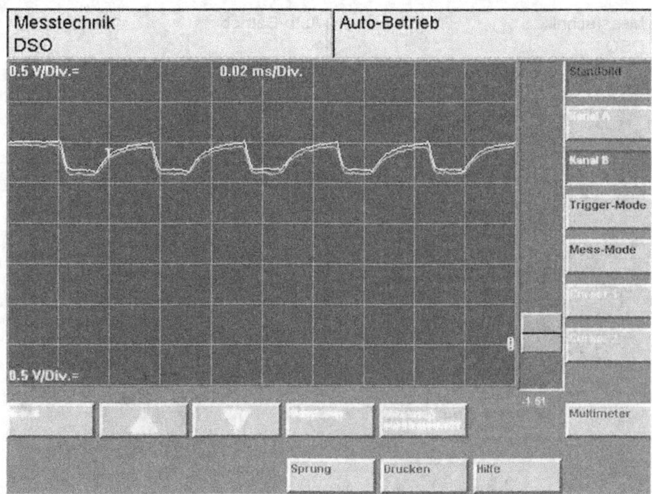

图 5-27　两条总线短路故障波形

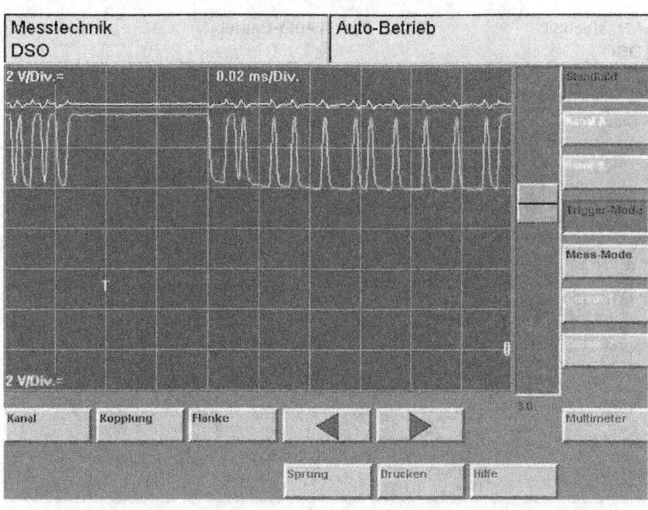

图 5-28　CAN-H 线对正极短路故障波形

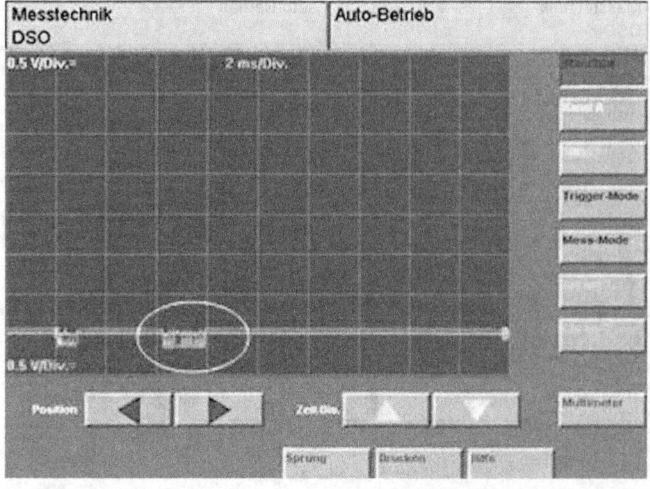

图 5-29　CAN-H 线对地短路故障波形

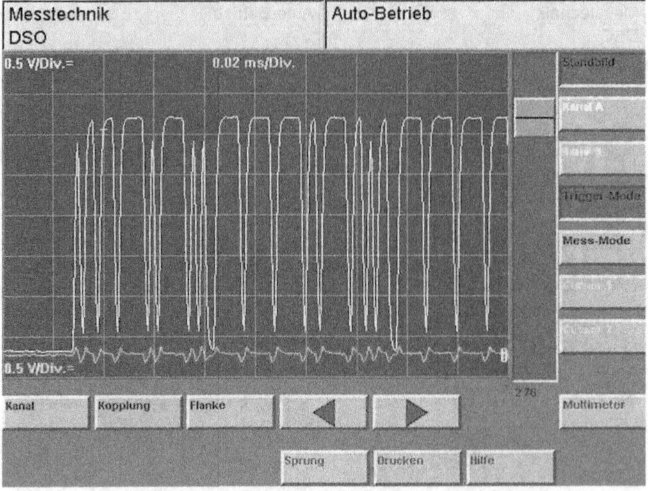

图 5-30 CAN-L 线对地短路故障波形

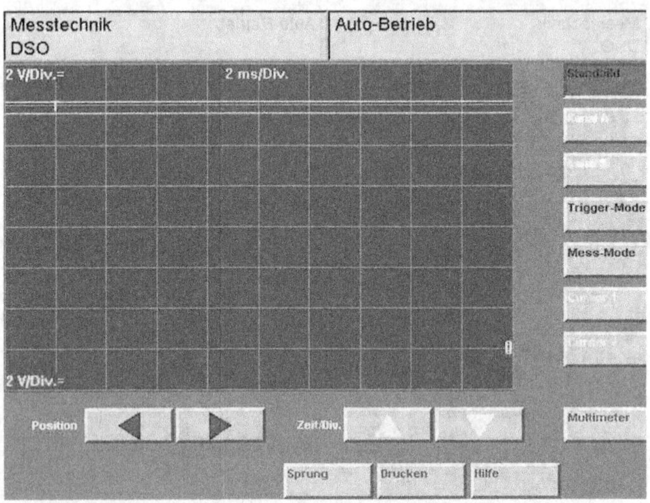

图 5-31 CAN-L 线对正极短路故障波形

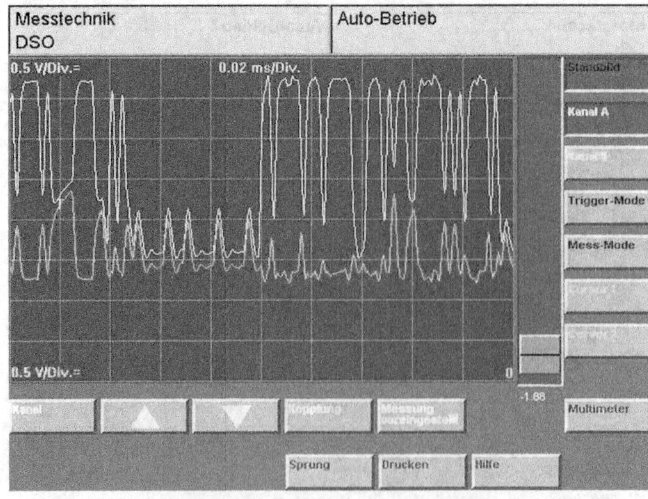

图 5-32 CAN-H 线断路故障波形

(2) CAN-H 线对正极短路故障 故障波形如图 5-28 所示，CAN-H 线的电压电位被置于 12V，CAN-L 线的隐性电压也被置于约 12V。注意此时 DSO 的电压显示单位值是 2V/Div。这是由于在控制单元收发器内的 CAN-H 线和 CAN-L 线的内部错误连接关系引起的。该故障的判断方法与两条总线短路故障相同。

(3) CAN-H 线对地短路故障 故障波形如图 5-29 所示，CAN-H 线的电压为 0V，CAN-L 线的电压也为 0V，可是在 CAN-L 线上还能够看到一小部分的电压变化。该故障的判断方法与两条总线短路故障相同。

(4) CAN-L 线对地短路故障 故障波形如图 5-30 所示，CAN-L 线的电压大约为 0V，CAN-H 线的隐性电压也被降至 0V。该故障的判断方法与两条总线短路故障相同。

(5) CAN-L 线对正极短路故障 故障波形如图 5-31 所示，CAN-H 线与 CAN-L 线的电压都约为 12V。注意此时 DSO 的电压显示单位值是 2V/Div。该故障的判断方法与两条总线短路故障相同。

(6) CAN-H 线断路 当某一电控单元与 CAN 总线连接的 CAN-H 线断路后，在 CAN 总线上测量时，将出现这一单元的 CAN-H 信号缺失，出现单线信号。当其他正常电控单元发出信号时，CAN 总线上又出现双线信号。由于 CAN 总线是双绞线，相互感应会在断开的 CAN-H 线上产生感应杂波。由于 CAN-H 线的断点位置不同，产生的感应杂波也比较复杂，对 CAN 总线的影响也不尽相同，图 5-32 所示是这类故障的一种波形。

(7) CAN-L 线断路 当某一电控单元与 CAN 总线连接的 CAN-L 线断路后，在 CAN 总线上测量时，将出现这一单元的 CAN-L 信号缺失，出现单线信号。当其他正常电控单元发出信号时，CAN 总线上又出现双线信号。由于 CAN-L 线的断点位置不同，产生的感应杂波也比较复杂，对 CAN 总线的影响也不尽相同，图 5-33 所示是这类故障的一种波形。

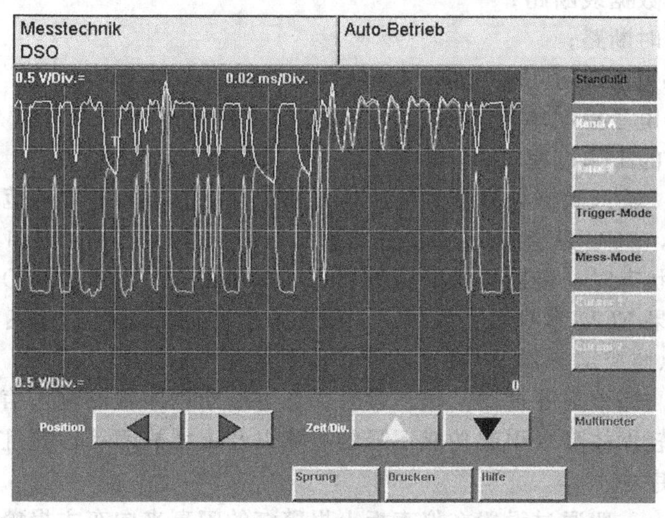

图 5-33 CAN-L 线断路故障波形

当初步判断为某两个控制单元之间的数据总线出现故障时，可以用万用表对这两个模块之间的数据总线进行检查，并注意检查线束连接器端口和接头是否损坏、弯曲和松脱（接头侧和线束侧）。

实际检查时，还可充分利用两个数据传递终端电阻进行数据线路故障范围的确定。在系统完全正常的情况下，断开电源，拔下整个网络数据传输系统中除作为数据传输系统终端的两块控制单元外的任一模块，在拔下的模块上找到数据总线，用万用表测量线束侧的两数据总线之间的电阻都应约为两个数据传递终端电阻并联后的电阻值（高速数据传输系统通常为60Ω左右），否则说明通信线路或作为数据传输系统终端的两块控制单元产生故障。此时再检查作为网络数据传输系统终端的两块控制单元的数据传递终端电阻，如正常，则为总线通信线路故障。

三、车载网络系统故障自诊断

汽车故障自诊断系统，主要用来监测电子控制系统各部件的工作状态，并且根据电子控制系统的配置情况，确定诊断故障的部位和数量。

故障自诊断是由故障自诊断模块完成。故障自诊断模块包括：相关监测电路、监测输入、逻辑运算及控制、程序及数据存储器、备用控制回路、信息和数据驱动输出电路等。

1. 总线故障自诊断系统工作特点

① 当某一传感器或电路产生了故障后，其信号就不能再作为汽车的控制参数，为了维护汽车的运行，故障自诊断模块便从其程序存储器中调出预先设定的经验值，作为该电路的应急输入参数，保证汽车可以继续工作。

② 当电子控制系统自身产生故障时，故障自诊断模块便触发备用控制回路对汽车进行应急的简单控制，使汽车可以开到修理厂进行维修，这种应急功能叫做“安全回家功能”。

③ 当某一执行元件出现可能导致其他元件损坏或严重后果的故障时，为了安全起见，故障自诊断模块采取一定的安全措施，自动停止某些功能的执行，这种功能称为故障保险。

2. 总线自诊断系统所能识别的故障

① 一条或两条数据线断路；

② 两数据线同时断路；

③ 数据线对地短路或对正极短路；

④ 一个或多个电子控制单元（ECU）有故障。

3. 自诊断系统的工作过程

（1）发现故障　输入到微处理器的电压信号在正常状态下有一定的范围，如果此范围以外的信号被输入时，ECU就会诊断出该信号系统处于异常状态下。例如，发动机冷却水温信号系统规定正常状态时，传感器的电压为0.08～4.8V（－50～＋139℃），超出这一范围即被诊断为异常。如果ECU本身发生故障，如程序发生死循环或程序跑飞，则由设有单片机的“看门狗”（紧急监控定时器WDT）监控，使系统复位后运行。

（2）故障分类　当中央处理器工作正常时，通过诊断程序检测输入信号的异常情况，再根据检测结果分为轻度故障、引起功能下降的故障以及重大故障等，并且将故障按重要性分类，预先编辑在程序中。

（3）故障报警　一般通过设置在仪表板上报警灯的闪亮来向车主报警。在装有显示器的汽车上，也有直接用文字来显示报警内容的。

（4）故障存储　当检测故障时，在存储器中存储故障部位的代码，一般情况下，即使点火开关处于断开位置，中央处理器和存储部分的电源也保持接通状态而不使存储的内容丢失。只有在断开蓄电池电源或拔掉熔丝时，由于切断了中央处理器的电源，存储器内的故障码才会被消除。

（5）故障处理　在汽车运行过程中如果发生故障，为了不妨碍正常行驶，由中央处理器进行调控，利用预编程序中的代用值（标准值）进行计算以保持基本的行驶性能，待停车后再由车主或维修人员进行相应的检修。

小结

1. 车载网络系统常用的检测设备有汽车万用表、汽车数字示波器、汽车专用检测仪、汽车综合测试仪等。

2. 汽车万用表是检测电子电路时最常用的仪表之一，它具有携带及使用方便、可测量电路参数的特点。在检测汽车电控系统、网络系统时常使用车用万用表。通过车用万用表，可以判别故障的具体部位和检测元件的状态。

3. 汽车示波器不仅可以快速捕捉电路信号，还可以记录信号波形，并用较低的速率或静止显示波形，便于一面观察一面分析。

4. 汽车检测仪是专业的汽车维修和检测工具。利用汽车检测仪可以读出相关的故障记忆，以便于快速、准确查找故障并进行维修。

5. 汽车发动机综合测试仪是一种技术含量较高、测试项目齐全的汽车维修检测诊断设备，可全面检测、分析、判断发动机和汽车在各种不同工况下的工作性能及技术状况。

6. 一般说来，引起汽车车载网络信息传输系统故障的原因有三类：电源系统故障，车载网络信息传输系统的链路（网络线路）故障，车载网络信息传输系统的节点（电控单元）故障。

7. 诊断车载网络系统故障可先用故障诊断仪读取故障码，根据故障码再配用汽车示波器和万用表诊断通信线路、传感器、执行器和电控单元。

8. 汽车故障自诊断系统，主要用来监测电子控制系统各部件的工作状态，并且根据电子控制系统的配置情况，确定诊断故障的部位和数量。

思考题

1. 车载网络系统常用的检测设备有哪些？
2. 简述汽车万用表的构成。
3. 汽车万用表面板常用电气符号有哪些？
4. 使用汽车万用表有哪些注意事项？
5. 简述汽车示波器的组成和类型。
6. 数字存储示波器有哪些优点？
7. 用数字存储示波器怎样测量CAN总线的信号波形？
8. 汽车专用检测仪的特点有哪些？
9. 汽车专用检测仪有哪些功能？
10. 博世FAS-740汽油机诊断中心由哪些主要部件组成？
11. 博世FAS-740汽油机诊断中心的主要功能有哪些？
12. 博世FAS-740汽油机诊断中心有哪些特点？
13. 车载网络系统的故障类型有哪些？
14. 车载网络系统故障诊断注意事项有哪些？
15. 车载网络系统故障诊断基本步骤有哪些？
16. 车载网络系统故障诊断检测方法有哪些？
17. 常见的网络故障现象有哪些？

第六章 大众车系车载网络系统

学习要求

了解大众车系采用CAN总线的过程；熟悉大众车系CAN网络组成和特点；熟悉大众车系驱动系统CAN总线组成；熟悉大众车系舒适系统CAN总线组成；熟悉大众车系的网关和作用；熟悉大众车系自诊断和诊断仪的使用。

熟悉大众波罗轿车车载网络系统的组成和特点；熟悉大众波罗轿车驱动系统CAN总线、舒适系统CAN总线、网关、遥控钥匙、节约能源功能和碰撞控制功能；熟悉大众波罗轿车自诊断和诊断仪的使用。

第一节 大众车系CAN网络系统

一、大众车系采用CAN总线的过程

大众车系中的帕萨特（PASSAT）轿车是德国大众汽车公司设计的一款中型轿车的品牌。1997年帕萨特轿车的舒适系统上采用了传输速率为62.5kbit/s的CAN数据总线；1998年帕萨特轿车和高尔夫（Golf）轿车的驱动系统上增加了传输速率为500kbit/s的CAN数据总线；2000年，大众公司在帕萨特轿车和高尔夫轿车都采用了带有网关的第2代CAN数据总线；2001年，大众公司提高了CAN数据总线的设计标准，将舒适系统CAN数据总线的传输速率提高100kbit/s；2002年，大众集团在新PQ24平台（所谓平台是指某一级轿车的基本生产配

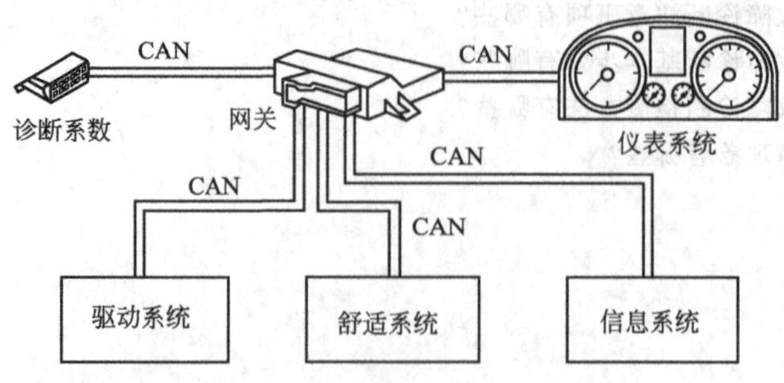

图6-1 CAN系统的5个子系统

置）上使用带有车载网络控制单元的第3代CAN数据总线；2003年，大众集团在新PQ35平台上使用5重结构的CAN数据总线，并且出现了单线的LIN数据总线。2009年，上海大众用大众集团新PQ46平台上生产出斯柯达牌旗舰车型昊锐轿车，其车载网络具有先进的智能泊车辅助系统PLA（Parklenkassistent，德语）。当轿车以30km/h以下时速进入停车场时，PLA的超声波传感器扫描路面两侧，自动检测两侧外部空间，如果有合适的泊车位，组合仪表盘上的显示屏会出现停车位提示信息，驾驶员可以停车后挂入倒挡，并慢速倒车，PLA会按照事先计算好的轨迹自动控制前轮转向，无需驾驶员操纵方向盘，即可将车停进停车位。

二、大众车系CAN网络组成

由于汽车不同控制器对CAN总线的性能要求不同，因此大众汽车的CAN总线系统设定为5个不同的区域，分别为动力（驱动）系统、舒适系统、信息系统、仪表系统、诊断系统5个局域网，如图6-1所示。CAN网络的组成如图6-2所示。5个子局域网的传输速率如表6-1所示。LIN的传输速率为20kbit/s，整个系统最大可承载1000kbit/s。

表6-1 子系统的传输速率

序号	子系统名称	供电电源线	传输速率(kbit/s)
1	动力系统总线	15号线	500
2	舒适系统总线	30号线	100
3	信息系统总线	30号线	100
4	诊断系统总线	30号线	500
5	仪表系统总线	15号线	100

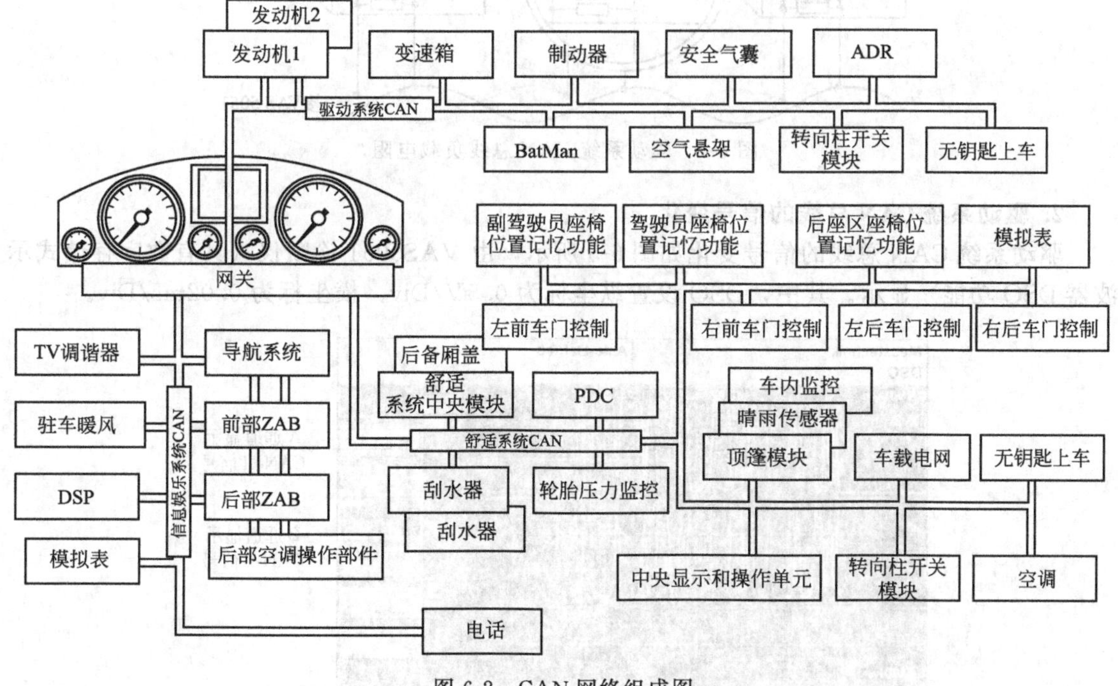

图6-2 CAN网络组成图

三、驱动系统CAN总线

驱动系统CAN总线的组成如图6-3所示。驱动系统CAN总线由15号线激活，采用双

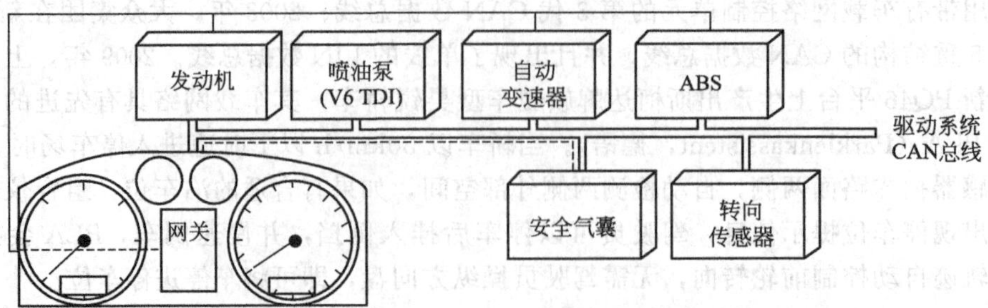

图 6-3　驱动系统 CAN 总线的组成图

线式数据总线，其传输速率为 500kbit/s，所以也称为高速 CAN 总线。控制单元通过 CAN 驱动数据总线的 CAN-H 线和 CAN-L 线来进行数据交换。

1. 驱动系统 CAN 总线的负载电阻

最初的数据总线的两个末端有两个终端电阻，而大众车系使用的是分配式电阻，即发动机控制单元内的“中央末端电阻”和其他控制单元内的高欧姆电阻，如图 6-4 所示。为了便于测量，驱动系统 CAN 总线的长度不应超过 5m。

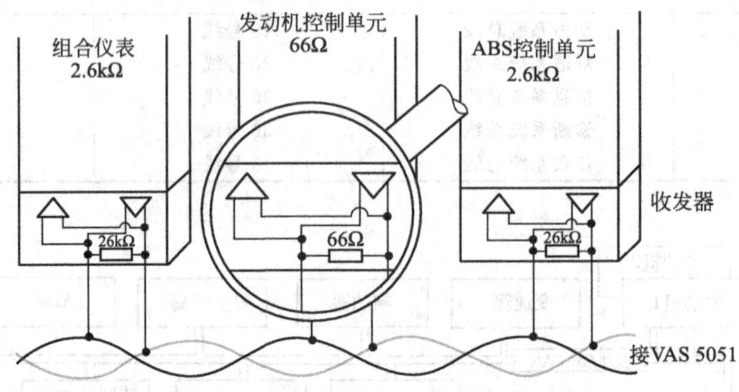

图 6-4　驱动系统 CAN 总线负载电阻

2. 驱动系统 CAN 总线的信号变化

驱动系统 CAN 总线的信号变化如图 6-5 所示，由 VAS5051 诊断仪（具有数字存储式示波器 DSO 功能）显示。其中，DSO 设置纵坐标为 0.5V/Div，横坐标为 0.02ms/Div。

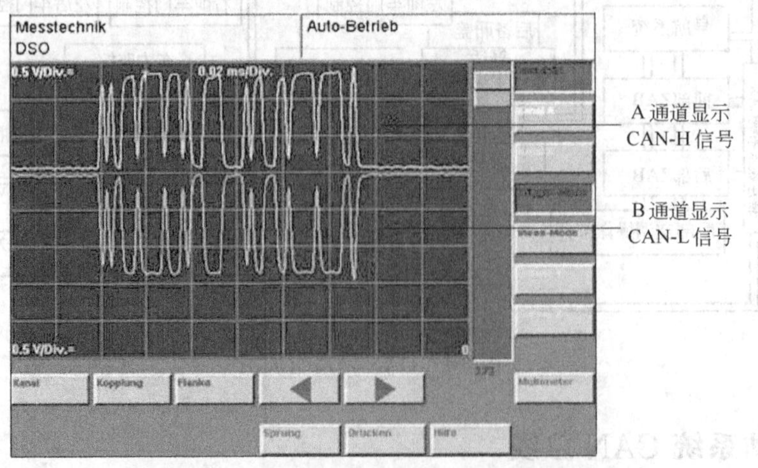

图 6-5　驱动系统 CAN 总线的信号变化

四、舒适系统 CAN 总线

舒适系统 CAN 总线的组成如图 6-6 所示。舒适系统 CAN 总线由 30 号线激活，采用双线式数据总线，CAN 驱动数据总线的 CAN-H 线和 CAN-L 线来进行数据交换，其传输速率为 100kbit/s，所以也称为低速 CAN 总线。舒适系统 CAN 总线的元件位置如图 6-7 所示。

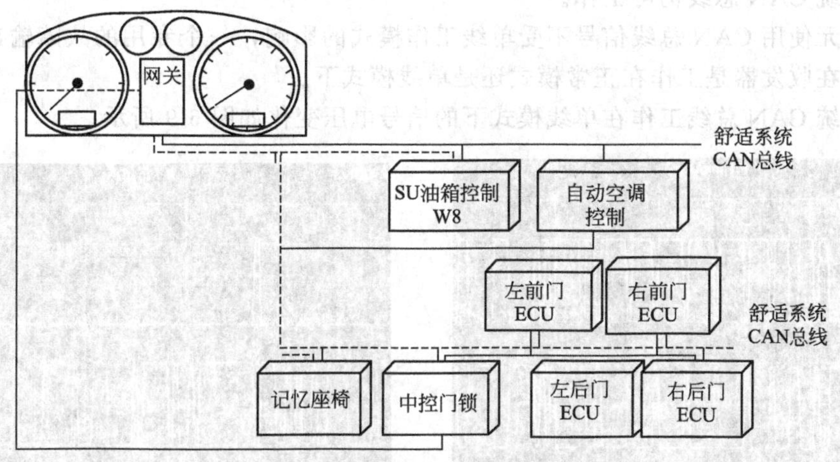

图 6-6 舒适系统 CAN 总线的组成图

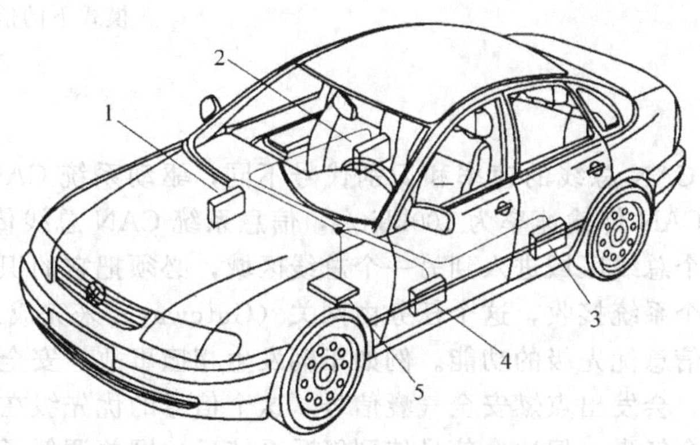

图 6-7 舒适系统 CAN 总线的元件位置

1—副驾驶员侧车门控制单元；2—右后车门控制单元；3—左后车门控制单元；4—驾驶员侧车门控制单元；5—舒适系统控制单元

1. 舒适系统 CAN 总线的数据传递

为了使低速舒适系统 CAN 总线抗干扰性强且电流消耗低，大众车系使用了单独的驱动器（功率放大器）。舒适系统 CAN 总线的 CAN-H 线和 CAN-L 线不是通过电阻相连的，而是彼此独立作为电压源来工作。

舒适系统 CAN 总线属于低速 CAN 总线，其信号波形和收发器分别如第四章图 4-12 和图 4-13 所示。

CAN-H 线和 CAN-L 线上的数据传递由安装在收发器内的故障逻辑电路监控，故障逻辑电路检验两条 CAN 导线上的信号，如果其中一条导线出现故障（如某条 CAN 导线断路），那么故障逻辑电路会识别出该故障，从而使用完好的那一条导线进行单线工作模式。

2. 舒适系统 CAN 总线的信号变化

舒适系统 CAN 总线的信号变化如图 6-8 所示，该信号由 VAS5051 的数字存储式示波器（DSO）接收。其中，DSO 设置纵坐标为 2V/Div，横坐标为 0.1ms/Div。

3. 舒适系统 CAN 总线的单线工作模式

如果因断路、短路或与蓄电池电压相连而导致两条 CAN 导线中的一条不工作了，那么就会切换到单线工作模式。在单线工作模式下，只使用完好的 CAN 导线中的信号，这样就使得舒适系统 CAN 总线仍可工作。

控制单元使用 CAN 总线信号不受单线工作模式的影响，一个专用的故障输出会通知控制单元，现在收发器是工作在正常模式还是单线模式下。

舒适系统 CAN 总线工作在单线模式下的信号电压变化如图 6-9 所示。

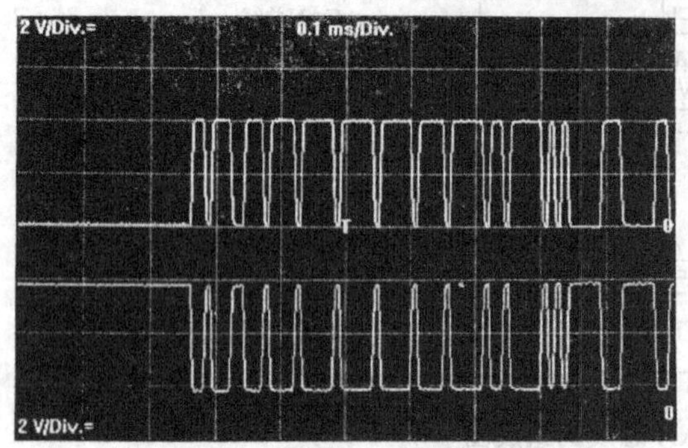

图 6-8 舒适系统 CAN 总线的信号变化

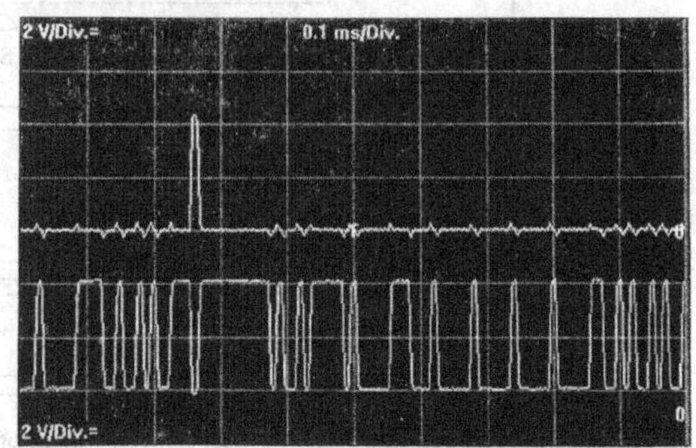

图 6-9 舒适系统 CAN 总线工作在单线模式下的信号变化

五、网关

由于不同用途的 CAN 总线的速率和识别代号不同，驱动系统 CAN 总线的传输速率为 500kbit/s，舒适系统 CAN 传输速率为 100kbit/s，信息系统 CAN 总线传输速率为 100kbit/s，因此一个信号要从一个总线区域进入到另一个总线区域，必须把它的识别信号和速率进行改变，使其能够让另一个系统接收，这个任务由网关（Gateway）来完成。

网关还具有改变信息优先级的功能。例如车辆发生相撞事故，安全气囊控制单元收到负加速度传感器信号后，会发出点燃安全气囊信号，这个信号的优先级在驱动系统非常高，用于点燃各个部位的安全气囊；但这个信号传到舒适系统后，网关调低了它的优先级，因为它在舒适系统的功能只是打开车门、车内灯和闪光灯。

大众车系舒适系统 CAN 总线和信息系统 CAN 总线在物理上是一个总线系统，但是它们在软件上和硬件上是分开的，如图 6-10 所示。

六、诊断总线

诊断总线用于诊断仪器和相应控制单元之间的信息交换，它被用来代替原来的 K 线或者 L 线的功能（废气处理控制器除外）。当车辆使用诊断系统 CAN 总线结构后，VAS5051 等诊断仪器必须使用相对应的新型诊断线（VAS5051/5A 或 VAS5051/6A），否则将无法读出相应的诊断信息。诊断总线目前可以在 VAS5051（3.0 以上版本）和 VAS5052 下工作，网关诊断插头如图 6-11 所示。汽车诊断总线与诊断仪器的连接如图 6-12 所示。

随着诊断总线的使用，大众集团将逐步淘汰控制器上的 K 线存储器，而采用 CAN 总线作为诊断仪器和控制器之间的信息连接线。

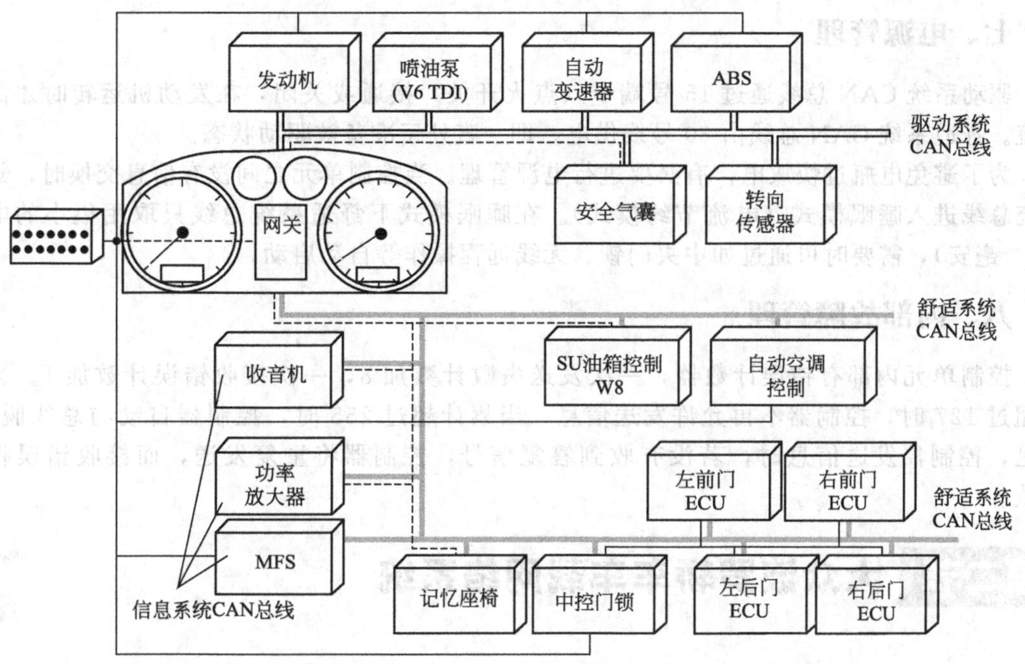

图 6-10　舒适系统 CAN 总线和信息系统 CAN 总线的关系图

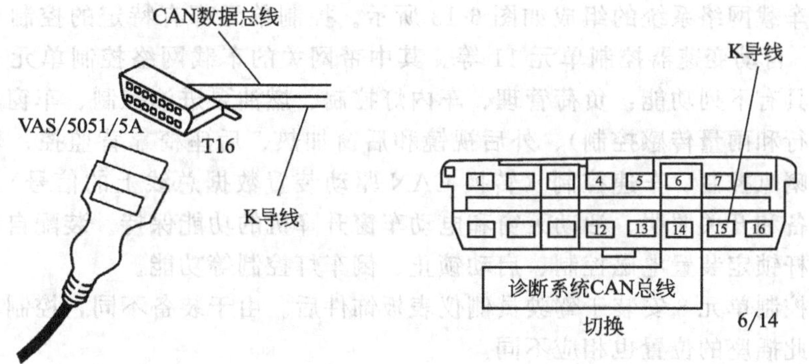

图 6-11　网关诊断插头图

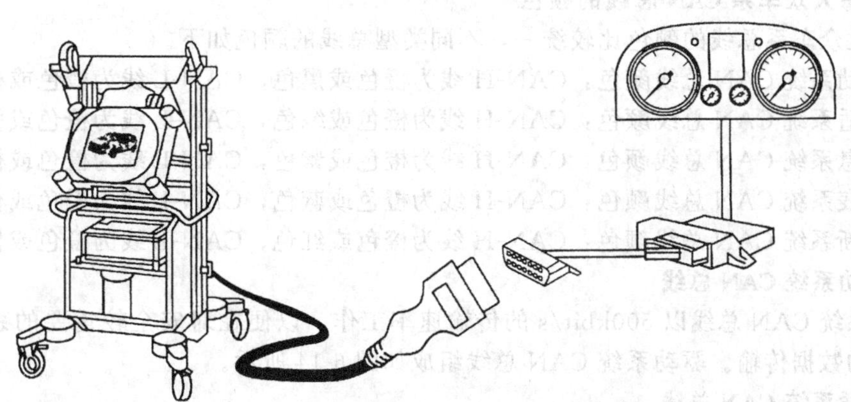

图 6-12　汽车诊断总线与诊断仪器的连接

七、电源管理

驱动系统 CAN 总线通过 15 号端子（点火开关）接通或关闭，在发动机运转时才需要电流。舒适系统 CAN 总线由 30 号线供电，即一直处于准备被驱动状态。

为了避免电瓶过快放电，有必要进行电源管理。当控制单元之间没有信息交换时，舒适系统总线进入睡眠模式（电流节约模式）。在睡眠模式下舒适系统总线只取用很小的电流（几个毫安），需要时可通过如中央门锁、无线远程操作等自动启动。

八、内部故障管理

控制单元内部有错误计数器，一次发送失败计数加 8，一次接收错误计数加 1。当累计超过 127 时，控制器不再允许发送信息，当累计超过 255 时，控制器自动与总线脱离。但是，控制器发送信息时，若没有收到答复信号，控制器将重复发送，而接收错误将不计数。

第二节 大众波罗轿车车载网络系统

一、波罗轿车车载网络系统的组成

波罗轿车车载网络系统的组成如图 6-13 所示。控制单元都有特定的控制对象，如发动机控制单元 9、自动变速器控制单元 11 等。其中带网关的车载网络控制单元 8 的控制对象较为繁多，其具有下列功能：负荷管理、车内灯控制、燃油泵进油控制、车窗清洗和雨刮器控制（间歇运行和雨量传感控制）、外后视镜和后窗加热、后座椅靠背监控、转向信号灯和报警灯控制、喇叭控制、车速控制（转换 CAN 驱动装置数据总线上的信号）、遥控解除后备厢联锁、设备和开关照明、活动天窗和电动车窗升降机的功能保持。装配自动变速箱的车辆还具有选挡杆锁定装置电磁控制、启动锁止、倒车灯控制等功能。

车载网络控制单元 8 安装于驾驶员侧仪表板饰件后。由于装备不同，控制单元具有的功能也不同，因此插座的位置也相应不同。

二、波罗轿车 CAN 总线

1. 上海大众车系 CAN 总线的颜色

上海大众车系总线的颜色比较统一，不同类型总线的颜色如下。

① 驱动系统 CAN 总线颜色：CAN-H 线为橙色或黑色，CAN-L 线为橙色或棕色。

② 舒适系统 CAN 总线颜色：CAN-H 线为橙色或绿色，CAN-L 线为橙色或棕色。

③ 信息系统 CAN 总线颜色：CAN-H 线为橙色或紫色，CAN-L 线为橙色或棕色。

④ 仪表系统 CAN 总线颜色：CAN-H 线为橙色或蓝色，CAN-L 线为橙色或棕色。

⑤ 诊断系统 CAN 总线颜色：CAN-H 线为橙色或红色，CAN-L 线为橙色或棕色。

2. 驱动系统 CAN 总线

驱动系统 CAN 总线以 500kbit/s 的传输速率工作，以便在对安全较重要的系统内部能进行快速的数据传输。驱动系统 CAN 总线组成如图 6-14 所示。

3. 舒适系统 CAN 总线

舒适系统由一个中央控制单元和至少两个车门控制单元组成。中央控制单元的功能包

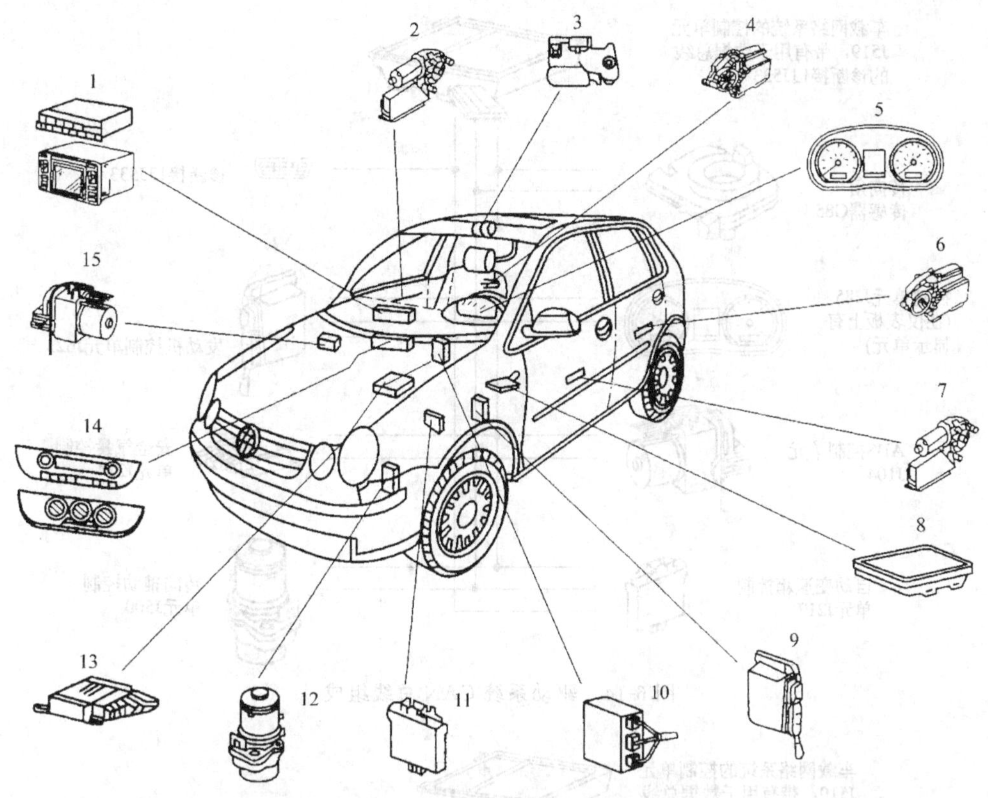

图 6-13　波罗轿车车载网络系统的组成

1—收音机、无线电导航装置；2—前座乘客侧车门控制单元；3—活动天窗调节控制单元；4—右后车门控制单元；5—仪表；6—左后侧车门控制单元；7—驾驶员侧车门控制单元；8—带网关的车载网络控制单元；9—发动机控制单元；10—舒适系统中央控制单元；11—自动变速器控制单元；12—转向辅助控制单元；13—安全气囊控制单元；14—自动空调控制单元；15—ABS 控制单元

括：后备厢使用中控门锁、车窗升降、天窗控制、驾驶员侧车门单独打开、车门使用中控门锁。整车可以通过内部按钮联锁和解锁；可以通过遥控钥匙使防盗报警装置退出工作；可以关闭超声波车内监控、自诊断、中控门锁“安全”指示灯控制。车门控制单元的功能包括：控制电动可调外后视镜（折叠功能），电动车窗升降机的防夹物功能和降噪平缓升起功能。

舒适系统 CAN 总线以 100kbit/s 的传输速率工作，其组成如图 6-15 所示。

(1) 遥控钥匙的功能

现代汽车的门锁，一般是由机械锁和电动锁扣双重控制的。机械锁是门锁的基本结构；电动锁是机械锁的锁扣，电动锁受中央门控电控单元的控制。

闭锁过程：先用手将所有车门关闭，然后按遥控钥匙上的车门闭锁按钮，车门才能锁住。

开锁过程：先按车门解锁按钮（车内开关控制或遥控钥匙控制），解除电动锁扣对机械锁的控制，然后再用手按压或扣拉车门上的手柄，车门才能打开。

大众车系常用的轿车遥控钥匙如图 6-16 所示，从上向下，三个按钮的功能如下。

①车门闭锁按钮。先用手将所有的车门关闭，然后按遥控钥匙上的车门闭锁按钮，可以听到所有车门的电动锁扣闭锁的“咔嚓”声音；同时，所有的转向信号灯闪烁 1 次，提示所有车门已闭锁。如果转向信号灯未闪烁，说明车门未关闭或由于无线电干扰导致操作没有起

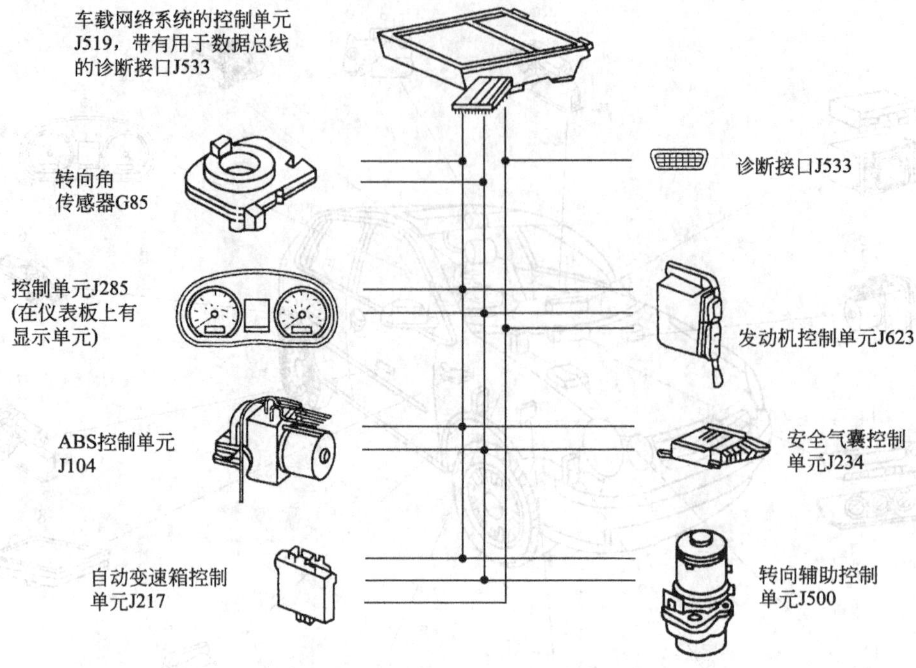

图 6-14 驱动系统 CAN 总线组成

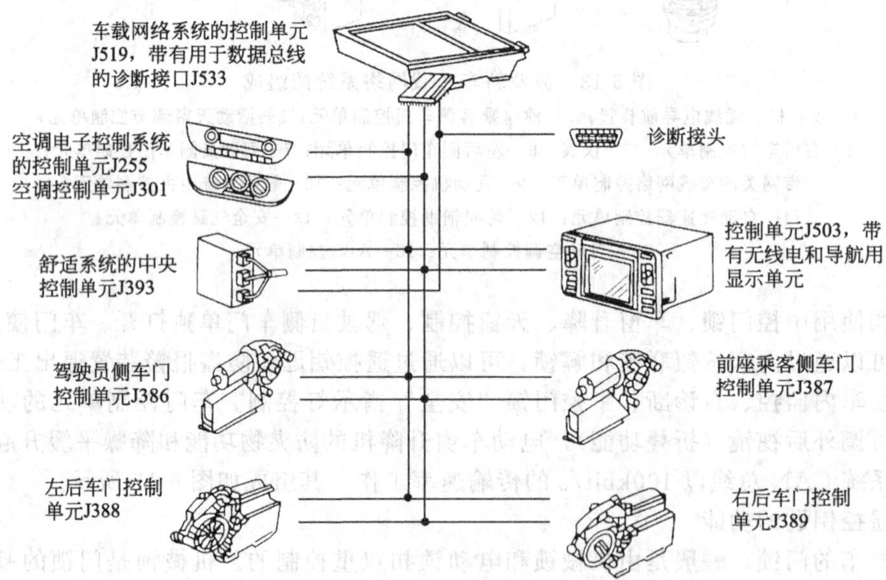

图 6-15 舒适系统 CAN 总线的组成

作用，应仔细检查所有的车门是否关闭后，再次近距离闭锁操作。

②后备厢解锁按钮。按后备厢解锁按钮后，可以对后备厢盖解除联锁，然后从后备厢盖下面用手指伸进去扣压机械按钮，后备厢盖可以弹开。

如果后备厢盖在 2min 内未被打开，则又会重新自动联锁。此功能在车载网络系统控制单元内设置编码。

③车门解锁按钮。按车门解锁按钮后，解除电动锁扣对机械锁的控制，然后再用手按压或扣拉车门上的手柄，车门可以打开。

为了安全，有的车型遥控钥匙设计还有其他功能，如短时按按钮，驾驶员侧车门单独打开，所有转向信号灯的短时闪烁，此功能用于加强个人单独出行的安全性。两次按车门解锁按钮，则所有车门都被解除了联锁。

如果整辆车都解除了联锁，而在30s内未打开车门或后备厢盖，车辆又会重新联锁，这样就阻止了无意间对车辆持续地解除联锁。

(2) 登车报警灯 前车门装备了登车报警灯，登车报警灯的使用明显提高了道路交通中车辆的安全性，在车辆行驶中，如车门未关闭，登车报警灯报警。而在车辆停止时，如果车门未关闭，登车报警灯仅亮10min，这样就避免了电池放电。

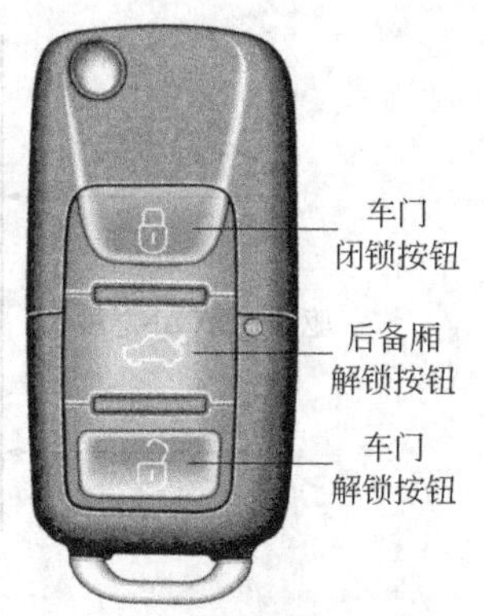

图 6-16 遥控钥匙

登车报警灯的电路控制如图6-17所示，登车报警灯的控制链路：F220中控门锁关闭单元内的车门触点开关产生车门未关闭信号→J519车载网络系统控制单元→J533数据总线诊断接口→J393舒适系统的中央控制单元→J560车门报警灯继电器→M27左侧车门登车报警灯。

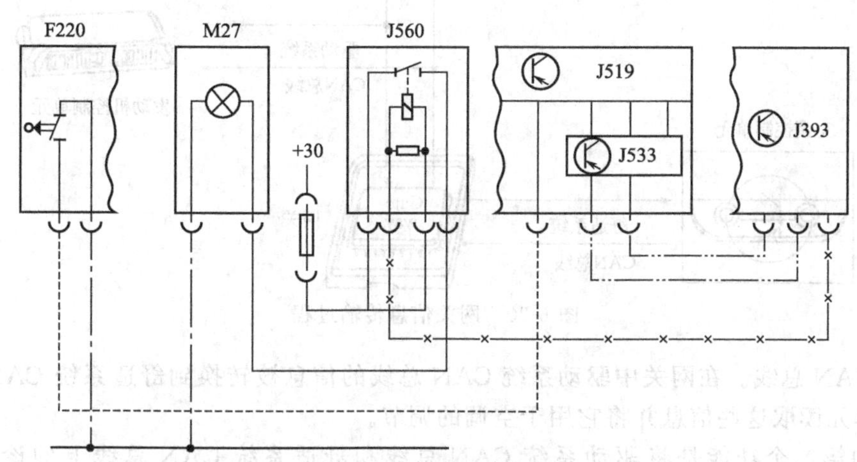

图 6-17 登车报警灯的电路控制图

F220—中控门锁关闭单元；J393—舒适系统的中央控制单元；J519—车载网络系统控制单元；J533—数据总线诊断接口；J560—车门报警灯继电器；M27—左侧车门登车报警灯

———输入信号；—×— 输出信号；—— 正极；——— 接地极；—··— CAN数据总线

4. 网关

网关的外形如图6-18所示，集成在车载网络系统的控制单元J519中。网关有两个功能，第一个功能是在驱动系统CAN总线与舒适系统CAN总线间进行数据交换，如图6-19所示。

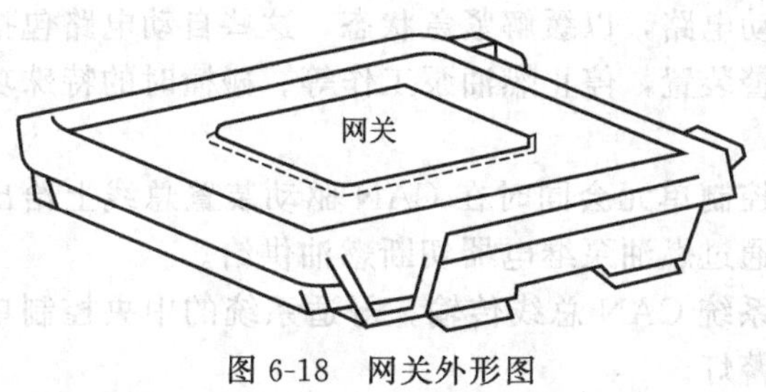

图 6-18 网关外形图

图6-20所示为从驱动系统CAN总线到舒适系统CAN总线的信息传输过程。车外温度由保险杠内的温度传感器传送到仪表板控制单元，仪表板控制单元与驱动系统CAN总线连接。发动机数据（如冷却液温度、发动机转速等）由发动机控制单元测量并提供给

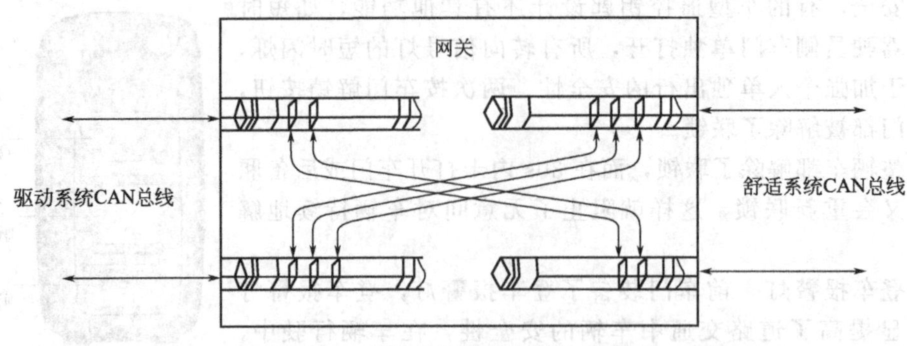

图 6-19　网关进行数据交换的示意图

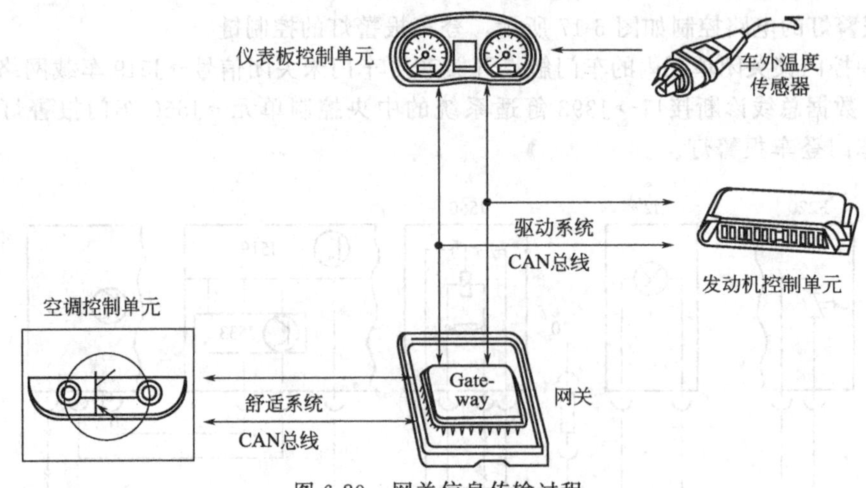

图 6-20　网关信息传输过程

驱动系统 CAN 总线。在网关中驱动系统 CAN 总线的信息被转换到舒适系统 CAN 总线上，空调控制单元读取这些信息并将它用于空调的调节。

网关的第二个功能是将驱动系统 CAN 总线和舒适系统 CAN 总线上的诊断数据转换到车身导线上，如图 6-21 所示，便于车辆测量和诊断仪 VAS5051 处理这些诊断数据。发动机控制单元、自动变速器控制单元和舒适系统的中央控制单元有一根单独的车身导线。

驱动系统 CAN 总线到车身导线的信息传输过程的实例如图 6-22 所示，当制动信号灯开关导线连接存在断路故障，未向 ABS 控制单元提供信息时，ABS 控制单元就经驱动系统 CAN 总线，在网关故障代码存储器中存储这个故障的代码，用故障诊断仪可显示出这个故障。

5. 碰撞控制功能

波罗轿车的安全系统有用于碰撞情况的自动电路，以缓解紧急状态，这些自动电路包括中控门锁解除联锁，打开车内灯，打开闪烁报警装置，停止燃油泵工作等。碰撞时的特殊功能控制电路如图 6-23 所示。

如果在碰撞时安全气囊被触发，安全气囊控制单元会同时在 CAN 驱动装置总线上给出一个碰撞信号，根据此信号，发动机控制单元通过燃油泵继电器切断燃油供给。

碰撞信号通过数据总线的网关继续向舒适系统 CAN 总线传输，舒适系统的中央控制单元将所有车门解除联锁，接通车内灯和闪烁报警灯。

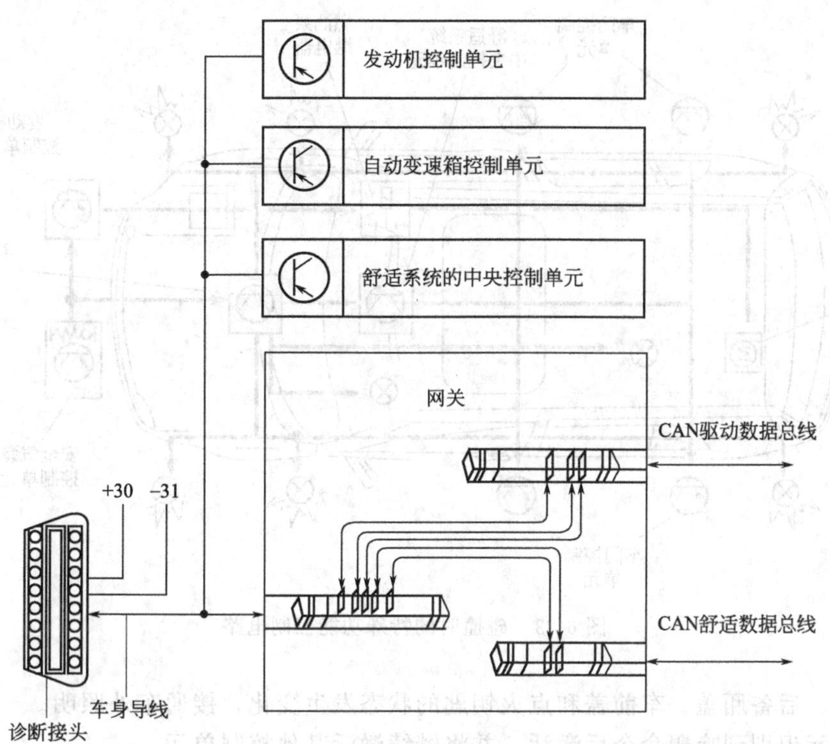

图 6-21 诊断数据转换示意图

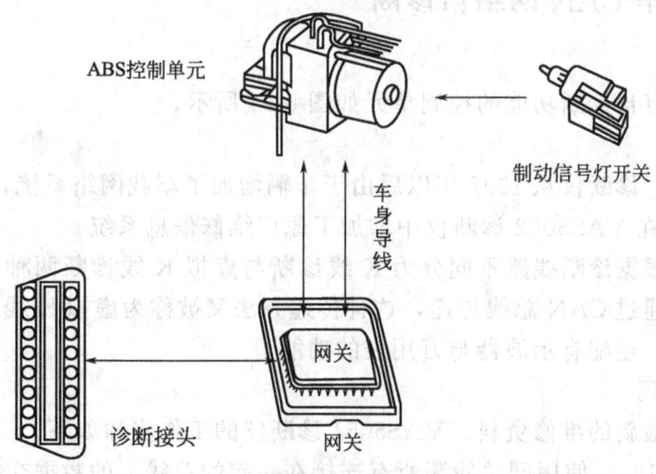

图 6-22 诊断数据转换实例

6. 节约能源功能

(1) 睡眠模式 在点火开关关闭的情况下，为了降低耗电，连接在CAN数据总线上的控制单元被置于睡眠模式。在驱动系统CAN总线中，关闭点火开关后才能进入睡眠模式，因为在驱动系统CAN总线内的数据传输只有在点火开关接通情况下才能进行。在舒适系统CAN总线中，只有关闭点火开关且在下列条件满足的情况下才能进入睡眠模式：闪烁报警装置关闭，功能保持结束，无诊断数据传输，外部照明关闭。

(2) 唤醒模式 在驱动系统CAN总线中控制单元通常总是在点火开关打开后被唤醒。在舒适系统CAN总线中，通过下列动作可识别到唤醒命令：打开点火开关，激活闪烁报警

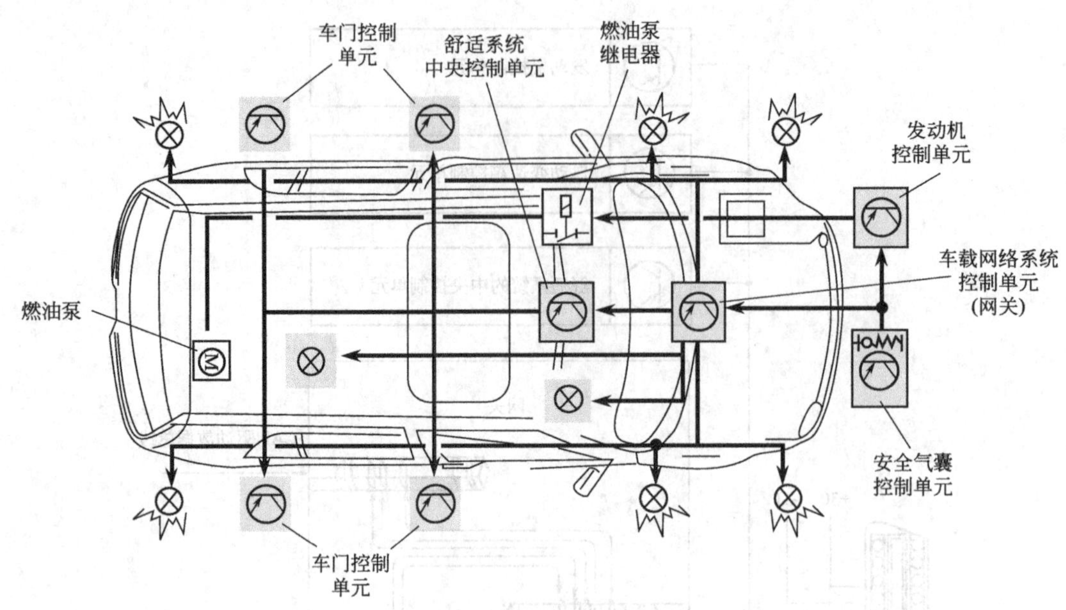

图 6-23 碰撞时的特殊功能控制电路

装置，车门、后备厢盖、车前盖和点火钥匙的状态发生变化，接通车外照明。

控制单元识别到唤醒命令后激活，并将继续激活其他控制单元。

三、波罗轿车 CAN 网络自诊断

1. 自诊断功能

波罗车型中带有自诊断功能的控制单元如图 6-24 所示。

2. 诊断仪

大众车系的原厂诊断仪从 1997 年以后由于车辆增加了车载网络系统，使用 VAS5051 诊断仪；2001 年以后在 VAS5052 诊断仪中增加了原厂维修信息系统。

在大众车系中根据诊断线路不同分为 K 线诊断与虚拟 K 线诊断两种形式。从高尔夫车型开始，诊断数据通过 CAN 总线传递，这种传递方法又被称为虚拟 K 线。VAS5051 诊断仪除具有诊断功能外，还配有示波器与万用表的功能。

3. 诊断仪的使用

诊断时应使用最新的维修资料。VAS5051 诊断仪的工作步骤如下。

① 选择网关（19）。使用网关检测所有连接在一起的总线上的数据交换。

② 选定网关的故障存储器（02）。这里列出了所有的错误信息，包括以前的错误信息。特别要注意偶尔出现的错误。

③ 选定故障控制单元的测量数据块（08）。这一区域给出了当前的状态。

④ 如有必要，选定故障存储器（05）。此时那些旧的信息已被擦除，只留下当前的信息。

4. 编码操作

车辆的装备范围和国家规定决定了出厂时车载网络系统控制单元的编码。如果在售后服务或维修时装备被更改，例如，安装可加热式座椅或接有挂车或者更新控制单元，必须重新编码。新的编码编号必须通过 VAS5051 诊断仪被输入。

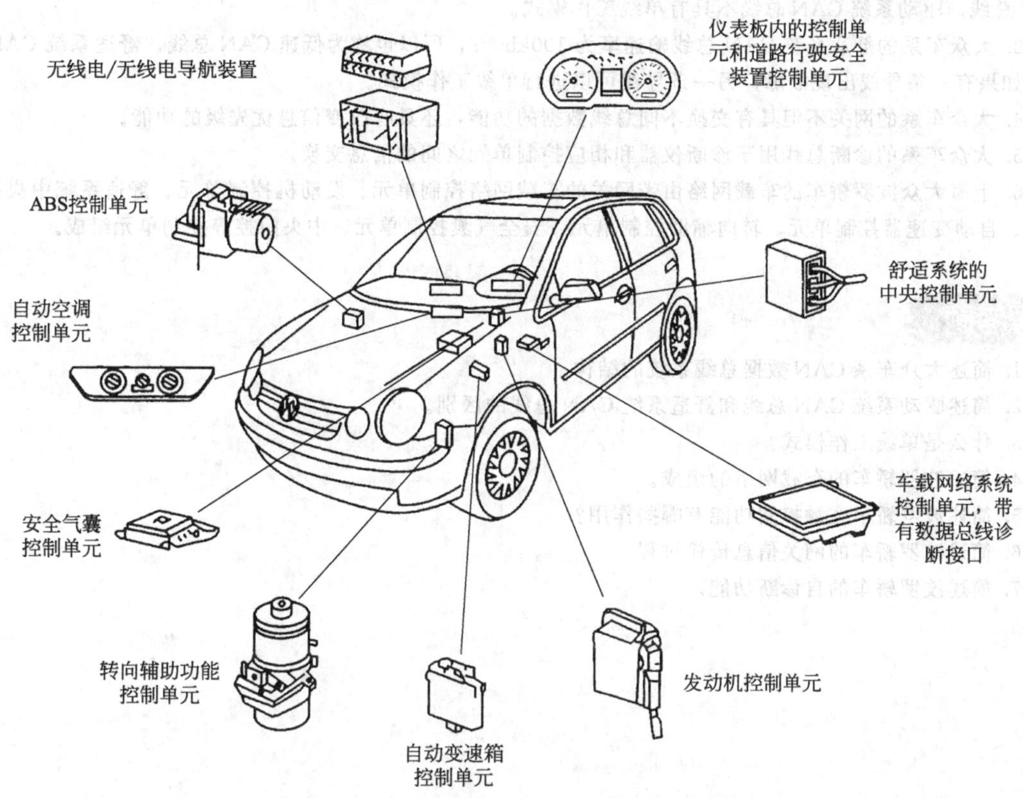

图 6-24　波罗车型具有自诊断功能的控制单元

需编码的装备包括燃油泵供给控制系统、带舒适开关的后窗雨刮器、后备箱遥控解锁装置、雨量传感器、大灯清洗装置、可加热式外后视镜、可加热式前挡风玻璃、可加热式座椅、车内灯控制装置、主动电子负荷管理激活、挂车模式。

5. 终端电阻的检测

大众车系各控制单元终端电阻值如表 6-2 所示。

表 6-2　大众车系各控制单元终端电阻值规范表

CAN 接口	具有低电阻总线终端的控制单元	具有高电阻总线终端的控制单元
驱动系统	发动机控制单元(66Ω)	所有其他的控制单元(2.6kΩ)
舒适系统	中央控制单元(560Ω) 网关(560Ω) 门控制单元(1kΩ)	所有其他的控制单元(5.6kΩ)
仪表系统	网关(66Ω)	组合仪表(2.6kΩ)
信息系统	网关(560Ω)	
诊断系统	网关(66Ω)	

小　结

1. 由于汽车不同控制器对 CAN 总线的性能要求不同，因此大众车系的 CAN 总线系统设定为 5 个不同的区域，分别为驱动系统、舒适系统、信息系统、仪表系统、诊断系统。

2. 大众车系的驱动系统 CAN 总线采用双线式数据总线，其传输速率为 500kbit/s，所以也称为高速

CAN 总线。驱动系统 CAN 总线不具有单线工作模式。

3. 大众车系的舒适系统 CAN 总线输速率为 100kbit/s，所以也称为低速 CAN 总线。舒适系统 CAN 总线中如果有一条导线出现故障，另一条导线可以进行单线工作模式。

4. 大众车系的网关不但具有交换不同总线数据的功能，还具有改变信息优先级的功能。

5. 大众车系的诊断总线用于诊断仪器和相应控制单元之间的信息交换。

6. 上海大众波罗轿车的车载网络由带网关的车载网络控制单元、发动机控制单元、舒适系统中央控制单元、自动变速器控制单元、转向辅助控制单元、安全气囊控制单元、中央门控等控制单元组成。

思考题

1. 简述大众车系 CAN 数据总线系统的结构。
2. 简述驱动系统 CAN 总线和舒适系统 CAN 总线的区别。
3. 什么是单线工作模式？
4. 简述波罗轿车的车载网络的组成。
5. 简述波罗轿车碰触控制功能有哪些作用？
6. 简述波罗轿车的网关信息传输过程。
7. 简述波罗轿车的自诊断功能。

第七章 奥迪A6轿车车载网络系统

学习要求

了解奥迪 A6 主要的电控单元；熟悉奥迪 A6 轿车驱动系统 CAN 总线组成和特点；熟悉奥迪 A6 轿车舒适系统 CAN 总线组成和特点；熟悉奥迪 A6 轿车舒适系统 LIN 总线的组成和特点；熟悉奥迪 A6 轿车 MOST 总线系统的组成；了解奥迪 A6 轿车 MOST 总线系统的工作模式；了解奥迪 A6 轿车车载网络系统的控制和管理模式。

第一节 奥迪 A6 轿车车载网络系统

20 世纪 90 年代中期，奥迪车系开始使用 CAN 总线系统。最早使用的 CAN 总线是舒适 CAN 总线，传输速率为 62.5kbit/s，随后是动力 CAN 总线，传输速率为 500kbit/s。从 2000 年的车型起，奥迪车系的车载网络系统不断改进和扩充，现在的奥迪车系在已有的 CAN 总线基础上又增加了 LIN 总线、MOST 总线、蓝牙总线和诊断总线等。

在奥迪车系中多采用多种新型的网络数据总线传输系统，奥迪 A6 轿车车载网络的主要电控单元和传感器分布见图 7-1，图中电控单元和传感器的名称及代号见表 7-1，车载网络拓扑见图 7-2，有关内容将在后面分别说明。

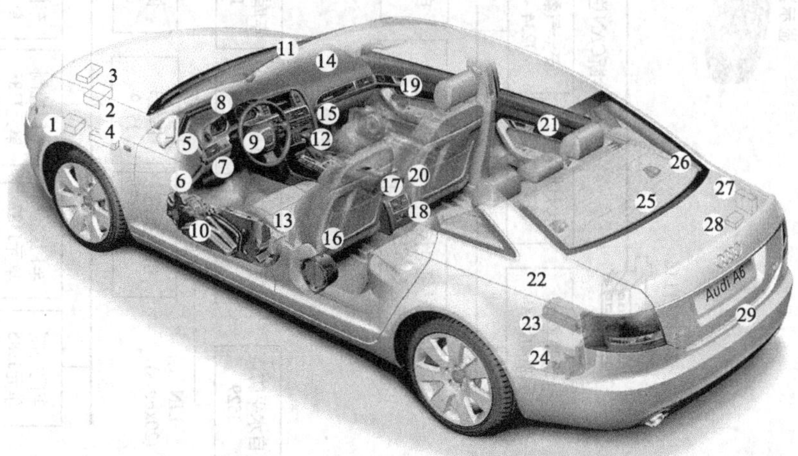

图 7-1 奥迪 A6 轿车车载网络电控单元和传感器分布

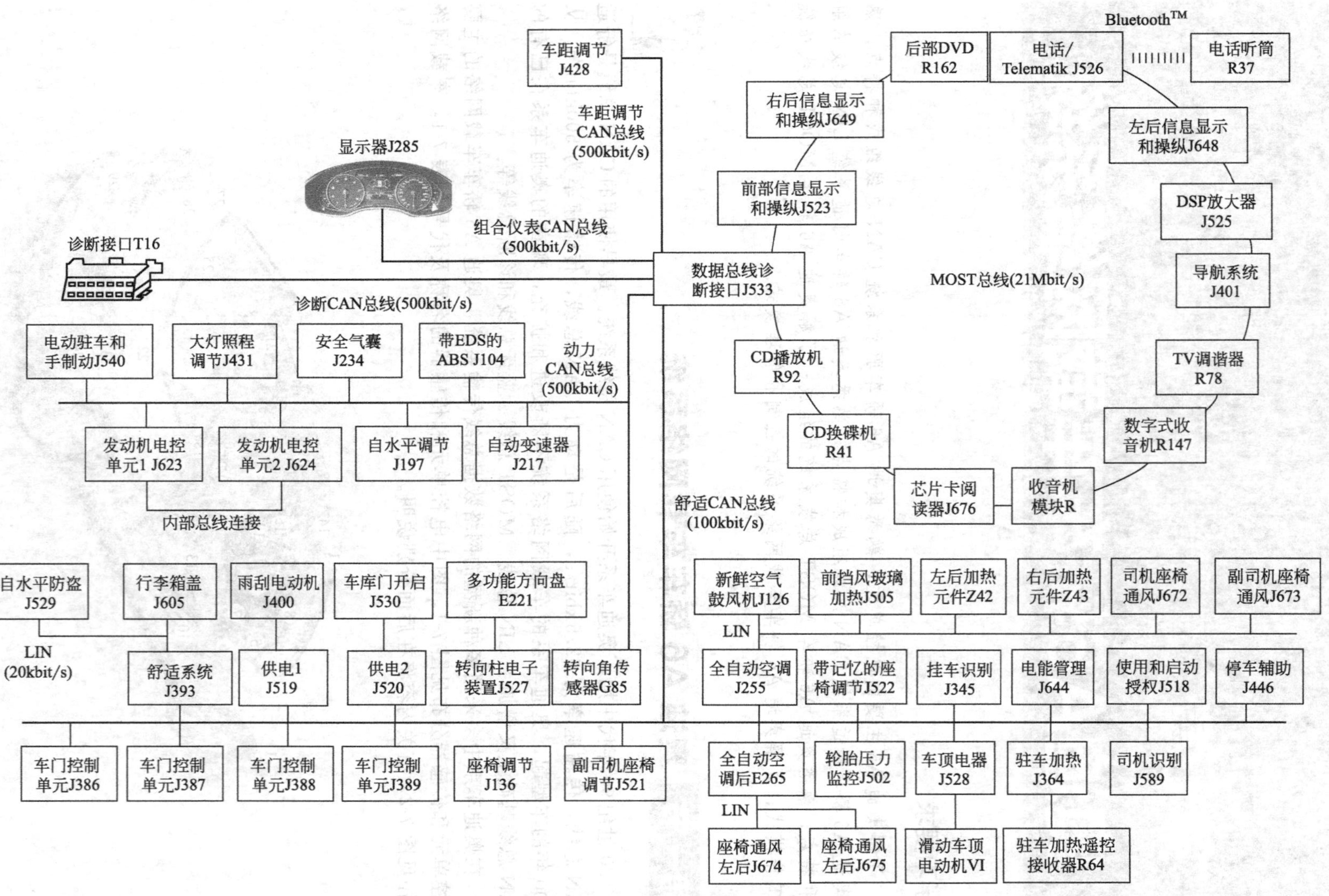

图7-2 奥迪A6轿车车载网络拓扑图

表 7-1 奥迪 A6 轿车车载网络电控单元和传感器名称及代号

编号	电控单元名称	编号	电控单元名称
1	辅助加热控制单元 J364	16	左后车门控制单元 J388
2	带 EDS 的 ABS 控制单元 J104	17	安全气囊控制单元 J234
3	车距调节控制单元 J428	18	车身转动速率传感器 G202
4	左前轮轮胎压力监控发射元件 G431(在车轮拱形板内)	19	副驾驶员车门控制单元 J387
5	供电控制单元 J519	20	副驾驶员带记忆功能的座椅调节控制单元 J521
6	驾驶员车门控制单元 J386	21	右后车门控制单元 J389
7	使用和启动授权控制单元 J518	22	左后轮轮胎压力监控发射元件 G433(在车轮拱形板内)
8	组合仪表内控制单元 J285		
9	转向柱电气控制单元 J527	23	驻车加热无线电接收器 R64
10	电话、信息通信控制单元 J526、电话发送和接收器 R36	24	带有 CD 播放机的导航控制单元 J401、语音输入控制单元 J507、数字音响包控制单元 J525、收音机 R、TV 调谐器 R78、数字收音机 R147
11	发动机控制单元 J623		
12	全自动空调控制单元 J255	25	右后轮轮胎压力监控发射元件 G434(在车轮拱形板内)
13	有记忆功能的座椅调节/转向柱调节控制单元 J136		
14	水平调节控制单元 J197、大灯照程调节控制单元 J431、轮胎压力监控控制单元 J502、供电控制单元 2 J520、前部信息系统显示和操纵控制单元 J523、数据总线诊断接口 J533、无钥匙式启动授权天线读入单元 J723	26	停车辅助系统控制单元 J446、挂车识别控制单元 J345
		27	舒适系统中央控制单元 J393
		28	电动驻车/手制动器控制单元 J540
15	CD 换碟机 R41、CD 播放机 R92	29	电能管理控制单元 J644、车身转动速率传感器 G202

奥迪 A6 轿车不同生产年份和不同版式的车载网络系统有所不同，应参阅具体的维修手册。

第二节 奥迪 A6 轿车 CAN 总线

一、奥迪 A6 轿车驱动系统 CAN 总线

1. 奥迪 A6 轿车驱动系统 CAN 总线组成

奥迪 A6 轿车驱动系统 CAN 总线连接发动机控制单元、变速器控制单元、带 EDS（电子差速制动）的 ABS 控制单元、安全气囊控制单元、电子驻车制动控制单元、大灯照程调节系统控制单元等，各单元安装位置如图 7-3 所示，拓扑图如图 7-4 所示。

点火开关断开后，CAN 通信一直有效，通信断路时（如拔下插头或某一控制单元供电断路）会产生故障记忆，在重新连接正常后，必须删除所有控制单元的故障存储后才可以正常运行。

2. 奥迪 A6 轿车驱动系统 CAN 总线特点

① 高速传输，500kbit/s 。

② 分类级别为 CAN 总线的 C 类。

③ 双绞线传输：CAN-H 高电平线为橙色/黑色，CAN-L 低电平线为橙色/棕色。

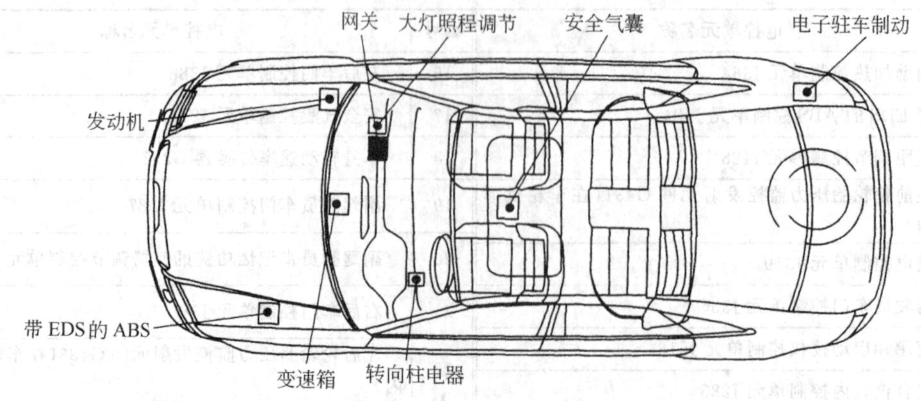

图 7-3 奥迪 A6 轿车驱动系统 CAN 总线组成

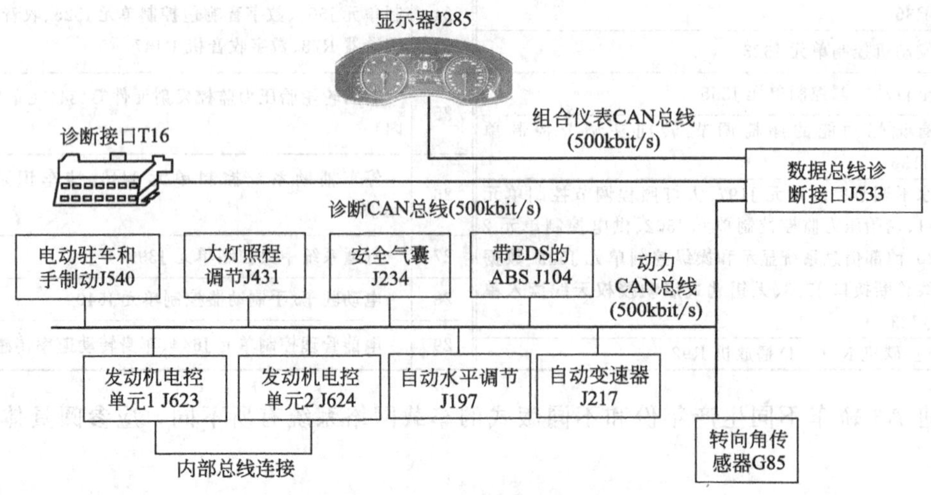

图 7-4 奥迪 A6 轿车驱动系统 CAN 总线拓扑图

④ 在一根线断路/短路时，所有功能都会停止。

二、奥迪 A6 轿车舒适系统 CAN 总线

1. 奥迪 A6 轿车舒适系统 CAN 总线组成

舒适系统 CAN 总线系统连接和控制的电控单元比较多，有空调控制单元、停车辅助控制单元、挂车控制单元、蓄电池能量管理单元、车门控制单元、电子转向柱锁控制单元、驻车加热控制单元、轮胎气压监控控制单元以及多功能方向盘、电子后座椅等控制单元，各单元安装位置如图 7-5 所示，拓扑图见图 7-2 的下半部分。

同样，点火开关断开后，CAN 通信一直有效，通信断路时（如拔下插头或某一控制单元供电断路）会产生故障记忆，在重新连接正常后，必须删除所有控制单元的故障存储后才可以正常运行。

2. 舒适系统 CAN 总线特点

① 传输率较低，100kbit/s 。

② 分类级别为 CAN 总线的 B 类。

③ 双绞线传输：CAN-H 高电平线为橙色/绿色，CAN-L 低电平线为橙色/棕色。

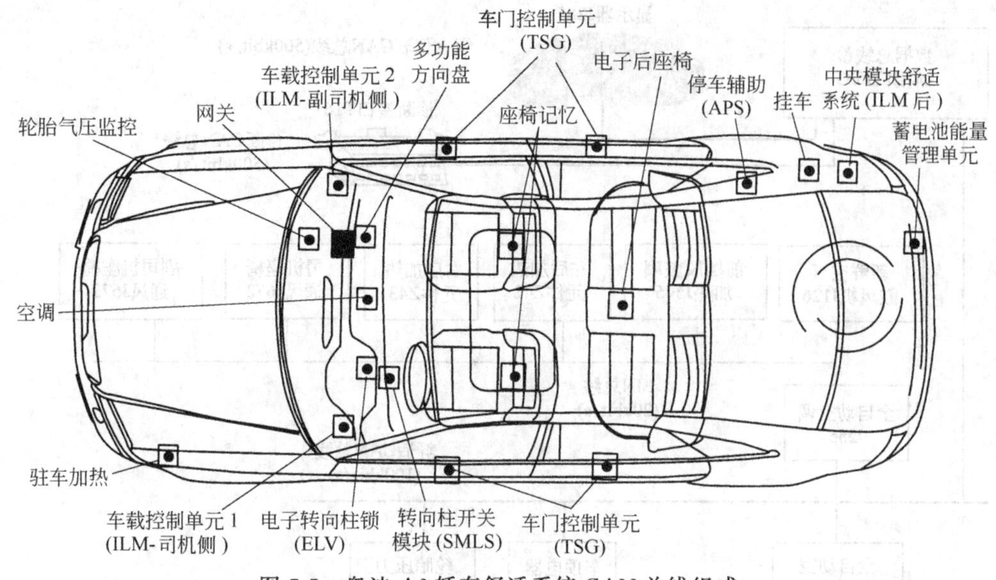

图7-5　奥迪A6轿车舒适系统CAN总线组成

第三节　奥迪A6轿车LIN总线

一、奥迪A6轿车舒适系统LIN总线的组成

由于舒适系统的传感器和控制单元比较多，对于数据传递速率比较低的传感器和控制单元可用LIN总线连接。LIN总线采用单线连接，成本低，所占空间小。

奥迪A6的LIN总线上的传感器和控制单元按所在位置分布如下：

车顶：温度传感器、光敏传感器、信号灯控制、汽车顶篷等。

车门：车窗玻璃、中控锁、车窗玻璃开关、门窗提手等。

车头：传感器、小电动机、方向盘、方向控制开关、挡风玻璃上的擦拭装置、方向灯、无线电、空调、座椅、座椅控制电动机、转速传感器等。

图7-6为奥迪A6轿车部分舒适系统CAN总线和LIN总线的拓扑图。

二、奥迪A6轿车舒适系统LIN总线的特点

(1) 一个主控单元连接多个从控单元　奥迪A6轿车的空调系统的控制是由两个LIN总线组成，即全自动空调J255连接的LIN总线和全自动空调后E265连接的LIN总线。

自动空调J255作为LIN总线的主控单元，连接6个从控单元，分别是新鲜空气鼓风机J126、前挡风玻璃加热J505、左后加热元件Z42、右后加热元件Z43、司机座椅通风J672、副司机座椅通风J673。

全自动空调后E265作为另一个LIN总线的主控单元，连接2个从控单元，分别是座椅通风左后J674和座椅通风右后J675。

(2) 一个主控单元连接多个传感器　轮胎压力监控J502作为LIN总线的主控单元，连接4个轮胎的压力传感器，即左前压力传感器G431、右前压力传感器G432、左后压力传感器G433、右后压力传感器G434和一个后部天线R96。

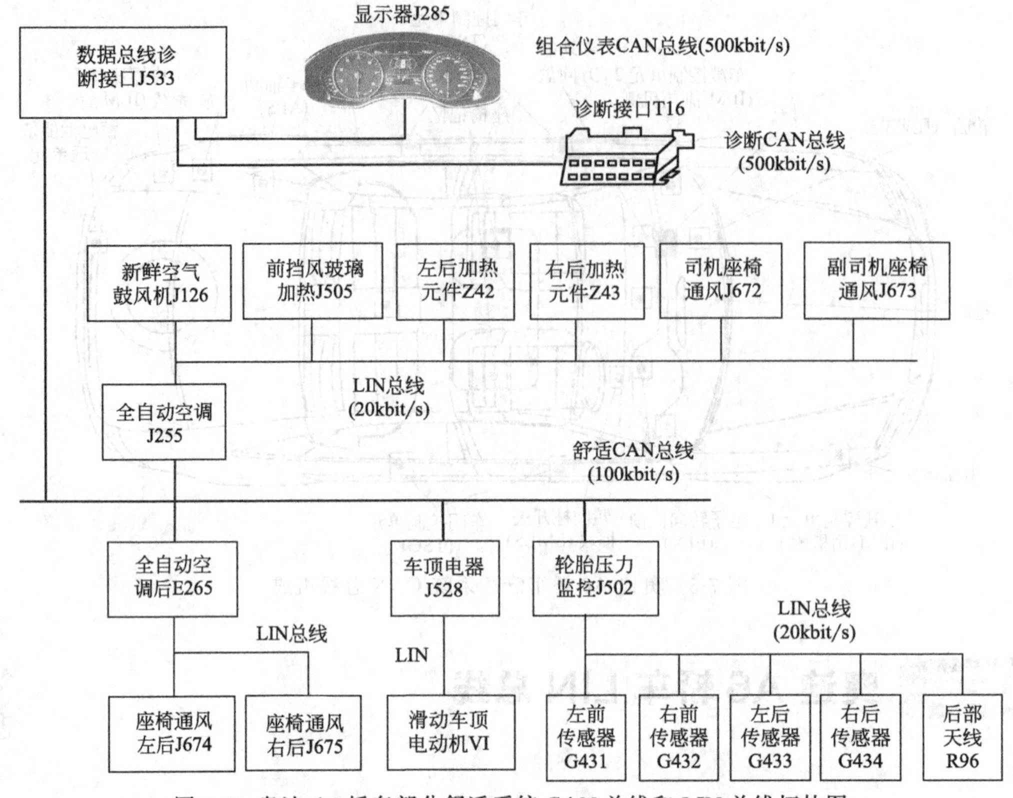

图 7-6 奥迪 A6 轿车部分舒适系统 CAN 总线和 LIN 总线拓扑图

(3) 各 LIN 总线之间的数据交换是由主控单元通过舒适系统 CAN 总线实现 例如全自动空调的两个 LIN 总线之间的数据交换就是由主控单元通过舒适系统 CAN 总线实现的。各轮胎的压力数据经轮胎压力监控 J502、舒适系统 CAN 总线上传到数据总线诊断接口 J533，供显示和诊断使用。

三、LIN 总线控制实例

如图 7-7 所示，雨刮器操纵信号控制流程如下：

① 驾驶员将雨刮器控制杆放到雨刮器间歇位置。

② 转向柱电子装置 J527 读取雨刮器控制杆的实际位置信息。

③ 转向柱电子装置 J527 经由舒适系统 CAN 总线向供电 1 J519 单元发送此信息。

④ 供电 1 J519 通过 LIN 总线向雨刮器电动机 J400 发出指令，运行在间歇位置模式。

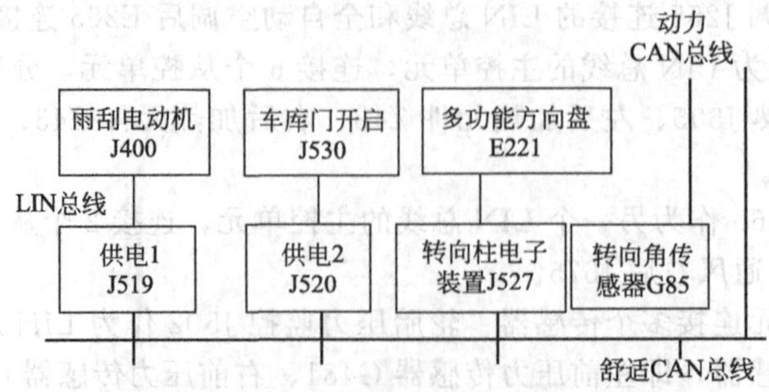

图 7-7 雨刮器经 CAN 总线和 LIN 总线的控制电路

第四节　奥迪 A6 轿车 MOST 总线系统和蓝牙技术

一、奥迪 A6 轿车 MOST 总线系统的组成

在奥迪 A6 轿车上信息娱乐系统的数据传递采用 MOST 总线系统，示意图见第四章图 4-23，拓扑图见图 7-8。

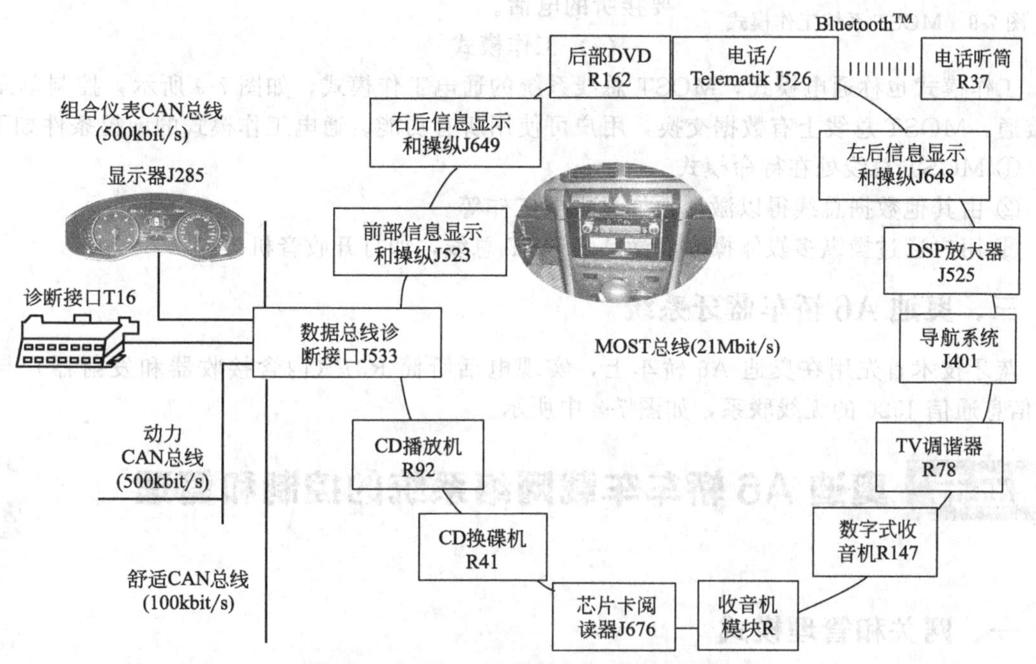

图 7-8　奥迪 A6 轿车 MOST 总线拓扑图

奥迪 A6 轿车 MOST 总线系统包括：数据总线诊断接口 J533、前部信息显示和操纵 J523、右后信息显示和操纵 J649、后部 DVD R162、电话/Telematik（德语：信息通信）J526、电话听筒 R37（内含接收器和发射器）、左后信息显示和操纵 J648、DSP（数字信号处理）放大器 J525、带 CD 的导航系统 J401、TV 调谐器 R78、数字式收音机 R147、收音机模块 R、芯片卡阅读器 J676、CD 换碟机 R41 和 CD 播放机 R92 等。每一个与 MOST 总线相连接的单元都设置了收发装置和其他相关专用装置。

二、奥迪 A6 轿车 MOST 总线系统的工作模式

奥迪轿车 A6 MOST 总线系统有三种工作模式：休眠模式、待命模式、工作模式。

(1) 休眠模式　也称睡眠模式，MOST 总线系统的睡眠模式，见图 7-9，这时 MOST 总线内没有数据交换，所有设置处于待命状态，静态电流被降至最小值。睡眠模式的唤醒只能由系统管理器发出的光启动脉冲来激活。在满足下述 3 个条件下，MOST 总线系统进入睡眠模式。

① 总线上的所有控制单元都处于准备进入睡眠模式，如视音频设备处于“关”的状态。

② 其他总线系统不经过网关向 MOST 提出要求。

③ 诊断不被激活。

(2) 待命模式　也称备用模式，MOST 总线系统的待命模式，见图 7-9，这时无法为用

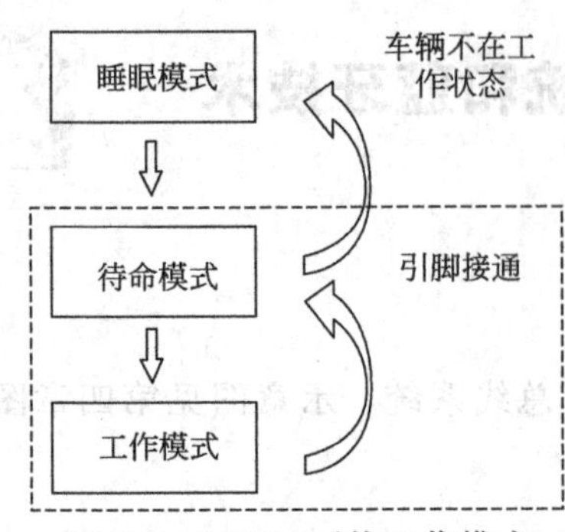

图 7-9　MOST 系统工作模式

户提供任何服务，给人的感觉就好像是系统已经关闭一样。MOST 总线系统在后台运行，但所有的输出介质（如显示屏、收音机放大器等）都不工作或不发声，这种模式在启动及系统持续运行时被激活。待命模式的前提条件如下：

① 由其他数据总线经由网关得以激活，比如驾驶座位旁车门打开或关闭时，点火开关接通等。

② 可以由总线上的一个控制单元得以激活，比如一个要接听的电话。

(3) 工作模式

工作模式也称通电模式，MOST 总线系统的通电工作模式，如图 7-9 所示，控制单元完全接通，MOST 总线上有数据交换，用户可使用所有功能。通电工作模式的前提条件如下：

① MOST 总线处在待命模式。

② 由其他数据总线得以激活，如显示屏工作等。

③ 用户通过操纵多媒体操纵盘激活 MOST 总线，如打开收音机等。

三、奥迪 A6 轿车蓝牙系统

蓝牙技术首先用在奥迪 A6 轿车上，实现电话听筒 R37（内含接收器和发射器）与电话/信息通信 J526 的无线联系，如图 7-8 中所示。

第五节　奥迪 A6 轿车车载网络系统的控制和管理

一、网关和管理模式

网关是整车不同总线间的接口和数据交换中心，也是诊断仪检测车载网络的接口。奥迪 A6 轿车车载网络系统的网关在数据总线诊断接口 J533 内，也就是说数据总线诊断接口 J533 具有网关功能。

网络管理工作模式有睡眠和唤醒两种。

睡眠模式：在关闭点火开关后，除保持必要的总线通信功能，如防盗电控单元，其他电控单元通过关断通信进行静电流的限制，即为睡眠模式。

唤醒模式：如车辆还处于锁车状态，在有需求的前提下启动通信，即为唤醒模式。

由于功能分配，相应总线系统上的所有控制单元都参加到网络管理中。所有控制单元必须一起进入睡眠准备状态。正常情况车辆关闭大约 15min，发出睡眠准备信号，总线将进入睡眠模式（总线静止）。电控单元睡眠模式在车辆关闭 2h 后主处理器不再供电。同时，由于功能分配，所有电控单元必须同时唤醒，总线唤醒功能是作为对总线指令或传感器的反应来实现的。

二、电能管理系统

在奥迪 A6 上，2005 年首次安装了电能管理控制单元 J644。奥迪 A6 的蓄电池安装在后备箱内的右侧，电能管理控制单元 J644 在蓄电池的左上方。

蓄电池的工作状态可以在仪表盘的综合信息显示屏 MMI（Man-Machine interface 人机

界面）上显示，如图 7-10 所示，图中德语单词“Batteriezustand”为“电池状态”。

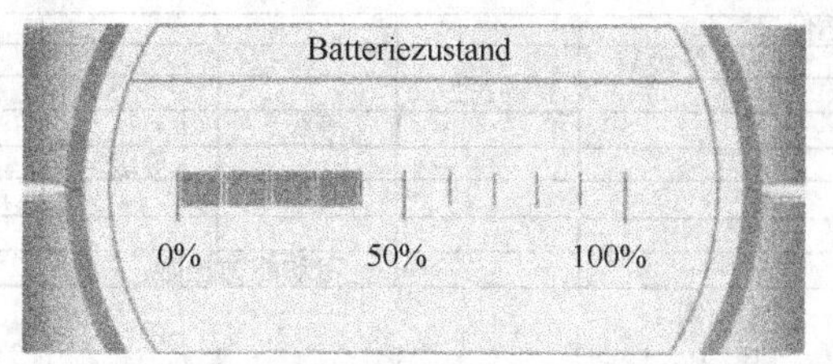

图 7-10　显示屏上显示蓄电池的状态

蓄电池状态表示的是蓄电池的工作能力，这个能力是根据蓄电池电能状态和启动能力估算出来的。

MMI 显示的蓄电池电能状态以竖条形图显示，以 10％的数量为一格。在 60％到 80％之间的充电状态是正常的。

电能管理控制单元 J644 在进行电能管理控制时，必须实时从 CAN 总线上获取以下主要信号数据。

① 蓄电池状态数据：蓄电池电压：5.5～16V；蓄电池输出电流：10mA～100A；蓄电池温度：－35～70℃。

② 发动机工况数据：发动机启动和停机信号，发动机停机后计时信号，发动机转速信号，发动机负荷信号，发动机加速信号等。

③ 发电机工况数据：发电机输出电压，发电机输出电流，发电机温度，发电机故障信号等。

④ 供电网络各数据：供电网络各系统电压，供电网络各系统电流，大功率用电器开关信号等。

电能管理控制单元 J644 有三大基本管理控制功能：蓄电池管理和诊断功能，静态电流分级断开控制功能和动态电源管理功能。

1. 蓄电池管理和诊断功能

电能管理控制单元 J644 根据上述蓄电池状态数据，具有以下主要管理和控制功能。

向 MMI 提供显示蓄电池状态的数据；

启动能力预报；

用于用电器断开的分级控制；

用于发电机优化充电电压；

发电机安全系数的保证——调节大功率加热元件。

2. 静态电流分级断开控制功能

发动机在熄火后，必须关断一部分不重要的用电器和减小电控单元的静态电流，保证汽车长时间停放后能够启动发动机，尤其是在汽车贸易的远洋运输和长时间库存，尤为重要。

静态电流分级断开控制是根据用电器、电控单元的作用和蓄电池的状态，按轻重缓急分级断开的。图 7-11 是奥迪 A6 电能管理控制单元 J644 的静态电流断开等级和蓄电池消耗示意图，静态电流分级断开分为 6 个等级；断开顺序是 1—2—5—3—6。

图中没有显示第 4 级，第 4 级是“运输模式”，它不能由电能管理控制单元 J644 单独激活，而由故障诊断仪激活。

根据蓄电池能量下降的程度，各断开等级被激活后的作用如下。

断开等级 1：受舒适系统 CAN 总线控制的部分不重要用电器被关闭。

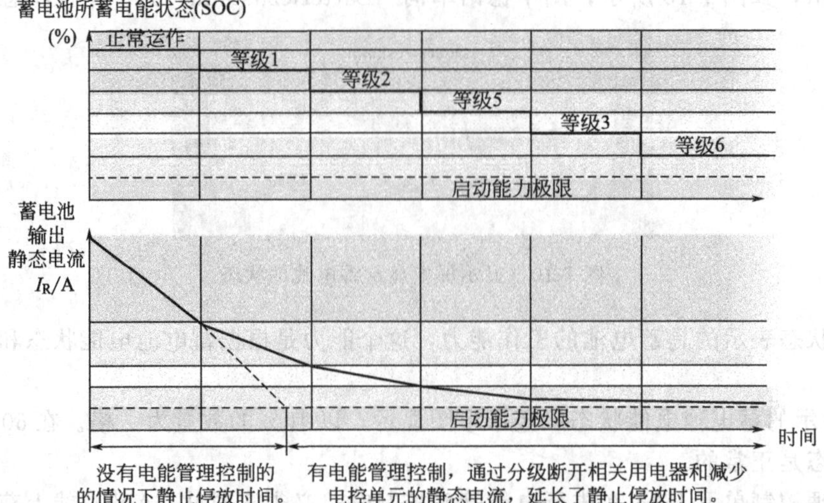

图 7-11 电能管理控制单元控制静态电流断开等级和蓄电池消耗示意图

断开等级 2：进一步关闭舒适系统 CAN 总线的其他不重要用电器，对信息娱乐系统进行一定的电流限制。

断开等级 3：进行包括对一些电控单元静态电流的降低。

断开等级 4：运输模式。

断开等级 5：停车加热系统关断。

断开等级 6：CAN 总线系统的唤醒事件被降低，只维持一些必须具备的基本功能。

蓄电池储存的电能越少，断开相关用电器的等级越高。断开电路的等级信息经 CAN 总线在组合仪表显示，以告知司机。

在断开相关电路的同时，断开等级信息作为故障码存储在电能管理控制单元 J644 的故障存储器中，当司机或维修人员怀疑被断电路的用电器不工作时，用故障诊断仪可以读出是真出了故障，还是为了节约电能而被自动断电了。当发动机启动后，所有被激活的断开等级将被撤销。

从图 7-11 下面的曲线可以看出，在没有电能管理控制的情况下，汽车的停放时间较短；而在有电能管理控制的情况下，通过分级断开相应用电器和减小电控单元的静态电流，可以很好地延长汽车的停放时间。

3. 动态电源管理功能

动态电源管理功能是在发动机工作时动态管理发电机的电能分配，以满足不同用电系统用电和蓄电池充电的需要。动态电源管理功能如下。

（1）蓄电池充电电压调节　通过对蓄电池电压和输出电流的检测，实时调节对蓄电池的充电电压。

（2）发电机动态调节　通过对供电网络各部分电压、电流和蓄电池状态的检测，调节发电机的输出电压。对大功率加热元件的接通造成供电网络电压突然降低，发电机不会立即升高输出电压，而是在数秒内均匀增加电压，使发动机被均匀加载。

（3）发动机怠速调节　当大功率用电器，如加热系统启动时，导致供电网络电压下降，电能管理控制单元 J644 会通过 CAN 总线控制发动机怠速提升，提高发电机的输出电压，补充用电量的需要。

（4）卸载控制　当快速踩压加速踏板时，发动机被快速加速，为了把发动机的输出功率充分用在机械传动上，电能管理控制单元 J644 可以按照发动机控制单元的请求，降低发电机的输出电压，降低对蓄电池的充电电压，降低大功率用电器（如前窗玻璃加热、后窗玻璃加热、座椅加热等）的电流。

（5）发电机接入控制　为了给发动机启动时提供更充足的电能和尽量减小启动阻力，在发动机启动时，电能管理控制单元 J644 可以控制发电机的励磁电流降至最低，使发电机处于空载状态，减小发电机对发动机的阻力。

小　结

1. 奥迪 A6 轿车驱动系统 CAN 总线由发动机控制单元、变速器控制单元、带 EDS 的 ABS 控制单元、安全气囊控制单元、电子驻车制动控制单元、大灯照程调节系统控制单元等组成。奥迪 A6 轿车驱动系统 CAN 总线特点有：高速传输，500kbit/s；分类级别为 CAN 总线的 C 类；双绞线传输，在一根线断路/短路时，所有功能都会停止。

2. 奥迪 A6 轿车舒适系统连接和控制的电控单元比较多，有空调控制单元、停车辅助控制单元、车门控制单元、电子转向柱锁控制单元、驻车加热控制单元、轮胎气压监控控制单元、多功能方向盘、电子后座椅控制单元等。舒适系统 CAN 总线特点：传输率较低，100kbit/s；分类级别为 CAN 总线的 B 类；双绞线传输。

3. 由于舒适系统的传感器和控制单元比较多，对于数据传递速率比较低的传感器和控制单元可用 LIN 总线连接。LIN 总线采用单线连接，成本低，所占空间小。LIN 总线具有一个主控单元连接多个从控单元；一个主控单元连接多个传感器；各 LIN 总线之间的数据交换由主控单元通过舒适系统 CAN 总线来实现。

4. 奥迪轿车 A6 MOST 总线系统有三种工作模式：休眠模式、待命模式、工作模式。

5. 网关是整车不同总线间的接口和数据交换中心，也是诊断仪检测车载网络的接口。奥迪 A6 轿车车载网络系统的网关在数据总线诊断接口 J533 内。

6. 奥迪 A6 轿车车载网络系统的网络管理工作模式有睡眠和唤醒两种。

7. 奥迪 A6 轿车的电能管理控制单元 J644 有三大基本管理控制功能：蓄电池管理和诊断功能，静态电流分级断开控制功能和动态电源管理功能。

思考题

1. 简述奥迪 A6 轿车车载网络系统的组成。
2. 简述奥迪 A6 轿车驱动系统 CAN 总线组成和特点。
3. 简述奥迪 A6 轿车舒适系统 CAN 总线组成和特点。
4. 简述奥迪 A6 轿车舒适系统 LIN 总线的组成和特点。
5. 简述奥迪 A6 轿车 MOST 总线系统的组成和特点。
6. 简述奥迪 A6 轿车蓝牙技术的特点。
7. 奥迪 A6 轿车的电能管理控制单元 J644 有哪些管理控制功能？

第八章

丰田轿车车载网络系统

学习要求

了解丰田轿车车载网络系统三种通信电路的特点；熟悉丰田轿车车载网络系统的组成；熟悉雷克萨斯（凌志）轿车网络系统的组成和特点；熟悉丰田凯美瑞轿车网络系统的组成和特点；熟悉丰田锐志轿车网络系统的组成和特点。

第一节 丰田轿车车载网络系统概述

一、丰田轿车车载网络系统的组成

丰田车系采用多路传输通信系统 MPX（Multiplex Communication System），丰田车系在网关 ECU 内置了三种通信电路，即 CAN、BEAN、AVC-LAN。这三种电路的通信速率，见表 8-1。

表 8-1 三种通信电路速率表

项目	CAN	BEAN	AVC-LAN
通信速率/(kbit/s)	500	10	17.8
通信导线	双绞线	单线	双绞线
电气信号种类	差分电压	单线电压	差分电压
数据长度/字节	1～8(可变)	1～11(可变)	0～32(可变)

CAN 总线具有高度灵活性、简单的扩展性、优良的抗干扰性和纠错能力，其通信协议在汽车电控系统中得到更广泛的应用。

车身电子局域网络 BEAN（Body Electronic Area Network）是丰田汽车专利的双向通信网络。

音响视听局域网络 AVC-LAN（Audio Visual Communication-Local Area Network）主要用于音频和视频设备中的通信网络。

各个网络通信协议不同，传输速率不同，翻译工作由网关来完成。网关结构如图 8-1 所示。网关内置 CPU 从不同的总线接收数据，对数据进行处理，再按照各通信协议把该数据发送到总线上去。网关负责来自仪表板总线、车门和转向柱总线、CAN 总线和 AVC-LAN 总线数据信息的接收、转化和传输，并会将相关信息存储。其中 DLC3 用于故障自诊断。网关的安装位置位于副驾驶前，如图 8-2 所示。

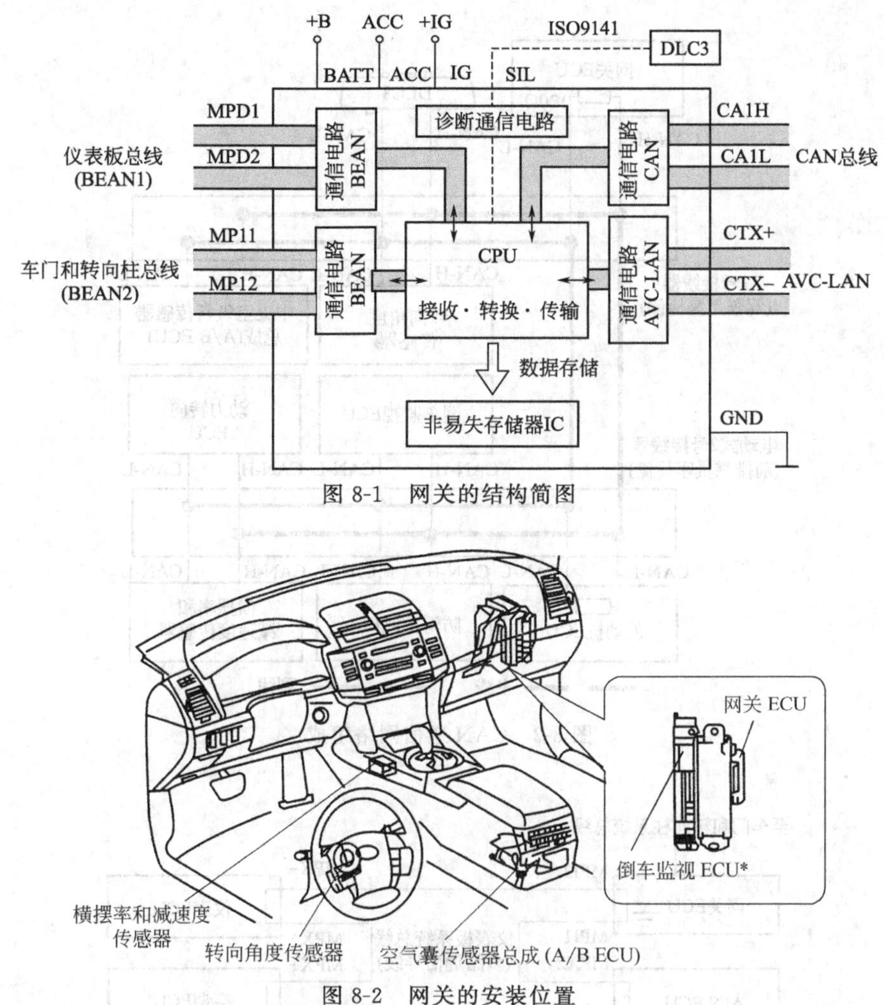

图 8-1　网关的结构简图

图 8-2　网关的安装位置

二、丰田轿车车载网络系统的特点

1. CAN 通信网络

CAN 通信网络的组成如图 8-3 所示。CAN 通信网络中的多个 ECU 连接到通信线路上，终端电阻（120Ω）安装在总线主线路上，连接电阻的目的是为了防止信号的反射，使提供的信号更稳定。各控制单元模块和相关 ECU 跨接于总线上，总线采用双线传输。其 CAN-H 线称为主线，CAN-L 线称为副线。

2. 车身电子局域网络 BEAN

车身多路通信局域网络是一种多总线车身电子局域网，由仪表板 BEAN 系统、转向柱 BEAN 系统和车门 BEAN 系统组成，如图 8-4 所示。BEAN 通信一般采用单线传输（由公用地线构成回路）。BEAN 通过扩展控制对象，提高了控制数据量。仪表板系统多路通信网络 ECU 功能，见表 8-2。

表 8-2　仪表板系统多路通信网络 ECU 功能表

ECU	主要功能	ECU	主要功能
AFS ECU	AFS(自适应大灯系统)的车辆	空调 ECU	控制加热器和空调系统以及车窗除雾器系统
仪表 ECU	控制仪表和计量系统	网关 ECU	在 CAN 通信和各车载多路通信之间传送数据

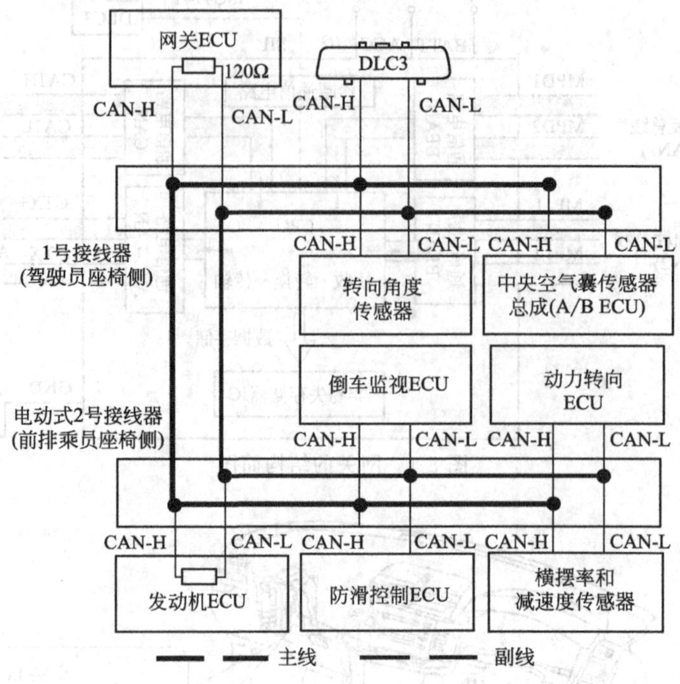

图 8-3 CAN 通信网络组成

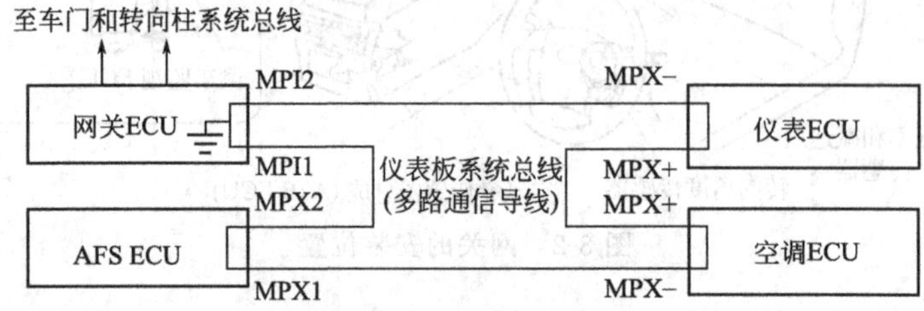

图 8-4 仪表板多路通信 BEAN

车门和转向柱系统总线电路，见图 8-5。

车门和转向柱系统多路通信网络 ECU 功能，见表 8-3。

车门和转向柱系统转向控制 ECU 位置，见图 8-6、图 8-7。

表 8-3 车门和转向柱系统多路通信网络 ECU 功能

ECU	主 要 功 能
发动机停机 ECU	控制防盗(停机)系统
电源 ECU	控制按键启动系统
滑动天窗 ECU	控制滑动天窗系统
认证 ECU	控制智能进入和启动系统
前控制器 ECU	控制照明(大灯近光以外的前车用灯)和喇叭
驾驶员侧接线盒 ECU	控制电动车窗、电子门锁、防盗系统
MPX 总开关	控制电动车窗系统
网关 ECU	在 CAN 通信和各车载多路通信之间传播数据

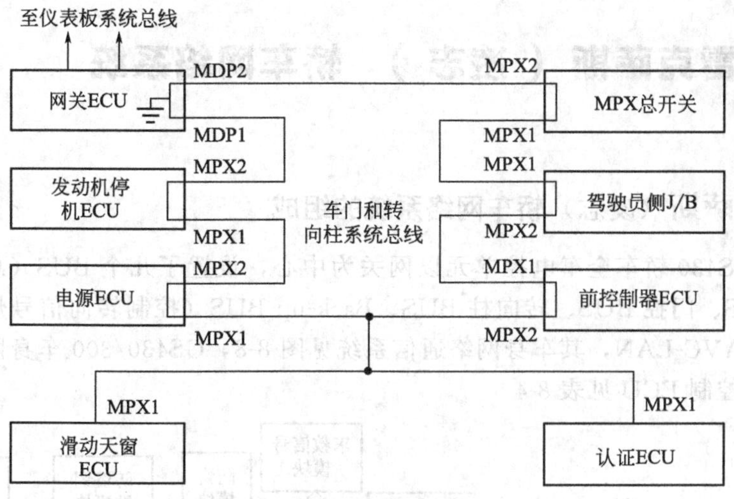

图 8-5　车门和转向柱系统总线电路

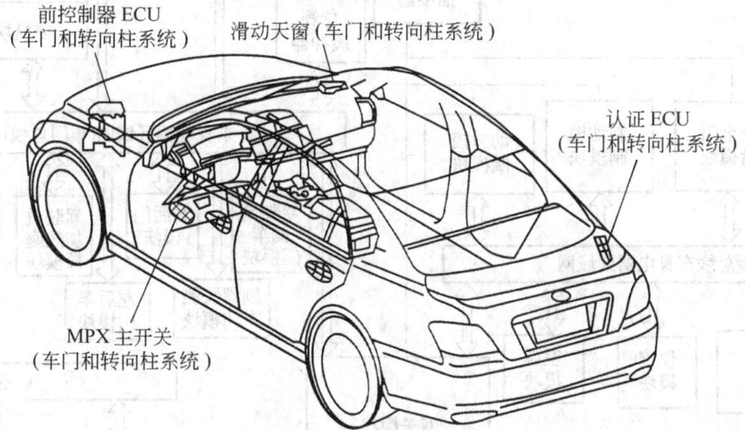

图 8-6　车门和转向柱系统转向控制 ECU 位置图 1

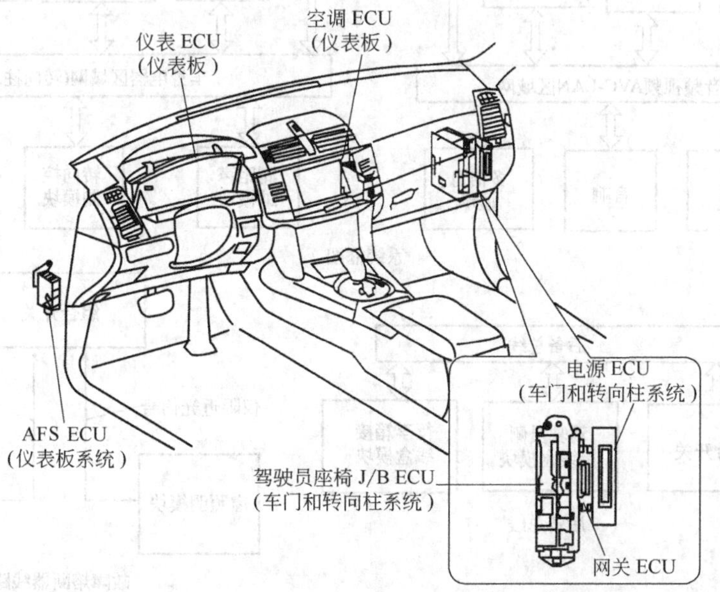

图 8-7　车门和转向柱系统转向控制 ECU 位置图 2

第二节 雷克萨斯（凌志） 轿车网络系统

一、雷克萨斯（凌志）轿车网络系统的组成

雷克萨斯 LS430 轿车全车电控单元以网关为中心，设置了几个 BUS（总线）系统，包括：仪表板 BUS、门控 BUS、转向柱 BUS、Back-up BUS（控制转向信号灯、尾灯、制动灯和后雾灯）、AVC-LAN，其车身网络通信系统见图 8-8，GS430/300 车身网络控制系统见图 8-9，各总线控制 ECU 见表 8-4。

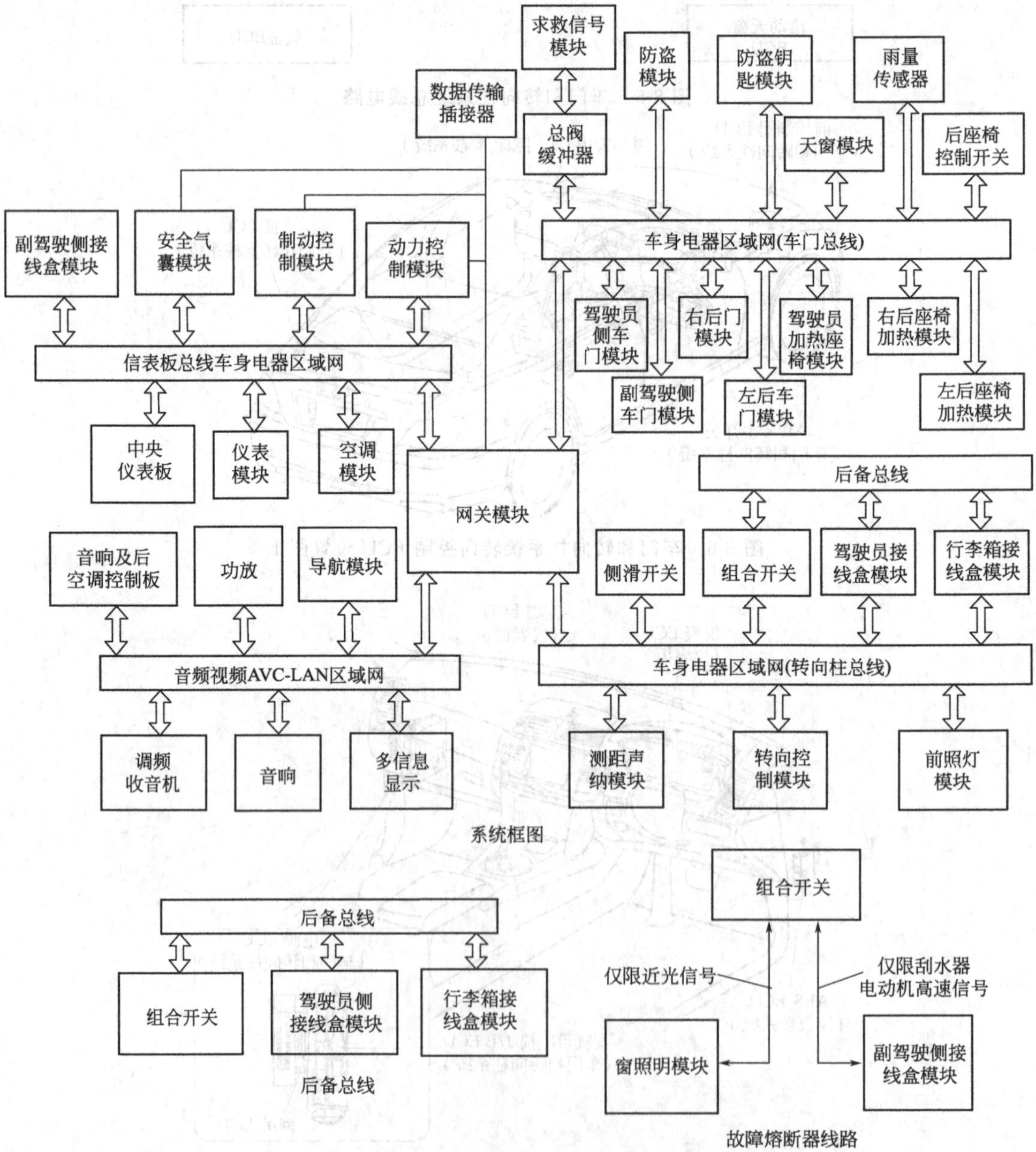

求救信号模块
数据传输插接器
总阀缓冲器
防盗模块
防盗钥匙模块
雨量传感器
天窗模块
后座椅控制开关
副驾驶侧接线盒模块
安全气囊模块
制动控制模块
动力控制模块
车身电器区域网(车门总线)
驾驶员侧车门模块
右后门模块
驾驶员加热座椅模块
右后座椅加热模块
副驾驶侧车门模块
左后车门模块
左后座椅加热模块
信表板总线车身电器区域网
中央仪表板
仪表模块
空调模块
网关模块
后备总线
音响及后空调控制板
功放
导航模块
侧滑开关
组合开关
驾驶员接线盒模块
行李箱接线盒模块
音频视频AVC-LAN区域网
车身电器区域网(转向柱总线)
调频收音机
音响
多信息显示
测距声纳模块
转向控制模块
前照灯模块
系统框图

后备总线
组合开关
驾驶员侧接线盒模块
行李箱接线盒模块
后备总线

组合开关
仅限近光信号
仅限刮水器电动机高速信号
窗照明模块
副驾驶侧接线盒模块
故障熔断器线路

图 8-8　LS430 轿车车身网络通信系统图

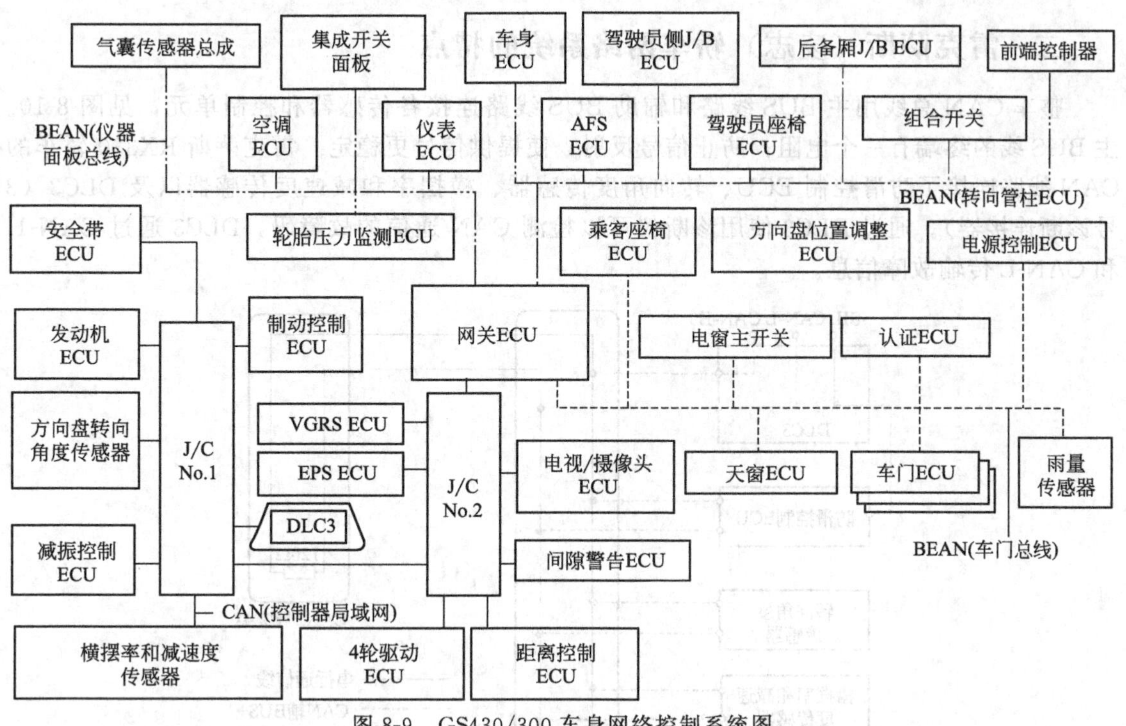

图 8-9 GS430/300 车身网络控制系统图

表 8-4 各总线控制 ECU 表

<table>
<tr><td rowspan="20">网关 ECU</td><td>总线类型</td><td colspan="2">ECU</td></tr>
<tr><td rowspan="4">J/C No. 1 带终端电路</td><td>发动机 ECU(ECM)</td><td>安全带控制 ECU</td></tr>
<tr><td>减振器控制 ECU</td><td>制动控制 ECU</td></tr>
<tr><td colspan="2">横摆率和减速度传感器</td></tr>
<tr><td>转向角传感器</td><td>DLC3</td></tr>
<tr><td rowspan="3">J/C No. 2 带终端电路</td><td>EPS ECU</td><td>VGRS ECU</td></tr>
<tr><td>距离控制 ECU</td><td>4 轮驱动 ECU</td></tr>
<tr><td>摄像 ECU/倒车指示监视器 ECU</td><td>间隙警告 ECU</td></tr>
<tr><td rowspan="3">仪表面板总线</td><td>仪表 ECU</td><td>空调 ECU</td></tr>
<tr><td>集成开关面板</td><td>轮胎压力监测 ECU</td></tr>
<tr><td colspan="2">气囊传感器总成</td></tr>
<tr><td rowspan="4">转向总线</td><td>车身 ECU</td><td>驾驶员侧 J/B ECU</td></tr>
<tr><td>后备厢 J/B ECU</td><td>前大灯转弯自动调整系统 ECU</td></tr>
<tr><td>驾驶员座椅 ECU</td><td>方向盘位置调整 ECU</td></tr>
<tr><td>前端控制器</td><td>组合开关</td></tr>
<tr><td rowspan="4">车门总线</td><td colspan="2">车门 ECU</td></tr>
<tr><td>认证 ECU</td><td>电源控制 ECU</td></tr>
<tr><td>天窗 ECU</td><td>电动车窗控制开关</td></tr>
<tr><td colspan="2">雨量传感器</td></tr>
<tr><td rowspan="2">AVC-LAN</td><td>导航 ECU</td><td>音响控制单元 ECU</td></tr>
<tr><td colspan="2">多功能显示 ECU</td></tr>
</table>

二、雷克萨斯（凌志）轿车网络系统的特点

整车 CAN 总线用主 BUS 线路和辅助 BUS 线路连接各传感器和控制单元，见图 8-10。主 BUS 线的终端有一个电阻，防止信号反射，使提供信号更稳定。雷克萨斯 RX330 轿车的 CAN 线路连接了防滑控制 ECU、转向角度传感器、横摆率和减速度传感器以及 DLC3（3 号诊断连接器）。通过 DLC3 使用诊断仪可以检测 CAN 通信的故障码，DLC3 通过 CAN-H 和 CAN-L 传输故障信息。

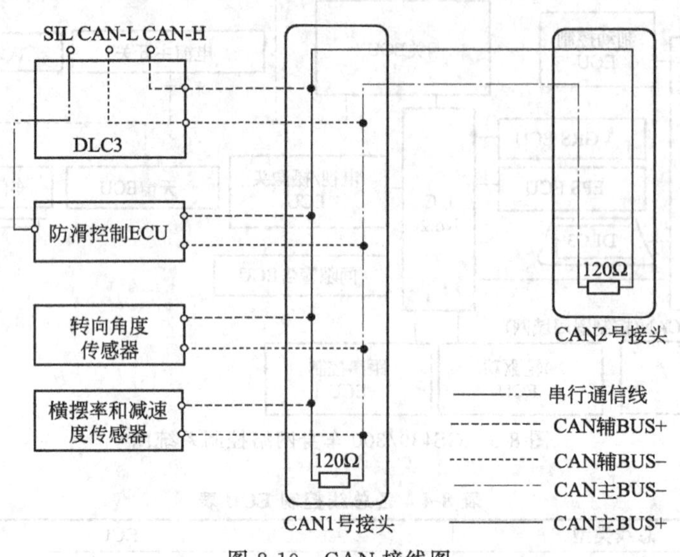

图 8-10　CAN 接线图

1. CAN 元件布置

雷克萨斯 RX330 车型中，CAN 包含 CAN 1 号接头、CAN2 号接头、防滑控制 ECU、转向角度传感器、横摆率与减速度传感器和 DLC3 等元件，安装位置见图 8-11。

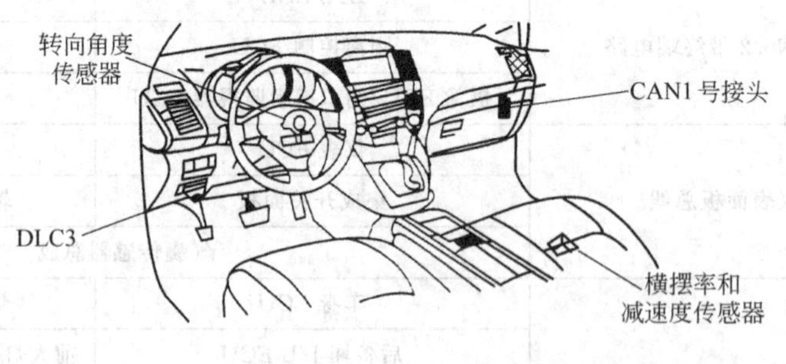

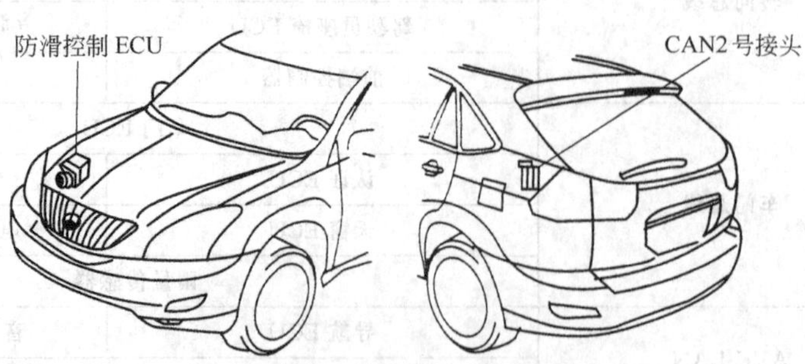

图 8-11　CAN 元件位置分布图

2. 通信线

CAN 和 AVC-LAN 通信采用双线传输，BEAN 通信一般采用单线传输。

3. CAN、BEAN 与 AVC-LAN 总线的区别

(1) 通信协议不同

各个电控单元所采用的数据传输速度、传输线和信号不同，因此要有明确的通信协议来完成通信。

(2) 传输速率不同

CAN 的传输速率快，因此应用在发动机和底盘等控制系统。CAN、BEAN 与 AVC-LAN 对比，见表 8-5。

表 8-5 CAN、BEAN 与 AVC-LAN 对比

协议	CAN	BEAN(Toyota 标准)	AVC-LAN(Toyota 标准)
系统	发动机、底盘电控系统	车身电控系统	
通信速率	500 kbit/s 最大 1Mbit/s	最大 10 kbit/s	最大 17.8 kbit/s
通信线	双绞线	AV 单线	双绞线
驱动形式	差分电压驱动	单线电压驱动	差分电压驱动
数据长度/字节	1～8	1～11	0～32

第三节 丰田凯美瑞轿车 CAN 网络系统

一、丰田凯美瑞轿车网络系统的组成

新型凯美瑞轿车 CAN 总线系统如图 8-12 和图 8-13 所示。该车具有两种不同通信速度

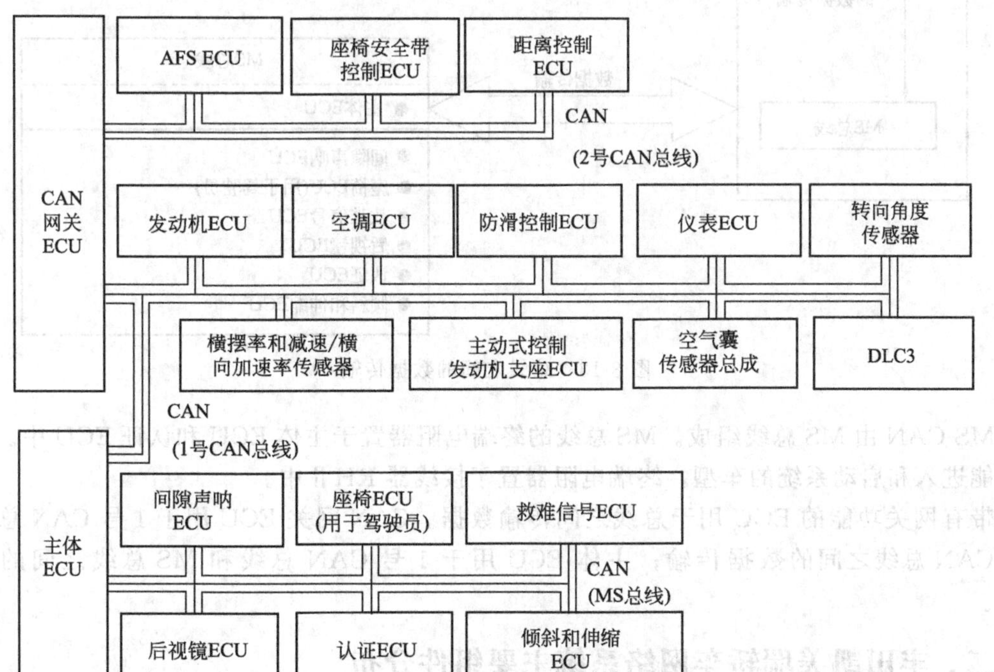

图 8-12 丰田凯美瑞轿车多路通信系统

的 CAN 总线：高速 CAN 总线（HS-CAN，500kbit/s）和中速 CAN 总线（MS-CAN，250kbit/s）。HS-CAN 由 1 号 CAN 总线和 2 号 CAN 总线组成。1 号 CAN 总线的终端电阻器置于发动机 ECU 和仪表 ECU 中，2 号 CAN 总线的终端电阻器置于 CAN 网关 ECU 和接线器（前 LH）中。

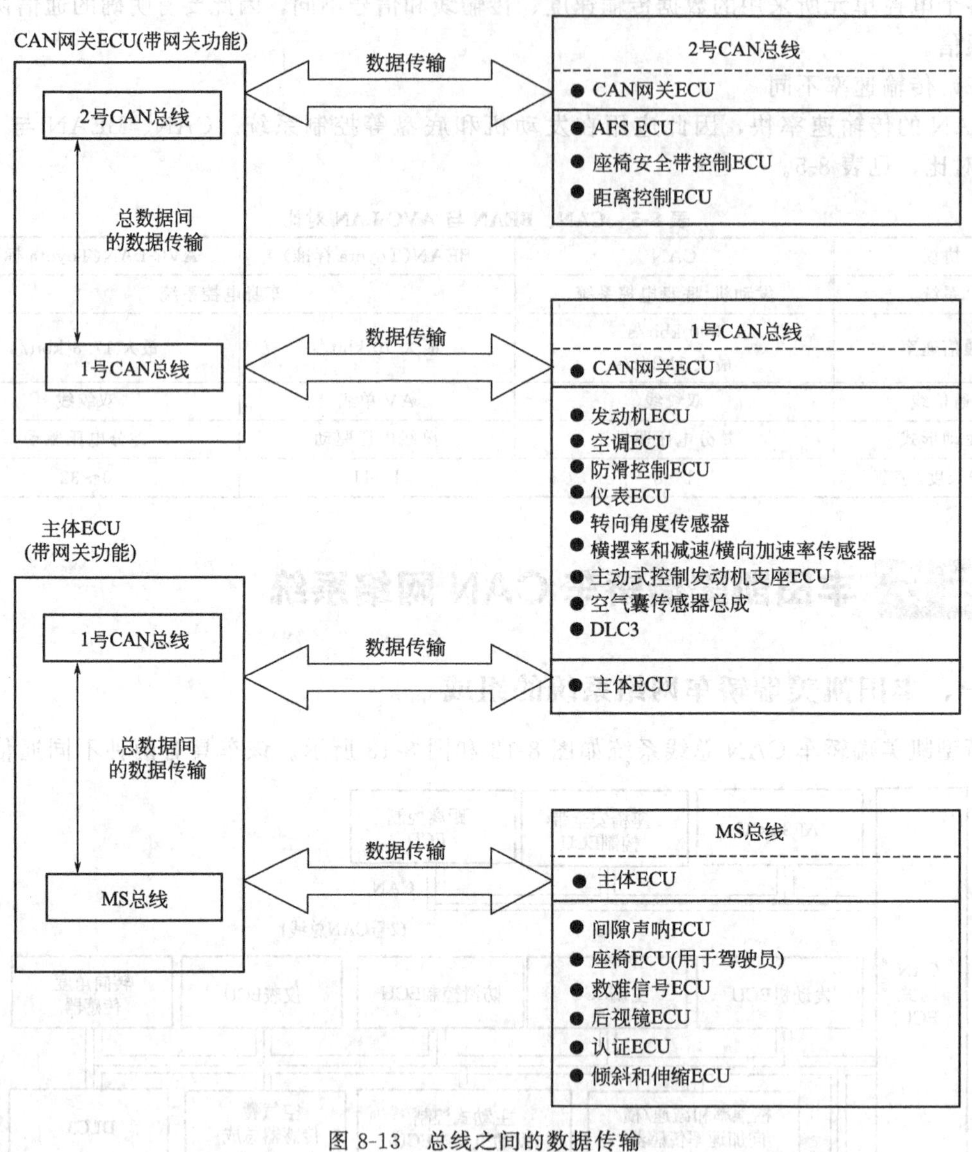

图 8-13　总线之间的数据传输

MS-CAN 由 MS 总线组成。MS 总线的终端电阻器置于主体 ECU 和认证 ECU 中。对于无智能进入和启动系统的车型，终端电阻器置于接线器 RHⅡ中。

带有网关功能的 ECU 用于总线之间传输数据。CAN 网关 ECU 用于 1 号 CAN 总线和 2 号 CAN 总线之间的数据传输；主体 ECU 用于 1 号 CAN 总线和 MS 总线之间的数据传输。

二、丰田凯美瑞轿车网络系统主要组件分布

丰田凯美瑞轿车网络系统主要组件分布见图 8-14。

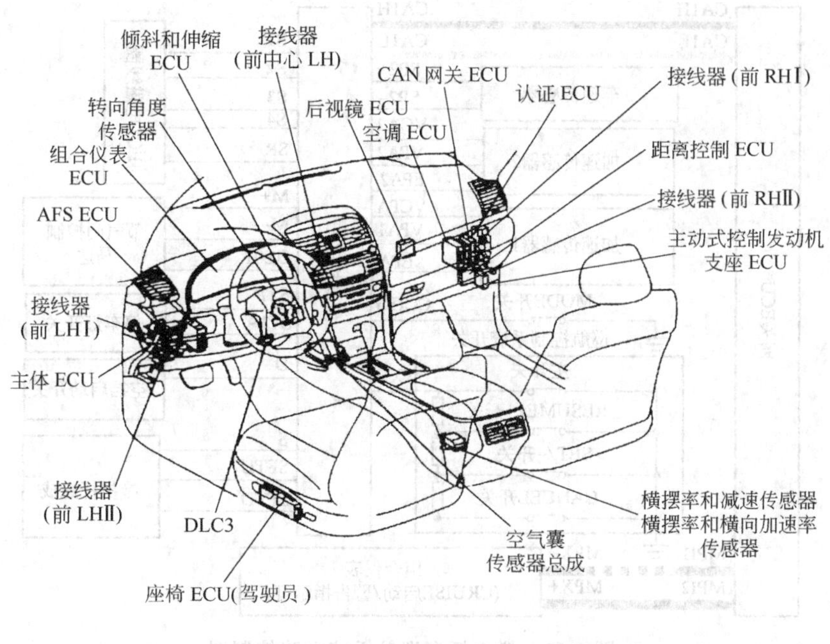

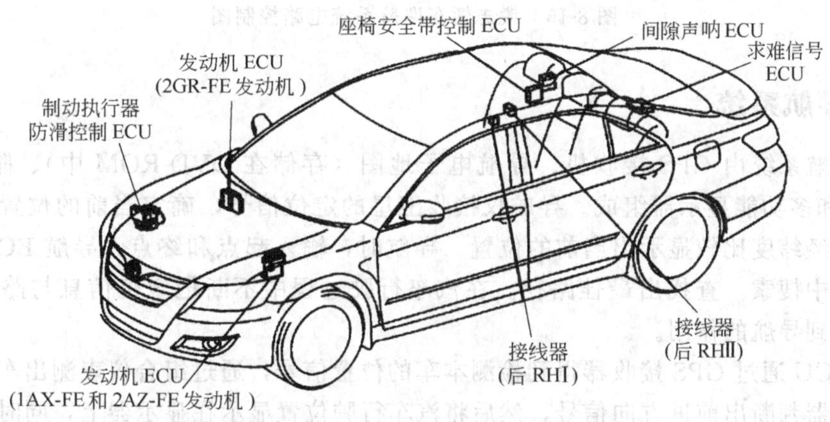

图 8-14　丰田凯美瑞轿车总线部件分布图

第四节　丰田锐志轿车车身网络系统

丰田锐志轿车车身网络系统由多个子系统组成，以下主要介绍巡航控制系统、导航系统、倒车监视系统、中央控制门锁系统、无线遥控系统、防盗系统。

一、巡航控制系统

巡航控制开关将主开关和操作开关集成在一起，安装在方向盘右侧，以确保使用方便。通过发动机 ECU，对巡航系统的所有功能进行控制。巡航控制系统的主电源（ON/OFF）、系统的异常均通过 CRUISE（巡航）启动警告灯来显示，内置于组合仪表上。

带有内置处理器的发动机 ECU，可提供以下功能：减速控制、加速控制、取消、计算车速、马达输出控制、超速挡控制等，内置的微电脑可输入各种来自不同开关和传感器的信号，根据记忆中存储的程序对这些信号进行加工，并控制节气门控制马达。此外，可以用组合仪表内的 CRUISE 启动警告指示灯进行系统故障诊断。巡航系统电路控制，见图 8-15。

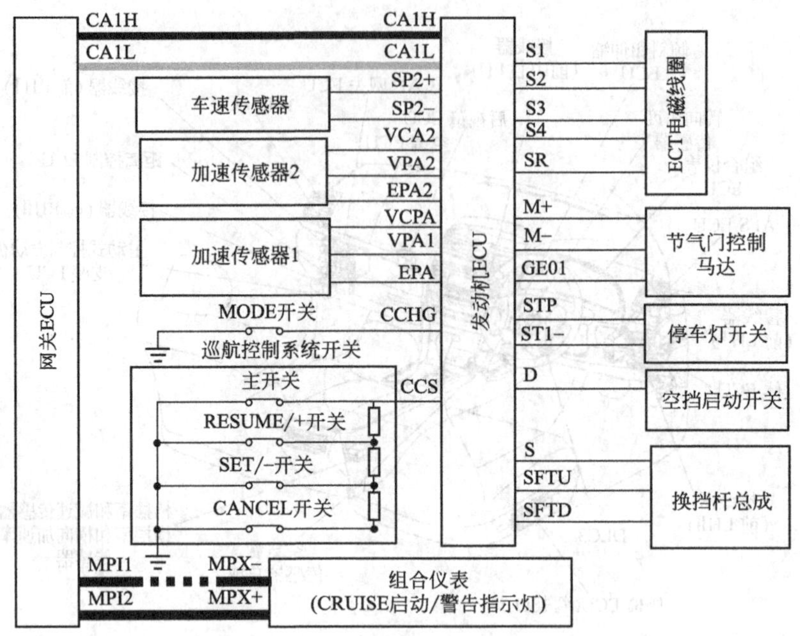

图 8-15 锐志轿车巡航系统电路控制图

二、导航系统

汽车导航系统由 GPS 接收机、导航电子地图（存储在 DVD-ROM 中）、陀螺传感器、导航 ECU 和多功能显示器组成。导航仪接收卫星的定位信号，确定当前的位置（经纬度），与地图上的经纬度比较显示出当前的位置。导航时，输入起点和终点，导航 ECU 自动在导航电子地图中搜索，查找出最佳路径。在汽车行驶过程中不断把定位信息与路径的信息比对，从而起到导航的作用。

导航 ECU 通过 GPS 接收器得到检测本车的位置信号，通过组合仪表测出车速信号，通过陀螺传感器判断出前进方向信号，然后将汽车行驶位置显示在显示器上，同时将提示语音信号输出到左前扬声器。可视语音导航系统工作过程如图 8-16。

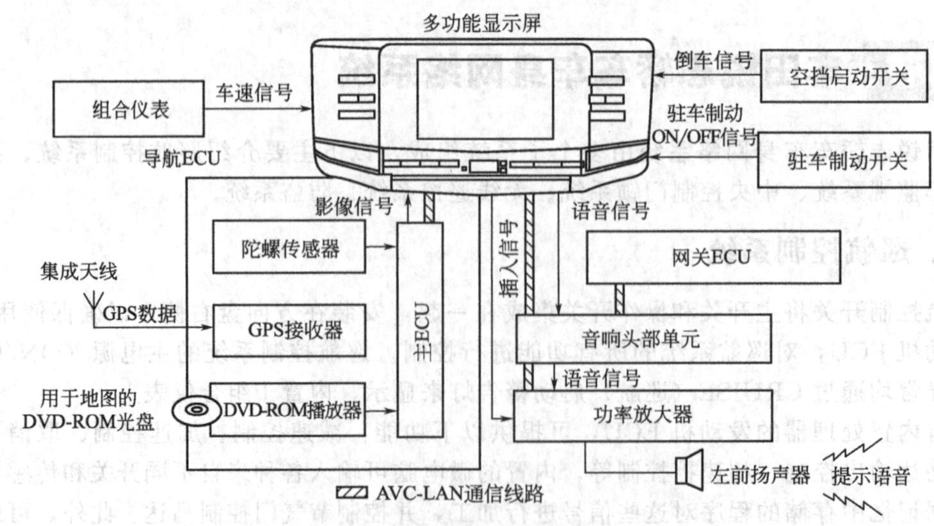

图 8-16 锐志轿车可视语音导航系统工作过程图

三、倒车监视系统

1. 系统功能

透过多功能显示屏的画面显示来辅助停车操作，倒车监视器 ECU 是利用安装在车辆后部的倒车监视器摄像机的图像，利用 CAN 通信输入的转向角度传感器等接收的车辆状态参数进行计算，得出各导向路线信息，并将该信息传入多功能可视系统上。倒车监视器 ECU 发出的信号通过内置的主 ECU 控制，在多功能显示屏上显示倒车监视器画面。倒车监视器系统功能如图 8-17 所示。

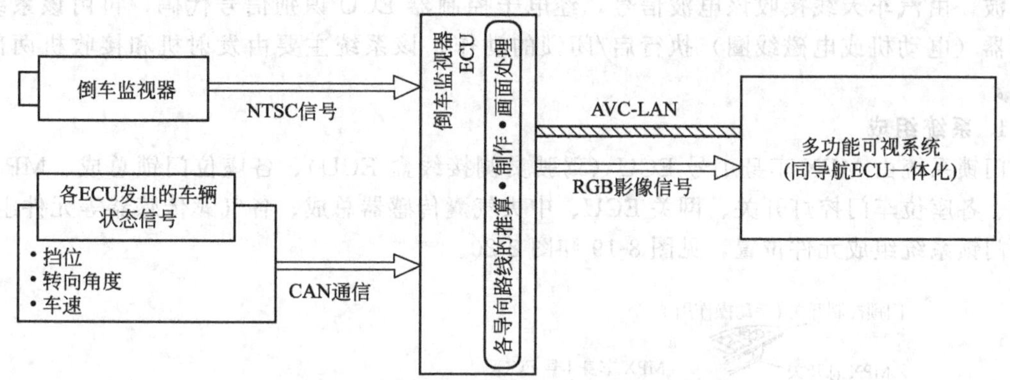

图 8-17　锐志轿车倒车监视器系统功能

2. 系统组成

倒车监视器系统由倒车监视器摄像机、倒车监视 ECU、多功能显示屏（与导航 ECU 一体）等元件组成，见图 8-18。倒车监视器摄像机安装在后备箱外侧装饰物内，将拍摄车辆后方图像信号输出到倒车监视器 ECU。倒车监视器 ECU 安装在仪表板前排乘员座椅一侧，它通过 CAN 通信收集车辆信息和多功能显示屏发出的信号，并根据此信号自动打开/关闭倒车监视器摄像机。倒车监视器 ECU 取得倒车监视器摄像机拍摄的画面，并利用 CAN 通信得到的方向盘转向信号，制作出各导向路线的图像信号，输出到多功能显示屏。根据倒车监视器 ECU 发出的图像信息，在画面上显示出车辆后方图像及各导向路线图。多功能显示屏将 RGB 图像信号输出到倒车监视器 ECU，同时将车辆角速度数据输出到倒车监视器 ECU。

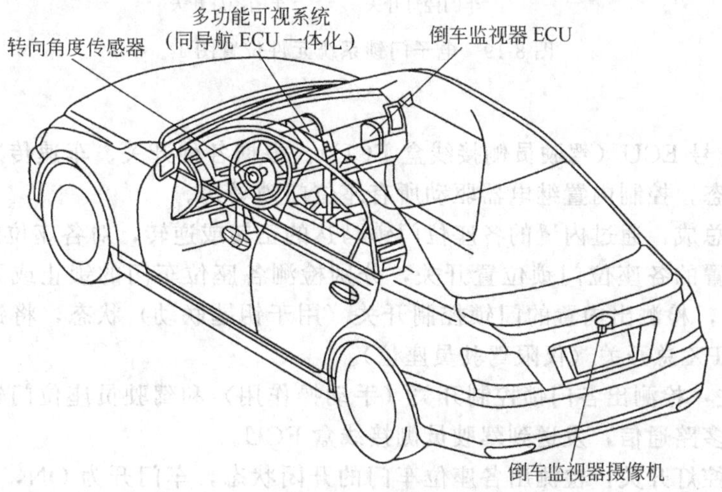

图 8-18　锐志轿车倒车监视器系统组成图

四、中央控制门锁系统

丰田锐志轿车中央控制门锁系统配备“车门钥匙联动门锁”，具备钥匙锁止功能以及碰撞感应车门锁解除功能，门锁采用了保护器一体式外壳，驾驶员座位车门钥匙筒和门锁总成直接耦合以及和车门内侧手柄的拉索式连接，增强了车辆的防盗性能。

中控锁采用无线遥控实现智能化控制。中控锁的无线遥控功能是指不用把钥匙键插入锁孔中就可以远距离开门和锁门，其最大优点是：不管白天黑夜，无需探明锁孔，可以远距离、方便地进行开锁（开门）和闭锁（锁门）。遥控的基本原理是：从车主身边发出微弱的电波，由汽车天线接收该电波信号，经电子控制器 ECU 识别信号代码，再由该系统的执行器（电动机或电磁线圈）执行启/闭锁的动作。该系统主要由发射机和接收机两部分组成。

1. 系统组成

门锁系统由 MPX 车身 1 号 ECU（驾驶员侧接线盒 ECU）、各座位门锁总成、MPX 总开关、各座位车门控灯开关、网关 ECU、中央气囊传感器总成、各气囊传感器等元件组成。电子门锁系统组成元件位置，见图 8-19 和图 8-20。

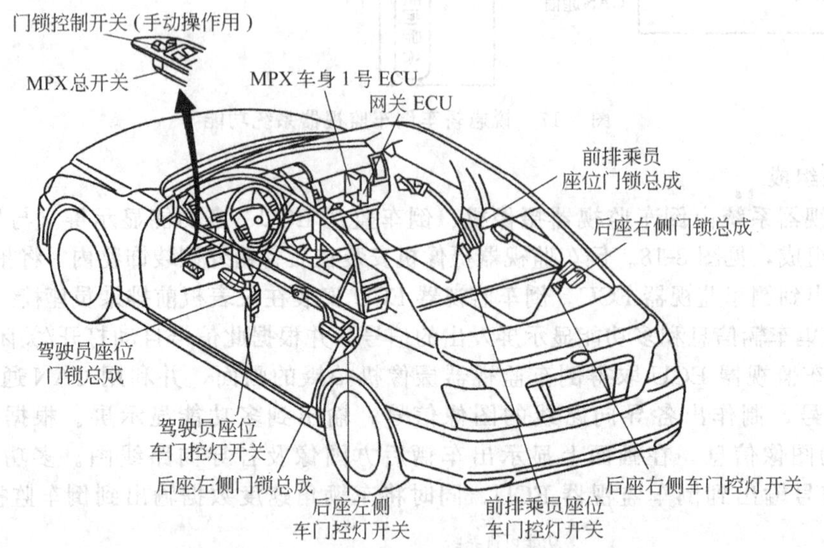

图 8-19 电子门锁系统元件位置图 1

2. 元件功能

MPX 车身 1 号 ECU（驾驶员侧接线盒 ECU）：根据各种开关、车速传感器、碰撞传感器检测汽车的状态，控制内置继电器驱动所有座位门锁马达。

各座位门锁总成：通过内置的各座位门锁马达的正转或逆转，对各座位的车门分别锁止或开锁。通过内置的各座位门锁位置开关，分别检测各座位车门的锁止或开锁状态（锁止 OFF，开锁 ON），检测出内置的门锁控制开关（用于钥匙联动）状态，将锁止或开锁的要求信号输出到 MPX 总开关（仅限驾驶员座位）。

MPX 总开关：检测出各门锁控制开关（手动操作用）和驾驶员座位门锁位置开关的状态，用双向车身多路通信，发送到驾驶员侧接线盒 ECU。

各座位车门控灯开关：检测出各座位车门的开闭状态，车门开为 ON，车门关为 OFF。输出到驾驶员侧接线盒 ECU。

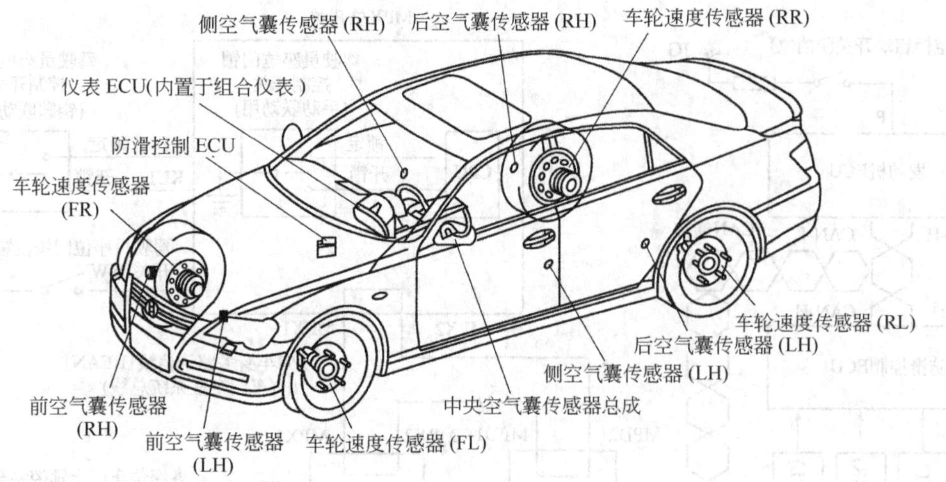

图 8-20 电子门锁系统元件位置图 2

网关 ECU：作为各通信网络（双向车身多路通信）的连接点，中转通信数据。

各气囊传感器：检测到碰撞，并将其传输到中央气囊传感器总成。

中央气囊传感器总成：通过各安全气囊传感器发出的信号以及使用内置的碰撞传感器检测车辆受到的碰撞，并将其传输到驾驶员侧接线盒 ECU。当发生碰撞时，可使车门锁自动开锁，便于乘员逃生。

3. 电子门锁系统电路控制

（1）手动上锁（开锁）操作 如果将 MPX 总开关的门锁控制开关（手动操作用）操作为上锁（开锁），MPX 总开关发出的驾驶员座位手动上锁（开锁）开关信号，就会由双向车身多路通信传输到驾驶员侧 J/B ECU。接收到此信号的驾驶员侧 J/B ECU 就会打开上锁（开锁）继电器，驱动各座位车门上锁马达，对车门上锁（开锁）。

（2）车门钥匙联动上锁（开锁）操作 如果将机械式钥匙插入驾驶员座位车门钥匙筒，进行上锁（开锁）操作，门锁控制开关（钥匙联动用）就在上锁（开锁）时打开，由此，MPX 总开关发出的驾驶员座位车门钥匙联动上锁（开锁）开关信号就会由双向车身多路通信输出到驾驶员侧 J/B ECU，和手动上锁（开锁）操作相同，对各座位车门上锁（开锁）。电子门锁系统电路控制，如图 8-21 所示。

（3）防止钥匙锁入车内操作 在钥匙开锁提醒开关以及驾驶员座位车门控灯开关 ON 的信号输入驾驶员侧 J/B ECU 的状态下，如果将驾驶员座位车门上锁按钮切换到上锁一侧，MPX 主开关就会检测到驾驶员座位上锁位置开关的 OFF 状态。接收此信号的驾驶员侧 J/B ECU 就会打开开锁继电器，分别驱动车门上锁马达，对车门开锁。

（4）碰撞时车门开锁操作 根据从中央气囊传感器总成接收到的碰撞检测信号，驾驶员侧 J/B ECU 对所有座位车门开锁。当点火开关处于 ON 时或者从 ON 到 OFF 的 4s 内，如果车辆受到的撞击力超过了规定值，中央气囊传感器总成检测到后，将碰撞检测信号输出到驾驶员侧 J/B ECU。如果驾驶员侧输入了从中央气囊传感器总成发出的碰撞检测信号，在经过碰撞感应开锁延迟时间（约 10s）后，就会打开开锁继电器，驱动各座位车门上锁马达，对车门开锁。开锁操作完成后驾驶员侧 J/B ECU 禁止输入所有车门上锁信号，除非将点火开关从 OFF 打到 ON，车速从约 15km/h 提高到 20km/h，并持续 5s 以上，或者通过门锁控制开关（手动操作用）进行上锁操作，如果点火开关从 ON 打到

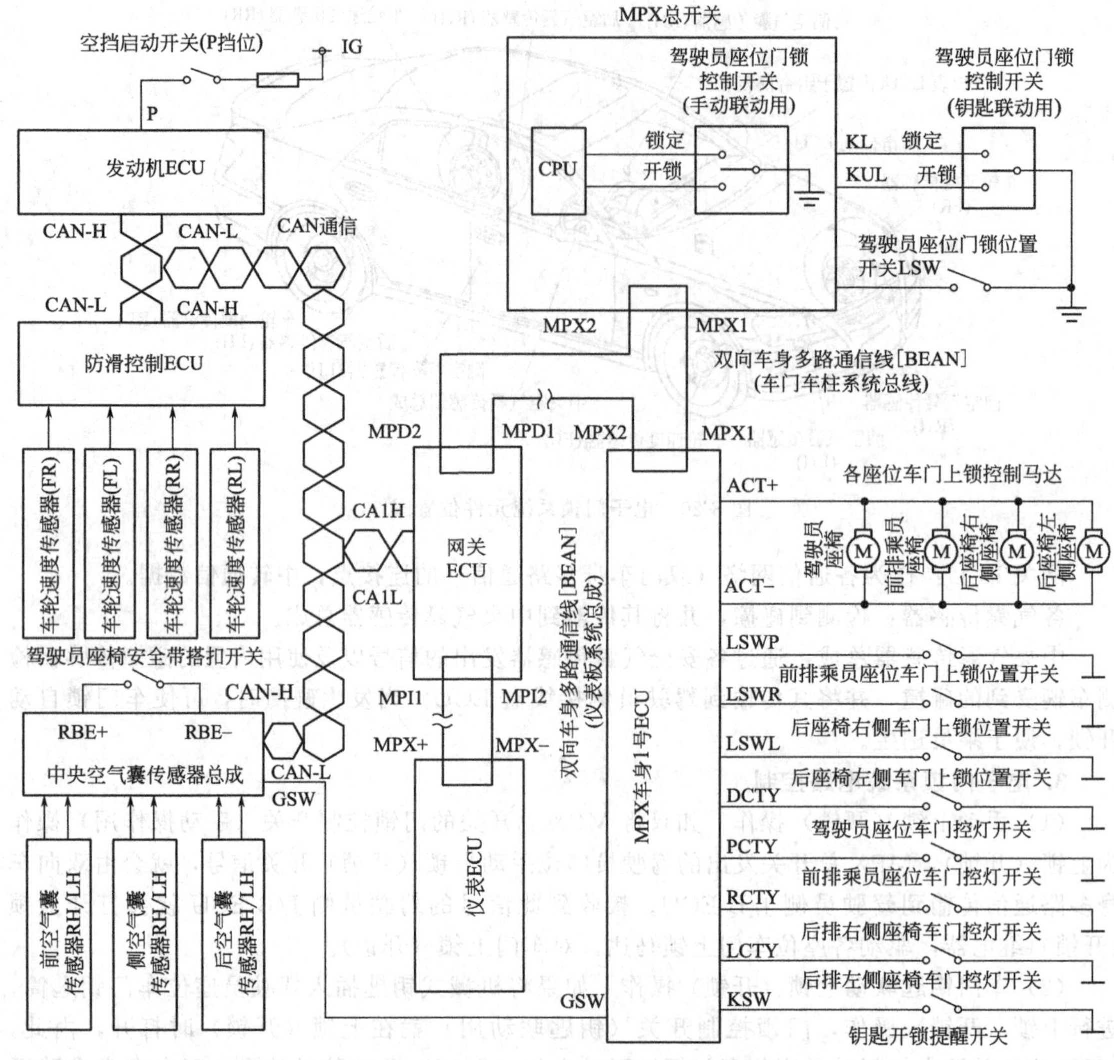

图 8-21　电子门锁系统电路控制图

OFF，驾驶员座位车门从“开”到“关”（驾驶员座位车门控好开关从 ON 到 OFF）时可以接收。

五、无线遥控系统

1. 无线车门上锁（开锁）操作

如果按下上锁键（开锁键），就会从发射器钥匙（无线遥控）、智能钥匙以及无线车门上锁钥匙发出微弱电波式的本车识别代码和功能代码。车门控制接收器或车内调谐器（配备智能进入和启动系统的车型）接收到这些信号后，就会通过内部的高频率电路开始对其进行认证和分辨。车门控制接收器进行识别代码认证和功能代码分辨，如果识别代码和本车代码一致，并且功能代码识别为“上锁”（“开锁”），这些信号就会作为代码数据输出到驾驶员侧 J/B ECU。另外，配备智能进入和启动系统的车型的认证 ECU 如果和车门控制接收器进行同样的分辨和识别，这些信号也会被作为代码数据输出到驾驶员侧 J/B ECU。

驾驶员侧 J/B ECU 接收到上锁（开锁）信号后，和手动上锁（开锁）操作相同，打开上锁继电器（开锁继电器），并对所有车门上锁（开锁）。

2. 后备厢门开启操作

如果按下后备厢键，就会从发射器钥匙（无线遥控）、智能钥匙以及无线车门上锁钥匙发出微弱电波式的识别代码和功能代码。车门控制接收器或车内调谐器（配备智能进入和启动系统的车型）接收到这些信号后，就会通过内部的高频率电路开始对其进行认证和分辨。

车门控制接收器进行识别代码认证和功能代码分辨时，如果识别代码和本车代码一致，并且功能代码识别为“后备厢门开启”，这些信号就会作为代码数据输出到驾驶员侧 J/B ECU。另外，配备智能进入和启动系统的车型的认证 ECU，如果和车门控制接收器进行同样的分辨和识别，这些信号也会作为代码数据输出到驾驶员侧 J/B ECU。

接收到这些信号的驾驶员侧 J/B ECU，在钥匙开锁提醒开关 OFF 的状态下，如果检测到所有座位车门控灯开关为 OFF，就会驱动后备厢盖开锁马达，从而打开后备厢盖。无线遥控系统电路控制，见图 8-22。

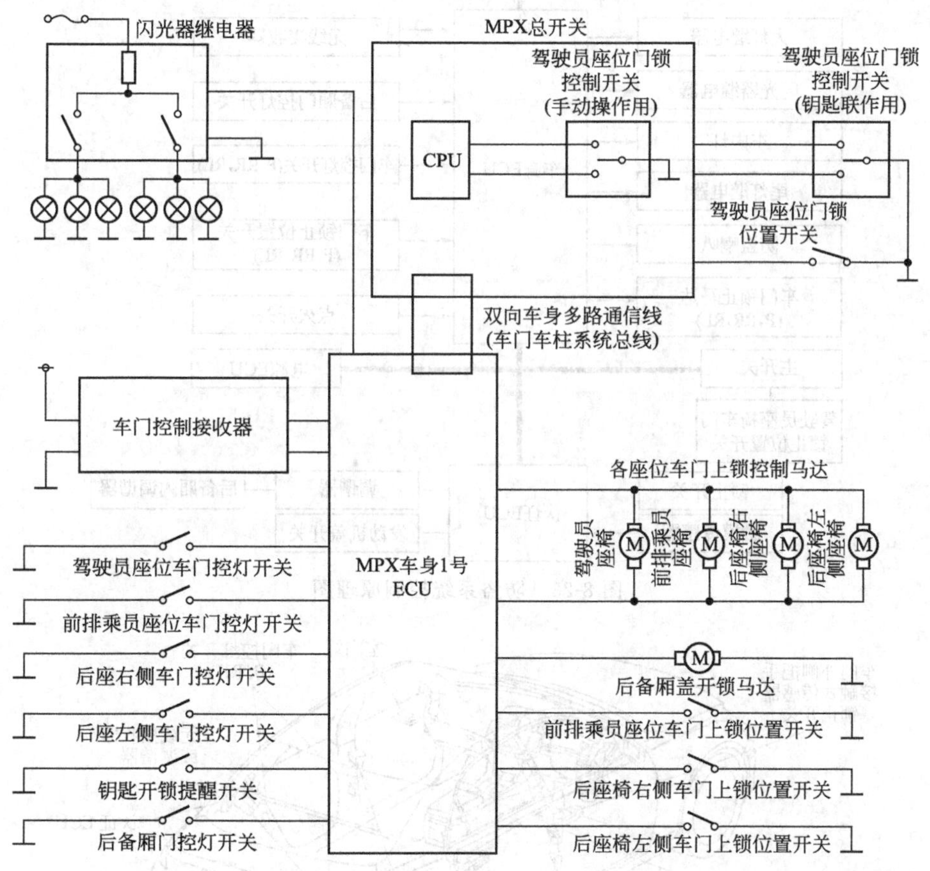

图 8-22 无线遥控系统电路控制图

六、防盗系统

防盗系统包括门锁控制系统和无线门锁遥控系统，当有人企图强行进入车内打开发动机盖或后备厢门时，或当蓄电池端子被断开又重新接上时，防盗系统启动。防盗系统由车身 ECU 进行控制，防盗系统工作时，其警告方式见表 8-6。

表 8-6 防盗系统工作时警告方式表

警告方法	大灯	闪烁
	尾灯	闪烁
	危急警告灯	闪烁
	车内灯	闪烁
	喇叭	发出间隔 0.4s 的警告音
	防盗喇叭	发出间隔 0.4s 的警告音
	门锁马达	锁止
警告时间	27.5s	

防盗系统控制原理见图 8-23。防盗系统构成，见图 8-24～图 8-26。

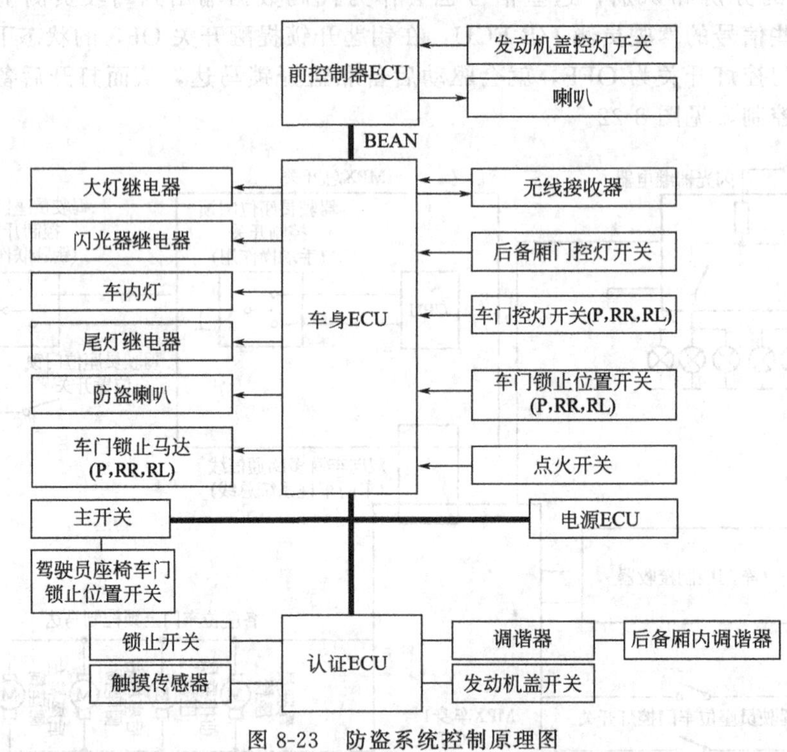

图 8-23 防盗系统控制原理图

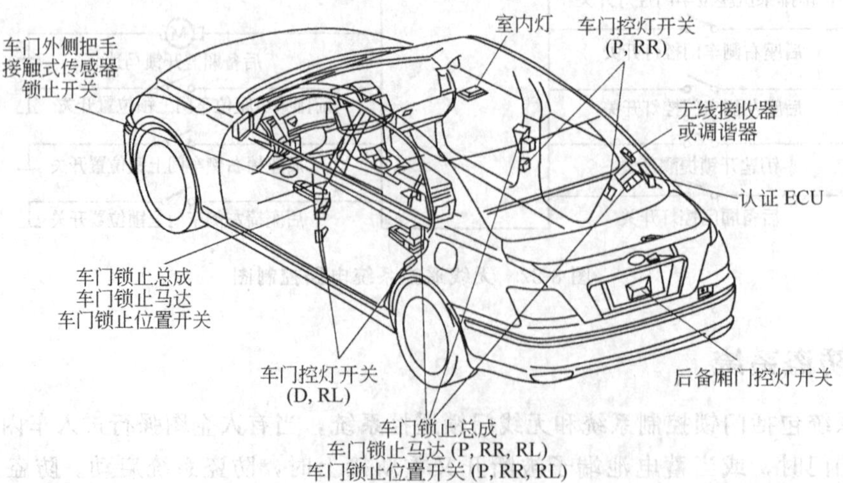

图 8-24 防盗系统组成元件位置图 1

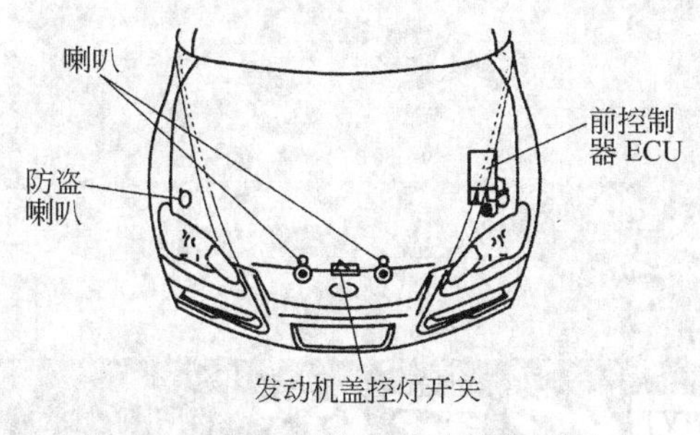

图 8-25　防盗系统组成元件位置图 2

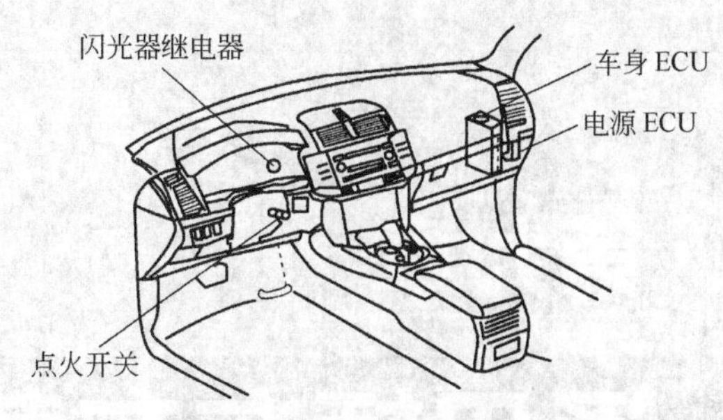

图 8-26　防盗系统组成元件位置图 3

小　结

1. 丰田车系多路传输通信系统 MPX（Multiplex Communication System）在网关 ECU 内置了三种通信电路，即 CAN、BEAN、AVC-LAN。其中车身电子局域网络 BEAN（Body Electronic Area Network），是丰田汽车专利的双向通信网络。

2. 雷克萨斯 LS430 轿车全车电控单元以网关为中心，设置了几个 BUS 系统，包括：仪表板 BUS、门控 BUS、转向柱 BUS、Back-up BUS（控制转向信号灯、尾灯、制动灯和后雾灯）、AVC-LAN。整车 CAN 用主 BUS 线路和辅助 BUS 线路连接各传感器和控制单元。

3. 新型凯美瑞有通信速度不同的两种 CAN：HS-CAN（500kbit/s）和 MS-CAN（250kbit/s）。HS-CAN 由 1 号 CAN 总线和 2 号 CAN 总线组成。1 号 CAN 总线的终接电阻器置于发动机 ECU 和仪表 ECU 中，2 号 CAN 总线的终接电阻器置于 CAN 网关 ECU 和接线器（前 LH）中。MS-CAN 由 MS 总线组成。MS 总线的终接电阻器置于主体 ECU 和认证 ECU 中。

4. 丰田锐志轿车车身网络系统主要由巡航控制系统、导航系统、倒车监视系统、中央控制门锁系统、无线遥控系统和防盗系统等组成。

思考题

1. 丰田车系多路通信系统有几种总线系统？它们有什么区别？
2. 丰田汽车网关 ECU 的安装位置在哪？在整个通信电路中有什么作用？
3. 雷克萨斯 LS430 轿车全车电控单元以网关为中心，设置了几种总线系统？
4. 新型凯美瑞使用了两种 CAN 总线，一种是 HS-CAN 总线，一种是 MS-CAN 总线，简单叙述 HS-CAN 总线和 MS-CAN 总线连接的电控单元。它们之间是如何进行数据交换的？
5. 简述锐志轿车中控门锁以及它的系统组成，阐述各个元件的功能及其工作原理。
6. 简述锐志轿车无线遥控系统的功能。

第九章 通用轿车车载网络系统

学习要求

了解通用公司车载网络系统采用的三种通信形式：UART、Class-2 和 GM LAN；熟悉别克荣御轿车中各种电子控制模块之间的串行数据总线通信；了解网关模块，即动力系统接口模块 PIM（网关）的作用；熟悉别克荣御轿车车身控制模块控制电器的功能。

第一节 通用轿车车载网络

通用公司车载网络系统采用的网络包括 UART、Class-2 和 GM LAN 三种通信形式。

一、UART 串行通信网络

UART 是通用异步收发器（Universal Asynchronous Receiver/Transmitter）英文的缩写，UART 是一种通用串行异步通信数据总线，在嵌入式设计中，UAT 用于主机与辅助设备通信，如汽车音响与外接设备之间的通信。

在通用轿车车载网络中 UART 采用单制线路，传输速率 8192bit/s。UART 串行通信网络中有 1 个控制串行数据总线通信的主控模块，在大多数情况下，车身控制模块就是 UART 总线的主控模块。UART 通信系统电压为 5V，信号脉宽是固定脉宽，其波形如图 9-1所示。UART 采用正逻辑运算传输数据。

UART 串行异步通信帧格式如第一章图 1-26 所示。

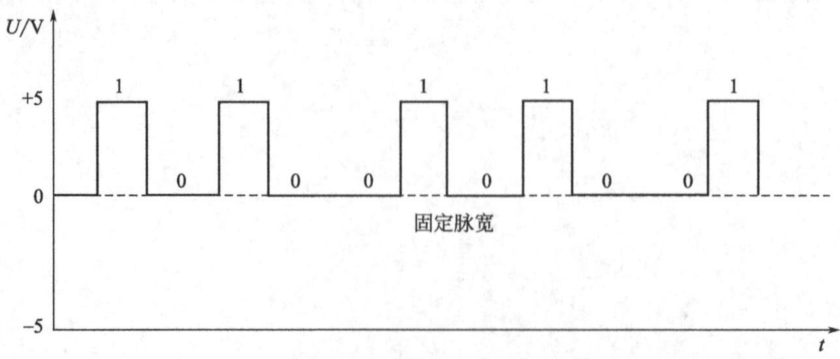

图 9-1　UART 串行通信波形

二、Class-2串行通信网络

Class-2 是第二代串行通信系统，它也采用单线制线路，传输速率 10400bit/s。Class-2 数据线的静态电压为 0V，数据电压为 7V。信号脉宽是可变脉宽，每一位信息都可能有两种时间长度，或长或短。Class-2 发送信息以数据包的形式传输，数据包括操作信息和指令，各模块根据它们来判断数据来源和种类，以获取所需数据并检测网络安全。Class-2 串行通信波形如图 9-2 所示。

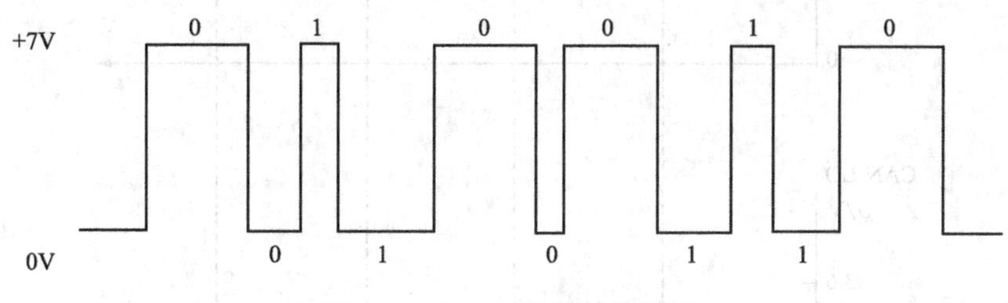

图 9-2 Class-2 串行通信波形

在 Class-2 串行通信中，各控制单元公用一根数据总线，同一时刻只允许 2 个控制单元进行数据交换，但它具有结构简单和信道利用率高等特点。

Class-2 和 UART 串行通信的特点比较见表 9-1。

表 9-1 Class-2 和 UART 串行通信的特点比较

项　目	UART	Class-2
电压/V	5	7
通信方式	低电压通信	高电压通信
传输速率/(bit/s)	8192	10400
脉宽	固定脉宽	可变脉宽
数据传递方式	连续方式	以数据包形式传输

三、GM LAN串行通信网络

GM LAN 通信形式是通用公司制定的一种局域网通信协议，采用 CAN 总线方式，是一种双线传输方式，通常称双线为 CAN-H 线和 CAN-L 线。GM LAN 总线采用的是高速差分模式进行通信，通信速率是 500kb/s。

GM LAN 总线的波形如图 9-3 所示，它可以有隐性和显性两种逻辑状态。

① 隐性（逻辑 1）。总线处于空闲状态，CAN-H 线和 CAN-L 线的电压相同，均为 2.5V，不存在差分电压。

② 显性（逻辑 0）。总线处于被驱动状态，CAN-H 线的电压为 3.6V，CAN-L 线的电压为 1.4V，存在 2.2V 的差分电压。

GM LAN 与 UART 的主要区别在于，UART 依靠总线主模块控制信息收发，而 GM LAN 的信息收发由各控制模块管理。GM LAN 总线采用终端电阻作为线路终结器，位于总线线路末端的两个控制模块内，用于防止线路出线反射。别克荣御轿车的动力系统接口模块和发动机控制模块的总线终端电阻均为 120Ω。

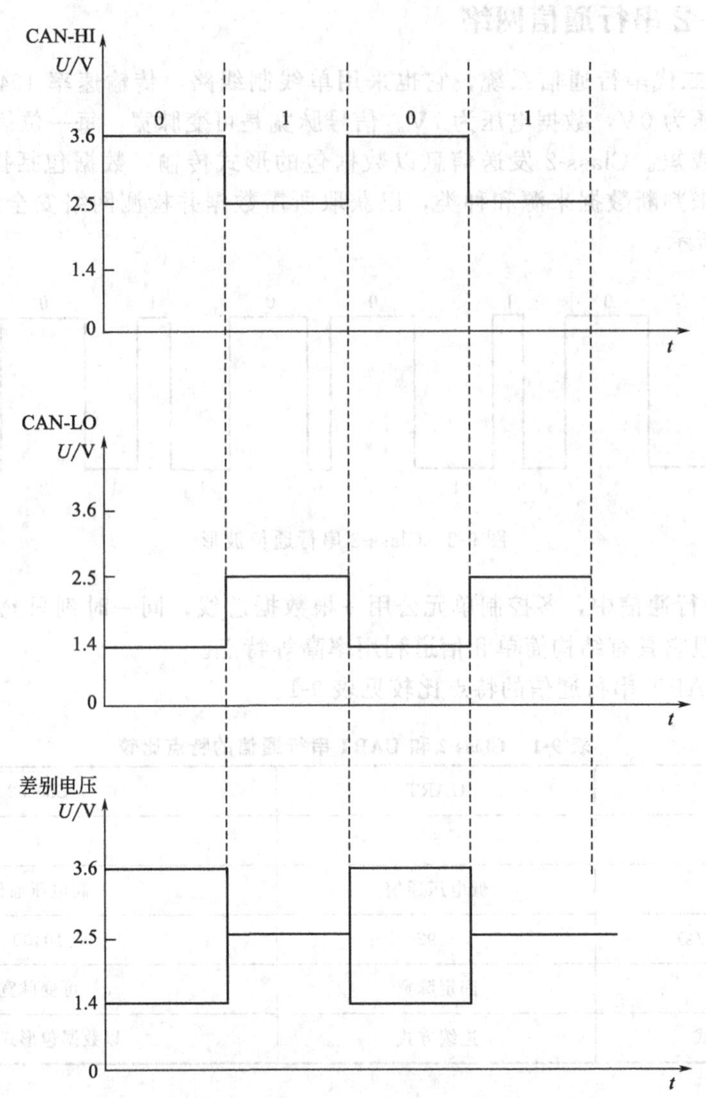

图 9-3 GM LAN 总线的波形

下面以别克荣御轿车为例介绍通用轿车车载网络系统。

第二节 别克荣御轿车车载网络系统的组成

一、别克荣御轿车车载网络系统的布局

1. 别克荣御轿车串行数据总线的布局

别克荣御轿车中各种电子控制模块之间通过串行数据总线通信。发动机控制模块（ECM）、变速器控制模块（TCM）和防抱死制动系统-牵引力控制系统（ABS-TCS），利用 GM LAN 通信协议在串行数据总线上进行通信，而车身控制模块（BCM）则利用通用异步收发（ UART）通信协议与组合仪表、音响主机（AHU）和乘员保护系统传感器及诊断模块（SDM）进行通信。

动力系统接口模块 PIM（网关）集成在串行数据网络中，相当于一个“翻译”装置，可使 GM LAN 串行数据总线上的控制模块与 UART 串行数据总线上的控制模块进行通信。

图 9-4 显示了串行数据总线的布局，图中所示的串行数据部件根据车辆选装件情况而有所不同。

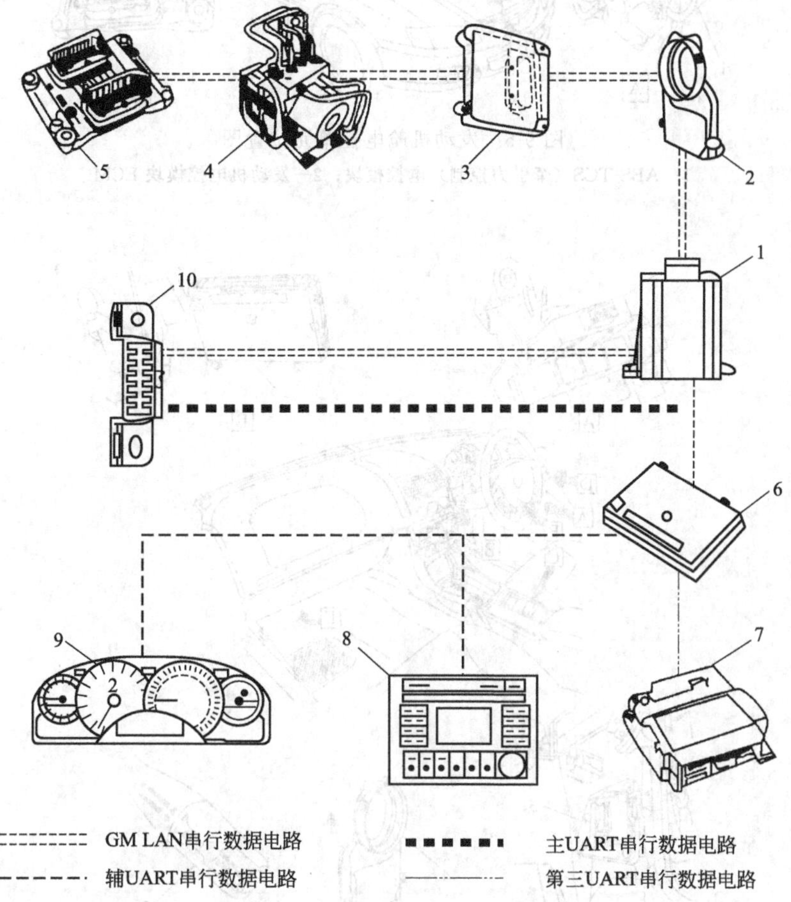

图 9-4 别克荣御轿车总线布局图

1—网关模块 PIM；2—方向盘转角传感器；3—自动变速器电控模块 TCM；
4—ABS-TCS（牵引力控制）电控模块；5—发动机电控模块 ECM；
6—车身电控模块 BCM；7—乘员保护系统传感与诊断模块；
8—音响主机 AHU；9—组合仪表；10—诊断接口

2. 元件的位置

别克荣御轿车串行数据总线的控制单元位置，见图 9-5 和图 9-6。图中 A、B、C 等用来指示控制元件在汽车上的位置。

二、别克荣御轿车车载网络系统

别克荣御轿车车载网络系统见图 9-7，下面根据电路图进行网络分析。

① 第一 UART（主 UART）串行数据电路 800（红/黑），从车身控制模块（A15）连接到诊断插座 X40 的端子 9 和动力系统接口模块（A5）的端子 X1-10。

② 第二 UART 串行数据电路 1061（绿/白），从车身控制模块（A15）连接到以下模

图 9-5 发动机舱电控单元位置图

1—ABS-TCS（牵引力控制）电控模块；2—发动机电控模块 ECM

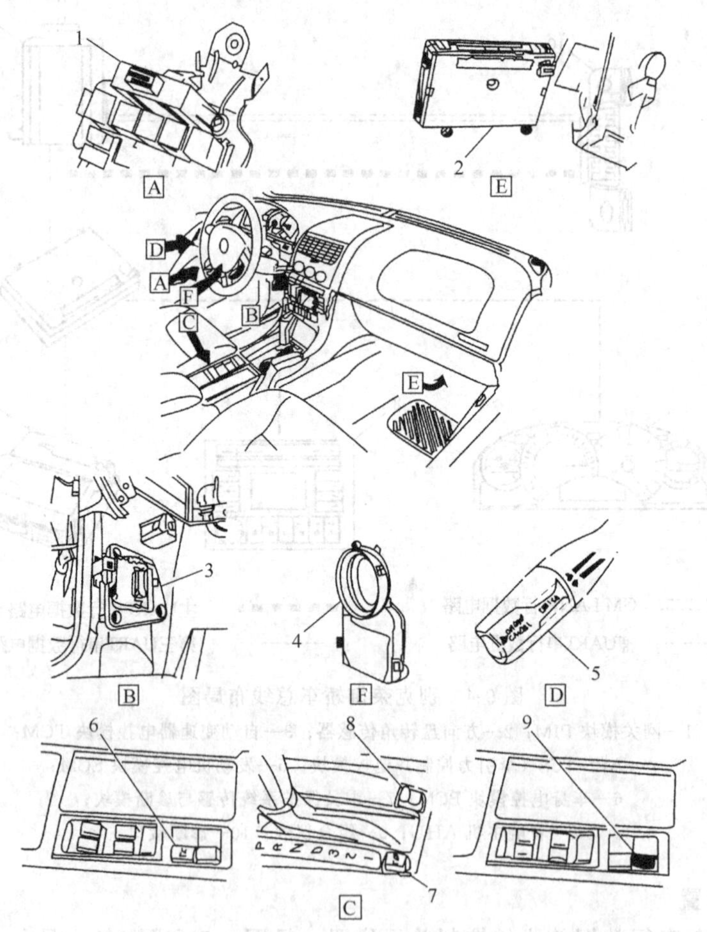

图 9-6 驾驶舱元件位置图

1—网关模块 PIM；2—车身电控模块 BCM；3—自动变速器电控模块 TCM；
4—方向盘转角传感器；5—巡航控制开关总成；6—动力模式开关；
7—牵引力控制开关；8—电子稳定程序（ESP）开关；
9—经济模式控制开关

块：温度控制模块（A14）、组合仪表（P3）、远程通信模块（A158）、记忆座椅（A21）、高级音频放大器（N7）、轮胎气压监测器（A157）、收音机（A133）、音频接口模块

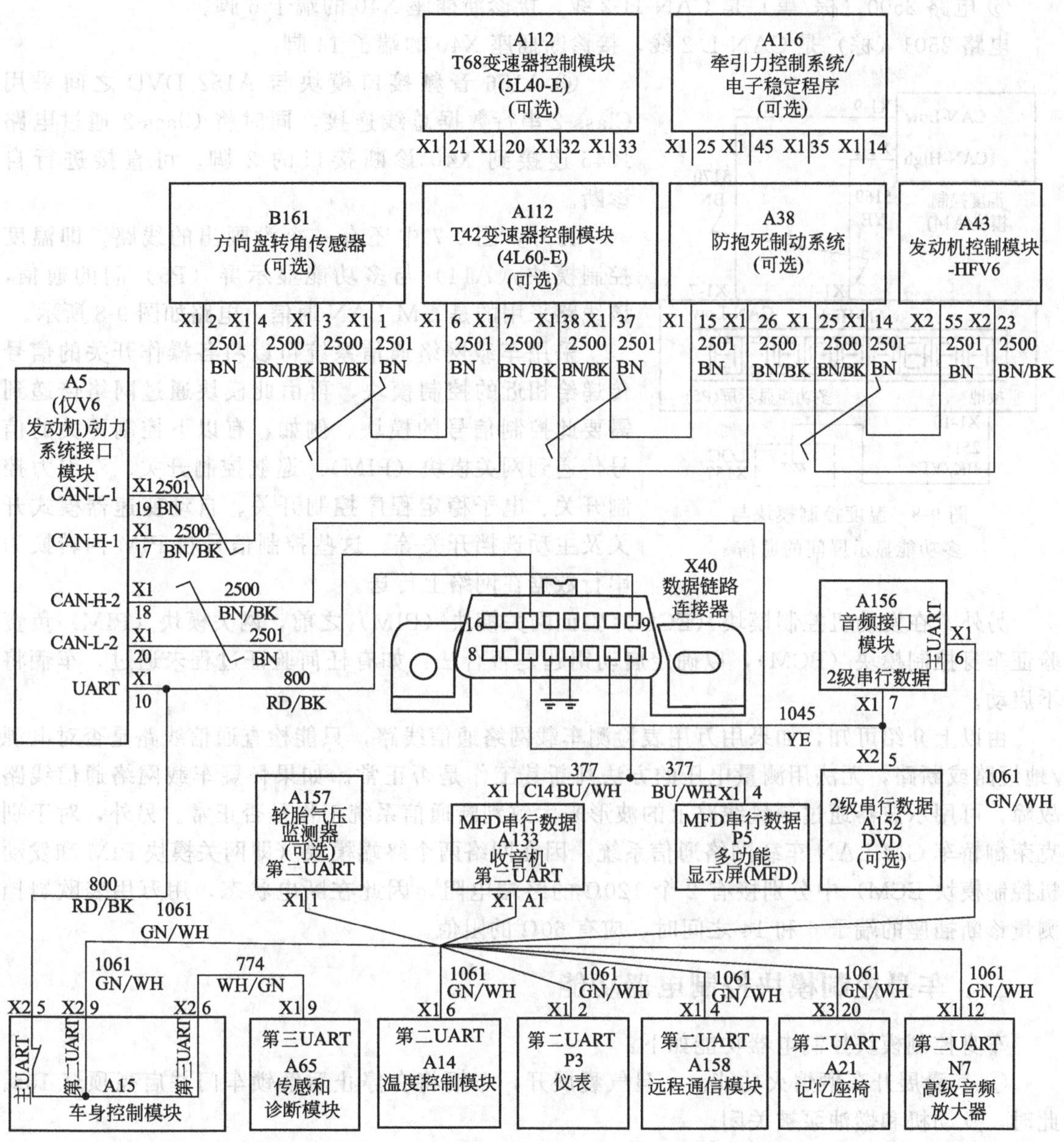

图 9-7　别克荣御轿车车载网络系统图

(A156) 等。

③ 第三 UART 串行数据电路 774（白/绿），从车身控制模块（A15）连接到传感和诊断模块（A65）。

其中，第二和第三 UART 串行数据电路，都是通过串行数据总线隔离器连接到主串行数据线路上的。

收音机（A133）和多功能显示屏（P5）是通过第二 UART 串行数据通信的，并连接到诊断插座的 1 脚。

④ 采用 GM LAN 通信的控制模块有 5 个，分别为发动机控制模块（A43）、变速器控制模块（A112）、防抱死制动系统控制模块（A38）、牵引力控制系统/电子稳定程序模块（A116）、转向盘转角传感器（B161）、动力系统接口模块（A5）。

⑤ 电路 2500（棕/黑）是 CAN-H-2 线，接诊断插座 X40 的端子 6 脚。

电路 2501（棕）是 CAN-L-2 线，接诊断插座 X40 的端子 14 脚。

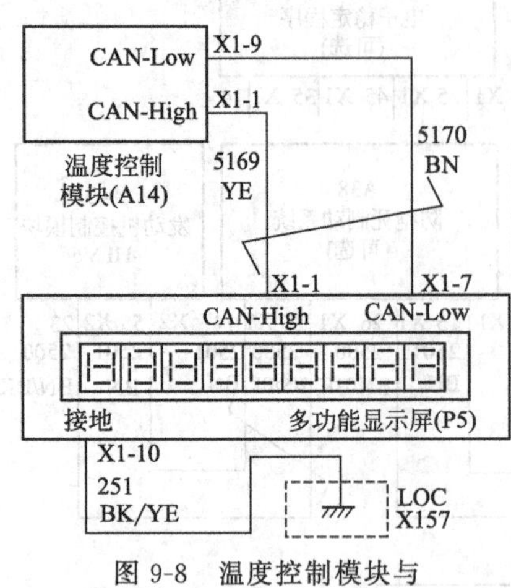

图 9-8 温度控制模块与多功能显示屏间的通信

⑥ A156 音频接口模块与 A152 DVD 之间采用 Class-2 串行数据总线连接，同时将 Class-2 通过电路 1045 连接到 X40 诊断接口的 2 脚，可直接进行自诊断。

另外，图 9-7 中还有一个没画出的线路，即温度控制模块（A14）与多功能显示屏（P5）间的通信，该线路采用的是 GM LAN 通信，电路如图 9-8 所示。

采用车载网络通信系统可以将各操作开关的信号传递给相近的控制模块，再由此模块通过网络传递到需要此控制信号的模块。例如，有以下控制开关的信号传递到网关模块（PIM）：巡航控制开关、牵引力控制开关、电子稳定程序控制开关、自动变速器模式开关及主动选挡开关等。这些控制信号在 PIM 内转换为串行数据在网络上传送。

另外，在发动机控制模块（ECM）验证网关模块（PIM）之前，网关模块（PIM）负责验证车身控制模块（BCM），以确定启动钥匙是否合法：如有任何验证过程未通过，车辆将不启动。

由以上介绍可知，如果用万用表检测车载网络通信线路，只能检查通信线路是否对电源/地短路或断路，无法用测量电压的方法判断其工作是否正常。如果怀疑车载网络通信线路故障，可用示波器通过测量线路上的波形来大致判断通信系统工作是否正常。另外，对于别克荣御轿车 GM LAN 车载网络通信系统，因在网络两个终端模块（即网关模块 PIM 和发动机控制模块 ECM）中分别接有 2 个 120Ω 的终端电阻，因此在断电状态，用万用表欧姆挡测量诊断插座的端子 6 和 14 之间时，应有 60Ω 的阻值。

三、车身控制模块控制电器功能

车身控制模块控制电器功能如下：

① 气囊展开车辆熄火功能。一旦气囊展开，车辆将在停止后解锁车门并启亮顶灯 10s。此时，发动机和燃油泵被关闭。

② 解锁照明。当在黑暗环境下用遥控钥匙解锁车门时，前照灯将启亮 30s。

③ 车门自动锁定系统。当换挡杆移出驻车位置时，所有车门自动锁定。可从组合仪表菜单中选择。

④ 车灯自动关闭功能。当驻车灯、前照灯或车灯自动接通时，点火钥匙转到关闭位置后，所选的车灯将在用户可调的时间段内保持启亮，然后再自动熄灭。可调节延时时间。

⑤ 车灯自动接通功能。取决于日照传感器及刮水器。日照传感器根据光照情况自动决定何时启亮或关闭前照灯，而刮水器开关位置可强制车灯更早启亮。

⑥ 蓄电池节电模式。当车辆进入节电模式后，蓄电池电流将减少至 30mA 以下。激活此模式的时间被设定在遥控锁定车门（用钥匙通过驾驶员车门锁定车辆）后的 10s 或点火开关关闭后的 1h。

⑦ 中央锁定系统——遥控车辆安全系统。若已编程设置了 1 级解锁（仅驾驶员车门）

模式，则按住钥匙上的锁定按钮不放就可同时锁定/解锁驾驶员和乘客车门，在所需时间内再次按下按钮就会激活各车门锁。可选择遥控门锁系统是仅控制驾驶员车门还是控制驾驶员和乘客车门。

⑧ 顶灯和门控灯控制系统。点火钥匙拧到关闭位置以及驾驶员车门打开和关闭都会触发顶灯关闭计时功能。入车延时照明、中央锁定车门和点火开关关闭后门控灯点亮。

⑨ 侵入警告系统。当钥匙从点火开关中拔出时，将禁用发动机，使车辆锁止。

⑩ 仪表变光控制系统。按住变光开关可改变仪表照明强度。

⑪ 间歇刮水器控制系统。当车速提高时，刮水器刮水间断时间将减小。

⑫ 电动车窗系统。当电动车窗开关被按住 0.4s 以上时，将执行驾驶员和乘客车窗快速下降功能。点火开关关闭后，车窗会在短时间内保持可操作状态。

⑬ 电动天线控制系统。当车身控制模块接收到收音机请求信号时，车身控制模块将控制收音机天线的高度和驱动器方向。高度可设置并保存在优先设置的钥匙 1 和钥匙 2 上，带高度调节和高度记忆功能。

⑭ 优先设置钥匙可自动应用两个人的个人车辆设置。将钥匙 1 或钥匙 2 插入点火开关就会选择用户在所列系统中作的设置。设置内容一般包括温度控制、音响系统、超速警报、变速器动力经济模式、仪表变光器等级、前照灯关闭延时。

⑮ 后车灯灯泡故障指示。该信息在多功能显示屏上显示。检查尾灯和制动灯熔断器以及灯泡是否有故障。

四、故障自诊断

别克荣御轿车网关模块又称动力系统接口模块，相当于一个透明双向译码装置，允许数据在采用 GM LAN 协议的模块和采用 UART 协议的模块之间流动。当需要在发动机和变速器模块之间通信时，发动机控制模块有时也会设置一个变速器控制模块，也能检测到故障码。

车身控制模块作为“总线主控”，定期查询（或检测）串行数据总线上的每个装置（包括车身控制模块自身）。

车身控制模块每隔 300ms 查询每个装置一次，以获取状态报告，但发动机控制模块、变速器控制模块和音响系统主机是每隔 150ms 就被查询一次。虽然还有其他模块和装置被连至串行数据总线，但它们仅监测总线上是否有影响其功能性的相关数据。这些模块和装置有：音频接口模块（AIM）、数字视频光盘播放机（DVD）、高级音频放大器（PSA）、座椅和后视镜位置记忆模块（MSM）、多功能显示屏（MH）（经由音响系统主机）、轮胎气压监测器（TPMS）。

常见串行数据传输故障码见表 9-2。

表 9-2 常见串行数据传输故障码

故障码	故障码说明	故障模块
U1064	串行数据通信错误	轮胎气压监测电子控制单元
U1128	无音频接口模块串行数据	数字化视频光盘播放机
U1300	Class2 串行数据电路电压过低	数字化视频光盘播放机
U1301	Class2 串行数据电路电压过高	数字化视频光盘播放机
U1304	与 UART 系统失去通信	动力系统接口模块
U2100	与 CAN 总线(高速)无通信	动力系统接口模块

续表

故障码	故障码说明	故障模块
U2105	CAN 总线不能与发动机控制模块通信	动力系统接口模块
U2106	CAN 总线不能与发动机控制模块通信	动力系统接口模块
U2108	CAN 总线不能与 ABS-TCS 电子控制单元通信	动力系统接口模块
U0001	控制器局域网总线通信	发动机控制模块
U0100	发动机控制模块与变速器控制模块之间的 GM LAN 总线错误	变速器控制模块
U0101	控制器局域网与变速器控制模块之间失去通信	发动机控制模块
U0121	控制器局域网动力系统接口模块超时	发动机控制模块
U0155	控制器局域网动力系统接口模块超时	发动机控制模块
U0402	来自变速器控制模块的信号无效	发动机控制模块
U0415	来自牵引力控制系统的控制器局域网信号无效	发动机控制模块
U0423	控制器局域网接口网关、来自动力系统接口模块的信号无效	发动机控制模块

小 结

1. 通用公司车载网络系统采用的总线包括 UART、Class-2 和 GM LAN 三种通信形式。

2. 别克荣御轿车中各种电子控制模块之间通过串行数据总线通信。发动机控制模块（ECM）、变速器控制模块（TCM）和防抱死制动系统-牵引力控制系统（ABS-TCS），利用 GM LAN 通信协议在串行数据总线上进行通信，而车身控制模块（BCM）则利用通用异步收发（ UART）通信协议与组合仪表、音响主机（AHU）和乘员保护系统传感器及诊断模块（SDM）进行通信。

3. 网关模块，即动力系统接口模块 PIM（网关）集成在串行数据网络中，相当于一个“翻译”装置，可使 GM LAN 串行数据总线上的控制模块与 UART 串行数据总线上的控制模块进行通信。

4. GM LAN 和 UART 协议的主要区别在于，UART 依靠总线主控模块控制信息收发，而 GM LAN 的信息收发由各控制模块管理。GM LAN 采用 CAN 总线，通信速率是 500 kbit/s。

5. 串行数据传输故障码使用 TECH2 诊断仪进行诊断。

6. 别克荣御轿车车身控制模块控制电器功能：气囊展开车辆熄火功能、解锁照明、车门自动锁定系统、车灯自动关闭功能、车灯自动接通功能、蓄电池节电模式、中央锁定系统-遥控车辆安全系统、顶灯和门控灯控制功能、仪表变光控制功能、间歇刮水器控制功能、电动车窗系统、电动天线控制系统、优先设置钥匙可自动应用两个人的个人车辆设置、后车灯灯泡故障指示功能。

思考题

1. 简述通用公司车载网络系统的三种总线通信形式。
2. 简述别克荣御轿车车载网络的特点。
3. 别克荣御轿车车身控制模块有哪些功能？
4. 简述别克荣御轿车故障自诊断的查询特点。

第十章
车载网络电路识图与分析

学习要求

了解汽车控制电路的类别，熟悉汽车电路的表示方法。了解不同车系电路图的编辑方式，熟悉不同车系电路图中常用的图形符号、字符、代号、名词和术语等。学会通过实际维修手册或全车电路图的目录，查找相关电路图。对电路图，能正确识图和分析，会区分主电路和控制电路，能看明白控制电路的控制目的和控制要点。能够理解电控单元的外电路控制和内电路控制以及复合控制。会把某一系统分散的电路图组合起来。会通过车载网络把分散的电控单元及外围电路连接起来。会通过车载网络的连接，理解联网控制的目的以及可能的故障原因。

第一节 车载网络电路识图概述

汽车电路是随着电工技术、电子技术、传感器技术、计算机技术和网络技术的发展而不断发展的。传统的汽车电工电子技术电路识图，已在汽车电工电子技术、汽车传感器和汽车电器等课程学习过。车载网络电路相对较为复杂，除汽车计算机控制单元和网络电路外，仍包含传统的电工电子技术电路，实际控制电路往往是复合控制电路，逻辑关系比较复杂。尤其是汽车市场的竞争、商业技术保密、知识产权和责任规避等因素，汽车维修手册几乎都不对自己产品的电路图做原理介绍，控制程序原理就根本不提，这就进一步增加了人们对汽车电路认识的复杂性。

一、汽车控制电路的类别

汽车控制电路的类别大致可以分为如下几类。

1. 手动控制电路

（1）手动直接控制电路　手动直接控制用电器的通断，如简易的小功率灯光控制。

（2）手动间接控制电路　手动产生控制信号，去控制继电器、或电子电路、或电控单元、或网络电路，再有后者控制用电器。

2. 继电器控制电路

通过继电器的大触点、或多触点和确定的通断时序及较快的开关速度，完成对大负载用电器或用电器群的供电、或完成一定的逻辑功能控制。

3. 传感器和电子控制电路

由传感器和电子放大电路，或电子开关电路组成的控制电路，完成特定的逻辑控制或自动控制。

需要说明，在汽车传感器的信号中，常常把行程开关、限位开关、位置开关、热膨胀开关等非手动机械开关信号也归为传感器信号。

4. 电控单元控制电路

由单片机为核心的特定计算机控制电路，也称为电控单元，可以实现对发动机、自动变速器等较复杂的系统进行集中控制。

5. 网络控制电路

由电控单元联网组成的控制电路，可以实现整车控制信号的共享，达到对整车的最优控制状态。

6. 车联网控制电路

汽车车载网络和其他非车载网络组成的网络称为车联网。车联网技术是物联网在汽车上的应用。车联网技术利用无线移动通信、卫星通信和导航、地面雷达、智能公路、智能交通管理和图形识别等技术，实现人、车、路和环境之间的智能协调，逐步完善“无人驾驶”技术和努力实现“零排放，零死亡”的目标。

二、汽车电路的表示方法

汽车电路有很多表示方法，世界各汽车制造公司没有统一规定，风格各异。各个汽车制造公司都有自己的电路表示方法标准。由于新型技术发展很快，即使同一汽车制造公司，不同年代和不同型号的汽车，电路的表示方法也有差别。

常用的汽车电路有以下几种表示方式。

1. 汽车电器接线图

汽车电器接线图又称汽车电路线路图，或汽车电器布线图，是传统的汽车电路表示方法。汽车电器接线图是根据汽车各电器的外形、实际位置和导线连接，用形象的图形表示的电路。

2. 汽车电路原理图

汽车电路原理图是用规定的图形符号和文字符号，根据汽车各系统的工作原理和电气设备的关系绘制的电路图。电路原理图简洁易懂，是目前汽车制造公司提供的汽车电路的主要表示方法。如后面的电路图 10-4 等都是汽车电路原理图。

3. 汽车电路电器位置图

汽车电路电器位置图是把实际电路的继电器和保险丝位置、电器位置、电控单元位置、传感器位置、执行器位置、线束走向和连接接头位置等，绘制在汽车的结构图上，便于维修查找。图 7-1 就是奥迪 A6 轿车车载网络电控单元和传感器的分布图。在实际维修手册里，一般是按系统或类别绘制电路电器的位置图，如继电器和保险丝的位置图等，比图 7-1 更详细。图 10-1 所示是马自达 5 继电器和保险丝盒在发动机舱中的位置，以及盒内继电器的名称和位置。

4. 汽车电路拓扑图

汽车电路拓扑图是指汽车电路的组成架构，在宏观分析上很直观。图 7-2 就是奥迪 A6 轿车车载网络拓扑图。

5. 汽车电路实物图

汽车电路实物图就是汽车电器和导线在汽车上的实物照片图，对维修查找故障很方便。图 10-2 是奇瑞汽车维修手册中的电路实物图。

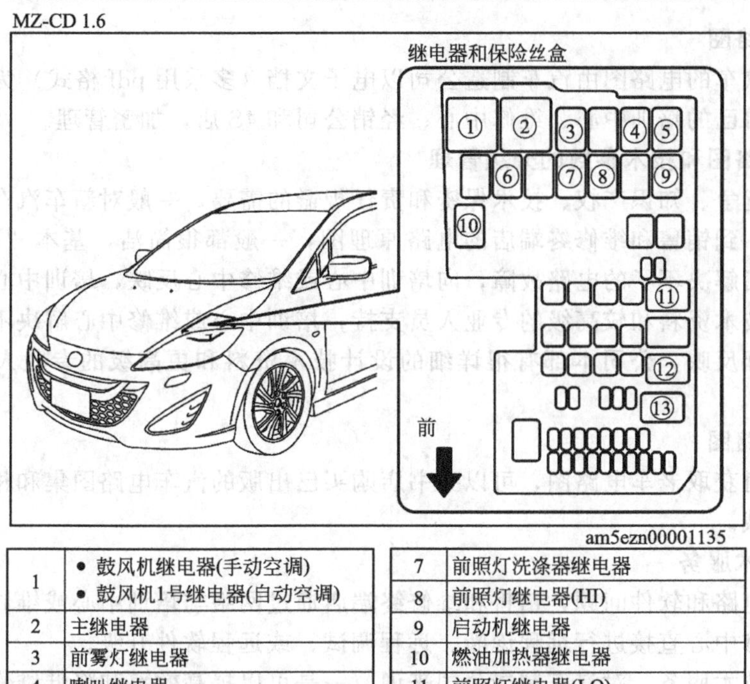

编号	名称	编号	名称
1	• 鼓风机继电器(手动空调) • 鼓风机1号继电器(自动空调)	7	前照灯洗涤器继电器
		8	前照灯继电器(HI)
2	主继电器	9	启动机继电器
3	前雾灯继电器	10	燃油加热器继电器
4	喇叭继电器	11	前照灯继电器(LO)
5	A/C继电器	12	TNS继电器
6	后雾灯继电器	13	后车窗除霜器继电器

图 10-1　马自达 5 继电器和保险丝盒

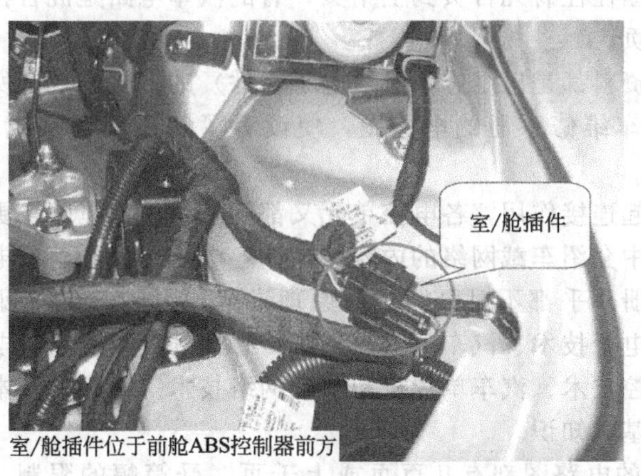

图 10-2　奇瑞汽车维修手册中的电路实物图

6. 汽车电路线束图

汽车电路线束图有两种表示方法：一种是线束原理图，只绘制线束的分支和连接，不绘制线束的具体走向和连接位置；另一种是按线束的实际走向和位置绘制在汽车结构图上，比较便于查找，如图 10-10 就是线束和线束位置图。

除上述之外，电路图或维修手册中还有其他很多附图和技术数据，如控制单元针脚图、线束针脚图、插件或连接器针脚图等；技术数据有控制单元针脚对地电阻值、控制信号波形脉宽和电压值、故障代码表等等，都是判断和维修故障不可缺少的。

三、关于汽车电路的几个实际问题

1. 新车电路图

目前新款汽车的电路图由汽车制造公司以电子文档（多采用 pdf 格式）为载体，以网络的方式传送给自己的培训中心、维修中心、经销公司和 4S 店，加密管理。

2. 新车电路图和技术参数的分级管理

由于市场竞争、知识产权、技术保密和责任规避的需要，一般对新车汽车技术资料都是分级保密管理，到销售和维修终端店的电路原理图，一般都很简洁，基本“不讲原理”。销售和维修终端店解决不了的电路故障，向培训中心或维修中心反映，培训中心或维修中心有较详细的电路技术资料和较高级的专业人员支持；培训中心或维修中心解决不了的，再向汽车制造公司本部反映，公司本部有很详细的设计技术资料和更高级的专业人员或设计人员支持。

3. 老车电路图

除上述渠道获取老车电路图，可以到书店购买已出版的汽车电路图集和相关书籍，或到网上查找和下载。

4. 远程技术服务

对复杂的电路和软件问题，销售和维修终端店通过网络与培训中心或维修中心联系，由培训中心或维修中心直接进行远程诊断、远程调试、或远程软件升级。

采用远程技术服务，对汽车制造公司来说，一是可以提高效率和降低维修成本，二是进一步减少接触核心技术的人员范围。

5. 汽车电路图的编辑方式

不同汽车制造公司对汽车电路图的编辑方式不同，有的独立编辑成册，属于维修手册的分册，一册整车电路图往往有几百页到上千页；有的汽车电路是混合在维修手册中，这样的维修手册往往是几千页。

因为新车的技术资料都是以维修手册（电子文件）的方式出现，所以后面将以维修手册为蓝本，简介两种汽车维修手册的电路图，使读者了解不同车系或不同车型的电路表达特点。

由于车载网络只起连接作用，各电控单元又都不显示内部电路，更不介绍控制程序，所以在维修手册的电路中介绍车载网络的内容很少，各电控单元的外围电路倒是重点。

各车系的维修手册几乎都不对电路进行原理讲解，因此，在查阅维修手册和维修电路前，需要有汽车电工电子技术、汽车电器、汽车传感器、汽车发动机电控技术、汽车底盘电控技术、汽车车身电控技术、汽车单片机和车载网络技术等方面的基本理论和基本技能，还要有查阅资料的一些基本知识。

由于每一款车型的电路图都有几百页或上千页，受篇幅的限制，不能一一展开讨论，为了比较不同车系的电路特点，后面仅选两款车型的发动机启动电路和防盗锁止电路作比较。

第二节 启动电路的基本原理和扩展

目前，不同车系发动机的启动原理基本相同，但为了防盗和安全启动等原因，控制方式和电路各不相同，有的甚至差别很大。为了帮助理解后续的启动控制电路，先对发动机启动电路的基本原理和基本电路进行复习性简述。

一、启动机和基本启动电路

启动机的实物图如图 10-3(a) 所示，其结构示意图如图 10-3(b) 所示。启动机的电动机采用串励式直流电动机，其启动转矩大，使发动机很容易启动。汽车启动机允许短时间超载工作。

传动机构包括单向离合器 17 和拨叉 3 两部分。传动机构的作用是在启动时将直流电动机的转矩传递给发动机，在发动机启动后自动脱离发动机。

启动机主电路 19 的通断由电磁开关来控制。电磁开关由可动铁芯 4、回拉弹簧 5、保持线圈 6、吸引线圈 7、动触点 8、静触点 9 组成。

图 10-3(b) 中的实粗线 19 是启动主电路，所用导线是汽车上最粗的铜芯导线，截面积可达 $35mm^2$ 或更大，通过的电流也是最大的，可达 100～600A（不同的车型启动电流不同)。图中的细实线 20 是启动控制电路。启动电路工作原理如下。

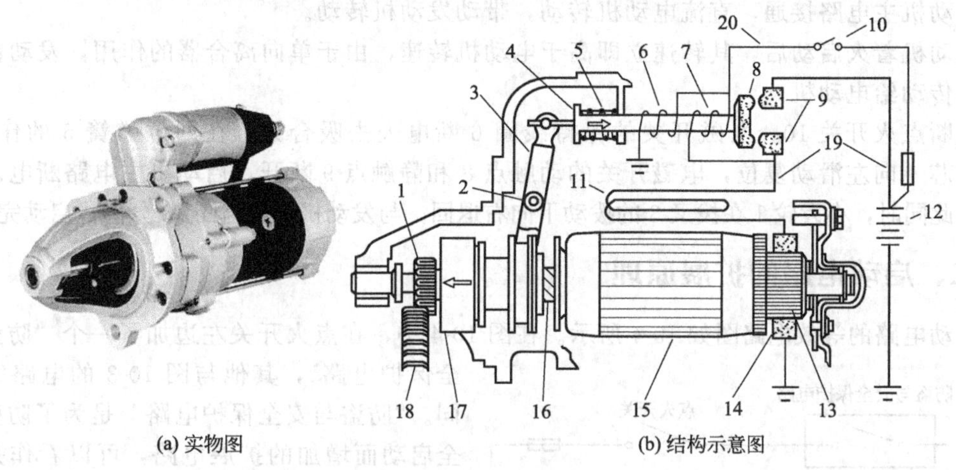

(a) 实物图　(b) 结构示意图

图 10-3　汽车启动机

1—小齿轮；2—转轴；3—拨叉；4—可动铁芯；5—回位弹簧；6—保持线圈；7—吸引线圈；8—动触点；9—静触点；10—点火开关；11—定子励磁线圈；12—蓄电池；13—换向器；14—电刷；15—电枢；16—螺旋花键；17—单向离合器；18—发动机飞轮齿圈；19—主电路；20—控制电路

1. 电路接通过程

(1) 启动控制电路　点火开关 10 闭合后，启动控制电路分为两路。

第一路是电磁开关保持线圈 6 的电路：

蓄电池 12 正极→点火开关 10→保持线圈 6→经接地回到电池负极。

第二路是电磁开关吸引线圈 7 的电路：

蓄电池 12 正极→点火开关 10→吸引线圈 7→定子励磁线圈 11→电刷 14（上)→换向器 13→电枢 15→电刷 14（下)→经接地回到电池负极。

吸引线圈 7 与励磁线圈 11、电枢 15 是串联关系，因励磁线圈 11、电枢 15 的电阻很小，主要工作电压在吸引线圈 7 上。

由于吸引线圈 7 的电阻较大，通过的较小电流远不足使直流电动机启动。

吸引线圈 7 和保持线圈 6 共同产生较大的电磁吸合力使可动铁芯 4 向右滑动，推动电磁开关的动触点 8 与静触点 9 闭合，主电路接通。

当电磁开关的动触点 8 与静触点 9 闭合后，吸引线圈 7 被短接而不起作用。而第一路电路通电不变，保持线圈 6 继续吸着可动铁芯 4，保持可动铁芯 4 在最右端不动，电磁开关为闭合状态。

为什么要对吸引线圈 7 短接？因为要推动拨叉需要很大的电磁吸力，吸引线圈 7 的工作电流在 60～90A（不同的汽车有所不同，下同），保持线圈 6 的工作电流在 12～20A；一旦可动铁芯 4 被吸合后，磁阻立即减小，只需要较小电磁吸力即可以维持可动铁芯 4 不动，把吸引线圈 7 即时短接，可以为直流电动机提供更多的启动电流。

（2）启动主电路

蓄电池 12 正极→电磁开关的动触点 8 和静触点 9 接通→励磁线圈 11→电刷 14（上）→换向器 13→电枢 15→电刷 14（下）→经接地回到电池负极，电动机启动运行。

2. 齿轮啮合过程

电磁开关的可动铁芯 4 在线圈 6、7 吸合力的作用下向右滑动，牵拉启动机的拨叉 3，拨叉 3 的下半部分通过转轴 2 向左运动，拨动电枢转轴上的小齿轮 1 向左滑动与发动机飞轮齿圈 18 啮合。在可动铁芯 4 向右行程接近终了时，推动电磁开关的动触点 8 与静触点 9 闭合，启动机主电路接通，直流电动机转动，带动发动机转动。

发动机着火启动后，其转速立即高于电动机转速，由于单向离合器的作用，发动机的转矩不会传动给电动机。

关断点火开关 10，电磁开关的保持线圈 6 断电失去吸合力，在回位弹簧 5 的作用下，可动铁芯 4 向左滑动复位，电磁开关的动触点 8 和静触点 9 断开，启动机主电路断电。

与此同时，小齿轮 1 在拨叉 3 的拨动下向右退回，与发动机飞轮齿圈 18 分离，启动完毕。

二、启动电路的扩展原理

启动电路的等效电路图如 10-4 所示。在图 10-4 中，在点火开关左边加了一个“防盗与安全保护电路”，其他与图 10-3 的电路完全相同。“防盗与安全保护电路”是为了防盗和安全启动而增加的扩展电路，可以看作是一个等效的逻辑开关（或逻辑开关串），只有它闭合后，点火开关才能使启动机通电转动。

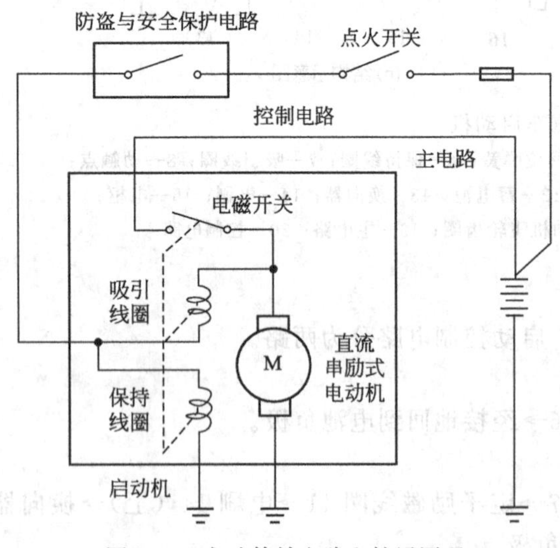

图 10-4 启动等效电路和扩展原理

这个逻辑开关根据其电路特点，可以串接在高电位端，也可以串接在低电位端，或者是混合串接。

不同车系，或不同车型的启动电路的区别，就在这个“防盗与安全保护电路”上。有用简单的电工电路实现的逻辑控制，有用复杂的电控单元实现的逻辑控制，目前更多的是联网实现的更为复杂的逻辑控制。

为了防止采用“短接法”来短接这个逻辑开关，同时还采用了其他防盗扩展措施，如同时切断燃油泵电路、喷油器电路和点火线圈电路等，实行多重防盗控制。

第三节 马自达轿车电路图和启动系统电路

一、马自达轿车电路图手册简介

一款轿车的维修资料往往是成套的，例如马自达轿车的相关维修资料就有以下之多：

Mazda5 技术指导手册；
Mazda5 车间手册上册［发动机］；
Mazda5 车间手册中册［底盘］；
Mazda5 车间手册下册（1）［车身］；
Mazda5 车间手册下册（2）［车身］；
Mazda5 电路图。

其中 Mazda5 电路图就有 253 页。

由于原电路图绘制得比较稀疏，编者在不改变原电路原理的情况下，对引用的原电路图都进行了处理。

① 对多余的空白处、长线条都进行了压缩。
② 对面积较大图形的可压缩部分进行了压缩。
③ 在压缩时，对图中的有些图形进行了水平或垂直移位。
④ 有的图只取部分相关电路图、或部分相关图形符号、或部分代码说明等。
⑤ 图中字符的字体和大小写保持不变。
⑥ 不在处理过的原电路图上添加任何图形和字符。
⑦ 在正文的解释中，所用名词和字符代号等与原电路图一致。
⑧ 力求保持原电路图的版式风格、语言风格和技术风格。

一般一款全车电路图手册由以下几部分组成：警告、前言、目录或索引、电路符号和代码、分系统电路图和检索等。图 10-5～图 10-10 摘录《Mazda5 电路图》（简称《电路图》下同）中的小部分片段供读者了解。此外在《电路图》中还有其他很多相关附图和技术数据。

警告

对汽车进行维修是非常危险的。如果您未曾接受过相关的维修培训，那么导致受伤、财产损失及无效维修的可能性将增加。车辆培训技术人员始终牢记维修手册中规定的车辆维修程序。

图 10-5 马自达 5 全车电路图——警告的小部分片段

前言

电路图包含车辆和当前可选用设备的电路图。实际车辆接线可能会因选购设备或/及当地技术规范而有所不同。

务必熟练掌握本手册内容，以便正确地进行维修。应将手册放在便于取用的地方，以便需要时快速查阅。

图 10-6 马自达 5 全车电路图——前言的小部分片段

二、马自达轿车——启动系统电路识图和分析

通过《电路图》目录，在“0119-1 节”查找出启动系统电路图，如图 10-11 所示。

识图和分析如下。

1. 电路图形符号说明

①“ATX”代表自动变速器，对应虚线框内的电路代表自动变速器内的连接电路，其内部有“变速器挡位开关”，其作用是：只有在自动变速器是 P 挡或 N 挡时，“变速器挡位开关”才是接通的。也就是说，只有在 P 挡或 N 挡，启动电路才有可能接通，发动机才能启动。

系统索引

00 通用资料

R 查阅电路图
- 车辆识别编号 (VIN) 代码 2
- 车辆识别编号 (VIN) 3
- 电路图内容 4
- 接地点 5
- 系统电路图 / 接线图 6
- 线路图 8
- 线束符号 9
- 接线颜色代码 9
- 符号 9
- 带 SRS 安全气囊系统的车辆维修警告和注意事项 12
- 带放电式前照灯车辆的维修警告 12
- 本手册中所用的缩略语 12

P 电气系统通用程序 14

电源、接地及常用连接器

E 电气接线图 18
F 保险丝盒 22
C 常用连接器表 26
G 接地点 36

数据线连接器

D 数据线连接器 40

01 发动机

12 冷却系统
- MZR 2.0 46

14 燃油系统
- MZR 2.0 48

09 车身及附件

12 玻璃 / 车窗 / 后视镜
- 后车窗除霜器 (包括加热外后视镜的信息) 114
- 电动车窗系统 116
- 电动后视镜 124

14 安全防护装置与锁定装置
- 门锁系统 126
- 防盗锁止系统 138
- 电动滑门 (PSD) 140

15 天窗 154

18 照明系统
- 大灯 156
- 行李箱灯 164
- 牌照灯 166
- 驻车灯 166
- 尾灯 166
- 前雾灯 168
- 转向及危险警报灯 170
- 倒车灯 176
- 制动灯 178
- 高位制动灯 178
- 车内灯 180
- 阅读灯 180
- 后雾灯 182
- 大灯手动调平系统 184
- 大灯自动调平系统 186
- 照明灯 190

图 10-7 马自达 5 全车电路图——目录或索引的部分片段

接线颜色代码

颜色	代码	颜色	代码
黑色	B	橙色	O
蓝色	L	粉红色	P
棕色	BR	红色	R
深蓝色	DL	天蓝色	SB
深绿色	DG	黄褐色	T
灰色	GY	紫色	V
绿色	G	白色	W
浅蓝色	LB	黄色	Y
浅绿色	LG		

符号

符号	含义	符号	含义
蓄电池 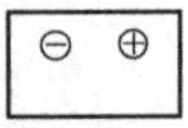 ⊖ ⊕	• 通过化学反应产生电。 • 向电路提供直流电。	照明灯   (3.4W)	• 当电流流经电阻丝时发光、发热。
接地(1) (G01)	• 若有电流从蓄电池的正极向负极流动，则将点连接到车体或其他接地线。 • 接地(1)表明一个接地点通过线束与车身搭铁之间的连接。		
接地(2)	• 接地(2)表明部件直接与车身搭铁接地的点。 备注	电阻	• 电阻值恒定的电阻器。 • 主要通过保持额定电压，来保护电路中的电气部件。
接地(3) 	• 若接地有故障，则电流不会流过电路。	 电机 (M)	• 把电能转变成机械能。

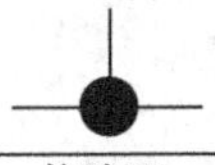

图 10-8 马自达 5 全车电路图——接线颜色代码和小部分电路图形符号

线束符号

线束的名称	线束的名称		线束的名称	符号及图标	
前端线束	(F)		车门1号线束	(DR1)	
前端2号线束	(F2)		车门2号线束	(DR2)	—
发动机线束	(E)		车门3号线束	(DR3)	
前围板线束	(D)		车门4号线束	(DR4)	
后端线束	(R)		地板线束	(FR)	—
后方2号线束	(R2)		车内灯线束	(IN)	—
后方3号线束	(R3)		A/C线束	(AC)	—
仪表板线束	(I)	—	喷射线束	(INJ)	—
排放线束	(EM)		手制动器线束	(HB)	—
排放2号线束	(EM2)	—			
排放3号线束	(EM3)				

图 10-9 马自达 5 全车电路图——线束符号

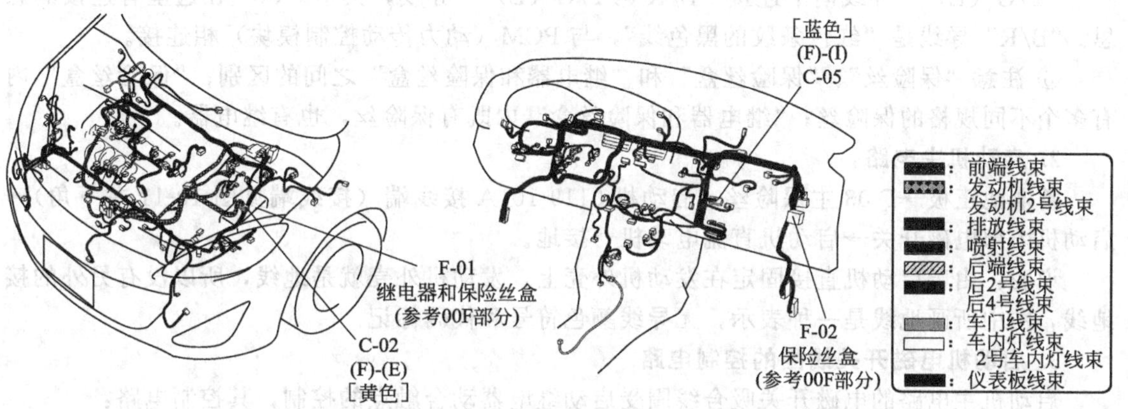

图 10-10 马自达 5 全车电路图——线束和线束位置图

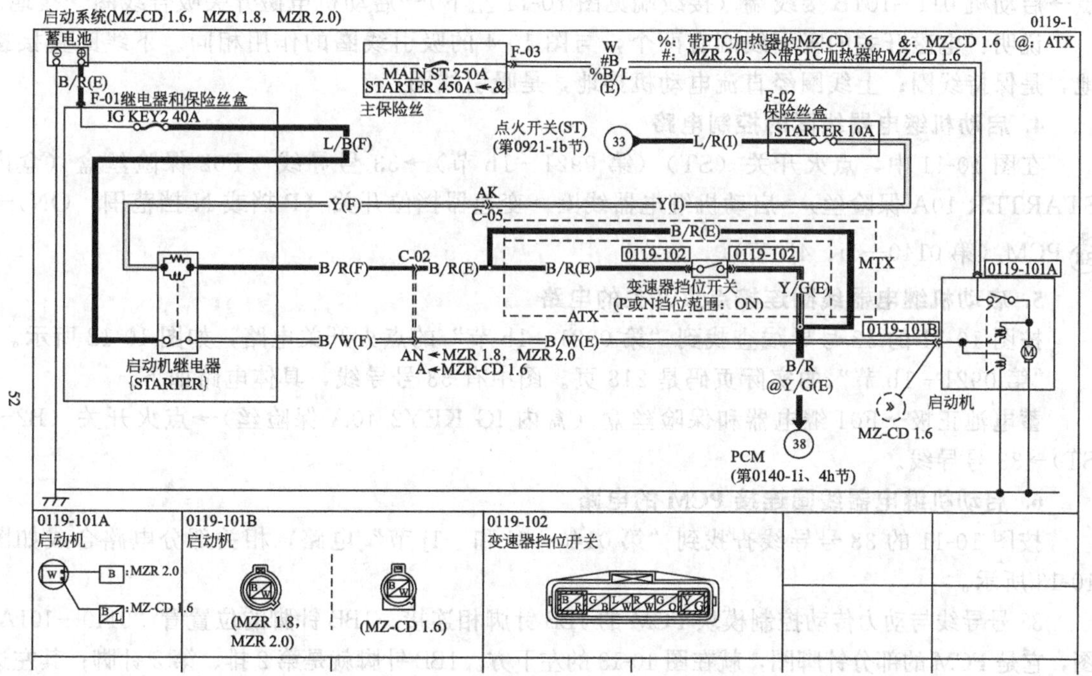

图 10-11 马自达 5 全车电路图——启动系统电路

“变速器挡位开关”是控制启动电路的一个逻辑开关，但不是唯一的。

②“MTX”代表手动变速器，对应虚线框内的电路代表手动变速器时的连接电路。

③“PCM”代表动力传动控制模块。这里的控制模块就是电控单元，下同。

④“33”图形符号表示该电路与另一张电路图同样编号的导线的是连接的。为了后面分析方便，我们称之为“33号导线”，其箭头方向代表电流方向。33号导线旁边的“（第0921—1B节）”是连接另一张电路图的“章节”，“第0921—1B节”不是实际页码，而是电路图的系统代码，也是按顺序编排的。

同理，38称之为38号导线，连接PCM，其对应电路在“第0140—1i、4h节”。

⑤ 导线标记：变速器挡位开关右下导线上的“Y/G(E)”，是导线的标记，第一个字母Y（黄色）表示导线的基色，第二个字母G（绿色）表示导线的条纹色。如果是单色线，就用一个字母。括号里的字母（E）表示该导线所在的线束，（E）表示发动机线束。其他导线的标记同理。

“Y/G（E）”导线向下连接“B/R @Y/G（E）”导线，其中“@”在这里有连接的意思。“B/R”导线是“红色条纹的黑色线”，与PCM（动力传动控制模块）相连接。

⑥ 注意“保险丝”、“保险丝盒”和“继电器和保险丝盒”之间的区别；“保险丝盒”内有多个不同规格的保险丝；“继电器和保险丝盒”内既有保险丝，也有继电器。

2. 启动机主电路

蓄电池正极→F-03主保险丝→启动机0119-101A接线端（接线端见图10-11左下角）→启动机内部电磁开关→启动机直流电动机→接地。

说明：由于启动机直接固定在发动机外壳上，发动机外壳就是地线，所以没有另外的接地线，图中所画地线是一种表示，无导线颜色符号和代码标记。

3. 启动机电磁开关线圈的控制电路

启动机主电路的电磁开关吸合线圈受启动继电器动合触点的控制，其控制电路：

蓄电池正极→F-01继电器保险丝盒（盒内IG KY2 40A保险丝）→启动继电器动合触点→启动机0119-101B接线端（接线端见图10-11左下）→启动机电磁开关吸合线圈→接地。

说明：电磁开关的吸引线圈有两个，与图10-4的吸引线圈的作用相同。下线圈直接接地，是保持线圈；上线圈经直流电动机接地，是吸引线圈。

4. 启动机继电器线圈的控制电路

在图10-11中，点火开关（ST）（第0921—1b节）→33号导线→F02保险丝盒（盒内STARTER 10A保险丝）→启动机继电器线圈→变速器挡位开关（P挡或N挡范围：ON）→38 PCM（第0140—1i、4h节）。

5. 启动机继电器线圈连接点火开关的电路

按图10-11的33号导线查找到“第0921—1b节”的点火开关电路，如图10-12所示。“第0921—1b节”的实际页码是218页。图中有33号导线，具体电路如下。

蓄电池正极→F01继电器和保险丝盒（盒内IG KEY2 40A保险丝）→点火开关（B2→ST）→33号导线。

6. 启动机继电器线圈连接PCM的电路

按图10-11的38号导线查找到“第0140—1i和—1j节”电路，相关部分电路合成如图10-13所示。

38号导线与动力传动控制模块PCM的1BB针脚相连接。1BB针脚的位置看“0140—101A”图，它是PCM的部分针脚图，就在图10-13的左下方。1BB针脚就是第2排、第2针脚；其左边外侧有一图标ATX: Y/G，表示此针脚连接“自动变速器挡位开关”的“Y/G”线，见图10-11。

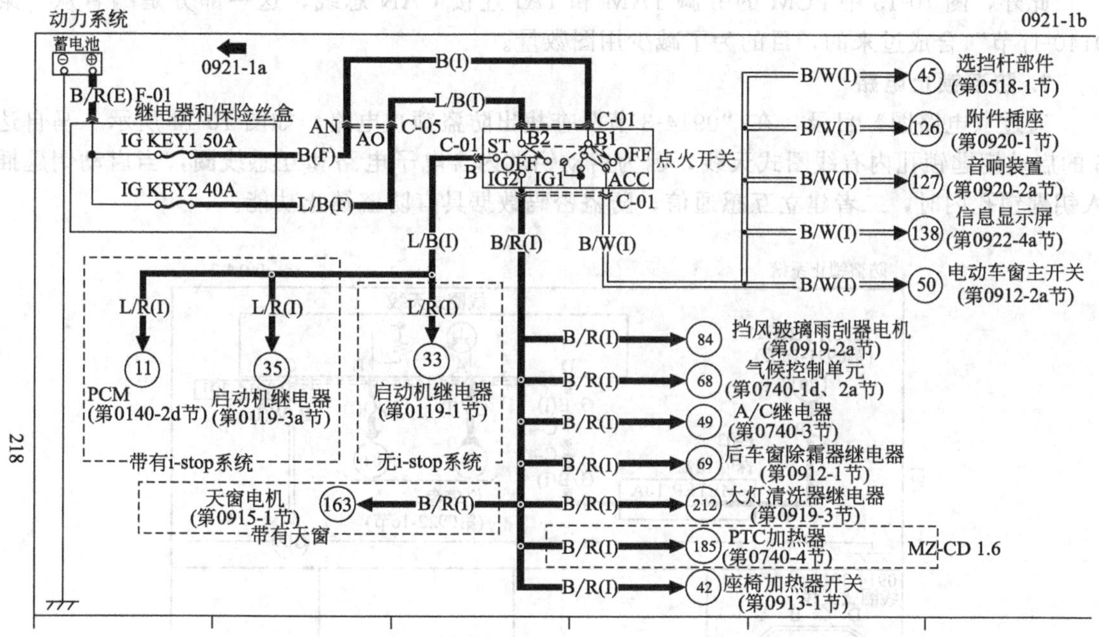

图 10-12 马自达 5 全车电路图——动力系统点火开关电路

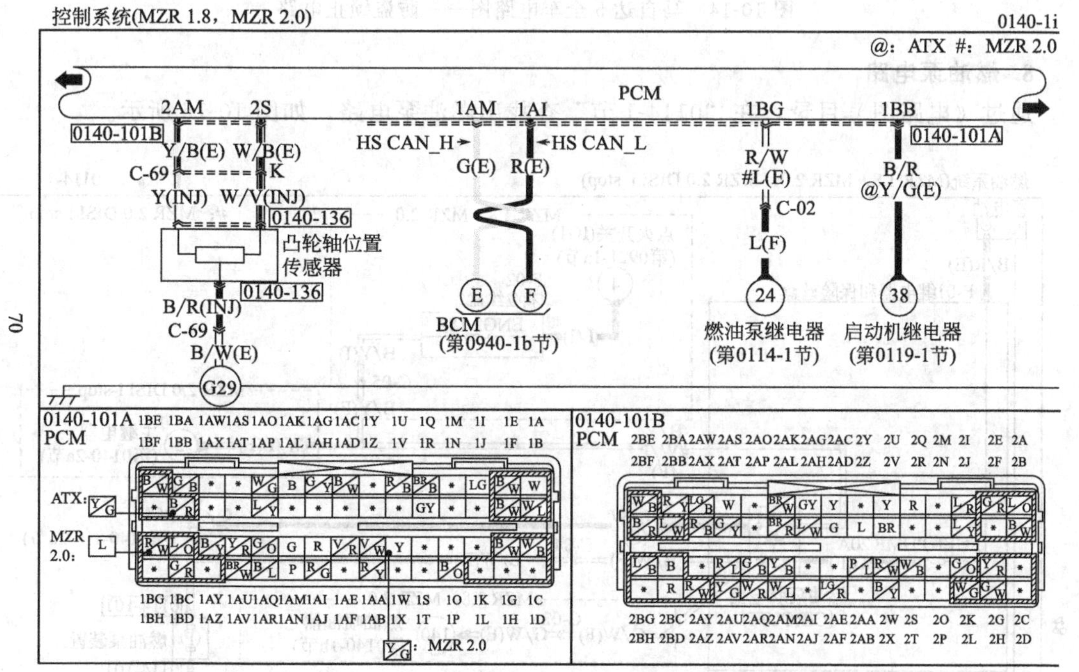

图 10-13 马自达 5 全车电路图——PCM 控制系统部分电路

到此为止，启动机继电器线圈向高电位与蓄电池正极的连接已查清楚，向低电位方向到 PCM（动力传动控制模块）的“1BB”针脚。如果 PCM 在内部能控制“1BB”针脚接地，启动机继电器就可以吸合，启动机就可以启动。

PCM 如何控制“1BB”针脚，决定设计要求，如当防盗系统被入侵，PCM 可以控制“1BB”针脚不接地，即使有钥匙也不能使启动机启动。

此外，图 10-13 中 PCM 的针脚 1AM 和 1AI 连接 CAN 总线，这一部分是编者从“第 0140-1j 节”合成过来的，目的为了减少用图数量。

7. 防盗锁止电路

通过《电路图》目录，在“0914-3 节”查找出防盗锁止电路，如图 10-14 所示。马自达 5 的启动钥匙锁孔内有线圈式天线，因为启动钥匙内含电子电路和互感线圈，当启动钥匙插入钥匙锁孔内时，二者建立互感通信，防盗密码数据具有防盗锁止功能。

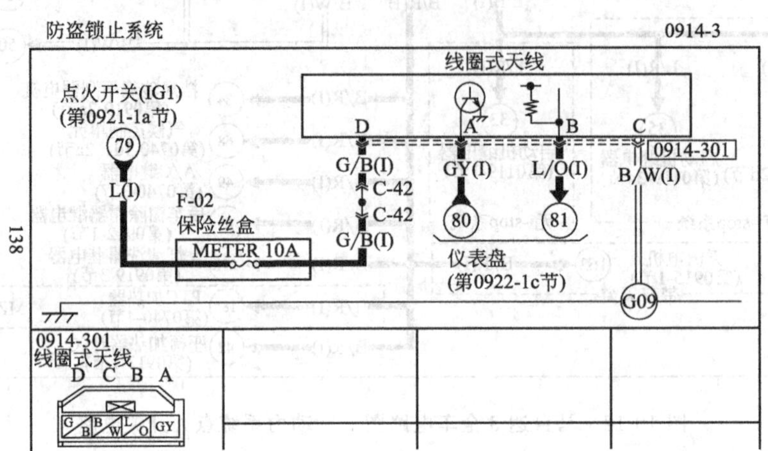

图 10-14 马自达 5 全车电路图——防盗锁止电路

8. 燃油泵电路

通过《电路图》目录，在“0114-1 节”查找出燃油泵电路，如图 10-15 所示。

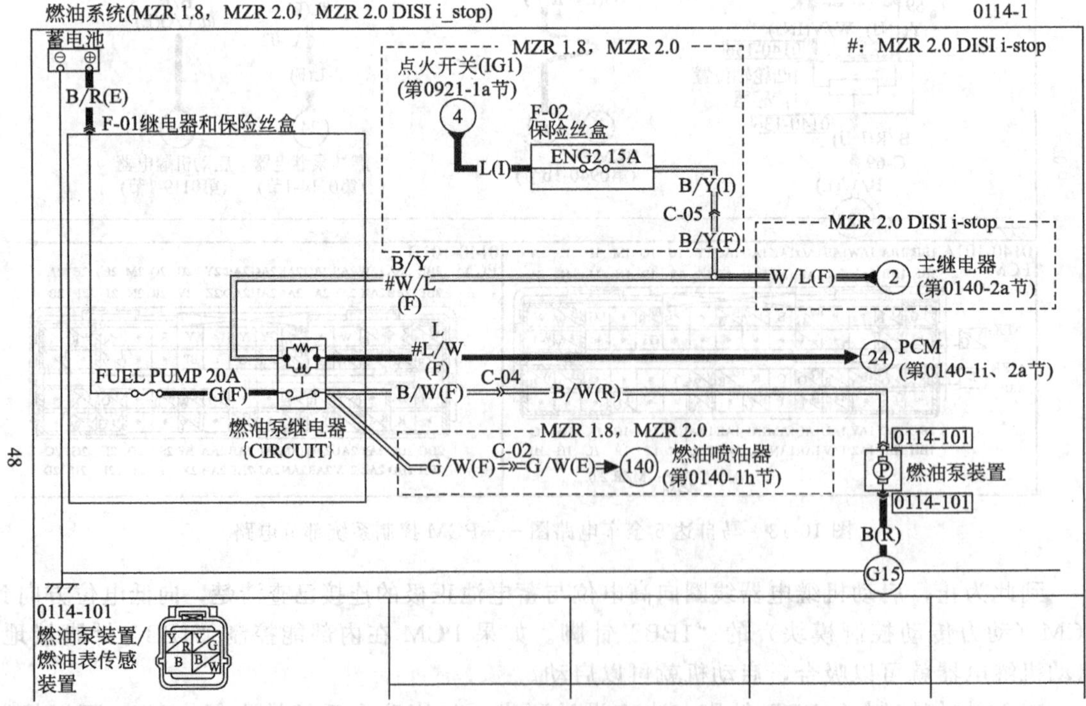

图 10-15 马自达 5 全车电路图——燃油泵电路

针对两种不同型号的发动机，燃油泵继电器线圈的高电位端有两种接线方式，右侧的方式是 2 号导线接主继电器［发动机：MZR2.0 DISI（接喷射火花点火），i-stop（智能启动/停止系统）］；上面的方式是 4 号导线接点火开关的 IG1（发动机：MZR 1.8，MZR 2.0）。在后面综合电路时，选上面的方式。

燃油泵继电器线圈的低电位端连接 24 号导线，接 PCM（动力传动控制模块）的针脚 1BG，连接详见图 10-13。

燃油泵继电器的主电路＋12V 输出分为两路，一路给燃油泵供电，一路给燃油喷油器供电。如果燃油泵继电器停止工作，供油和喷油也都停止工作。

9. 喷油电路

通过《电路图》目录，在“0114-1h 节”查找出喷油电路，如图 10-16 所示。每个燃油喷油器有 2 个针脚，分别接燃油泵继电器输出的＋12V 电源（140 号线）和 PCM（动力传动控制模块）的控制针脚。

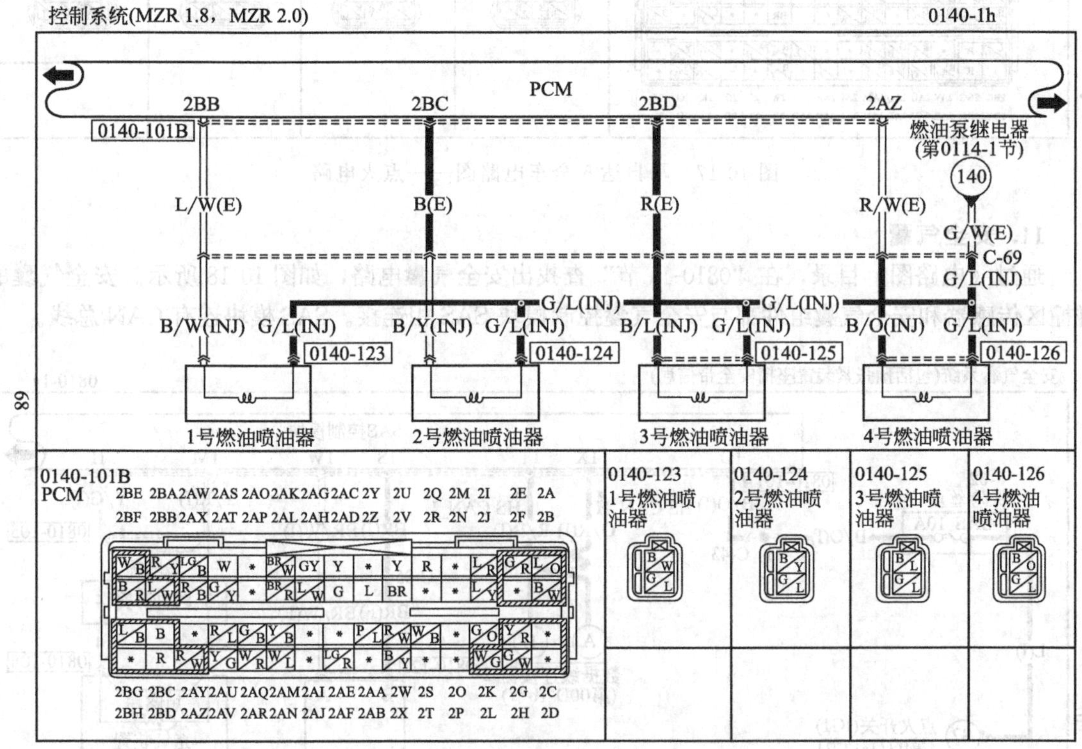

图 10-16　马自达 5 全车电路图——喷油电路

10. 点火线圈电路

通过《电路图》目录，在“0140-1g 节”查找出点火线圈电路，如图 10-17 所示。图中点火线圈是带点火器的独立点火线圈，点火线圈安装在火花塞的上方。每个点火线圈的接线端有 3 个针脚，从左向右分别接地线（G29 号线）、控制线（2G、2K、2L、2H）和＋12V 电源线（22 号线）。22 号线接点火开关 IG1 触点，图 10-12 中没显示，另在第 0921-1a 节图中有显示，因篇幅有限，没有复制此图。

图 10-17 的下部分是 PCM 和点火线圈的接线端子针脚图。点火线圈的接线端子针脚分别是控制线、地线和接点火开关输出的＋12V 电源线。所以要注意原理图和接线端子图的接线顺序区别。

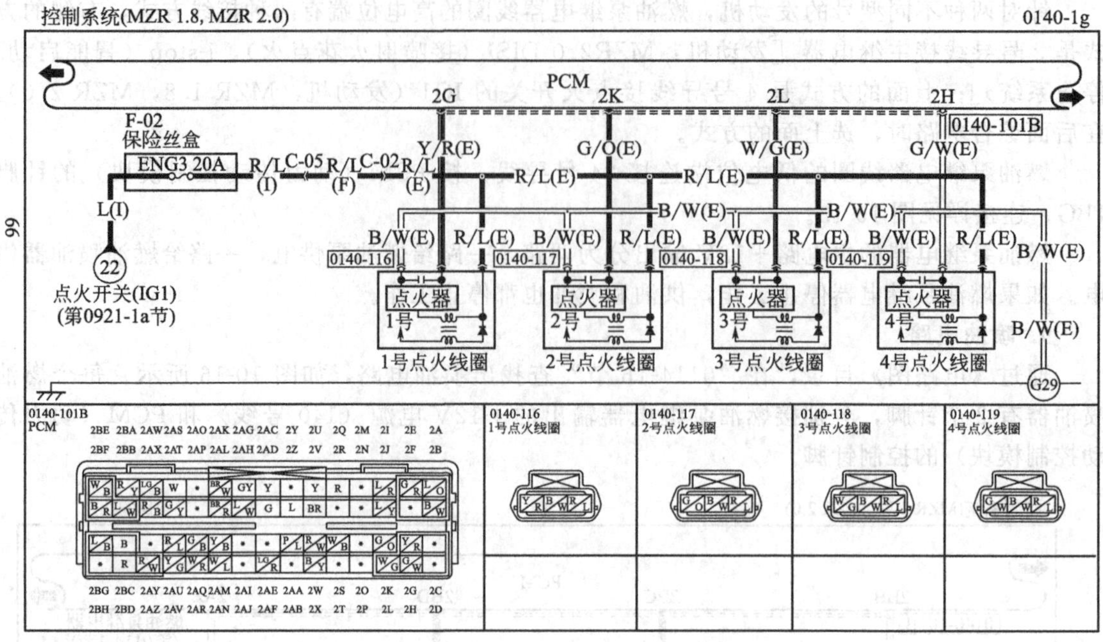

图 10-17　马自达 5 全车电路图——点火电路

11. 安全气囊

通过《电路图》目录，在"0810-1a 节"查找出安全气囊电路，如图 10-18 所示。安全气囊的碰撞区传感器和安全气囊组件都与安全气囊控制模块 SAS 相连接。SAS 模块连有 CAN 总线。

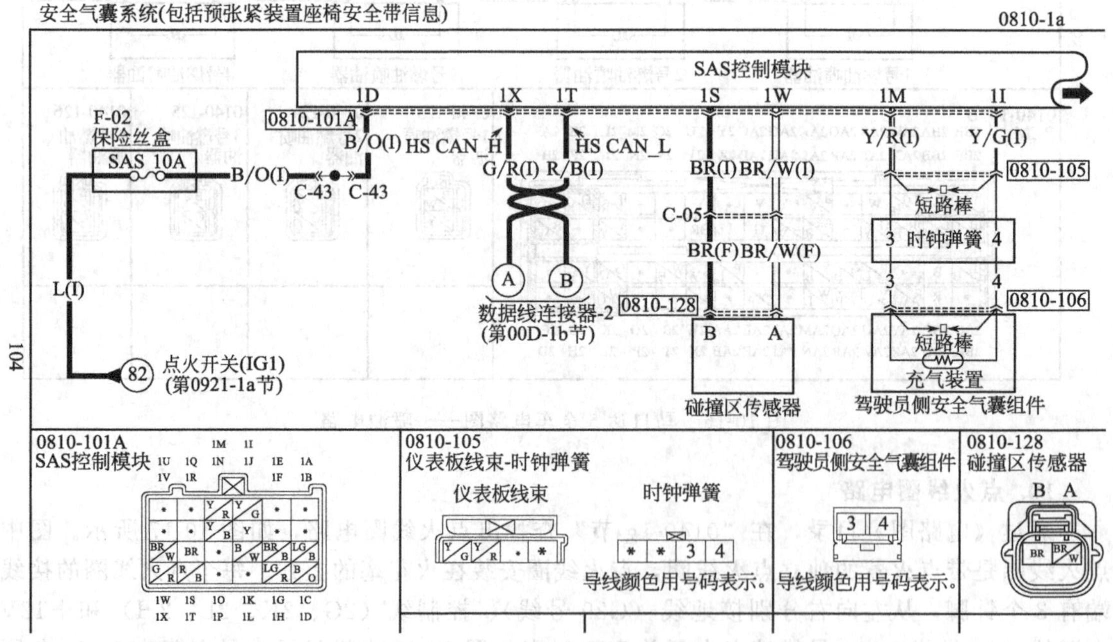

图 10-18　马自达 5 全车电路图——安全气囊电路

12. 车载网络电路

马自达轿车的车载网络内有 CAN 总线通信方式，图 10-19 是《电路图》"第 0940-1b 节"，显示 CAN 总线的部分电路。

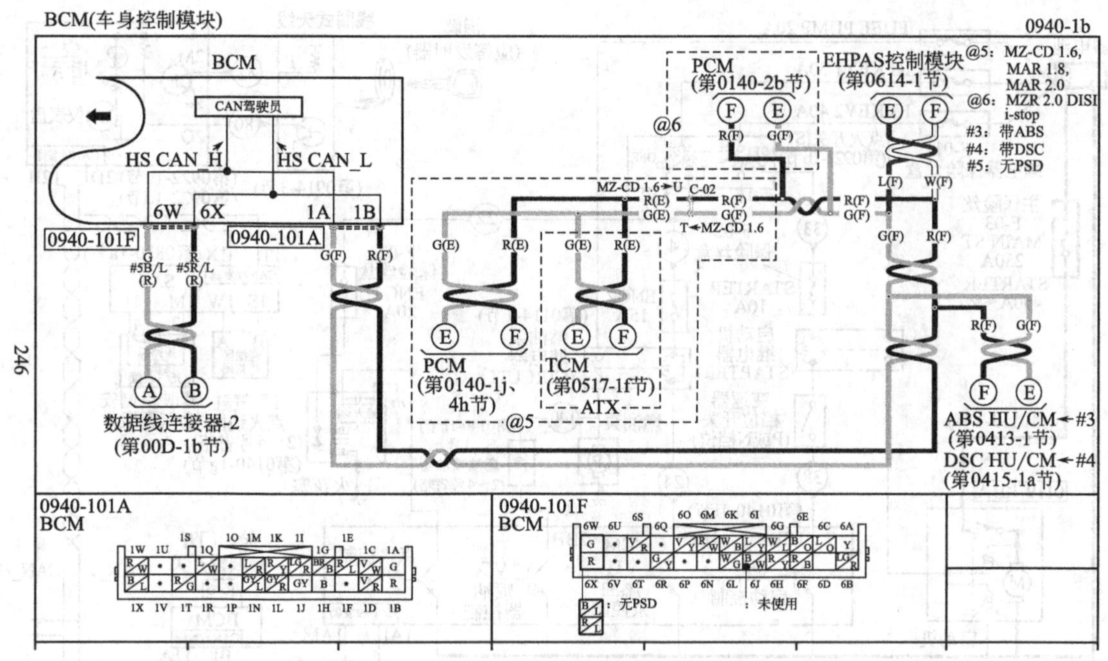

图 10-19　马自达 5 全车电路图——局部 CAN 总线

图中连接的控制模块（电控单元）的缩略语说明：

① BCM：车身控制模块。

② PCM：动力传动控制模块。

@5 虚线框内电路：对应 MZ-CD 1.6、MZR 1.8、MZR 2.0 发动机的网络连接。

@6 虚线框内电路：对应 MZR 2.0 DISI（直接喷射火花点火）、i-stop（智能启动/停止系统）发动机的网络连接。

③ TCM：自动变速器控制模块。

④ EHPAS：电动液压助力转向装置控制模块。

⑤ ABS HU/CM：防抱死制动系统（液压装置）控制模块。

⑥ DSC HU/CM：动态稳定系统（液压装置）控制模块。

图中的 CAN 总线用双绞线图形模式表示，黑色粗线是 CAN-L 线，灰色粗线是 CAN-H 线。

三、马自达 5 启动和防盗综合控制电路

由于现代汽车的电路所占比重越来越多，受页面幅面的限制，一辆整车的电路图要分散绘制在几百页，甚至上千页的小图纸上，对分析电路很不利。现场分析电路故障时，往往需要全面了解电路的系统组成，因此要学会把分散的局部电路组合成系统电路，这样对分析电路原理和查找故障就比较清晰和方便。

下面根据图 10-11～图 10-19，再结合《电路图》和《Mazda5 技术指导手册》的其他有关内容（受篇幅的限制不能一一展示这些相关电路图），整合出包含启动、喷油、点火、安全气囊和防盗锁止的综合电路图，如图 10-20 所示，供分析参考。

1. 电路图 10-20 整合说明

① 整合出的图 10-20 电路的图形符号、文字符号、导线标记和针脚编号等均用原图的，

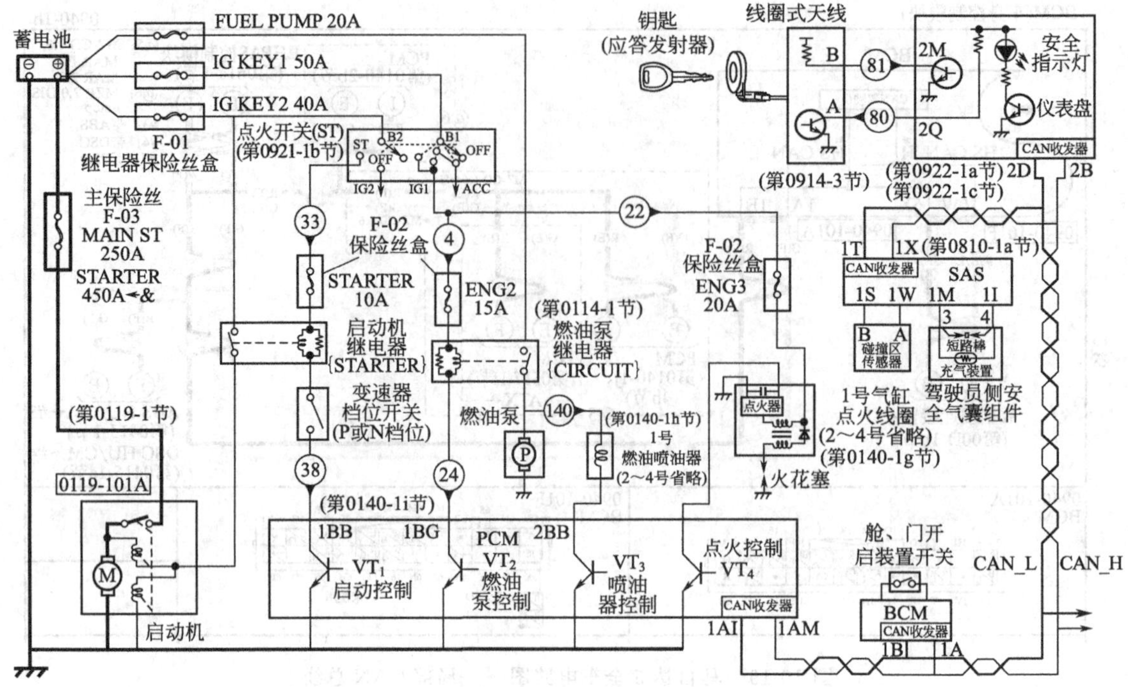

图 10-20 马自达 5 启动和防盗系统综合控制电路

电路连接不变，只是在图面布局上调整、整合和连接。

② 4 个喷油器和 4 个点火线圈各显示一个，其余省略。

③ 受图面限制，发动机的相关传感器和其他执行器没有显示。

④ SAS（安全气囊控制模块）和仪表盘模块及外围连接电路的原理、图形符号、文字符号不变，略作变动。

⑤ PCM（动力传动控制模块）中的三极管 VT_1～VT_4 是编者加的，用的是新图形符号，代表 PCM 内部的控制元件。

⑥ BCM（车身控制模块）只显示一个舱门开启装置开关作为门锁开关代表。

⑦ PCM 模块、SAS 模块、BCM 模块和仪表盘模块之间的网络连接是 CAN 总线连接。

2. 电路图 10-20 分析

（1）防撬阻止发动机启动功能　前面已经分析，启动继电器线圈的接地最后受控于 PCM 的 VT_1，当舱门受到非法的外力撬开时，舱门防盗开关的信号传至 BCM 模块，BCM 模块将防盗信号经 CAN 总线传至 PCM 模块，

PCM 可以同时采用 3 种控制方式阻止发动机启动。

一是控制 VT_1 截止，即使用短路点火开关的方法，也不能启动启动机。

二是控制 VT_2 和 VT_3 同时截止，如果盗车者采用短接点火开关的同时，又把启动机继电器线圈下端直接接地，即使启动机可以启动，但燃油泵继电器线圈不能接地，燃油泵不能转动，不供油；喷油器线圈也不能接地，即使有油，也喷射不出来。

三是同时控制 VT_4 截止，使点火线圈断电，无法点火。

由此可见，采用微机（单片机）和联网控制，可以形成多重防盗启动控制，使发动机不能被转动，即使转动也没有燃油供应，即使有油也喷射不出来，即使喷出来，也不能点火。

（2）钥匙随机编码防盗功能　如图 10-20 所示，车钥匙内具有“应答发射器”，只有经过

"编程赋码"匹配后的钥匙，才能启动发动机。同一辆车可以对若干把钥匙进行"编程赋码"。

其基本原理是：在钥匙孔上安装有"线圈式天线"，钥匙本身不带电池。当钥匙插入钥匙孔后，仪表盘模块向钥匙孔上的"线圈式天线"输送高频交变电流，通过互感，钥匙里的微小线圈获得感生电流，经整流滤波可以给钥匙里的芯片提供电能。因此，当钥匙插入钥匙孔后，钥匙孔与钥匙之间的互感有三个作用：

钥匙孔向钥匙无线传送电能，钥匙获得电能，支持自身芯片工作。

钥匙孔向钥匙无线传送随机数码，钥匙可以接受。

钥匙向钥匙孔无线传送自身代码和处理过的随机数码，钥匙孔可以接受。

对钥匙的识别顺序是在"钥匙↔钥匙孔↔仪表盘模块↔CAN 总线↔PCM 模块"之间进行。因为数据码是随机的，因此，具有很好的安全性。钥匙的联网识别顺序见图 10-21。

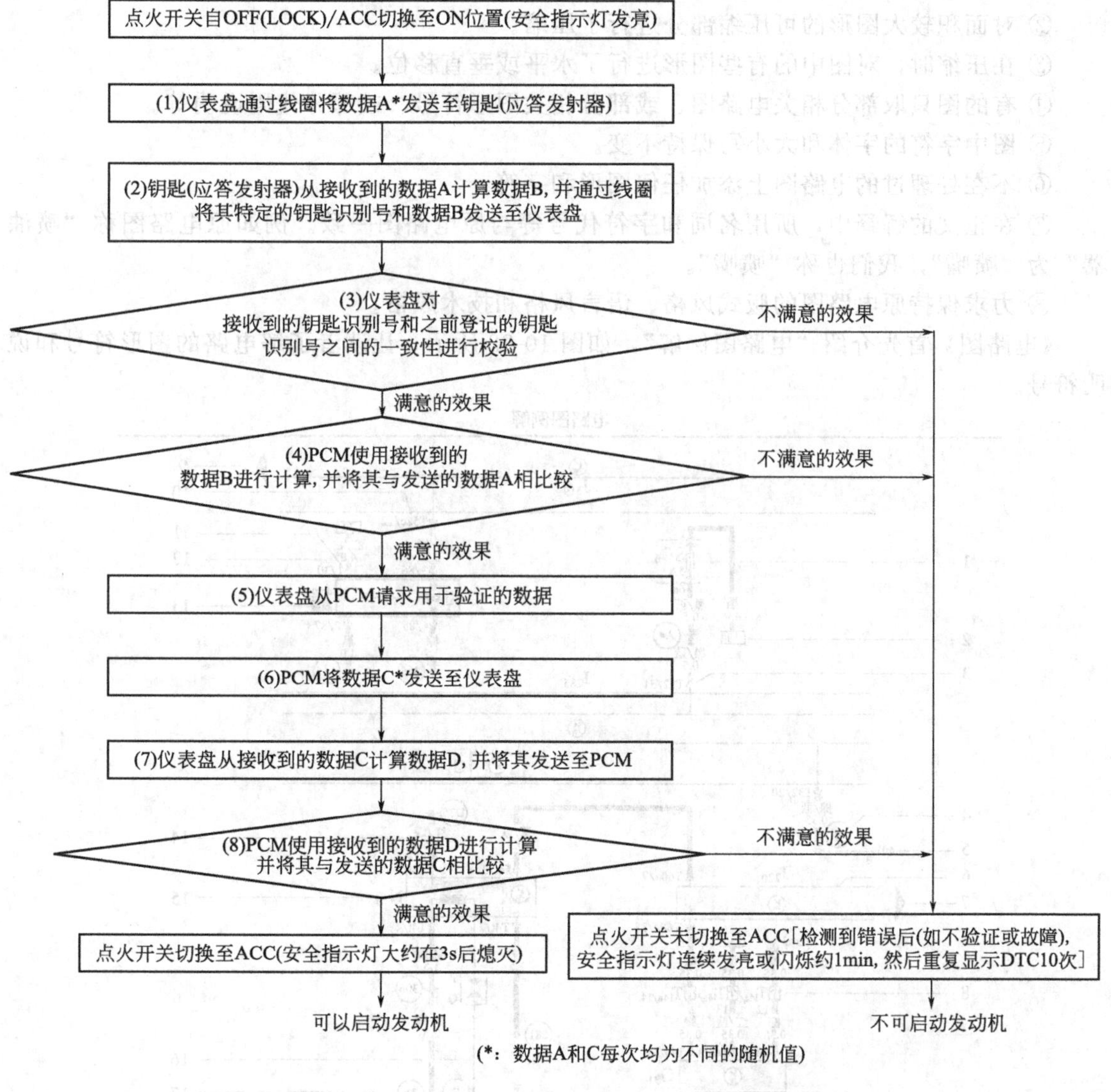

图 10-21 马自达 5 全车电路图——钥匙识别顺序图

(3) 碰撞后安全控制功能 当发生碰撞触发碰撞区传感器，引发安全气囊点燃充气时，安全气囊模块 SAS 同时发出最高级别的数据信息，经 CAN 总线发布，动力传动控制模块

PCM接收后立即切断燃油泵继电器线圈、喷油器线圈和点火线圈电路，迫使发电机停止运转，同时防止燃油外泄。

第四节 上海大众斯柯达昊锐电路图和启动系统电路

一、上海大众斯柯达昊锐全车电路图手册简介

上海大众斯柯达昊锐全车电路图（简称《电路图》，下同）有263页。

由于原电路图绘制的比较稀疏，在不改变原电路原理的情况下，对引用的原电路图都进行了处理。

① 对多余的空白处、长线条都进行了压缩。

② 对面积较大图形的可压缩部分进行了压缩。

③ 在压缩时，对图中的有些图形进行了水平或垂直移位。

④ 有的图只取部分相关电路图、或部分相关图形符号、或部分代码说明等。

⑤ 图中字符的字体和大小写保持不变。

⑥ 不在处理过的电路图上添加任何图形和字符。

⑦ 在正文的解释中，所用名词和字符代号等与原电路图一致。例如原电路图称“喷油器”为“喷嘴”，我们也称“喷嘴”。

⑧ 力求保持原电路图的版式风格、语言风格和技术风格。

《电路图》首先介绍“电路图例解”，如图10-22所示，让读者了解电路的图形符号和说明符号。

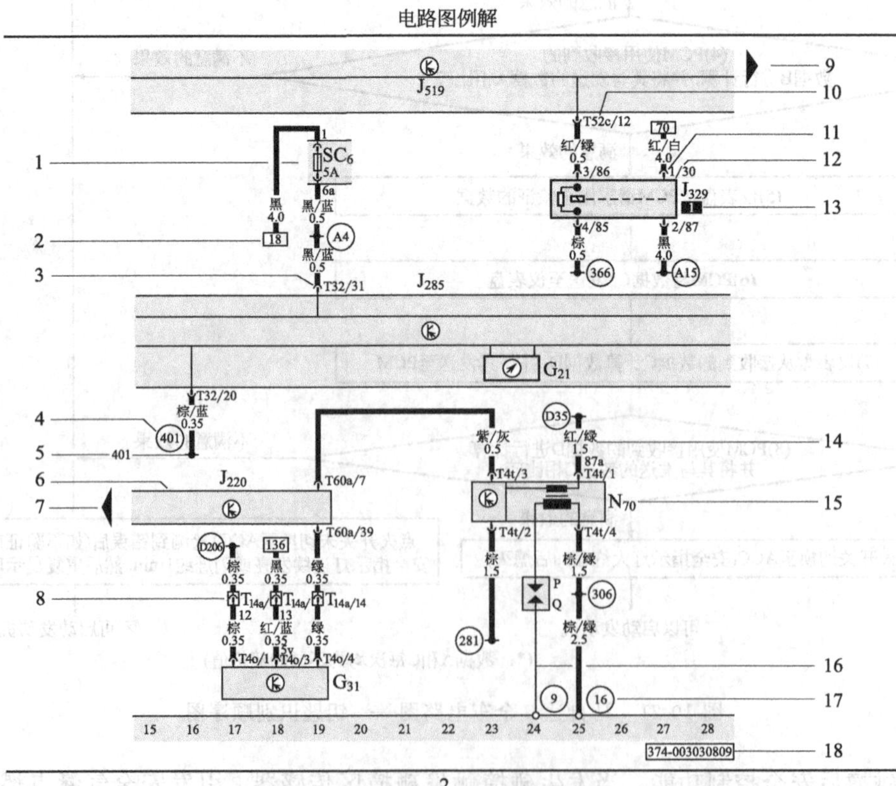

图10-22 上海大众斯柯达昊锐——电路图解（电子页码2）

图 10-23 对“电路图例解”进行了说明。

1—保险丝代号，图中“SC6”表示保险丝盒中 6 号位保险丝（5A）

2—指示导线的延续，框内的数字指示导线在相同编号的部分有延续

3—元件上插头的代号，表示插头代号触点数和连续的触点号，例如：T32/31—多针脚插头 T32，32 针，触点 31

4—线束内部连接的代号，可以在电路图下方查到该不可拆式连接位于哪个线束内

5—指示内部接线的去向，数字表示电路图中下一个部分有相同数字的内部接线相连

6—元件的符号（参见第 4、5 页）

7—三角箭头指示该元件在电路图上一页有延续

8—线束的插头连接代号，指示多针脚插头代号，触点数和连接的触点号，例如：T14a/12—多针脚插头 T14a，14 针，触点 12

9—三角箭头，表示接下一页电路图

10—BCM 车身控制单元上多针插头代号及插头的触点号，例如：T52c/12—52 针脚，T52c，触点 12

11—接线端子号，元件上的接线端子号或多针插头触点号

12—触点代号——在继电器上表示继电器上单个触点，例如 30＝继电器上的触点 30

13—继电器位置编号——在继电器板上

14—导线截面积（单位：mm^2）和颜色

15—元件代号，可以在电路图下方查到元件名称

16—内部连续（细实线）这个连接并不是作为导线存在，而是表示元件或导线束内部的电路

17—接地点的代号，可以在电路图下方查到接地点在车上的位置

18—电路图图号，例如：374-003030809，374 表示车型，003 表示组号，03 表示页码，08 表示月份，09 表示年份

图 10-23 上海大众斯柯达昊锐——电路图例解说明（电子页码 3）

图 10-24 是“电路图符号说明”，编者只挑选了少部分电路符号。

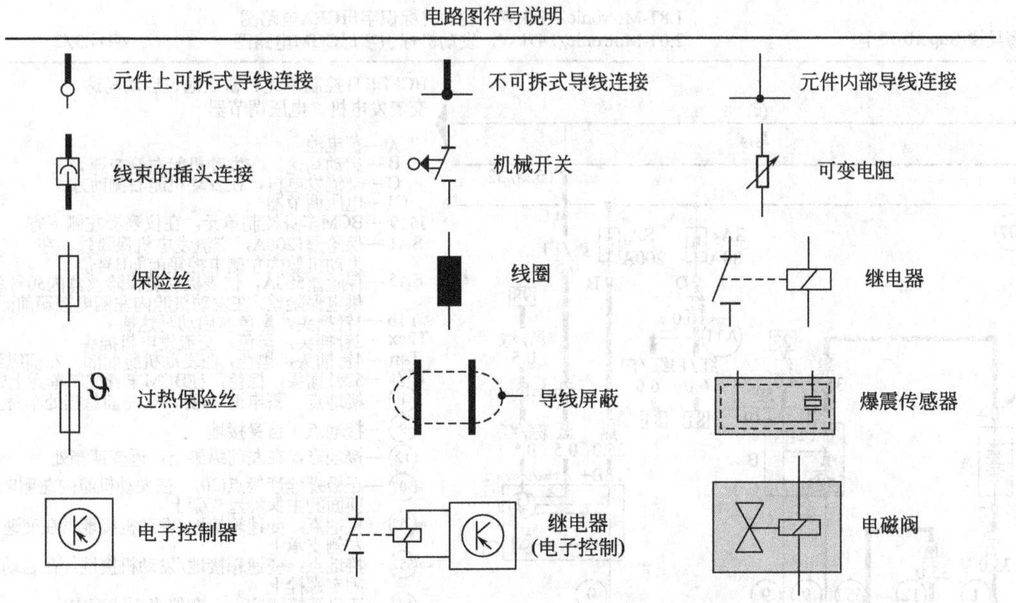

图 10-24 上海大众斯柯达昊锐——电路图符号说明（电子页码 4～7）

图 10-25 是电路图中的“端子代号”，编者只挑选了部分端子代号。其中的数字代号在大众车系电路图中比较常见。

端子代号

端子	意义
15	蓄电池后由开关控制的正极(来自点火/启动开关的端子)
15a	由点火/启动开关控制的正极(保险丝后)
30	直接由蓄电池正极输出
30a	直接由蓄电池正极输出(保险丝后)
31	蓄电池负极,或车辆接地
50	点火/启动开关用于启动电机的输出
CAN-H,驱动系统 CAN-L,驱动系统	在驱动控制单元之间的数据总线(发动机、自动变速箱、ABS、数据总线诊断接口……)
CAN-H,舒适系统 CAN-L,舒适系统	在舒适系统中央控制单元之间的舒适系统数据总线(车门控制单元,Climatic,车载电源控制单元,数据总线诊断接口……)
CANH-KI CANL-KI	组合仪表和数据总线诊断接口之间的数据总线
CAN-H,信息娱乐系统 CAN-L,信息娱乐系统	数据总线接口和收音机、放大器之间的数据总线
GND	接地
GRA	定速巡航装置
LIN	局域互联网
K	控制单元的诊断导线

图 10-25 上海大众斯柯达昊锐——端子代号(电子页码 8～9)

二、上海大众斯柯达昊锐启动系统和防盗锁止电路识图和分析

通过《电路图》目录查找出启动系统的电路图如图 10-26 所示。

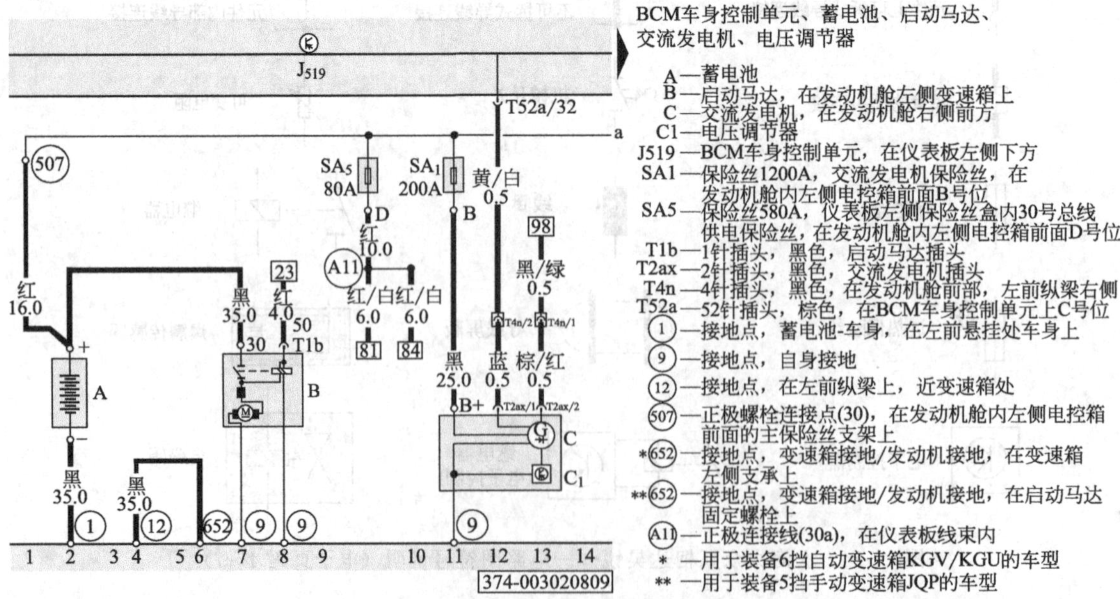

图 10-26 上海大众斯柯达昊锐启动系统电路 1(电子页码 63)

识图和分析如下。

1. 启动机主电路

蓄电池 A 正极→截面积 35mm² 黑线→启动机 B 的接线端 30→启动机 B 内部电磁开关→启动机直流电动机→接地。

2. 启动机控制电路

高电位来源编号 23 的截面积 4mm² 红线→启动机 B 的 T1b 针脚→启动机吸合线圈→接地。

说明：该电路图中没有注明连接 23 的下一张电路图在哪一页，或在哪部分电路，所以只有根据发电机启动和电控的基本原理去查找。

经查找，在电子页码 13 页查到 23 经截面积 4mm² 红/黄线连接在车身控制单元 J519 的 T52a/42 针脚，受 J519 控制，如图 10-27 所示。

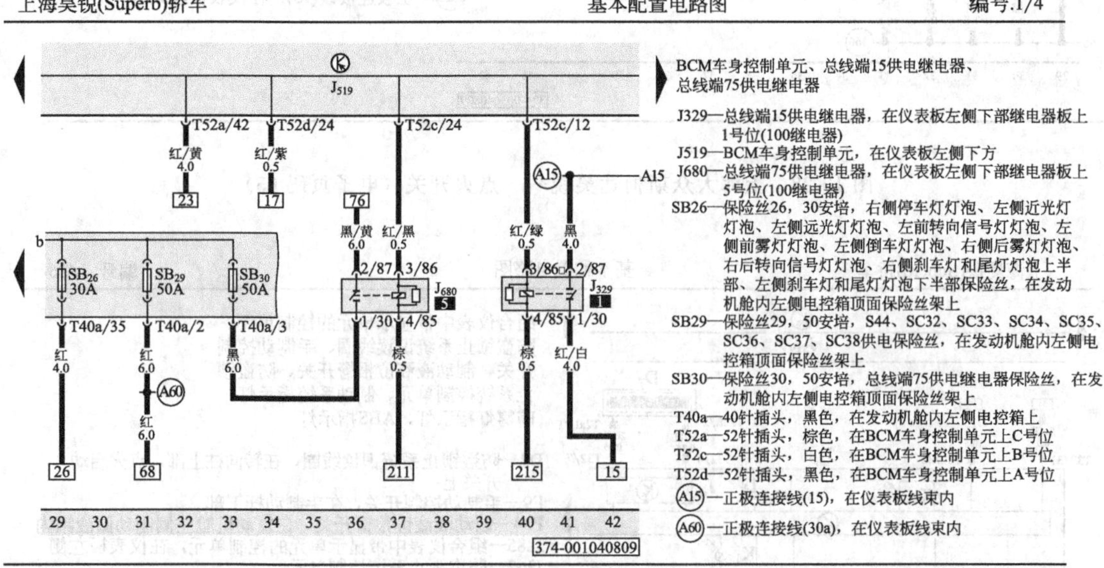

图 10-27 上海大众斯柯达昊锐启动系统电路 2（电子页码 13）

3. 点火启动开关

通过《电路图》目录查找出“点火启动开关 D”，如图 10-28 所示。点火启动开关 D 直接连接在“转向柱电子装置控制单元 J527”。点火启动开关 D 和启动机控制电路没有直接联系。

图 10-28 中的“E45”和“E227”分别是“GRA 开关”和“GRA 按钮（套件）”，查图 10-25 端子代号，“GRA”代表“定速巡航装置”。

4. 防盗锁止系统识读线圈

通过《电路图》目录查找出“防盗锁止系统识读线圈 D_2”，如图 10-29 所示。D_2 在转向柱上部的点火启动开关上，直接连接“防盗锁止系统控制单元 J362”。J362 又连接“组合仪表中带显示单元的控制单元 J285”。

5. 燃油泵电路

通过《电路图》目录查找出“燃油泵 G6”的电路，如图 10-30 所示。燃油泵有一个专用的控制单元，即“燃油泵控制单元 J538”，其直接控制燃油泵的运行。

在 J538 之前，还有一个燃油泵继电器，为燃油泵和点火线圈等电器供电，图中未显示。

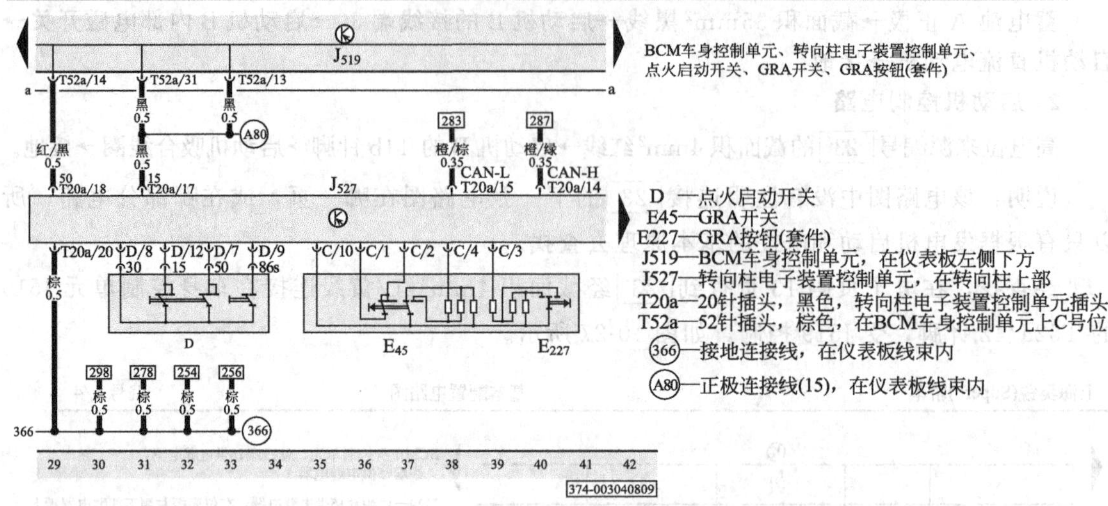

图 10-28　上海大众斯柯达昊锐——点火开关（电子页码 65）

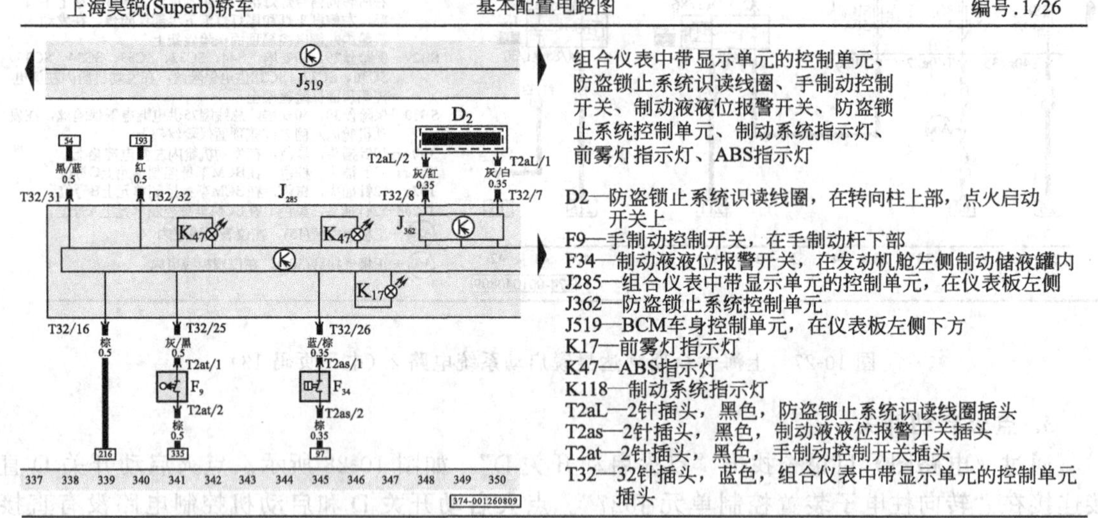

图 10-29　上海大众斯柯达昊锐防盗锁止系统识读线圈（电子页码 35）

图 10-30 中的 G 是“燃油存量传感器”。

6. 发动机喷嘴电路

通过《电路图》目录查找出发动机“喷嘴”电路，如图 10-31 所示。四个喷嘴 N30～N33 的电磁线圈分别直接与“Motronic 发动机控制单元 J220”连接，受 J220 控制。

7. 发动机点火线圈电路

通过《电路图》目录查找出发动机“点火线圈”电路，如图 10-32 所示。图中 3 个点火线圈 N70、N127、N291 分别直接与“Motronic 发动机控制单元 J220”连接，受 J220 控制。这是带有功率输出级的点火线圈。还有一个点火线圈在另一张电路图上。

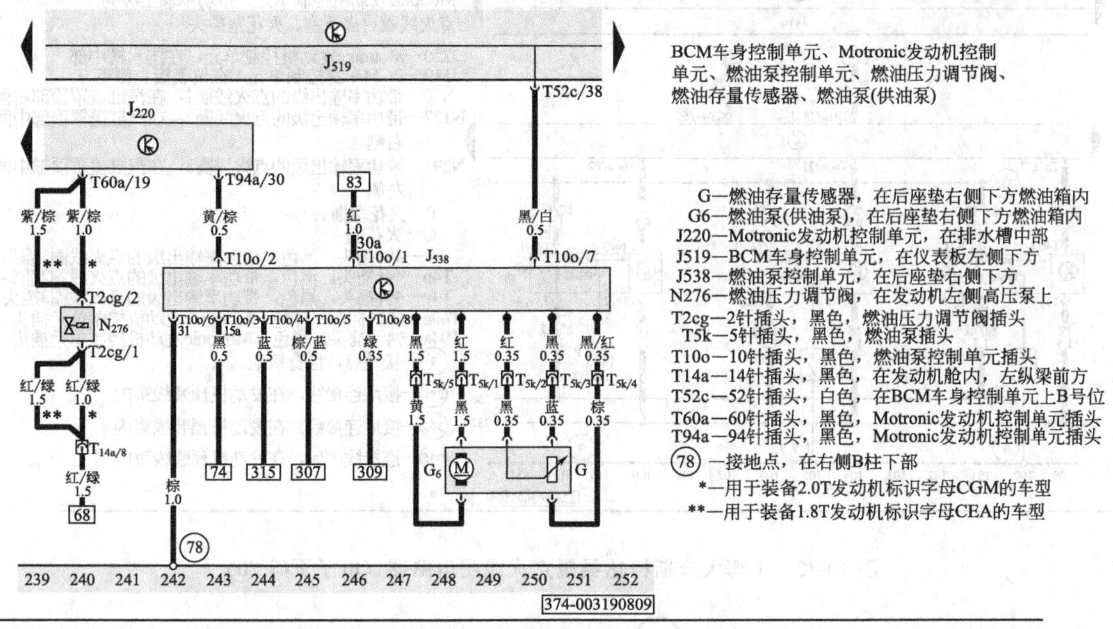

图 10-30 上海大众斯柯达昊锐燃油泵电路（电子页码 80）

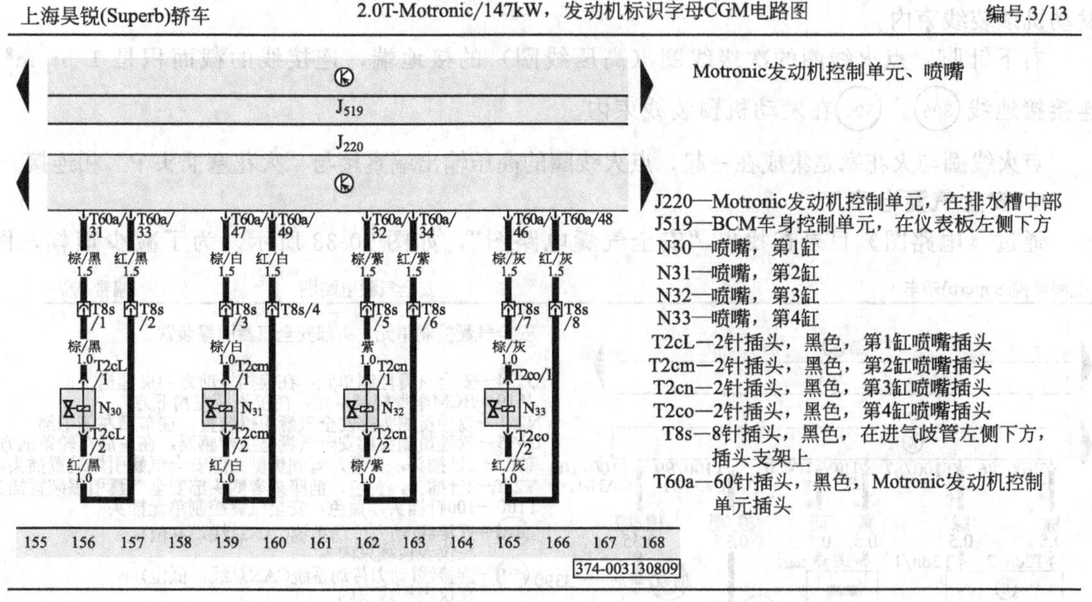

图 10-31 上海大众斯柯达昊锐喷嘴电路图（电子页码 35）

每一个点火线圈的 4 个针脚分别是：

左上针脚：接 J220 的点火控制信号线，连接线的截面积是 0.5mm²。

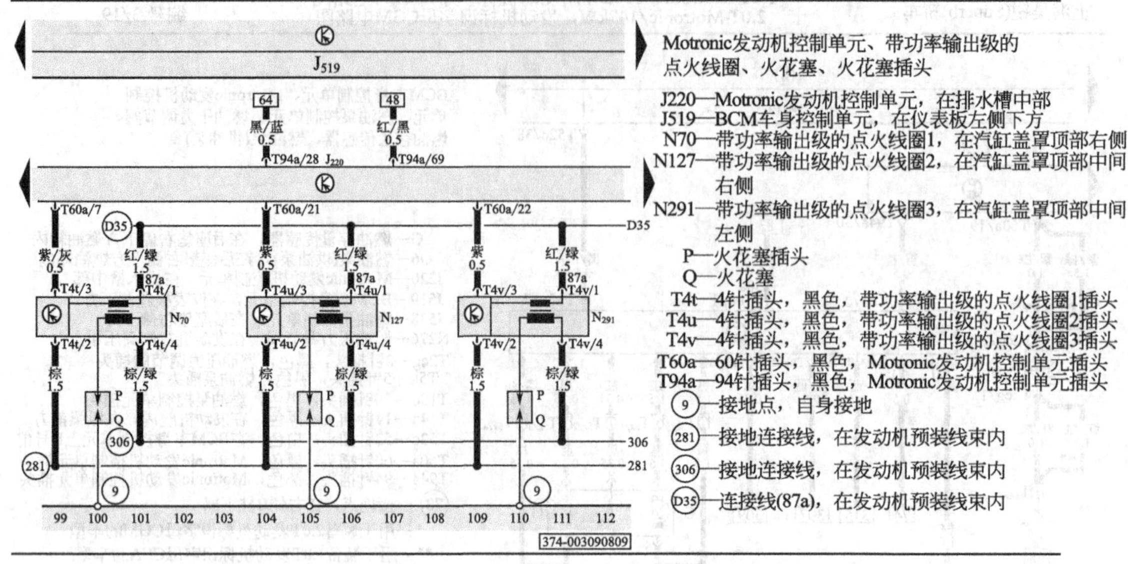

图 10-32 上海大众斯柯达昊锐点火线圈电路图（电子页码 70）

右上针脚：接 12V 电源正极线(D35)，为点火线圈的初级线圈提供电能，连接线的截面积是 1.5mm²。(D35)由上位 12V 电源正极线分配而来，(D35)在发动机预装线束内。

左下针脚：功率输出级的接地端，连接线的截面积是 1.5mm²，连接接地线(281)。(281)在发动机预装线束内。

右下针脚：点火线圈的次级线圈（高压线圈）的接地端，连接线的截面积是 1.5mm²，连接接地线(306)。(306)在发动机预装线束内。

点火线圈与火花塞是集成在一起，点火线圈的高压输出端直接与“火花塞插头 P”相连接。

8. 安全气囊电路

通过《电路图》目录查找出“安全气囊电路图”，如图 10-33 所示。为了减少篇幅，图

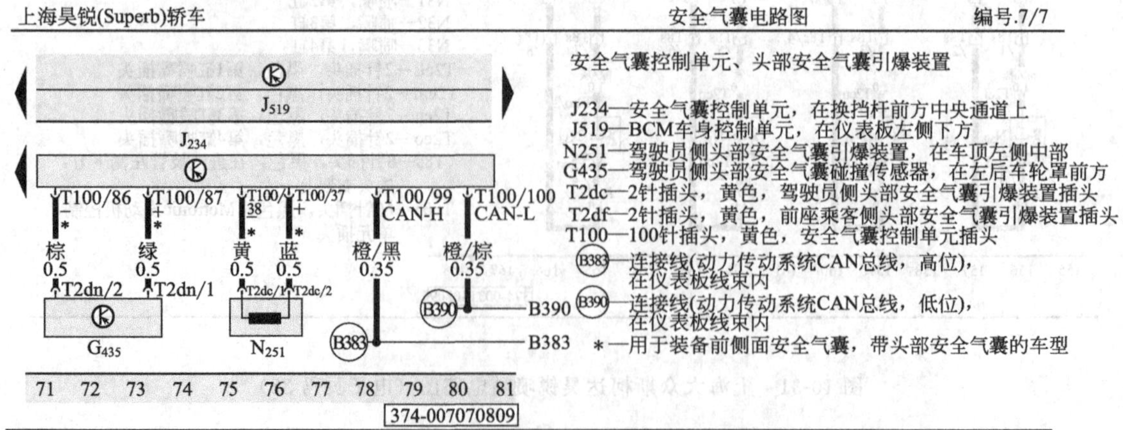

图 10-33 上海大众斯柯达昊锐安全气囊电路图（电子页码 116～117）

10-33 是《电路图》“编号 7/6”和“编号 7/7”两幅电路图合成的，图中“G435”是碰撞传感器，“N251”是安全气囊引爆装置，它们只是全部安全气囊中碰撞传感器和引爆装置的代表。

9. CAN 总线

通过《电路图》目录查找出多张有 CAN 总线的电路图，图 10-34 是其中的一张，其 CAN 传输线 B406 和 B397 没有采用双绞线的表示方式，是用并行线的表示方式。图中一共“并联”了 4 个控制单元，此图中只绘制了 J519，J255、J301 和 J136 在其他图中。

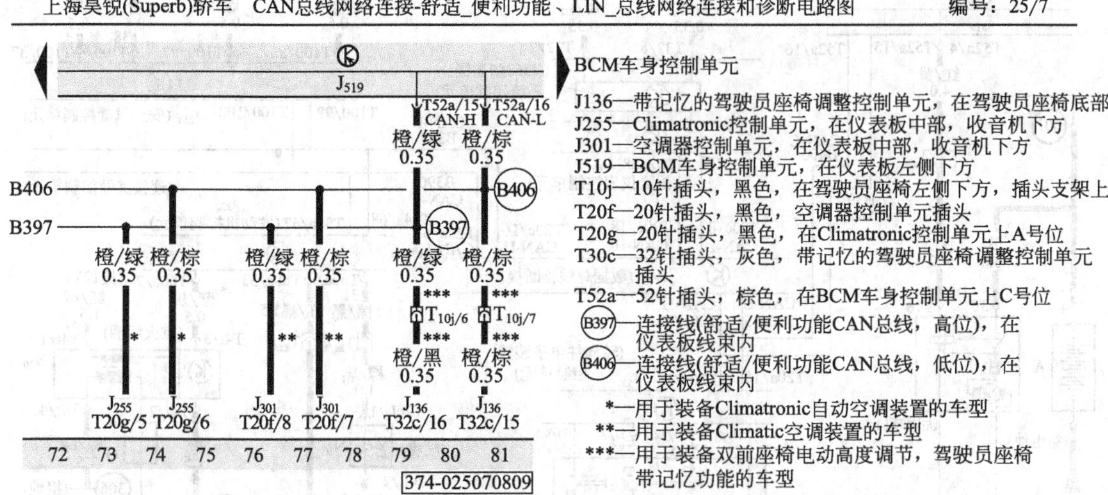

图 10-34 上海大众斯柯达昊锐 CAN 总线（电子页码 249）

10. LIN 总线

通过《电路图》目录查也找出有 LIN 总线的电路图，如图 10-35 所示，采用单线传输。

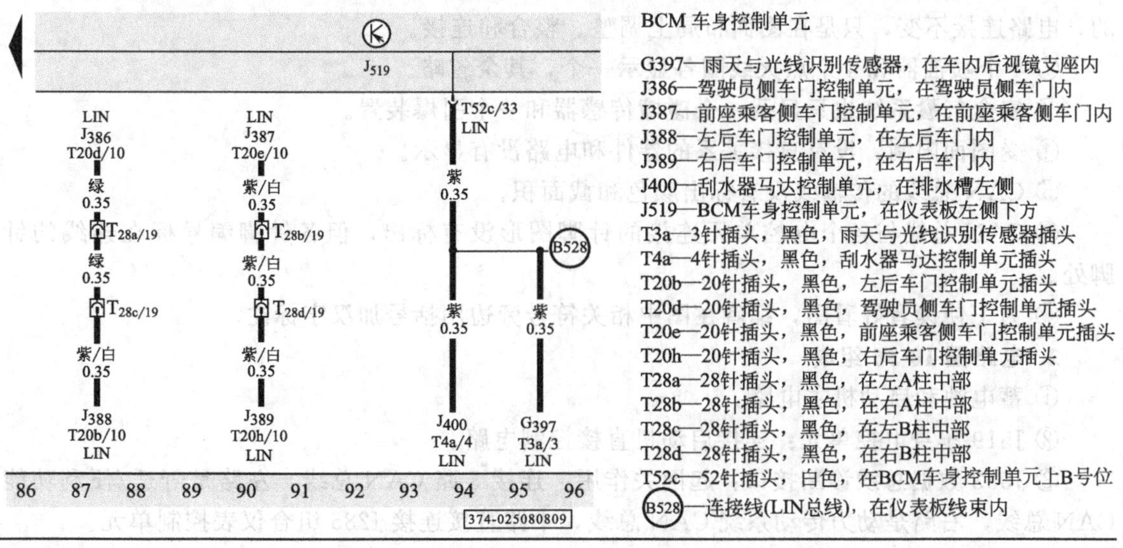

图 10-35 上海大众斯柯达昊锐 LIN 总线（电子页码 250）

三、上海大众斯柯达昊锐启动和防盗锁止综合控制电路

根据图 10-26～图 10-35，再结合《电路图》的其他电路图（受篇幅限制不能一一展示这些相关电路图），编者整合出包含启动、喷油、点火和防盗锁止的综合电路图，如图 10-36 所示，供分析参考。

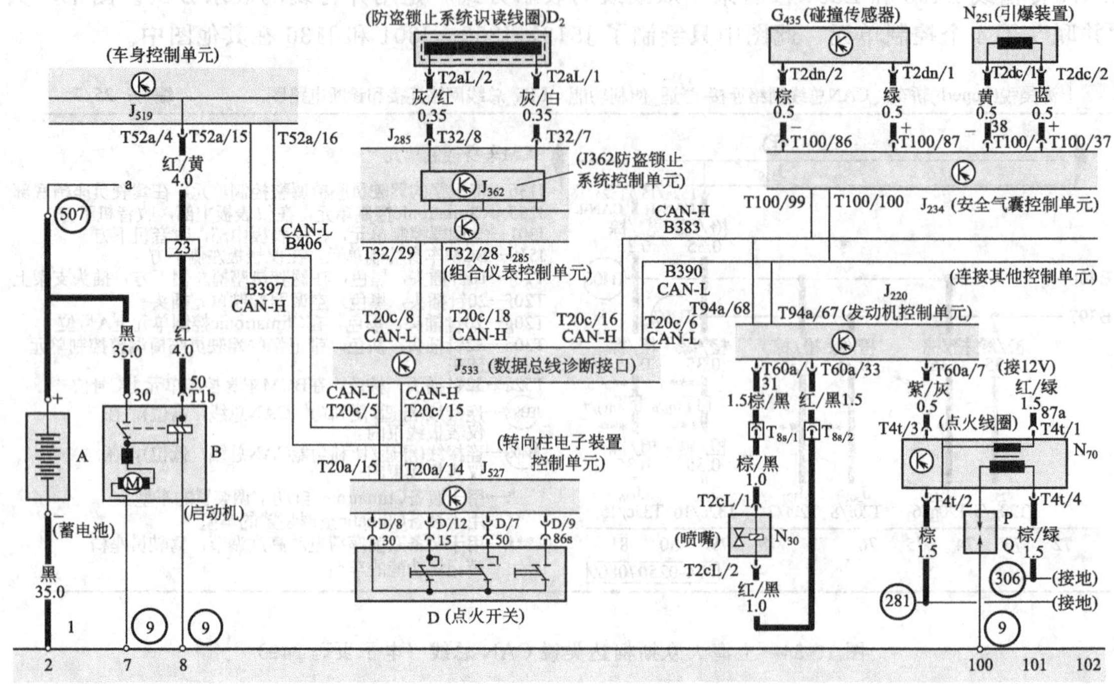

图 10-36　上海大众斯柯达昊锐——启动和防盗锁止综合控制电路

1. 电路图 10-36 整合说明

① 除 CAN 总线外，其他电路图形符号、文字符号、导线标记和针脚编号等均用原图的，电路连接不变，只是在图面布局上调整、整合和连接。

② 4 个喷油器和 4 个点火线圈各显示一个，其余省略。

③ 安全气囊系统也只显示一个碰撞传感器和一个引爆装置。

④ 受图面限制，没有直接关系的器件和电路没有显示。

⑤ CAN 总线的传输线没有标出颜色和截面积。

⑥ CAN 总线与各个电控单元连接的针脚图形没有标出，但各针脚编号标在连线的针脚处。

⑦ 为了使读者好看图，编者在图中相关符号旁边用括号加汉字标注。

2. 电路图 10-36 组成

① 蓄电池和启动机主电路。

② J519 车身电控单元：连接启动机直接控制电路。

③ J533 数据总线诊断接口：起网关作用，连接 3 路 CAN 总线，左路是舒适/便利功能 CAN 总线，右路是动力传动系统 CAN 总线，中路直接连接 J285 组合仪表控制单元。

④ J285 组合仪表控制单元：内含 J362 防盗锁止系统控制单元，J362 连接防盗锁止系统识读线圈 D_2。

⑤ J527 转向柱电子装置控制单元：连接点火开关 D。

⑥ J234 安全气囊控制单元：连接碰撞传感器 G_{435} 和引爆装置 N_{251}。

⑦ J220 发动机控制单元：连接喷嘴 N_{30} 和点火线圈 N_{70}。

3. 电路图 10-36 分析

（1）启动机启动电路分析　从图中可以看出，启动机的电磁开关由 $4mm^2$ 的控制线直接与车身控制单元 J519 连接，而点火开关按"就近原则"连接在转向柱电子装置控制单元 J527，因此点火启动信号要由 J527 编码后，经舒适/便利功能 CAN 总线传输给 J519，J519 经综合判断后，向启动机电磁开关供电，电磁开关吸合后，启动机才能启动。

需要说明一下，自动变速箱的电路由自动变速箱控制单元 J217 控制，所以在启动机控制电路上看不到常见的串联的"P 挡或 N 挡开关"。

由于篇幅和图面有限，没有引用自动变速箱的电路图。自动变速箱控制单元 J217 连接在动力传动系统 CAN 总线上，J519 在综合判断是否启动启动机时，要结合 J217 的挡位信号。

（2）发动机着火电路分析　点火启动信号经 J527 编码后还经舒适/便利功能 CAN 总线，传输给数据总线诊断接口 J533，J533 起网关作用。J527 编码的点火启动信号经 J533 的转换后，再经动力传动系统 CAN 总线传输给发动机控制单元 J220。

点火启动开关在闭合前，燃油泵已经通电工作，使燃油压力达到规定值，为启动做好供油准备。

一旦启动机带动发动机转动，发动机控制单元 J220 将根据凸轮轴和曲轴位置传感器的判缸信号和正时信号以及其他传感器的信号，驱动喷嘴喷油和点火线圈点火。

（3）防盗锁止电路分析　当使用合法的含有芯片的电子钥匙时，识读线圈 D_2 的识读信息和相关控制单元的判断识别信息，将在防盗锁止系统控制单元 J362、组合仪表控制单元 J258、数据总线诊断接口 J533、车身控制单元 J519 和发动机控制单元 J220 之间传输，分别要经过舒适/便利功能 CAN 总线、动力传动系统 CAN 总线和中路 CAN 总线。

最终的"许可启动信号"将在 J519 和 J220 中产生，分别为启动机启动、喷嘴喷油和点火线圈点火准备好了"与逻辑"条件。一旦点火启动开关闭合，启动机电磁开关就能吸合，启动机就能启动，发动机一转起来，喷嘴就能喷油，点火线圈就能点火。

反之，如果是非法钥匙，识读信息不正确，将产生防盗锁止信号，使燃油泵不能运行（因图 10-36 图面有限，图中没有显示燃油泵电路），启动机不能启动，喷嘴不能喷油，点火线圈不能点火，达到多重防盗的目的。

（4）安全气囊电路分析　当碰撞传感器感受到强烈碰撞时，立即将碰撞信号传输给安全气囊控制单元 J234，J234 直接点燃安全气囊引爆装置，使安全气囊弹起。与此同时，J234 还将碰撞信号编码，经动力传动系统 CAN 总线传输给发动机控制单元 J220，J220 立即控制燃油泵停转、喷嘴关闭和点火线圈断电，使发电机停转，同时防止燃油外泄。

第五节　车载网络电路的故障分析

一、车载网络电路识图、整理和分析

1. 车载网络电路识图

现代汽车电路图的特点是：电子文档每页的电路图绘制得比较稀疏，电路图分散，页码多。如果是机械和电路混合的维修手册，电路图按系统穿插，就更分散，查找比较困难。

辅助图形信息量比重大，如位置图、连接器图、针脚图等，但几乎没有电路原理解释信息。

因此，维修人员要有一定的理论基础，在识图时，要按照突出电路原理和连接关系的原则重新整理电路。

2. 注意区分电路的类别

① 哪些是系统的电源电路，电源来源和分支，总保险丝和分保险丝，供电继电器等。

② 哪些是负载主电路的组成，主电路的保险丝（或断路器）、机械开关、电磁开关、大功率电子开关、继电器和接地等。

③ 哪些是主电路的控制电路、控制电路保险丝、继电器线圈、机械开关、电子开关和控制单元等。

④ 哪些是受电控单元控制的电路，注意电控单元和外围电路的复合控制等。

⑤ 哪些是联网控制电路，相连控制单元之间的控制关系，网络类别和信息转换等。

⑥ 小功率负载往往由电控单元直接控制。

⑦ 传感器（包括需要供电的传感器，如霍尔传感器）直接与电控单元相连接。

二、故障诊断和故障诊断仪

1. 故障信息的提取

当电路发生故障，其电流、电压（或电压波形、或电压变化频率）会发生变化，汽车故障诊断仪就是根据这些变化诊断出故障信息。对非电学量的物理或化学变化，可以通过专用传感器转换为电学量，如机油压力传感器、氧传感器等。

提取故障信息大致有四种方法。

一是直接提取原电路的电流或电压值。

二是有些故障信息，必须在原电路上增加检测电路才能提取。如负载内部断路或短路，一般要加电流测量电路才能测量出来，当给负载加电压后，如果测不出电流或电流过大，可以判断负载内部断路或短路。

三是有些故障信息，必须用专用传感器才能提取。

四是有些故障信息，必须在整车的“大数据”中比较，才能得出。

无论是哪种方法，都需要相对应的检测软件。检测软件将检测信息的数值与正常值比较，超出或低于正常范围值即为故障信息。

一款汽车的所有故障都有一个故障代码。故障代码出现后一般都储存在车载网络的“网关”中，并从“网关”输出。

理想的设计是希望对汽车的所有部件都能进行监测。同一款汽车，能提取的故障信息越多，越详细，对诊断故障就越明确，维修就越方便，但设计和制造成本就越高。所以一款汽车的故障信息提取设计和制造也是车载网络的重要组成部分，也是“品牌”的实力之一。

2. 故障诊断仪

（1）故障诊断仪　故障诊断仪的软件是根据车系、故障类别和数量等因素来设计的。不同车系和不同年份出厂的同一车型，故障诊断软件的版本都有可能不尽相同。因此，故障诊断软件的版本一定要和被检测的车辆一致。

（2）故障诊断仪的局限性　由于各车系的故障信息提取方法不同，对有些故障，故障诊断仪可以诊断的定位比较准确，对另一些故障，可能只能提供一个故障范围和方向，需要进一步借助万用表和示波器等其他方法仔细查找。

（3）运行数据测量　故障诊断仪还有测量发动机、底盘和整车运行数据的功能。通过观察运行数据，与维修手册的正常数据比较，可以了解和掌握发动机和底盘的运行性能。

三、汽车电路故障查找和分析

1. 进行关联性分析

识读和整合电路图的重要目的之一就是对故障范围进行逻辑分析，理顺出故障所在电控单元的系统图，以及与其他电控单元的关系，中间通过什么网络线路传输信息等。

电路的关联性主要有：

电源的关联：公用的电源线、保险丝、供电继电器等。

接地的关联：注意局部公共接地点的连接。

网络总线的关联：如同一路的 CAN 总线的公共连接点。

控制电路的关联：理顺一个控制电路的所有“与”逻辑关联，或所有“或”逻辑关联，或混合逻辑关联。要把所有的机械开关、位置开关和电控单元里的电子开关都考虑进去。

网络总线的关联：有三层意思。

一是同一路的 CAN 总线的公共连接点是关联的。

二是在某一“控制链”中，“链”中的控制单元，经 CAN 总线受另外电控单元的控制，它们之间是关联的。

三是不同总线的控制单元之间的信息传递是通过网关关联的。

2. 进行位置判断

从电路原理图上估计出疑似故障点后，再进行具体的检测，要从全车电路图或维修手册中查找出疑似器件和线束的位置、导线的颜色和标记、针脚编号等，然后进行测量。

3. 查找故障要先易后难

确定疑似故障的范围后，要先易后难地查找。一般的顺序是：保险丝→机械开关→继电器→连接导线和连接器→电控单元→网线和连接器等。

汽车用电器是低压大电流，查找故障先查保险丝（或断路器），比较直观和简单。

对比较容易插拔的 12V 器件，如继电器等，可以拔下后测量线圈的阻值。线圈的阻值正常，再外接 12V 电压，测量吸合触点的通断。继电器是一个故障率比较高的器件。

对不易插拔的 12V 器件，如电磁阀等，可以先测量线圈的阻值，再考虑临时外接 12V 电源，用“点触”的方法，听其动作声音。

传感器的类型和原理都比较复杂，在设计故障信息的种类和数量时，汽车电路设计师都会把所有的传感器故障信息考虑进去，用故障诊断仪很容易确定出现故障的传感器。如果用“替换法”不能排除传感器的故障，应考虑传感器的连接线。

当外围的相关电路都排除完后，再考虑是不是电控单元的故障，可以用“替换法”来确定是否与电控单元有关。

如果是网络线路出现故障，电控单元之间不能建立通信，故障现象的范围可能比较大，而且是同时出现，结合故障诊断仪的提示，用汽车示波器，比较容易发现故障线束。线束的故障点往往发生在线束连接的根部，如针脚脱焊、连接器根部断线等。还有的故障是线束固定不牢，与相邻的物体发生摩擦，导致绝缘破损，造成线与线、或线与地、或线与 12V 电源线短路等。

下面以马自达 5 为例，按电路图 10-20，查找启动机不能启动的可能故障，查找顺序如下。

（1）先查总保险丝　启动控制电路的总保险丝是“IG KEY2 40A”，该保险丝在 F-01 继电器保险丝盒内，查看其是否熔断，测量其输出端是否有 12V 电压。

（2）再查找分保险丝　启动继电器线圈回路的分保险丝是“STARTER 10A”，该保险丝在 F-02 保险丝盒内。将点火开关置于启动“ST”位，测量“STARTER 10A”保险丝的输入端，看是否有 12V 电压，如果没有，考虑点火开关接触不良，或这一段连接导线断路。如果有 12V 电压，再查看“STARTER 10A”保险丝是否熔断。

（3）查启动继电器　拔出启动继电器，测量线圈的阻值，如果阻值正常，再外接 12V 电压测量吸合触点的通断。启动继电器的吸合触点通过电流较大，容易烧蚀造成接触不良，是常见故障。也可以用一个好的启动继电器替换原来的启动继电器，进行试验性启动。

（4）判断启动机　将启动继电器线圈的下电位端直接接地，然后将点火开关置于启动“ST”位，启动机应立即启动，证明启动机是好的。

如果启动机不能启动，应考虑启动机的电磁开关和从启动继电器到电磁开关的导线连接情况，是否断路或插头脱落等。

（5）判断变速器挡位开关　如图 10-11 所示，图中“0119-102”所示是“P 挡或 N 挡”开关的针脚图。将自动变速器的挡位置于“P 挡或 N 挡”，用万用表欧姆挡测量“0119-102”的两个外侧针脚，应该是导通的。

（6）判断动力传动控制模块 PCM　当上述环节排除完后，再排除防盗锁止系统和 CAN 总线通信无故障，就可以考虑 PCM 的问题。首先查 PCM 的电源针脚，看是否有 12V 电压，再查 PCM 的接地针脚，看接地是否可靠。如果都排除了，就用替换法，用新的 PCM 替换原来的 PCM 试试。

对控制电路中的“与”逻辑开关较多、“链路”较长的电路，也可以用“二分之一优选法”检查故障，效率比较高。

小结

1. 汽车电路是随着电工技术、电子技术、传感器技术、计算机技术和网络技术的发展而不断发展的。

2. 汽车制造公司的维修电路图都采用电子文档的方式。不同汽车制造公司对汽车电路图的编辑方式不同，有的独立编辑成册，有几百页到上千页；有的混合在维修手册中，维修手册往往几千页。

3. 由于一辆汽车的完整电路图的数量很大，加上汽车市场的竞争、商业技术保密、知识产权和责任规避等因素，汽车制造公司几乎都不在维修手册或电路图册中对自己的产品电路图做原理介绍，这就进一步增加了人们对汽车电路认识的复杂性。

4. 汽车电路的表示方法有汽车电器接线图、汽车电路原理图、汽车电路电器位置图、汽车电路拓扑图、汽车电路实物图和汽车电路线束图等表示方法。

5. 汽车控制电路的类别有手动控制电路、继电器控制电路、传感器和电子控制电路、电控单元控制电路、网络控制电路和车联网控制电路等。

实际控制电路中往往是复合控制电路。

6. 对汽车同一系统的控制，不同车系的控制策略和技术方法可能不同，电路图的表示方法也不相同。本章以马自达 5 和斯柯达昊锐为例，介绍它们的启动和防盗系统的电路识图和分析，并将分散的局部电路图整合为一幅电路图，供分析参考。

7. 在分析汽车电路故障前，首先要熟悉维修手册中的电路图，会识图、整合和分析。会用诊断工具、仪表和专用诊断仪获取诊断信息和数据。

8. 根据获取的诊断信息和数据进行电路的关联性分析，查找故障的位置点或相关器件。确定疑似故障的范围后，要先易后难地查找。一般的顺序是：保险丝→机械开关→继电器→连接导线和连接器→电控单元→网线和连接器等。

思考题

1. 简述汽车控制电路的大致类别。
2. 常用的汽车电路有几种表示方法？

3. 在实际的汽车销售和维修中，汽车电路图是怎样管理的？

4. 简述发动机启动电路的基本原理，防盗和安全启动的基本原理。

5. 一般一款全车电路图手册由几部分组成？

6. 马自达5启动机继电器主电路、线圈控制电路和燃油泵继电器主电路、线圈控制电路的末级保险丝各是多少安？

7. 马自达5启动机继电器要吸合，受几个开关（含电子开关）控制？

8. 马自达5哪几个保险丝熔断了，启动机不能启动？

9. 马自达5哪几个保险丝熔断了，燃油喷油器不能喷油？

10. 马自达5的PCM控制模块的1AM针脚所连接的导线是什么线？如果断了，发动机能着火吗？为什么？

11. 马自达5的钥匙内无电池，它内部的电子芯片为什么还能工作？

12. 简述马自达5对钥匙的识别原理。

13. 图10-20中的CAN总线连接几个电控单元？

14. 上海大众斯柯达昊锐的点火开关与发动机控制单元直接相连接吗？

15. 上海大众斯柯达昊锐的启动控制电路与发动机控制单元直接相连接吗？

16. 上海大众斯柯达昊锐的点火开关与启动控制电路直接相连接吗？为什么？简述点火启动信息的传输路径。

17. 上海大众斯柯达昊锐的启动电路是直接受控发动机控制单元，还是受控车身控制单元？

18. 上海大众斯柯达昊锐的点火开关与钥匙孔内的防盗锁止识图线圈在一个控制单元吗？

19. 图10-36的数据总线诊断接口连接几路CAN总线？

20. 图10-36的J533起什么作用？

21. 上海大众斯柯达昊锐与马自达5的启动和防盗锁止电路有哪些区别？

第十一章 车联网

学习要求

了解互联网+和物联网的概念和意义。了解车联网的概念、意义和组成。熟悉射频识别(RFID)技术的工作原理，了解电子车牌的使用意义。了解智能公路、智能汽车和无人驾驶汽车的概念和有关技术。

人们期望通过车内网和车外网连网，建立车联网+智能汽车+智能公路的交通模式，达到对汽车最安全、最节能、最环保、最方便、最优化和最高效率的控制与使用，使“零交通事故”和“零死亡”的目标成为可能，这就是车联网的目的，但这是一个不断发展和渐进的过程。

汽车是一个快速的交通工具，车联网的主要方式是电磁感应、无线电通信和光学摄像等非接触式感知方式。

第一节 互联网+与物联网

一、互联网+

车联网是物联网技术在智能交通系统中的应用，而物联网又是互联网的延伸和发展。

物联网被认为是继计算机、互联网与移动通信网之后的世界信息产业的第三次浪潮。

2010 年是中国物联网的“发展元年”，物联网被正式列入国家“十二五发展规划”，成为国家的重要战略性产业。

2014 年 11 月 19 日～21 日，中国政府倡导并举办的第一届世界互联网大会在中国浙江乌镇举办，大会以“互联互通、共享共治”为主题。

2015 年 12 月 16 日～18 日，第二届世界互联网大会仍在中国浙江乌镇举型，本届大会以“互联互通·共享共治——构建网络空间命运共同体”为主题，围绕全球互联网治理、网络安全、互联网与可持续发展、互联网知识产权保护、技术创新以及互联网哲学等诸多议题进行探讨交流。

从宏观和通俗来说，“互联网+”就是“互联网+各个传统行业”，但这并不是简单的两者相加，而是利用信息通信技术以及互联网平台，让互联网与传统行业进行深度融合，充分发挥互联网在生产要素配置中的联系、优化和集成作用，提升实体经济的创新力和生产力，创造新的发展生态。

二、物联网

物联网（Internet of things）像任何新技术发展一样，有一个进化的过程。

1995 年比尔·盖茨在他的专著《未来之路》里描述了未来的个人袖珍计算机、嵌入照相机内的单片微型计算机等物品与计算机网络连接起来的情景。

1999 年随着电子标签等无线连网的应用和市场需求，美国的凯文·阿什顿（Kevin Ashton）教授提出物联网这个概念。当时的概念局限在传感网的层面。

1999 年中国科学院启动了传感网的研究和开发。

2005 年，随着物联网技术在不同领域的应用和发展，国际电信联盟（ITU）发布了《ITU 互联网报告 2005：物联网》报告，报告对物联网做了如下定义：通过二维码识读设备、射频识别（RFID）装置、红外感应器、全球卫星定位系统和激光扫描器等信息传感设备，按约定的协议，把任何物品与互联网相连接，进行信息交换和通信，以实现智能化识别、定位、跟踪、监控和管理的一种网络。把物联网的范围进一扩大。

报告指出，无所不在的“物联网”通信时代即将来临，世界上所有的物体从轮胎到牙刷、从房屋到纸巾都可以通过互联网主动进行信息交换。射频识别技术（RFID）、传感器技术、纳米技术、智能嵌入技术和微型化技术将得到更加广泛的应用。

物联网主要解决物品到物品（thing to thing，T2T），人到物品（human to thing，H2T），人到人（human to Human，H2H）之间的互联。

与传统互联网不同，H2T 是指人利用通用装置（如智能手机）可以很方便地（如扫描条形码，或扫描二维码，或通过移动通信网络）与物品相连接，得到物品的信息和状态；并能对智能物品（如智能洗衣机）进行控制。

图 11-1 是人在野外用智能手机控制家用电器的示意图，也是物联网 H2T，即人与物品互联的示意图。控制路径：野外智能手机→3G/4G 无线电通信→移动通信互联网→计算机互联网→家内路由器→WiFi 无线电通信→智能洗衣机或智能空调。

图 11-1　在野外用手机控制家用电器示意图

H2H 中的 H（human）指的是通过通用装置而非个人计算机（PC）实现互联的人。

物联网大量的应用包括智能农业、智能电网、智能交通、智能物流、智能医疗、智能家居、智能物业管理等很多领域。

在个人与物联网的连接上，智能手机集成的条形码、二维码、NFC、RFID 等识别技术，可以很方便地识别和获取所需要的商品信息，并可用于付费、乘车、认证门禁通行和购票门禁通行等。

在公共设施中，可以把物联网的传感器嵌入和装备到电网、铁路、桥梁、隧道、公路、建筑、供水系统、大坝、油气管道等各种物体中，实现人类社会与物理系统的整合，人类可以更加精细和动态的方式管理生产和生活，达到“智慧”状态，提高资源利用率和生产力水平，改善人与自然间的关系。

物联网技术在国防、军事设施、武器系统、单兵装备和后勤保障上应用很广。

通过物联网，可以构建无处不在的网络，实现任何时间、任何地点，互联任何物品的连接需求。

第二节 车联网概述

不同的行业背景，对车联网的定义不尽相同。传统的车联网定义是指装载在车辆上的电子标签通过无线射频等识别技术，实现在信息网络平台上对有关车辆的属性信息、静态信息和动态信息进行提取和有效利用，并根据不同的功能需求对有关车辆的运行状态进行有效的监管和提供综合服务的系统。

全球卫星导航系统 GNSS 应用的普及，尤其是我国的北斗卫星导航系统 BDS 的应用，使车联网上了一个新的台阶，可以对车辆进行导航、定位和跟踪管理。

一、车联网的概念

车联网的定义很多，综合现实和预测未来的发展应该有以下含义。

车联网是以车内网（车载网）、车际网、车载移动互联网、车载全球卫星导航系统、车载无线识别技术、道路无线通信网等技术为基础。在车与车、车与路、车与行人、车与交通管理部门、车与服务信息建立无线通信和信息交换，以实现智能交通管理控制、车辆智能化控制和智能化动态信息服务的一体化网络。车联网是物联网在智能交通领域的应用和延伸。

上述理念解释如下。

车际网：车与车不依赖车辆以外的无线通信网络，可以和前后左右一定范围内的车辆自动建立无线电通信联系，并可联网实时随动控制，达到鱼群效应。

车载移动互联网：车辆集成有 3G/4G/5G 移动通信模块。

车载无线识别技术：可以和道路识别点、交管移动识别点（车）建立相互识别关系。

道路无线通信网：在道路上间隔一定的距离设置的道路无线通信点，可以自动向行驶车辆发出交通安全无线信号，包括该路段的警示，限速和其他控制信号。道路无线通信点可以用无线和有线结合、移动通信网络和专网结合、无人区和卫星通信结合的方式，连接成网。

车与行人：未来的行人，随身携带的智能手机上集成有交通安全识别模块，儿童和老人可以携带交通安全识别 IC 卡，在一定距离内可以自动向行驶车辆发出 RFID 识别警示信息。

二、车联网与物联网之间的关系

与物联网相比，车联网有一些自己的特点：

(1) 车联网当中的网络结点以车辆为主，这就决定了车联网的高动态特性。与一般的物联网相比，车联网当中的汽车节点移动速度更快、拓扑变化更频繁、路径的寿命更短。

(2) 与一般的物联网相比，车联网当中的车辆结点间的通信受到的干扰因素更多，包括路边的建筑物、天气状况、道路交通状况、车辆的相对行驶速度等。

(3) 车辆作为移动的网络结点，具有稳定的电源供电和装备空间。

(4) 车联网对网络的安全性、可靠性以及稳定性要求更高。

三、车联网的体系结构

当前的车联网还没有一种广泛认同的网络体系结构，可以简单地将车联网分为感知层、网络层和应用层。

1. 感知层

车联网感知层也称为传感器层，可分为以下几种。

车载传感器：如车辆速度和车辆状况等传感器，车辆电子车牌，可以主动或被动发出相关信息。

道路和空中传感器：GNSS 定位和测速、雷达测速、RFID 识别、摄像头、道路含磁标线等。

2. 网络层

网络层的主要功能是实现车与移动通信网络+互联网的接入、车际网的连接，实现数据分析处理和远距离大范围传输；同时，网络层也可以实现对车联网络内结点的远程监控和管理功能。汽车在道路上行驶，连接网络主要依靠移动通信网络和互联网的 GNSS 结点。

3. 应用层

应用层可以进一步划分为两个子层，下子层是应用程序层，主要功能是进行数据处理，车联网的各种具体的服务也在这一子层进行定义与实现；上子层是人机交互界面，定义与用户交互的方式和内容。应用层使用的设备主要是一些提供网络服务的服务器和用户使用的车载计算机等。

第三节 车联网感知技术

这里所说的车联网感知技术是指车辆整体感知技术。车辆首先要被感知，获取其车牌、位置和行驶等信息，才能联网应用和管理。

对车辆整体感知可分为三类。

第一类是外部设备不需车辆附设应答装置，就可以对车辆整体感知，如目前常用的视频图像识别和测速、多普勒雷达测速、多普勒超声测速、红外线与激光测距和测速等。

第二类是外部设备需要车辆附设应答装置，如车辆附设电子车牌（电子标签），地面阅读器发射阅读信号电磁波，行驶车辆接受信号后发射车牌信息和反射电磁波，地面阅读器获取车牌信息，并根据反射电磁波的多普勒效应计算出车辆速度。电子车牌是车联网的关键技术之一，应用前景看好，目前在个别地区试用，还有待于推广。

第三类是车辆配备（制造时配备或出厂后加装）有车联网网关，车辆行驶时自动向智能公路地面接收器发射车牌和车速等信息。这是车联网的发展方向，还有待于在法律层面上达成共识和立法。

一、电子车牌

电子车牌是短距离无线电通信在车联网中的重要应用。

相对于卫星和星际航行的远距离和超远距离的无线电通信，人们日常生产、生活和车辆使用中还用到很多短距离微功率无线电通信。使用短距离微功率无线电通信的原因主要有以下几点因素。

① 无线电频谱资源大部分已被中长距离、中大功率的无线电通信占用。

② 短距离微功率无线电通信有利于防止泄密。

③ 短距离微功率无线电通信移动装置，体积小，耗能低，能制作成微型颗粒状或卡片状，可以随身携带，或镶嵌、安装、佩戴在其他物品上，使用非常方便。例如使用的各种IC卡，就是短距离微功率无线电通信装置之一。

为了防止短距离微功率无线电设备对无线电台站、广播电视、雷达、军事、卫星通信、卫星导航、移动通信和射电天文等无线电业务产生干扰，确保各种无线电设备正常、有序的工作，各国对短距离微功率无线电设备的频段、频率、功率和通信标准都做了有关规定。

1. 常用短距离微功率无线电设备

常用短距离微功率无线电设备有：无线传声器、生物医学遥测设备，起重机或传送机械专用遥控设备、电子吊秤无线传输专用设备，工业用无线遥控设备，无线数据传送设备，防盗报警无线控制设备，通用无线遥控设备，模型玩具无线电遥控设备，蓝牙、室内无线局域网、数字无绳电话和无线自动识别等无线通信设备。

下面仅简介三类常用的短距离微功率无线电通信。

(1) Wi-Fi　Wi-Fi是WIreless-Fidelity的缩写，意为无线电保真通信，是一种短距离微功率无线电通信方式，有自己的通信标准。几乎所有的智能手机、平板电脑和笔记本电脑都支持Wi-Fi上网，Wi-Fi是目前应用最广的互联网室内无线通信方式，也称为室内无线局域网。在家庭、酒店、旅馆、图书馆、候车厅、办公楼等建筑场所内，或运载体内，如客车、地铁、火车、轮船和飞机舱内，都建立有Wi-Fi无线局域网。

家用或小区域空间的Wi-Fi设备是无线路由器，无线路由器的输入端接互联网或服务器，输出端有网线接口和Wi-Fi天线，平板电脑和笔记本电脑可以接网线接口上网，也可通过Wi-Fi无线连接上网。智能手机通过Wi-Fi登录密码无线上网。

我国规定Wi-Fi目前使用的频段有2.4G频段和5G频段，有效辐射功率（EIRP）：≤10mW。

由于无线路由器周围的环境不同，Wi-Fi有效通信距离在几十米到百米之间。

在有Wi-Fi无线信号的场所可以不通过移动通信网络上网，可以节省流量费。

(2) 无线传声器　无线传声器用于教育、文化部门的视听训练，电影院、音乐厅、会议室等公共场所及残疾人士的听觉辅助使用。

使用频率：88.0～108.0MHz；发射功率：≤3mW；

使用频率：470.0～510.0MHz，702.0～798.0MHz；发射功率：≤50mW。

(3) 防盗报警无线控制设备　用于短距离的汽车、车库、贵重物品、紧急情况等安全、防盗和报警无线电控制设备。

使用频率：315.0～316.0MHz，430.0～432.0MHz；

所发射的电场强度在距设备3m处不得超过6000μV/m（采用平均值检波）。

(4) 模型玩具无线电遥控设备　用于无线电波遥控的航空模型飞机、水面模型船只、地面模型汽车等非载人的模型玩具。

使用频率：26.975MHz，26.995MHz，27.015MHz，27.045MHz，27.065MHz，27.095MHz，27.115MHz，27.145MHz，27.195MHz，27.225MHz；

发射功率：≤1W。调制方式：任意调制。

短距离微功率无线电设备的生产商和使用者，不得增大发射功率，随意改变发射频率，以免对当地无线电台站、无线电广播、无线电电视、雷达、军事、卫星通信、卫星导航、射电天文等其他无线电设备产生干扰。

2. 无线电射频识别（RFID）技术

(1) 自动识别（ID）技术　无线电射频识别（RFID，Radio Frequency Identification）

技术是自动识别（ID）技术的一种。ID是英语 Identity（身份）和 Identification（鉴定）综合意思的缩写，也是现代自动识别技术的代号。

在自动识别技术（ID）应用中，被识别物品要先标记身份标识号码，身份标识号码也称为物品的序列号或账号，是某个体系中相对唯一的编码，不同物品体系有不同的编码标准和识别标准。

自动识别技术（ID）包括常见条形码和二维码，如图 11-2 所示。

图 11-2 条形码和二维码

国际条形码组织 EAN 采用 13 位条形码，各会员国商品代码有区别，690、691 和 692 分别是我国商品条形码的前三位；图书作为特殊的商品也采用了 EAN13 位条形码，我国出版社出版的图书上的条码为 9787 开头。

图 11-2(a) 为我国商品条形码，图 11-2(c) 为我国图书条形码（本书第一版条形码）。

图 11-2(b) 为二维码，二维码的信息量比条形码大很多。除了用于代表商品身份，还可以代表网络地址，用于网络链接。

物品上的条形码或二维码一般都是专用打印机打出的小纸条粘贴上的，或喷涂在物品表面，成本极低。

物品上的条形码或二维码的阅读都是光学阅读，可以用手持激光扫描阅读器阅读，也可以用智能手机拍照扫描阅读。

条形码和二维码阅读时要有照明光线；阅读时，中间不能有遮挡物；也不能较远距离阅读；也不能多物品在极短时间内同时阅读；条形码和二维码是一次性的，不能更改；这就限制了条形码和二维码的应用范围。

无线电射频识别（RFID）技术克服了条形码和二维码的上述缺点。

(2) 无线电射频识别（RFID）技术的特点 无线电射频识别（RFID）技术，简称射频识别或 RFID，是一种无线电通信技术。RFID 技术起源于英国，应用于第二次世界大战中辨别敌我飞机身份，20 世纪 60 年代开始商用，现在作为构建物联网和车联网的关键技术受到人们的关注。

RFID 用的是特殊“条形码”，简称电子标签，电子标签是一个极微型化的无线电收发装置，内存有物品的身份信息。电子标签一般做成卡片状，也可以集成在物品上的其他电子装置中。电子标签粘贴或安装在物品上。

RFID 具有以下特点。

① 无需识别系统与物品之间建立机械接触。

② 无需识别系统与物品之间建立光学接触。

③ 无需光线照明。

④ 可以远距离识别。

⑤ 可以对电子标签内已输入的数据进行修改。

⑥ 能够在较大范围内对大量物品进行批量识别。

⑦ 可以识别移动物品，如生产流水线上的物品，行驶中的汽车。

⑧ 不怕油渍、灰尘等恶劣环境。

⑨ 电子标签重新编码后可以重复使用在其他物品上。

⑩ 可以对通信信息加密。

（3）RFID组成

应答器：由天线、耦合元件及芯片组成。一般将应答器镶嵌在标签之中，或将应答器做成标签，这种标签也称为电子标签。电子标签固定在物品内、或固定在物品表面。应答器或电子标签里含有这一物品的唯一电子编码和相关数据，作为被标识目标的信息。

阅读器：由天线，耦合元件，芯片组成，是读取地址标签信息的设备，可设计为手持式或固定式。

应用软件系统：是应用层软件，主要是把收集的数据进一步处理，并为人们所使用。

（4）RFID的应用领域　交通运输、物流管理、邮政管理、军事物流、航空行李管理、生产自动化和管理、车辆防盗和启动系统、重要废弃物管理、物品防伪、商品电子管理、会议管理、身份识别、门禁识别、金融和各类支付卡、动物识别与管理等。

（5）RFID工作原理　RFID工作原理框图如图11-3所示。阅读器由电源、时钟、读写模块、射频模块和天线组成。时钟形成射频载波信号，要发射的读写信号对射频载波信号进行调制，放大后由天线辐射出去。

应答器由天线、射频模块、控制模块和存储器组成。有源应答器带电源，无源应答器没有电源。图11-3中的应答器为无源应答器，其电能来源天线感应射频信号的电能，经整流、滤波、稳压（图中未显示）后供应答器使用。

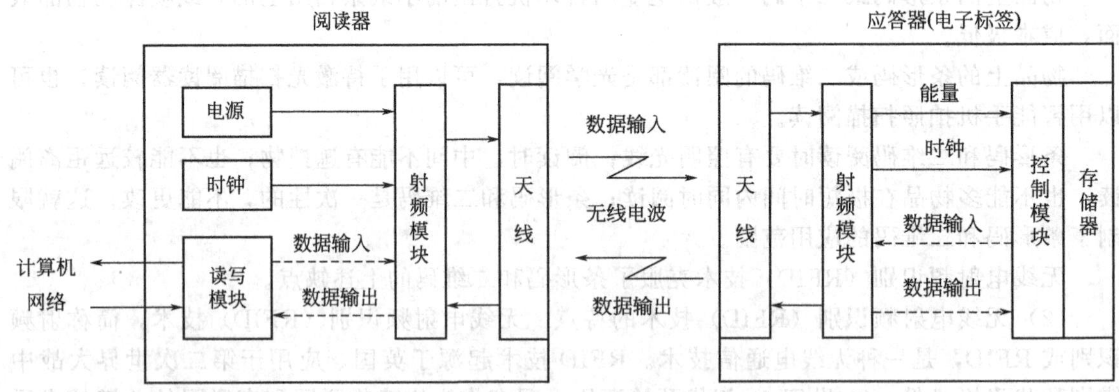

图11-3　RFID工作原理框图

应答器收到阅读器发射的射频信号以后，调取存储器里的电子编码和相关数据信息，经调制、放大后发射出去。

阅读器收到应答器发回来的电子编码和相关数据信息后，如果是手持式阅读器，可以直接显示。非手持式阅读器，信号传入计算机显示。

（6）RFID的工作类型　RFID的工作类型有很多种，分类如下。

按是否需要供电电源可分为：有源电子标签、无源电子标签、半有源电子标签。

按可读写性可分为：只读电子标签、可读写电子标签、一次写入多次读出电子标签。

按工作频率可分为：低频段电子标签、中频段电子标签、高频段电子标签。

按应答通信时序可分为：阅读器首先唤醒电子标签、自报电子标签。

不同的识别要求使得 RFID 的工作频率不同，表 11-1 是不同工作频率的 RFID 的特点和识别距离。

表 11-1 不同工作频率的 RFID 的特点和识别距离

频率	低频(LF)	高频(HF)	超高频(UHF)	微波(μWF)
载波频率	<135kHz	13.56MHz	860～960MHz	2.45GHz
国家和地区	所有	大多数	大多数	大多数
数据传输速率	低(8kbps)	高(64kbps)	高(64kbps)	高(64kbps)
识别速度	低(<1m/s)	中(<5m/s)	高(<50m/s)	中(<10m/s)
标签接受结构	线圈	印刷线圈	双极天线	线圈
传播性能	可穿透导体	可穿透导体	线性传播	视距传播
防冲撞性能	有限	好	好	好
识别距离	<10cm	10cm～1m	1～10m	25～50cm(被动式) 1～150m(主动式)

下面以 IC 卡和汽车电子标签为例介绍 RFID 微距离和远距离的工作方式。

(7) 微距离工作方式 RFID　微距离一般指几厘米以内，也可达几十厘米。RFID 微距离天线的基本原理是互感耦合，其天线就是互感线圈。

典型的、也是应用最广的一种微距离 RFID 就是 IC 卡。

IC 卡类的应答器就是采用互感线圈。图 11-4 是 IC 卡类的应答器天线示意图。IC 卡(Integrated Circuit Card，集成电路卡，也称智能卡、微电路卡、或微芯片卡）是将一个由微电子芯片组成的应答器嵌入符合一定标准的卡基中，做成卡片形式。卡中的天线是互感线圈，有的是用很细的漆包线绕成，有的是制成印刷电路的形式，很薄。图 11-4 所示是非接触式双线圈 IC 卡和读写器的互感示意图，下面以此图为例讲解非接触式 IC 卡的工作原理。

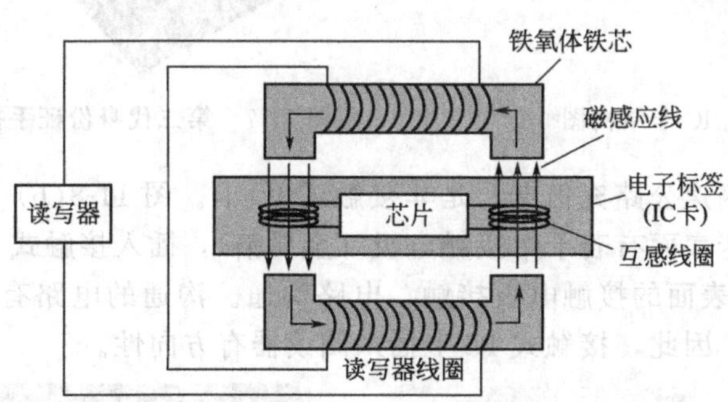

图 11-4　非接触式双线圈 IC 卡和读写器的互感示意图

IC 卡插入读写器中，卡中互感线圈处于读写器线圈的磁路中，从而构成一个带空气间隙的射频变压器。读写器线圈是原线圈，卡中应答器互感线圈是副线圈。

读写器发出的射频信号电流在读写器线圈中产生交变磁感应线，磁感应线穿过卡中互感线圈中产生感应电动势，这个感应电动势分为两部分被利用，一部分经整流、滤波、稳压后作为卡中芯片的工作电源，另一部分作为控制信号。

读写器发出射频信号后，转为接受状态。IC 卡中的应答器收到控制信号以后，调取存储器里的电子编码和相关数据信息，经调制、放大后输送给互感线圈，互感给读写器线圈，产生的电磁感应信号传输给射频模块的接受部分，解调后传输给读写模块，读写模块译出IC卡的电子编号和信息，在显示器上显示。

从以上可知，IC卡与读写器（或阅读器）的距离要求很近，距离远了，互感电动势低，不能提供足够的电能。

图11-5所示是非接触式单线圈IC卡的互感示意图，也是现在常用的一种IC卡。图11-6所示是非接触式单线圈IC卡的实物结构图。

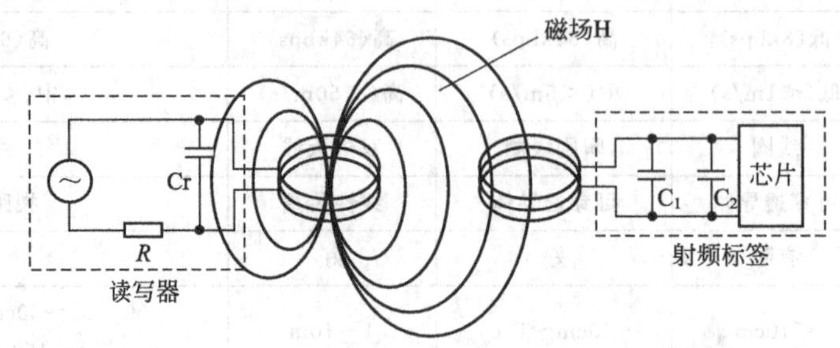

图 11-5　非接触式单线圈 IC 卡和读写器互感示意图

第二代身份证也是一种非接触式IC卡，图11-7所示是第二代身份证手持式阅读器。

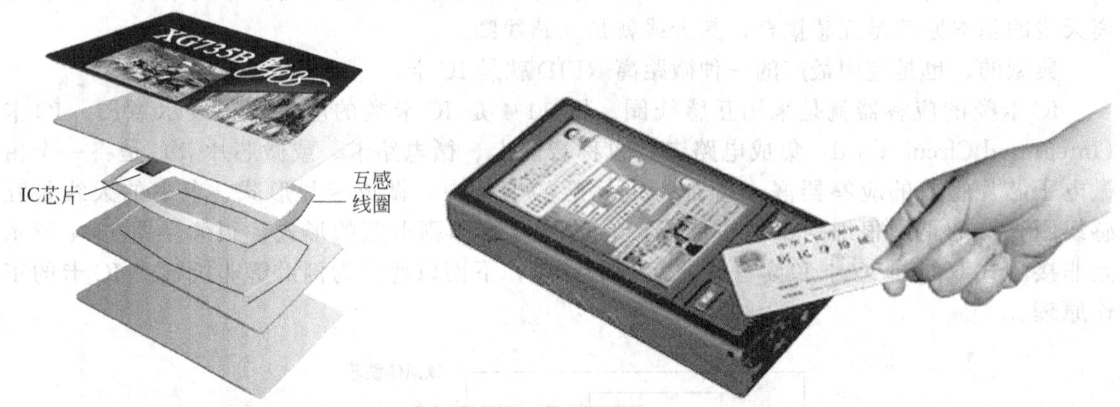

图 11-6　非接触式单线圈 IC 卡结构图　　图 11-7　第二代身份证手持式阅读器

图11-8(a)是一高速公路充值卡，是非接触式IC卡。图11-8(b)是一加油卡，是接触式IC卡，接触式IC卡表面有若干个接触电极（金属箔），插入接触式IC卡的阅读器后，阅读器内部电极与IC卡表面的接触电极接触，电路沟通。沟通的电路有电源电路、控制信号电路和数据信号电路。因此，接触式IC卡插入阅读器有方向性。

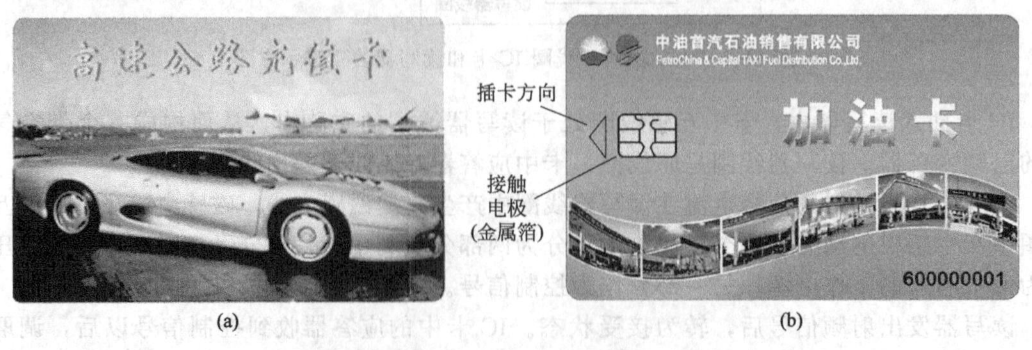

图 11-8　接触式 IC 卡和非接触式 IC 卡

除了接触式和非接触式 IC 卡，还有一种双界面卡，同时具备接触式与非接触式通信功能。

IC 卡具有多种芯片、多种通信标准和多种加密方式。

IC 卡由于便于携带、安全程度高、标准化程度高和制作成本低等优点，在身份认证、银行、金融支付、移动通信、公共交通、车场管理等领域应用很广，例如第二代身份证，银行卡，手机 SIM 卡，公共交通的公交卡、地铁卡，用于收取停车费的停车卡，小区、酒店、影剧院、展览中心的门禁和安全管理系统等都是 IC 卡。

目前，还有一种由 RFID 演变的微距离识别技术 NFC（Near Field Communication，近场通信），这是一种轻松、安全、迅速的无线电连接通信技术，其传输范围比 RFID 小，有加密模块和相应加密软件，保密性能好，可以合成在智能手机内，主要用于门禁、公交、手机支付等领域。

（8）远距离工作方式 RFID　远距离一般指 1m 到几十米，含有电源的应答器可以达到上百米，甚至几百米的识别距离。远距离 RFID 的工作频率一般在超高频或微波段，天线类型随波段不同而不同。

远距离 RFID 主要用于非手持式卡门禁、生产线产品、铁路车厢号、汽车交通、停车场车、仓储和物流等领域的识别和管理，应用非常广泛。

图 11-9　会议中心 RFID 门禁

图 11-9 是非手持式卡门禁图，这是一弱远距离 RFID 系统，与会者需要佩戴注册后发放的胸卡（IC 卡），不需要手持胸卡贴近阅读器就可以被阅读。胸卡内含有与会者身份信息。入门时门禁 RFID 系统识别胸卡无误后才能入场，否则报警。RFID 系统识别后还将与会者身份录入到与会者名单系统。

3. 电子车牌（RFID）技术

电子车牌是汽车电子标识的俗称，我国已在有关省市试行了电子车牌。

2014 年 10 月国家标准化委员发布《汽车电子标识通用技术条件》（征求意见稿），意见稿对汽车电子标识定义为：嵌有超高频无线射频识别芯片并存储汽车身份数据的电子信息识别载体。

汽车电子标识正反面的图案如图 11-10 所示，大小厚薄和身份证差不多，粘贴在汽车前挡风玻璃内中间的上方。

汽车电子标识正面图案

注意事项

1. 本标识应安装在挡风玻璃上，不得私自拆卸；

2. 本标识不得用力挤压；

3. 本标识如有损坏，请及时到车管所重新申请。

No. 1234567890ABC

公安部交通管理局监制

汽车电子标识反面图案

图 11-10　汽车电子标识正反面图案

电子车牌也是一种电子标签，采用 RFID 识别技术。我国电子车牌（意见稿）采用无源工作方式，通过无线电信号感应方式供电，其主要技术参数：

工作频率：840～845MHz。

储存容量：2048bits。

包含 1 个芯片标识符区、1 个编码区、1 个安全区、1 个车辆注册信息区及若干个用户区。

车辆注册信息区存储信息应包含车辆号牌号码、号牌种类、车辆类型、使用性质、标识序列编号等信息。

用户区的存储信息由各行业管理部门确定。

数据保持时间：应不少于 10 年。

数据可擦写次数：应不小于 10 万次。

静态识读距离：应不小于 12m。

静态写距离：应不小于 6m。

识读速度：汽车行驶速度在小于 120km/h 时，能准确识读电子车牌中的芯片标识符区、编码区、车辆注册信息区信息。

此外，国家标准还对电子车牌的信息安全和通信安全作出了详细规定。

电子车牌的阅读器有三种安装方式。

第一种是架设在城市主要干道、路口、收费站、停车场出入口、运输作业区出入口、工作单位大门、社区大门的固定安装方式。

第二种是安装在执法车上的移动稽查方式。

第三种是执法人员随身携带手持式阅读器的稽查方式。

图 11-11 是在道路监控点固定安装的阅读器对贴有电子车牌的汽车进行 RFID 识别，这是一种对远距离、高速移动物品的 RFID 识别系统，也是车联网的关键技术之一。

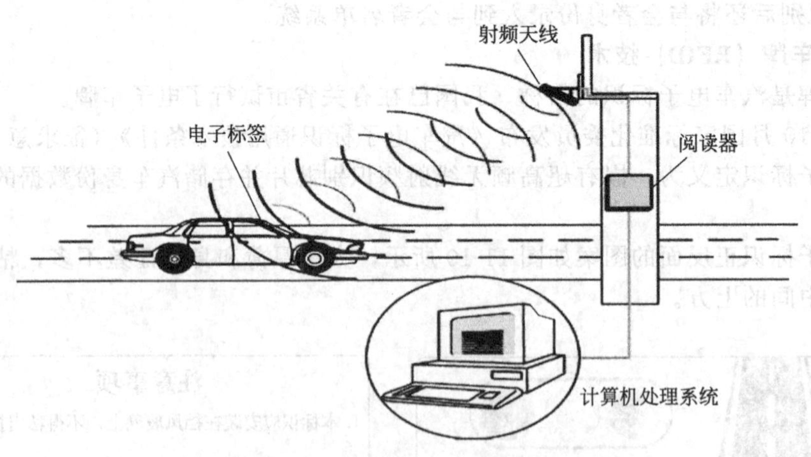

图 11-11　对贴有电子车牌的汽车进行 RFID 识别

图 11-12 是执勤警察用手持电子车牌阅读器对行驶车辆的电子车牌进行识别。

未来，交通安全管理部门将以电子车牌 RFID 识别和视频监控为核心建立车联网，用以监控道路车流量，监控盗抢车辆、走私车辆、假套牌车辆、报废上路车辆、拖欠税费车辆、拖欠交通罚款车辆、违法逃逸等车辆。

电子车牌同时还可以用于运输记量、道路收费管理、停车场收费管理、区域车辆进出管理，例如小区停车、重要机构的车辆进出管理等。

图 11-12 用手持电子车牌阅读器对行驶车辆的电子车牌进行识别

二、车联网的现状和发展趋势

目前，车联网在校车、长途客车、槽罐车、公交车、物流车辆、医疗车辆、公务用车和私家车等领域应用很广泛。

目前的车联网仅仅在信息服务层面，如导航、车辆防盗、车辆定位和行驶监控、车辆运行管理等方面，没有涉及车辆本体的联网控制，少数信息服务层面的车联网设施是汽车生产商在生产汽车时附加的，如导航仪等，多数是车主在汽车服务市场加装的。

图 11-13 是车联网示意图，联网包括无线广播、电视广播、车载电台、全球卫星导航系统 GNSS、电子车牌 RFID 识别、视频监控、移动通信网络、车载自组织网络等，分述如下。

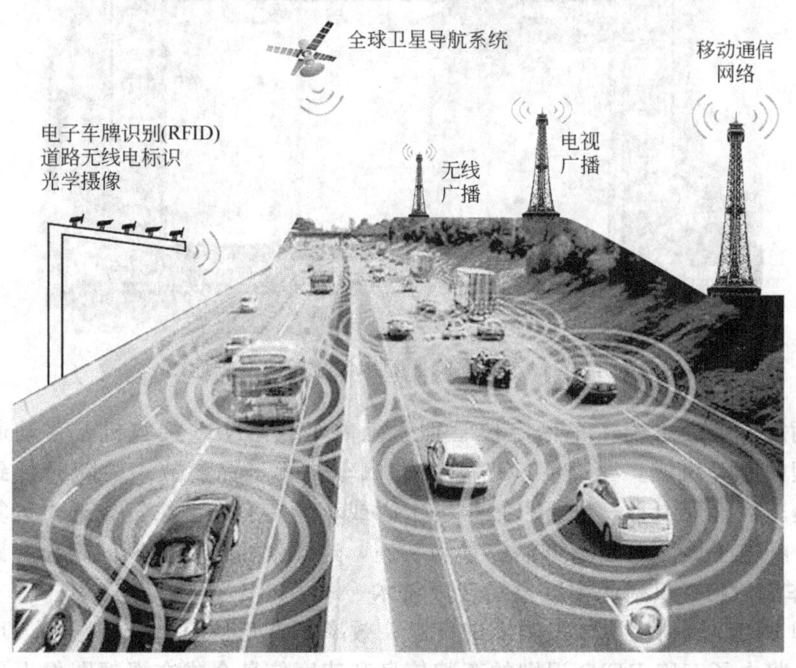

图 11-13 车联网示意图

1. 车载数字收音机

收音机是车联网的最早技术，1895 年人类进行了无线电通信试验，继而出现电报技术；1906 年，加拿大人、美国物理学家、发明家费森登历经 4 年研究，研制一套无线声音广播装置，进行了人类第一次无线声音广播，1923 年美国首先在轿车上装配了无线电收音机。

到目前为止，收音机仍然是轿车必配装置。车载收音机现在已采用数字电子技术，可以为驾乘人员提供路况、天气、新闻、娱乐等信息。

2. 车载移动数字电视

主要为客车，尤其是为长途客车的乘客提供广播电视服务。

3. 车载电台

为出租车、长途车队等车辆提供运营和通信服务。

4. 全球卫星导航系统 GNSS

在我国，能为车辆提供导航服务的全球卫星导航系统 GNSS，有美国的全球定位系统 GPS 和我国的北斗卫星导航系统 BDS，BDS 在我国的车辆导航和运营管理上应用越来越多。

(1) 汽车电子地图导航系统　汽车电子地图导航系统由车载 GNSS 接收机、导航 ECU、电子地图、显示器和语音器等组成，电子地图以地图数据库形式存在存储装置内（DVD 光盘或硬盘等），GNSS 测出的汽车位置坐标参数输送给导航 ECU，导航 ECU 将车辆位置用图标的方式显示在电子地图上。图 11-14 所示为一种车载 GNSS 显示器显示的电子地图，图中箭头表示车辆位置和前进方向，图中的右侧图为电子地图平面图，图中的左侧图为道路立体情景图。在主要路口和关键路标处，还有语音提示。车载 GNSS 导航系统还具有道路自动规划功能，会根据设定的起始点和目的地，自动规划一条捷径作为行车路线。

图 11-14　车载 GNSS 显示器显示的电子地图

(2) 车辆定位管理系统　车辆定位管理系统由车载 GNSS 接收机、移动通信网络、计算机车辆管理中心等组成。车载 GNSS 测出的汽车位置坐标参数，要随时传到第三方，这个第三方就是车辆管理中心，也可以是报警中心或车辆持有人。第三方通过计算机或手机解读短信电文，在电子地图上显示车辆位置和航迹，这样就实现对车辆的定位和跟踪。

5. 电子车牌 RFID 识别和视频监控合成技术

电子车牌 RFID 识别比视频识别准确度高，效率高，几乎不受遮挡影响，可同时识别大量行驶车辆。将电子车牌 RFID 识别的车牌信息和速度信息合成在视频图像上每一辆车辆的图像上，是视频监控的最佳配置。

6. 车联网网络

车联网要在道路建设无线通信网络。作为感知层的重要传感器，电子车牌阅读器应该在道路路口、城市出入口、收费站等地安装；在道路一定距离的间隔处，也应安装；使电子车牌阅读器组成感知网络。

车联网感知网络的连接可以采用“专用网络＋移动通信网络＋卫星通信”。

对不宜通过移动通信网络连接的地方，可以建设专用网络。对没有移动通信网络，又无法建设专用网络的地方，可以建设卫星通信站点，通过卫星通信建网。

7. 车载自组织网络 VANET

车载自组织网络（vehicle Ad Hoc Network，VANET）是移动自组织网络（Mobile Ad Hoc Network，MANET）在汽车领域的应用，也就是车-车联网。

如图 11-13 所示，车-车联网是指车辆在道路行驶过程中可以在一定的范围内，与前后左右的行驶车辆自动组网，建立通信关系，而不依赖其他固定网络，这对高速公路的行驶安全很重要。例如，当前方几百米的车辆制动时，后面的车辆由于中间的车辆遮挡，看不见制动红灯，可能造成追尾事故。而建立车-车联网以后，当前方几百米的车辆制动时，制动信号由无线传送给后方多辆车辆，提醒立即跟随制动，避免追尾事故发生。

8. 移动通信网络与车联网

在未来的汽车上设立车联网网关，网关内设有 3G/4G/5G 移动通信网络模块，可以使汽车与互联网连接，为车内乘客提供 Wi-Fi 联网通服务。

车主可以通过智能手机与汽车建立通信，可以在驻车状态下，用智能手机控制发动机的启停，用于提前暖机。还可以用智能手机读取发动机和车辆运行数据流。图 11-15 是智能手机与汽车建立通信的示意图。

图 11-15 智能手机与汽车建立通信的示意图

车联网的发展前景十分广阔，随着无线电通信技术、计算机网络技术和微电子技术的不断发展，车联网的连接将深入到车辆主动安全控制领域。

车联网的发展也将为智能汽车和无人驾驶汽车的发展建立更好的基础。

第四节 智能公路和智能汽车

一、智能公路

1995 年，在法国巴黎举行了首届“国际智能公路大会”和“智能公路展览会”。有关国家正在投入巨资进行研究开发。

各国对智能公路的定义不尽相同，一般含义有：智能公路是建有道路状况传感系统、道路特殊标识系统、道路无线电通信和监控系统、光学监控系统等基础设施，能对行驶车辆实时发布相关的路况信息、自动检测行驶车辆的安全状况，为交通运输提供更为安全、经济、舒适、快捷的基础服务，以达到减少交通拥塞和事故的目的。

智能公路的有关技术简介如下。

1. 道路状况传感系统

道路状况传感器铺设在路面上，与路面水平或低于路面，可以传感路面的温度、结冰、积水等信息，通过道路无线电通信网向即将到来的汽车发布路况信息。

2. 道路特殊标识系统

道路特殊标识系统不同于一般的道路标识牌和道路标线，例如：

(1) 无线电标识牌　无线电标识牌是一个近距离无线电发射装置，由太阳能和蓄电池供电，可以设置在普通道路标识牌上或在附近单独设立。无线电标识牌储存有该路段信息，可以自动向行驶的智能汽车或无人驾驶汽车发布该路段的标识信息和指路信息。

(2) 磁性标线　用含磁性的材料（如薄磁体）铺设在路面下，形成磁性标线，智能汽车和无人驾驶汽车装有磁性感应器，可以诱导智能汽车或无人驾驶汽车沿磁性标线行驶。

(3) 夜光公路　夜光公路是用半导体光电和电光复合转换材料铺设在路面表面，形成路面标线，白天将太阳能转换为电能储存，夜晚用储存的电能发光。

(4) 温度反应动态漆　这种油漆在结冰的气温下转变为特殊颜色，提醒驾车人注意避让。

3. 车辆监控系统

传统的光学监控与电子车牌 RFID 识别配合，监控道路车流量，监控盗抢车辆、走私车辆、假套牌车辆、报废上路车辆、拖欠税费车辆、拖欠交通罚款车辆、违法逃逸等车辆。

智能公路的建设与车联网的关系密切，智能公路信息通过车联网和互联网，将区域、全国和跨国的公路信息进行收集和传递，可以实现对车流在时间和空间上的引导、分流，避免公路堵塞，减少因此而引起的经济损失和废气污染，保证公路交通畅通无阻。

二、智能汽车

智能汽车是一个不断渐进的汽车综合新技术。智能汽车的对传统汽车基本要求是所有人工操作的控制，都要增设有或改为电动或电液动力，由车载网络协同控制。

例如，转向系统改为电动转向，用手转动转向盘，不再是机械传动，而是转动转向盘下的转角传感器，转角传感器将转角和变化率信号传给车载网络，车载网络控制电动转向。

自动变速器操纵杆改为全电子开关，可以是操纵杆模式，也可以是旋钮模式、琴键开关模式、触摸键模式和拨杆模式。

像电动转向一样，行车制动和驻车制动都改为电动或电液控制。

当汽车上的所有人工动力操作改为电动或电液动力操作以后，由车载网络和车联网协同控制的智能汽车才有可能实现。

也就是说，当所有的控制都可以电控化以后，硬件条件具备了，剩下的就是软件问题，也就是智能化的程度问题，这就决定感知和决策。

所以，智能汽车是一个集道路感知、综合决策、多种辅助驾驶功能的一种综合新技术汽车。智能汽车集中运用了现代传感器技术、计算机控制和网络技术、人工智能等技术，是同时代的高新技术的综合体。

智能汽车的研究和制造是一个渐进和不断提高的过程。

目前对智能车辆的研究主要致力于提高汽车的安全性、舒适性，以及提供优良的人车交互界面。近年来，智能车辆已经成为世界车辆工程领域研究的热点和汽车工业增长的新动力，很多发达国家都将其纳入到各自重点发展的智能交通系统当中。

三、无人驾驶汽车

无人驾驶汽车是一种智能汽车，也有的称之为轮式移动机器人。

目前各国都在研究无人驾驶汽车，无人驾驶汽车除了要达到一般智能汽车的硬件要求外，还需要装备的技术设备有：全球卫星导航系统 GNSS、高分辨率电子地图、激光扫描测距仪、无线电雷达、超声雷达、双镜头摄像机和车载计算机等。

无人驾驶汽车出发前，乘坐人确定好目的地，车载计算机根据电子地图规划好行车路线，全球卫星导航系统 GNSS 确定当前位置，由于卫星定位的精度有限，因此还需要激光扫描测距仪对汽车的前方地形进行扫描测距，绘出三维地形图与电子地图比较，做出当前行驶速度和转向角度。

对平坦的道路，可以用双镜头摄像机对前方道路的标线、行人、车辆和障碍物进行图像识别，确定行驶速度、转向或制动。

无线电雷达可以用于远距离车辆和障碍物测距，超声雷达用于近距离障碍物测距。

无人驾驶汽车是一种理想的交通工具，极大地促进汽车爱好者和发烧友的发明欲望，甚至比汽车制造商的积极性还要高。有多种无人驾驶汽车都是发明者用普通汽车改装的，这些发明者或发明公司，往往不是汽车生产商，这也促进汽车生产商对无人驾驶汽车的重视，一些汽车生产商也开发出无人驾驶概念汽车或实验车。

我国自主研制的无人驾驶汽车，是由国防科技大学用红旗 HQ3 轿车改装的，2011 年 7 月 14 日首次完成了从长沙到武汉 286km 的高速全程无人驾驶实验，创造了中国自主研制的无人驾驶汽车在复杂交通状况下自主驾驶的新纪录，标志着中国无人驾驶汽车在复杂环境识别、智能行为决策和控制等方面实现了新的技术突破，达到世界先进水平。

小 结

1. “互联网+”就是让互联网与传统行业进行深度融合，充分发挥互联网在生产要素配置中的联系、优化和集成作用，提升实体经济的创新力和生产力，创造新的发展生态。

2. 物联网是通过二维码识读设备、射频识别（RFID）装置、红外感应器、全球卫星定位系统和激光扫描器等信息传感设备，按约定的协议，把任何物品与互联网相连接，进行信息交换和通信，以实现智能化识别、定位、跟踪、监控和管理的一种网络。

3. 车联网是以车内网（车载网）、车际网、车载移动互联网、车载全球卫星导航系统、车载无线识别技术、道路无线通信网等技术为基础，在车与车、车与路、车与行人、车与交通管理部门、车与服务信息建立无线通信和信息交换，以实现智能交通管理控制、车辆智能化控制和智能化动态信息服务的一体化网络。

4. 可以简单地将车联网分为感知层、网络层和应用层。

5. 电子车牌是一种电子标签，采用 RFID 识别技术，是一种嵌有超高频无线射频识别芯片并存储汽车身份数据的电子信息识别载体。我国电子车牌（意见稿）采用无源工作方式，通过无线电信号感应方式供电。

6. 目前的车联网仅仅在信息服务层面，如导航、车辆防盗、车辆定位和行驶监控、车辆运行管理等方面，没有涉及车辆本体的联网控制，少数信息服务层面的车联网设施是汽车生产商在生产汽车时附加的，如导航仪等。

7. 未来的车辆将配备车联网网关，车辆行驶时自动向智能公路地面接收器发射车牌和车速等信息，这是车联网的发展方向，有待于在法律层面上达成共识和立法。

8. 汽车导航系统是在全球卫星导航系统 GNSS 基础上发展起来的一门新型技术。汽车 GNSS 导航系统与车载电子地图、无线电通信网络、计算机车辆管理信息系统相结合，可以实现车辆定位、跟踪和交通管理等许多功能。

9. 智能公路是建有道路状况传感系统、道路特殊标识系统、道路无线电通信和监控系统、光学监控系统等基础设施，能对行驶车辆实时发布相关的路况信息、自动检测行驶车辆的安全状况，为交通运输提供更为安全、经济、舒适、快捷的基础服务，以达到减少交通挤塞和事故的目的。

10. 智能汽车是一种集道路感知、综合决策、多种辅助驾驶和联网功能的一种综合新技术汽车。智能汽车集中运用了现代传感器技术、计算机控制和网络技术、人工智能等技术，是同时代的高新技术的综合体。智能汽车的研究和制造是一个渐进和不断提高的过程。

11. 无人驾驶汽车是一种智能汽车，也有的称之为轮式移动机器人。

无人驾驶汽车的硬件条件是汽车上的所有人工操作都要改为电动或电液动力操作，然后依赖全球卫星导航系统 GNSS、高分辨率电子地图、激光扫描测距仪、无线电雷达、超声雷达、双镜头摄像机和车载计算机等技术才有可能实现。

思考题

1. 简互联网＋的概念。
2. 简述物联网的概念。
3. 简述车联网的概念，车联网相对物联网有什么特点？
4. 简述 RFID 识别技术原理。
5. 简述 RFID 识别的应用领域。
6. 对车辆整体感知可分为几类？各类的主要特点是什么？
7. 目前对道路行驶车辆常用的监测技术有哪些？
8. 什么是电子车牌？电子车牌有什么作用？
9. 简述车辆定位管理系统的组成和各部分功能。
10. 简述你所理解的智能公路、智能汽车和无人驾驶汽车。

参考文献

[1] 程鹏．自动控制原理．北京：高等教育出版社，2001.

[2] 赵四化．自动控制原理．西安：西安电子科技大学出版社，2004.

[3] 潘新民，王燕芳．微型计算机控制技术．第2版．北京：电子工业出版社，2011.

[4] 谢剑英，贾青．微型计算机控制技术．第3版．北京：国防工业出版社，2006.

[5] 周志德．单片机原理及应用．北京：高等教育出版社，2001.

[6] 董晓红．单片机原理及接口技术．西安：西安电子科技大学出版社，2004.

[7] 蔡菲娜．单片微型计算机原理和应用．第3版．杭州：浙江大学出版社，2009.

[8] Andrew S Tanenbaum 著．计算机网络．熊桂喜等译．第3版．北京：清华大学出版社，2004.

[9] 潘新民．计算机通信技术．第2版．北京：电子工业出版社，2006.

[10] 黄鹏．汽车单片机应用技术．北京：机械工业出版社，2010.

[11] 于万海．汽车单片机与车载网络技术．西安：西安电子科技大学出版社，2007.

[12] 李雷．汽车车载网络系统检修．北京：人民邮电出版社，2009.

[13] 张军，董长兴．汽车总线系统检修．北京：北京理工大学出版社，2010.

[14] 南金瑞，刘波澜．汽车单片机及车载总线技术．北京：北京理工大学出版社，2007.

[15] 罗峰，孙泽昌．汽车CAN总线系统原理、设计与应用．北京：电子工业出版社，2010.

[16] 李贵炎．车载网络系统结构原理与维修．南京：江苏科技出版社，2008.

[17] 尹力会．汽车总线系统原理与检修．北京：机械工业出版社，2010.

[18] 廖向阳．车载网络系统检修．北京：人民交通出版社，2010.

[19] 李东江．汽车车载网络系统（CAN-BUS）原理与检修．北京：机械工业出版社，2005.

[20] 林为群．汽车单片机与车载网络系统．北京：人民交通出版社，2007.

[21] 何蔚．面向物联网时代的车联网研究与实践．北京：科学出版社，2013.

[22] 车云网．车联网—决战第四屏．北京：电子工业出版社，2014.